KB067390

데이비드 아커의
브랜딩 정석

데이비드 아커의
브랜딩 정석

최고의 브랜드는 어떻게 만들어지는가

데이비드 아커 지음
범어디자인연구소 옮김

유엑스리뷰

차례

서문
브랜드의 힘

저명한 광고 연구 전문가 래리 라이트(Larry Light)에게 《광고 연구 저널 (Journal of Advertising Research)》 편집자가 향후 30년간의 미래 마케팅을 어떤 관점으로 바라보느냐고 물었다. 라이트는 다음과 같은 유익한 분석을 내놓았다.

마케팅 전쟁은 곧 브랜드 간의 전쟁, 브랜드를 지배하기 위한 경쟁이 될 것이다. 기업과 투자자들은 브랜드를 한 회사의 가장 가치 있는 자산으로 인식할 것이다. 이는 중대한 개념이다. 또 이는 사업을 어떻게 발전시키고, 강화하고, 방어하고, 경영할 것인가에 대한 비전이다. 공장을 소유하는 것보다 시장을 소유하는 것이 더 중요해질 것이다. 시장을 소유하는 유일한 방법은 시장 지배적 브랜드를 소유하는 것이다.

브랜드 네임(brand name)의 힘은 고객 시장에 국한되지 않는다. 사실 고객 마케팅보다 산업재 시장에서 브랜드 에쿼티〔brand equity, 제품이나 서비스가 제공하는 가치를 증가시키거나 감소시키는 브랜드 관련 요소들에서 창출된 브랜드 자산과 부채의 집합〕가 더 중요할 수 있다. 브랜드 네임의 인지도는 종종 산업 구매자들이 그 브랜드를 고려하는 데 중추적 역할을 한다. 게다가 분석을 거친 많은 산업 구매에서 여러 대안들은 선택될 가능성이 반반 정도 되는 경향이 있다. 그랬을 때 브랜드가 구매자에게 무엇을 의미하는지가 결정적 요인이 될 것이다.

브랜딩에 대한 관심

브랜드 에쿼티는 오늘날의 경영에서 가장 뜨거운 주제 가운데 하나다. 최근 마케팅과학연구소(Marketing Science Institute)에서는 미국 최고 마케팅 회사 50여 개가 포함된 회원사를 대상으로 긴급한 연구가 필요한 주제가 무엇인지 설문 조사를 했다. 압도적으로 브랜드 에쿼티라는 답이 나왔다. 학문적 연구에 대한 관심 역시 급증했으며, 마케팅과학연구소가 후원한 연구 제안 공모전에는 제안서가 28개나 들어왔다.

브랜드 에쿼티에 관한 관심의 증가는 브랜딩〔branding, 광고 홍보 등으로 상품을 이미지화하는 등 상품 이미지의 지속적 관리를 통해 고객들에게 상품과 회사를 알리는 마케팅 방법〕에 대한 콘퍼런스, 기사, 언론의 주목이 급증하는 것을 보면 알 수 있다. 브랜드 에쿼티를 강화하고 보호하기 위해 갖가지 조직에서 수행하는 실험들은 또 다른 지표가 된다. 콜게이트 파 몰리브(Colgate-Palmolive)나 캐나다 드라이(Canada Dry) 같은 몇몇 회사 는 자사 브랜드 가치의 수호자가 되려고 애쓰면서 브랜드 에쿼티의 지위를 관리할 방법을 만들어냈다.

브랜딩에 관한 관심의 이면에는 몇 가지 원동력이 있다. 첫째, 기업들은 대안적인 새 브랜드 네임 개발은 실현이 어렵거나 너무 많은 비용이 들기 때문에 기존 브랜드 네임에 상당한 프리미엄을 지불할 의향을 보인다. 이러한 현상은 다음과 같은 몇 가지 의문을 제기한다. 브랜드 에쿼티는 얼마나 가치가 있는가? 그것은 무엇에 근거하는가? 왜 그렇게 많은 돈을 지불해야 하는가?

둘째, 마케팅 전문가들은 종종 가격 할인을 과도하게 사용하는 식으로 가격을 강조하는 것이 산업의 악화를 초래한다고 생각한다. 그들은 차별화 요소의 개발을 위해 더 많은 자원을 브랜드 구축 활동 으로 전환해야 한다고 생각한다. 비가격 경쟁을 기반으로 지속 가능 한 경쟁우위를 개발할 필요가 있다고 인식하는 것이다. 문제는 브랜 드 구축 노력이 가격 할인과는 달리 매출에 단기적이고 가시적인 영 향을 거의 미치지 못한다는 데 있다. 그렇다면 단기 성과 달성을 극심 하게 압박하는 세계에서 그러한 활동을 어떻게 정당화할 수 있을까?

셋째, 경영자들은 사업 성과를 극대화하기 위해 자산을 충분히 활용할 필요성을 깨닫고 있다. 보통 브랜드 네임이 주요 에쿼티가 된 다. 그렇다면 브랜드 네임을 어떻게 활용할 수 있을까? 브랜드 네임이 신제품으로 확장되거나 새로운 시장에 노출될 수 있을까? 브랜드 네임을 강화하거나 그 구성 요소를 변경함으로써 더 많은 것을 얻을 기회가 있을까? 반대로 브랜드 네임은 어떤 식으로 손상이 되며, 어떻게 그런 일을 막을 수 있을까?

이 책의 접근법

이 책에는 네 가지 목적이 있다. 첫 번째 목적은 브랜드 에쿼티를 정의하고 설명하면서 브랜드 에쿼티가 어떻게 가치를 제공하는지 더욱 명확히 보여주는 구조를 경영자들에게 제공하는 것이다. 두 번째 목적은 마케팅 의사 결정이나 브랜드를 개선(또는 손상)하는 환경적 사건들이 그러한 가치가 생기게 하거나 사라지게 한다는 것을 증명한 연구 결과와 적용 사례를 기록하는 것이다. 세 번째 목적은 브랜드 에쿼티를 어떻게 관리해야 하는지 논의하는 것이다. 브랜드 에쿼티는 어떻게 만들어지고, 유지되고, 보호되어야 하는가? 또 어떻게 활용해야 하는가? 네 번째 목적은 전략적으로 사고하고자 노력하는 사려 깊은 경영자들이 해결해야 할 문제와 이슈들을 제기하고 제안하는 것이다.

나는 브랜드와 그들의 에쿼티에 대해 직간접적 책임을 지는 경영자들을 위해 이 책을 썼다. 이러한 경영자들은 대기업 또는 중소기업, 고객 또는 산업, 서비스 또는 제품 중심 기업을 대표한다. 이들은 핵심 브랜드의 에쿼티를 개발하고 보호할 필요성에 관심을 가질 것이다. 또한 이들은 다음과 같은 질문을 다루게 될(혹은 다루어야 할) 것이

데이비드 아커의 브랜딩 정석

다. 브랜딩 방정식에서 회사 이름(corporate name)은 어떤 역할을 하는가? 서브 브랜드(subbrand, 마스터 브랜드를 바탕으로 하면서도 차별성을 가지는 하위 브랜드) 네임을 개발해야 할까? 브랜드 네임은 다른 제품으로 확장되어야 할까?

또한, 전략적 경영, 특히 브랜드 에쿼티 관리 능력의 향상을 위해 노력하는 경영학부 교수진과 학생들이 두루 이 책을 사용하기 바란다.

이 책 첫 번째 장에서는 아이보리(Ivory) 브랜드에 대해 논의하면서 이 브랜드의 역사적 배경을 제공한다. 그리고 브랜드 에쿼티를 정의하고 여기에 가치를 부여하는 다양한 접근법을 제시한다. 브랜드 에쿼티에는 네 가지 차원이 존재하는데 각각의 차원을 집합적으로 정의하고, 각각의 차원이 고객과 기업을 위해 가치를 창출하는 방법을 명시하며, 그 측정과 관리에 대해 논의한다. 그다음 여섯 장에서도 브랜드 에쿼티의 네 가지 차원에 초점을 맞출 것이다.

2장에서는 브랜드 충성도(brand loyalty, 습관적으로 특정한 브랜드를 선호하고 계속적으로 구입하는 고객의 상표 충실도)의 중요성을 고려한다. 3장에서는 브랜드 인지도(brand awareness, 특정한 범주에 속하는 브랜드를 고객이 인식하거나 상기하는 정도)의 창출, 측정, 역할을 다룬다. 4장에서는 '지각된 품질(perceived quality)'에 대해 다루면서 이를 어떻게 관리할 수 있는지, 이것이 사업 성과에서 어떤 역할을 하는지 증거를 들어 논할 것이다. 5장에서는 연상과 포지셔닝의 개념을 소개하기로 한다. 브랜드 연상(brand association, 특정한 브랜드나 제품을 생각할 때 즉각 떠오르는 이미지나 상징)을 측정하는 방법은 6장에서 다룰 것이다. 7장의 주제는 연상의 선택, 창조, 유지다. 이처럼 3개 장에 걸쳐 다루는 브랜드 연상의 관리는 중요하면서도 복잡한 주제다.

브랜드는 이름으로 식별하며, 종종 심벌과 슬로건으로 식별하기도 한다. 8장에서는 이러한 지표들과 그 선정에 대해 논한다. 9장의 주제는 브랜드 확장[brand extension, 신제품에 기존 브랜드의 이름을 사용하는 것]의 좋은 사례, 나쁜 사례, 이상한 사례다. 10장은 지겨워진 브랜드를 활성화하는 법, 즉 브랜드와 그 맥락 모두에 새로운 생명을 불어넣는 방법을 다룬다. 또 브랜드가 우아하게 쇠퇴하도록 하는 방법 그리고 필요하다면 브랜드를 사멸시키는 최종 단계에 대해서도 논의한다. 11장에서는 글로벌 브랜딩에 대해 논의하고, 브랜드 에퀴티의 요약형 모형을 제시한다. 또 이 책에서 제시하는 주요 사항들을 총체적으로 정리하면서 각 장에 대한 일련의 논평으로 결론짓는다.

각 장은 드라마틱한 사건을 경험한 브랜드, 브랜드 에퀴티 구축에 있어 특히 좋거나 나빴던 적이 있었던 브랜드를 역사적으로 분석하는 데서 시작된다. 역사에는 배울 점이 많다. 이러한 분석들은 다양한 행위들이 브랜드에 어떤 영향을 미칠 수 있는지 생생하게 보여준다. 몇몇 사례에서는 특정한 결과를 만든 원인이 무엇인지 확실히 알 수 없음에도 브랜드에 영향을 미치는 일련의 행위에 금전적 가치가 부여됨을 볼 수 있다. 그리고 개념과 방법을 설명하고 이를 더욱 구체적으로 이해하도록 돕기 위해 많은 사례 연구도 수록했다.

개별 브랜드들에서 생겨난 역사적 특징과 더불어 더욱 체계적 연구가 모색되며 보고되기도 한다. 지난 15년 동안 시장점유율, 인지도,

브랜드 확장, 지각된 품질 같은 브랜드 구성 개념에 관한 연구가 발전하면서 이들의 역할을 뒷받침할 중요한 증거를 제공하게 되었다. 그러한 연구 중 일부는 대규모 데이터베이스에 기초하며 통제된 실험의 결과인 것들도 있다. 이 모든 연구는 너무나 오랫동안 개인의 의견에만 의존해온 브랜드 분야에 실체를 부여한다.

각 장은 고려해야 할 일련의 질문으로 끝을 맺는데 각각의 질문들은 각 장의 아이디어를 진단하고 실행 의제로 변환할 수단을 제공하려는 데 목적이 있다. 당신의 브랜드와 그것을 둘러싼 환경을 새로운 방법으로 보도록 자극하는 질문이 있는가 하면, 더 많은 정보를 찾을 필요성을 제안하는 질문도 있을 것이다.

1장
브랜드 에쿼티란
무엇인가

공장에서 제조되는 것은 제품이다. 하지만 고객이 구매하는 것은 브랜드다. 제품은 경쟁사가 복제할 수 있지만 브랜드는 유일무이하다. 제품은 쉽사리 시대에 뒤처지기도 하지만 성공적 브랜드는 영원하다.

　　　　　　　　　　　　　　　　—스티븐 킹(Stephen King, WPP그룹, 런던)

♛
1. 아이보리 비누 이야기

프록터앤갬블(Procter&Gamble, 이하 'P&G')은 양초와 비누를 만드는 회사다. 1879년 어느 일요일, 이 회사 창업자 가운데 한 사람인 할리 프록터(Harley Procter)는 〈시편〉 45장을 주제로 한 설교를 듣게 된다.

"왕의 모든 옷은 몰약과 침향과 육계의 향기가 있으며 상아궁에서 나오는 현악은 왕을 즐겁게 하도다."

설교에서 언급된 '상아(아이보리)'란 말이 무척 인상 깊었던 그는 자사에서 생산하는 흰색 비누에 아이보리라는 이름을 붙이기로 했다.

1881년 12월, P&G는 주간 종교지에 최초로 아이보리 비누 광고를 게재했다. 이 광고는 "물에 뜨는 비누", "99.44% 순수한 비누"라는 그 유명한 슬로건을 탄생시켰다(그림 1-1). **그림 1-2**는 그보다 훨씬 뒤인 1920년의 광고로 아이보리가 오랫동안 제품을 일관성 있게 포지셔닝

〔positioning, 마케팅 목표의 효과적 달성을 위해 기업, 제품, 상표 등 마케팅 대상이 잠재 고객들에게 긍정적 인식을 이끌어내는 일〕했음을 보여준다. 숲, 맨발 소녀, 맑은 물 등의 소재를 통해 순수하고 깨끗한 이미지를 창조하려 했던 P&G의 노력은 주목할 만하다.

제품의 순수성에 대한 P&G의 주장은 어느 화학자를 통해 입증되었다. 그는 아이보리에 불순물이 단 0.56%밖에 함유되지 않았음을 밝혀냈다. 사실 아이보리 비누의 '물에 뜨는' 특성은 제조 과정에서 원료 혼합물에 공기를 주입하는 실수를 하는 바람에 우연히 발견되었다. 고객들은 이렇게 탄생한 '물에 뜨는' 비누를 재주문했고 P&G는 '물에 뜨는' 것을 아이보리 비누의 특징으로 홍보했다.

피부를 자극할 뿐만 아니라 옷감을 상하게 만들던 당시의 누런색 혹은 갈색 비누들에 비하면 아이보리 비누는 획기적 제품이었다. '물에 뜨는' 특성은 비누가 욕조에 빠지면 찾느라 애를 먹던 사람들을 실질적으로 유인하는 구매 가치가 되었다. 그리하여 아이보리는 '깨끗하고, 순하고, 물에 뜨는' 비누로 제품의 포지션을 정립했다. 아기들에게 써도 좋을 만큼 순하다는 점을 강조하면서 광고에 아기들을 등장시키기도 했다. 순수하고 순하다는 주장은 제품 색깔인 흰색, 제품명인 '아이보리(상아)', 광고 슬로건 두 가지, 아기를 연상시키기 등으로 뒷받침했다. 이렇게 아이보리 비누는 브랜드 네임과 독특한 패키지를 통해 고객들이 원하는 순하고 부드러운 비누로 자리매김하면서 제품에 대한 신뢰감을 쌓았다.

1만 1,000달러라는 엄청난 예산을 투입한 1882년의 전국 광고는

그림 1-1 **최초의 아이보리 광고**(1881년)
© The Procter&Gamble Company(허락하에 수록).

그림 1-2 **아이보리 광고**(1920년)

데이비드 아커의 브랜딩 정석

높은 브랜드 인지도를 쌓고 회사에 대한 고객의 신뢰감 구축에 이바지하는 출발점이었다.

탄생 110년이 훌쩍 넘는 아이보리는 브랜드 에쿼티의 창출과 유지가 얼마나 중요한지 보여주는 훌륭한 사례다. 브랜드 에쿼티에 대한 정의와 상세한 내용은 1장 뒷부분에서 언급하겠지만 간략히 말해 에쿼티란 브랜드와 연계되어 제품의 가치를 증가시키거나 감소시키는 것을 의미한다. 다시 말해 브랜드 네임 인지도, 고객의 브랜드 충성도, 지각된 품질, 브랜드 연상 이미지(예컨대 '순수하다', '물에 뜬다') 등을 합친 개념이라고 할 수 있다.

지금은 세계 굴지의 기업으로 성장한 영국의 유니레버(Unilever)는 1885년, 최초의 제품으로 썬라이트(Sunlight)라는 노란 비누를 출시했다. 햇빛을 보기 힘든 영국 시장을 겨냥한 이름이었지만 아이보리 비누의 경우와는 달리 라이프부이(Lifebuoy), 럭스(Lux), 린소(Rinso) 등의 경쟁 브랜드들에 밀려났다는 사실이 흥미롭다.

아이보리라는 브랜드가 성공적으로 안착한 지 약 30년이 지난 1911년, P&G는 최초의 순식물성 식용유 크리스코(Crisco)를 출시했다. 광고에서는 부엌에서 갓 구워낸 파이를 보고 감탄하는 여성을 묘사했다. 이 광고는 고객이 일상생활에서 겪는 상황과 상품을 연계하는 이른바 '생활 단면식' 광고의 시초였고, P&G는 오랫동안 이러한 특유의 광고 스타일을 유지했다. 1933년까지 P&G는 세탁기용 비누 칩소(Chipso), 합성세제 드레프트(Dreft)를 비롯해 아이보리 플레이크스(Ivory Flakes), 아이보리 스노(Ivory Snow), 아이보리 비누의 내부 경쟁 브랜드 카메이(Camay)를 출시하기에 이르렀다.

불황 속에서도 P&G는 브랜드 에퀴티 관리를 게을리하지 않았다. 극심한 경제공황으로 광고비 삭감 압박이 가중되었지만 당시 인기 라디오 연속극 〈디 오네일스(The O'Neills)〉의 광고 스폰서를 맡는 등 끊임없이 노력했다. 덕분에 1933~1939년 아이보리 제품은 매출이 두 배가량 상승했다.

1941년 레버 브러더스[Lever Brothers, 훗날 '마가린 유니Margarine Unie' 와 합병해 '유니레버'가 된다]는 몇십 년 동안 구축된 아이보리의 아성에 도전하겠다며 스완(Swan)이라는 브랜드를 만들고 아이보리 비누와 유사한 제품을 출시했다. "행복했던 1980년대 이후 진짜로 물에 뜨는 최초의 비누 스완"이라고 광고 공세를 펼쳤고 P&G도 이에 맞서 적극적 광고로 반격했다. 하지만 스완은 아이보리 제품과 대비되는 뚜렷한 차별성을 보여주지 못했고 결국 아이보리의 반격 전략에 패해 시장에서 철수하고 말았다.

1931년 5월, 당시 아이보리의 그늘에서 빛을 보지 못하던 카메이의 브랜드 매니저 닐 맥얼로이(Neil McElroy)는 브랜드 관리 인력의 부족을 지적했다. 마케팅에 들이는 노력과 브랜드 에퀴티를 만들고 유지하려는 노력이 분산된 채 조정되지 않고 있으며, 예산 지원도 충분하지 못하다는 것이다. 그는 이 문제에 대한 해결책으로 '브랜드 관리 팀(brand management team)' 구성을 제안했다. 이렇게 해서 마케팅 프로그램과 판매 및 제조 기능의 조정 역할을 담당할 브랜드 관리 부서가 설립되었다. 이는 현대 마케팅의 브랜드 전략 역사에서 중요한 사건으로 기억된다.

1940년대 후반에서 1950년대에 걸쳐 P&G는 청소용 세탁제 스픽앤스판(Spic&Span), 세제 타이드(Tide), 샴푸 프렐(Prell), 가정용 퍼머액 릴트(Lilt), 식기 세척기용 세제 조이(Joy), 치약 블루치어(Blue Cheer)와 크레스트(Crest), 거품이 적게 나는 세제 표백 성분을 함유한 세탁제 코멧(Comet), 비누 더즈(Duz), 체취 방지용 크림 시크릿(Secret), 땅콩버터 지프(Jif)를 비롯해 던컨 하인즈(Duncan Hines), 체어맨(Chairman), 액체 아이보리(Ivory Liquid) 등 여러 브랜드를 출시했다. 1960년대와 1970년대에는 유아용 일회용 기저귀 팸퍼스(Pampers), 커피 폴져스(Folger's), 구강 세정액 스코프(Scope), 부엌용 종이 수건 바운티(Bounty), 감자칩 프링글스(Pringles), 의류 정전기 방지제 바운스(Bounce), 생리대 릴라이(Rely), 일회용 기저귀 러브(Luv) 등의 브랜드를 새로이 만들었다.

1980년대 후반 P&G는 광고하는 브랜드를 83개 보유하고 있었으며 연매출액이 200억 달러에 달했다. 미국의 서른아홉 가지 경쟁사 제품 중 P&G가 1위를 차지한 브랜드가 19개나 될 정도였다. 또 5개 브랜드를 제외한 P&G의 브랜드 모두가 매출액 3위권에 들었다. P&G의 시장점유율은 평균 25%에 달했다.

기업들은 대부분 하나의 브랜드에 대한 마케팅에 모든 노력을 집중한다. 기존 포지셔닝 전략을 고수함으로써 이미 시장에서 구축한 지위를 유지하기 위해서다. 때문에 새로운 세부시장[segment, 기업이 제품 판매를 위해 지리적·인구통계적·심리묘사적·행위적으로 시장을 세분화하는 것]

은 시장 지위를 확보하고자 노력하는 경쟁사들이 개발하는 것이 일반적이다. 그런데 P&G는 기존 브랜드에 영향을 주더라도 기꺼이 자체 경쟁 브랜드를 개발해 새로운 세부시장에 도전했다. 이것이 P&G가 보여준 마케팅 전략의 특징 가운데 하나다. P&G는 무르익은 세제 시장에서 다양한 브랜드를 개발함으로써 여러 세부시장을 공략하고, 전체 세제 시장의 50% 이상을 점유하며 우위를 확보한 좋은 사례가 되었다.

P&G의 세제 브랜드는 모두 10개에 달한다. 이 브랜드들은 저마다 다른 세부시장을 목표로 삼고 고객들이 브랜드를 연상할 때 차별화되는 이미지를 떠올리게 하려고 노력했다.

- 아이보리 스노 : '99.44% 순수', '기저귀와 아기 옷을 위한 순하고 부드러운 비누'
- 타이드 : 특히 가족들 옷을 세탁하는 것이 힘들 때 '타이드를 쓰면 때가 사라진다(Tides in, dirts out)'
- 치어 : 찬물, 미지근한 물, 뜨거운 물, '어떤 온도의 물에도 쓸 수 있는 치어(All-temparature Cheer)'
- 게인(Gain) : 처음에는 '효소' 세제로 포지셔닝했으나 지금은 '신선함으로 가득 찬(Bursting with freshness)' 세제로 콘셉트를 변경
- 볼드 3(Bold 3) : 섬유유연제 성분이 '깨끗하고, 부드러우며, 정전기를 없애주는' 세제

- 대시(Dash) : 세척력이 뛰어난 농축 세제로, 거품이 적고 세탁기 막힘을 방지
- 드레프트 : 아기 옷에 사용해도 무해한 '자연 향기제 붕사(硼砂)가 들어 있음'
- 옥시돌(Oxydol) : '흰옷은 더욱 희게, 색상까지 살려주는' 표백제 함유
- 이러(Era) : 함유된 단백질이 얼룩까지 깨끗이 지워주는 농축 액체 세제
- 솔로(Solo) : 섬유유연제를 함유한 세제로 때에 찌든 빨래에 좋음

P&G만큼 브랜드 전략의 힘을 분명하게 보여주는 예는 드물다. P&G의 성공 열쇠라면 역시 충실한 브랜드 관리 시스템을 통한 브랜드 에쿼티 개발 그리고 그 유지를 위한 지속적 마케팅 투자에 있다.

몇 가지 안 되는 공개된 자료를 통해 아이보리 브랜드 네임이 지난 100년간 P&G에 이익을 얼마나 제공했는지 대략 추정할 수 있다. 우선, 1977~1987년 10년간 미국 시장에서 아이보리 상품의 주요 매체에 투입된 광고비는 3억 달러가 조금 넘는 것으로 집계되었다. P&G의 주요 매체 광고비가 총광고비의 75% 정도인 것을 감안해 이와 비슷한 비율을 아이보리 브랜드에 적용하면 같은 기간 아이보리의 총광고비를 약 4억 달러로 추산할 수 있다.

아이보리 브랜드의 매출액 대비 광고비 비율을 7%라 가정할 때 (같은 기간 P&G의 광고비는 매출액의 6~8% 정도였다) 아이보리의 매출은

57억 달러 정도로 추정된다. 제품이 출시된 1887년 이후 매출 성장이 지수함수 곡선을 이룬다고 가정하면, 출시 이후 매출액은 250억 달러 정도다. 아이보리 제품의 이익률을 10%가량으로 본다면(1987~1989년 세제 및 세정 제품류의 이익률이 평균 10%였다) 이익 총액을 20억~30억 달러로 추정할 수 있다.

P&G는 브랜드의 수익성을 장기적 안목으로 바라보는 기업이라는 것이 미국 증권가의 인식이다. P&G 투자자들은 단기적으로는 낙심하거나 손해를 볼지 모른다. 하지만 P&G는 오랜 기간 손실을 안겨준 브랜드도 포기하지 않는다. P&G가 프링글스 감자칩, 던컨 하인즈 쿠키, 시트러스 힐 오렌지주스 등 손해나는 브랜드들을 끈기 있게 지켜온 사실이 이를 증명한다. 종업원들이 자사 주식의 20%를 소유하고 있다는 것도 부분적으로는 장기적 시각에 기반한 경영에 영향을 미쳤다.

이 책에서는 브랜드 에쿼티에 대해 알아볼 것이다. P&G의 사례에서 볼 수 있듯이 브랜드 에쿼티의 성공적 개발은 상품이 장기적으로 시장에서 확고하게 포지셔닝하고, 경쟁사들의 공격을 이겨내는 기반이 된다. 그러려면 상당한 초기 비용과 지속적 투자가 필요하며 대체로 단기간의 이익을 기대하기가 어렵다. 투자에 대한 실질적 보상을 받기까지 10년 또는 20년 이상 소요되기도 한다. 그만큼 브랜드 에쿼티를 키우는 것은 어렵고 선견지명과 인내를 요구하는 일이다.

이어질 내용에서는 브랜드 에쿼티가 무엇인지 정의하고자 한다. 브랜드 에쿼티는 각각 별도의 관리가 필요한 일련의 구성 요소들에 바탕을 두고 있음을 상술하고, 브랜드에 가치를 부여하는 방법에 관해 몇 가지 견해를 들려줄 것이다.

그에 앞서 브랜드 에쿼티와 관련된 몇몇 기본적 문제들을 열거하면 다음과 같다. 브랜드란 정확히 무엇을 뜻하는가? 최근 들어 브랜드 에쿼티는 쇠퇴하고 있는가? 가격 할인이 브랜드에 미치는 영향은 어느 정도인가? 사람들이 단기적 수익 효과를 중시하는 배경은 무엇인가? 단기적 수익 효과를 중시하는 사람들에게 어떻게 하면 브랜드 에쿼티를 위한 노력을 강조할 수 있을까?

♛

2. 브랜드의 역할

브랜드(Brand)란 무엇인가? 이는 판매자 혹은 일단의 판매자들이 고객들에게 자신의 제품이나 서비스를 식별시키고 경쟁사와의 차별을 부각하기 위해 사용하는 독특한 이름이나 상징물(로고, 등록 브랜드, 포장 디자인 등)을 의미한다. 이처럼 브랜드는 고객에게 제품의 생산자가 누구인지 알려줌으로써 유사 제품을 공급하려는 경쟁자의 추격을 따돌리고 고객과 생산자를 보호하는 역할을 한다.

벽돌 등의 제품에 이름을 표시하여 제조자를 나타낸 흔적을 고대의 유물에서도 찾을 수 있을 정도로 브랜드의 역사는 오래되었다. 중세 유럽의 길드〔guild, 상업 및 수공업을 위한 독점적·배타적 동업 조합〕도 고객들에게 제품에 대한 확신을 주고, 생산자를 법적으로 보호하기 위해 브랜드를 사용했다. 16세기 초 위스키 제조업자들은 불에 달군 쇠로 나무로 만든 위스키통에 제조자의 이름을 새겨 출하했다. 제조자가 누구인지 고객들에게 알려줌으로써 가격이 싼 타사 제품으로 대체되는 것을 방지하려는 목적이었다. 1835년에는 '올드 스머글러〔Smuggler, 스머글러는 밀주업자라는 뜻〕'라는 스카치 브랜드가 출시된다. 특수한 증류 처리 기술 사용으로 이름난 밀주업자들의 명성을 이용하려는 전략의 일환이었다.

이처럼 브랜드는 오래전부터 시장에서 나름대로 역할을 해왔다. 하지만 브랜드 전략과 브랜드 연상 이미지가 시장 경쟁의 중요한 요소로 인식되기 시작한 것은 20세기부터라고 할 수 있다. 차별화된 브랜드를 만들기 위한 노력은 현대 마케팅의 중요한 특성 가운데 하나다. 브랜드 차별화를 위한 근거를 찾아내고 개발하기 위해 열심히 시장조사를 했고, 제품의 특장점, 이름, 포장, 유통 전략, 광고 등을 이용해 특유의 브랜드를 연상하면 특유의 이미지가 떠오르도록 애썼다. 이는 '평범한 상품(commodities)'의 개념을 뛰어넘는 '브랜드가 있는 제품(branded products)'으로 고객이 구매를 결정할 때 가격의 영향을 줄이고 제품의 차별적 특성을 강조하기 위한 의도였다.

영향력 있는 브랜드를 구축하는 데는 엄청난 돈과 커다란 어려움이 예상된다. 기업들은 이 사실을 잘 인식하고 있기에 막대한 비용을 들여서라도 좋은 브랜드를 사려고 한다. 예를 들어 거대한 다국적기업 필립 모리스(Phillip Morris)는 미국의 유명 유제품 회사 크래프트(Kraft)를 장부 가격〔book value, 원칙적으로 취득원가로 기록되는 장부에 기록되어 있는 자산, 부채, 자본의 가격)의 여섯 배가 넘는 130억 달러에 인수했다. RJR 내비스코(RJR Nabisco, 담배 및 식품 그룹) 산하의 브랜드들은 통틀어 250억 달러 이상의 가치가 있는 것으로 평가될 정도인데 이는 실제 대차대조표상의 가치와는 비교가 안 될 정도로 높은 수준이다.

브랜드 네임 가치에 대한 더욱 분명한 예로서 브랜드 사용권 허가, 즉 라이선싱(licensing)을 들 수 있다. 1988년 썬키스트(Sunkist)는 다른 회사들의 몇백 가지 제품에 자사 브랜드의 사용을 허락하는 대가로 사용료로만 1천 30만 달러의 수익을 올렸다. 일례로 립톤(Lipton, 역사가 오랜 영국의 차 브랜드로 특히 홍차로 유명하다)은 경쟁 브랜드 제너럴 밀스(General Mills, 미국의 대표적 식료품 기업으로 하겐다즈, 휘티스, 그린자이언트 등의 브랜드를 소유함)를 압도했다. 제너럴 밀스가 과일 스낵인 푸르트 코너(Fruit Corner)라는 제품을 "진짜 과일과 재미를 모두 하나로 담았어요(Real fruit and fun rolled up in one)"라는 콘셉트로 홍보한 데 반해, 립톤은 썬키스트의 유명세를 이용해 제품 콘셉트를 한마디로 전달하는 효과만으로 충분했던 것이다.

유명 브랜드의 높은 가치는 갈수록 브랜드 구축이 힘들기 때문이기도 하다. 그 이유는 첫째, 옛날보다 광고와 유통 비용이 높은 데 있다. 1분 혹은 30초짜리 텔레비전 광고도 너무 비싸서 쉽게 활용하기 어렵다. 둘째, 수많은 브랜드가 새롭게 나타나는 현상 때문이다. 미국 시장에서는 어림잡아 매년 새로운 브랜드 3,000개 이상이 슈퍼마켓에 쏟아져 나온다. 이 책을 쓰고 있는 현재의 미국에는 자동차 브랜드 750개, 립스틱 브랜드 150개, 고양이 사료 브랜드 93개가 출시되어 있다. 이토록 수많은 브랜드가 등장함으로써 고객의 마음을 사로잡고 유통 채널을 확보하기 위한 경쟁이 심화되었다. 이로 인해 일반 시장에서 경쟁력이 약한 브랜드들은 소규모 니치 마켓[niche market. 수요가 비어 있는 틈새시장]용으로 전락하고 말았다. 이 소규모 브랜드들의 매출 규모로는 수많은 비용이 드는 마케팅 활동을 감당할 수가 없다.

♔
3. 브랜드 구축을 저해하는 요인

지금쯤 독자 여러분은 브랜드 가치가 얼마나 중요한지 느끼게 되었을 것이다. 그런데 때로는 기업의 브랜드 구축을 위한 노력은 줄어들고, 고객의 브랜드 충성도가 떨어지며, 브랜드보다 가격이 중시되는 상황이 발생한다. 33~34페이지 박스 속에 브랜드에 대한 관심이 부족해질 때 나타나는 일련의 징후들을 요약했다.

또한, 슈퍼마켓 제품들의 브랜드 충성도가 하락 중이라는 증거가 나타나고 있다. 미국 닐슨[A. C. Nielsen, 세계적인 시장조사 회사]의 조사에 따르면 1975~1987년 주요 슈퍼마켓 50개에서 판매되는 브랜드들의 시장점유율이 7%나 떨어진 것으로 밝혀졌다. 또 미국 리서치 회사 NPD가 1975~1983년 슈퍼마켓 제품군 스무 가지의 구매 브랜드를 6개월 단위로 추적 조사한 결과, 평균 구매 브랜드 수가 9% 증가한 것으로 나타났다.

브랜드 관리가 허술해진다는 징후들

- 마케팅/광고 매니저가 자사의 브랜드 연상 이미지와 연상 강도를 확실히 찾아내지 못한다. 더구나 그러한 연상 이미지가 세부시장별로, 혹은 시간의 경과에 따라 어떻게 달라지는지에 대한 지식이 부족하다.

- 고객의 브랜드 인지도 수준에 대한 지식이 부족하다. 특정 세부시장에서 브랜드 인지도가 낮다는 사실을 알지 못한다. 자사 브랜드 고객의 최초 상기[top-of-mind recall, 맨 처음 상기하는 브랜드]와 변화에 대한 지식이 부족하다.

- 고객 만족도와 충성도에 대한 체계적이고 신뢰할 만한 측정치를 구비하지 못했다. 또한 이러한 측정치의 변화가 무엇을 뜻하는지 이해하게 해줄 진단적 모형을 갖추지 못했다.

- 장기적인 관점에서 마케팅 노력이 어떤 성과를 냈는지 평가할 만한 지표가 없다.

- 브랜드 에쿼티 보호를 담당하는 실질적 책임자가 없다. 브랜드에 대한 책임이 있는 브랜드 매니저나 마케팅 매니저의 능력을 단기적 기준만으로 평가한다.

- 분기 혹은 몇 년 단위로 브랜드와 담당 매니저의 성과를 평가하기는 해도 장기적 목표와 평가 기준이 없다. 담당 매니저들은 지금 맡은 업무를 오래하거나 이 직장에 장기간 근속하리라 생각하지 않는

다. 이 때문에 전략적 사고를 하지 않으며 한 브랜드의 궁극적 성과를 그들 몫으로 평가받지도 못한다.

- 마케팅 프로그램 요소들이 브랜드에 미치는 영향을 측정하고 평가하는 기술적 방법이 없다. 예를 들어 브랜드 연상이나 브랜드에 미치는 영향을 고려하지 않고 가격 할인이 선택된다.

- 브랜드를 위한 장기 전략이 없다. 예를 들면 브랜드가 어떠한 연상 이미지를 가질 것인가, 어떤 제품군의 시장에서 경쟁해야 하는가, 미래에 어떤 브랜드 이미지를 구축할 것인가 등의 문제에 관해 5년 내지 10년 후의 장기 전략에 대한 방향성 설정이 없다. 어쩌면 이러한 문제들이 지금까지 전혀 거론도 되지 않았을지도 모른다.

광고대행사 BBDO의 연구에 따르면 고객들은 전 세계적으로 13개 제품군에 있는 상품들을 브랜드와 상관없이 모두 동등하다고 인식한다. 제품군별로 보면, 응답자가 선택한 브랜드와 다른 브랜드 사이에 차이가 없다고 인식하는 비율은 담배 52%, 신용카드 76%로 나타났다. 담배, 커피, 맥주처럼 이미지가 기준이 되는 제품보다는 종이 수건이나 수프처럼 품질의 장점을 강조하는 제품의 브랜드 차이를 인식하지 못하는 비율이 더 높았다.

백화점 고객을 대상으로 한 어느 조사에 따르면 속옷, 신발, 가사용품, 가구, 가전제품 등 11개 제품에 대한 고객의 정가 개념이 달라졌음을 알 수 있다. 전국에서 무작위로 선정한 성인 400명을 대상으로 한 전화 조사에서 39%만이 제품을 정가로 구입하며, 41%는 세일할 때까지 기다렸다가 구매하고, 16% 이상이 세일까지는 아니더라도 할인가로 구입할 시기를 기다린다고 나타났다. 흥미롭게도 이 연구는 광고를 많이 하는 제품일수록 정가 판매율이 낮다는 것을 보여주었다. 일반적으로 광고는 경쟁사의 할인 판매 공세에서도 시장점유율을 유지하게끔 강력한 브랜드를 구축하는 기능을 한다.

가격 할인의 활용

단기 영업 성과를 위해 광고 같은 브랜드 구축 노력을 줄이면 브랜드 에쿼티는 약화된다. 게다가 브랜드 에쿼티의 약화는 눈에 띄지 않게 서서히 진행된다. 반면에 가격 할인은 즉각적이고 측정할 수 있는 판매 효과를 낸다. 청량음료든 자동차든 마찬가지다. 주중에 가격 할인을 하면 제품들의 판매가 크게 증가하는 것이 대부분이다. 예를 들어 과일 음료는 443%, 냉동식품은 194%, 세제는 122%의 판매 증가율을 보였다.

이 같은 프로모션으로 서브 브랜드도 매장 선반에 진열되는 기회를 얻는다. 코카콜라(Coca-Cola)를 앞지르고 세븐업(7-Up)을 몰아내기를 바라는 펩시라면 가격 할인은 대단히 매력적인 수단이 될 것이다.

할인권이나 리베이트처럼 최종 고객을 대상으로 하든, 도매 할인처럼 중간 판매상을 대상으로 하든 지난 20년 동안 가격 할인은 크게 증가해왔다. 10년 전만 해도 가격 할인에 사용되는 비용과 광고비 비율이 40대 60 정도였지만 지금은 60대 40으로 역전되었고 그 비율은 계속 변할 것이다. 1980년대 들어 할인권 발행이 연간 11.8%씩 증가했고 심지어 자동차 같은 제품조차 가격 할인이 일상적 판매 수단이 되었다.

브랜드 구축 활동과는 달리, 가격 할인은 대부분 경쟁사가 쉽게 모방할 수 있다. 실제로 경쟁사들은 맞대응을 하거나 감내하기 힘든 손실을 입을 수밖에 없다. 가격 할인과 가격 인하의 순환은 한번 시작되면 멈추기 어렵다. 고객과 유통사가 습관적으로 가격 할인 위주로 구매 계획을 세우기 때문이다. 필연적으로 가격의 역할이 크게 증대되고 이에 따라 제품의 품질과 기능, 서비스는 줄일 수밖에 없다. 결국 브랜드 연상 이미지가 점점 덜 중요해짐에 따라 하나의 제품군에서 브랜드 간 차이가 사라진다. 이 시점에서 단기적 효과를 위한 프로모션이 매우 중요해 보이는데 실상 프로모션을 통한 실제적 가치는 감소한다. 최근 프로모션을 1,000개 이상 연구한 결과에 따르면 비용과 고객의 기대 심리에 의한 판매 기회 손실을 계산해보니 실질적으로 이익을 본 경우는 단지 16%에 지나지 않았다.

　　프로모션은 효과를 직접 측정하게 하는 역할을 한다. 하지만 구매 시점의 정보에 대한 데이터베이스는 장기적 결과를 측정하는 데는 부적합하다. 부분적으로는 시장이라는, 변수가 많은 상황에서 장기적 효과를 정확히 측정하기가 어렵다는 것도 이유가 된다. 장기적 효과는 오랜 세월 동안 측정해야 하는데, 이렇게 하려면 비용이 많이 드는 데다 쉽고 설득력 있는 방법이 없으니 더욱 단기적 효과 측정에 의존할 수밖에 없다.

　　단기 성과를 겨냥한 가격 할인이나 잠재적으로는 오히려 브랜드의 힘을 약화시킬 활동을 기업들에서 많이 하는 이유는 단기적 결과에 급급하기 때문이다. 브랜드 매니저를 비롯한 주요 직원들은 정기적으로 순환근무를 하니 한자리에 고작 2~5년밖에 있지 못한다는 한계가 있다. 그들은 이 기간 동안 시장점유율의 변동이나 당기순이익(short-term profitability) 같은 단기적 측정 기준으로 성과를 평가받는다. 이는 장기 성과의 지표들이 불명확한 데 비해 단기적 측정 방법들은 쉽게 찾을 수 있고 믿을 만하다는 이유도 있지만 기업이 단기 성과에 더 많은 관심을 갖기 때문이기도 하다.

단기 성과를 위한 압력

브랜드 전략의 결정은 단기 성과를 내야 한다는 상당한 압력 속에서 이루어질 때가 많다. 특히 미국에서 그러하다. 소니(Sony) 회장, 하버드대학교 정치학자, MIT 생산성위원회 위원 등을 비롯한 다방면 전문가들은 미국 경영자들이 장기 전략을 희생하면서 단기 이익에 집착한다고 결론 내렸다.

미국 경영자들은 왜 단기 이익에 집착할 수밖에 없을까? 그들이 기업의 가장 중요한 목표를 주식 가치의 극대화에 두기 때문이다. 주주들이 미래 이익을 현재의 성과와 직결해서 보기 때문에 분기별 이익에 지나치게 민감하다는 것이 문제다. 경영자들은 이에 따라 분기 이익을 내야 할 필요성을 느끼며 이는 경영 목표와 브랜드 관리 업무의 기준 설정에 반영된다. 결과적으로 회사의 업무 전반에 단기 영업 효과를 훌륭하게 달성해야만 한다는 압력이 가해진다.

근본적 문제는 주주들 대부분이 기업의 전략적 비전을 이해할 수 없다는 데 있다. 주주들은 전략적 의사 결정에 관여하지 않으며, 불확실한 전략 상황이나 회사 조직에서 벌어지는 복잡한 일들을 해석할 수도 없다. 게다가 장기 성과를 보여주는 신빙성 있는 지표는 존재하지 않는다.

시장을 다년간 실험한 자료가 전무한 상태에서 광고의 장기적 가치를 계량화하기 위한 노력을 몇십 년 동안이나 해왔지만 아직은 이렇다 할 성과가 없다. 신제품 개발을 위한 노력이 얼마나 가치 있는 일

브랜드를 구축하는 광고의 잠재력

리서치 회사 IRI는 광고가 어떻게 브랜드 구축 효과를 내는지 실증적 연구를 진행했다. 이를 위해 몇백 개 제품을 설정해 광고의 양과 그에 따른 효과를 실험한 결과를 분석했다(많은 광고를 했을 때와 보통 정도로 했을 때의 결과를 비교했다). 평균적으로 절반 이상의 사례에서 광고량이 많은 기간에 매출이 확연히 늘지 않았음을 발견했다. 실험을 실시한 해에는 15개 제품만 매출이 현저히 증가했다. 이들 제품의 기준연도 대비 매출은 평균 22%가 증가했다.

광고를 많이 하다가 보통 수준으로 낮춘 후 2년째와 3년째에도 매출은 각각 17%, 6%가 증가하여 기준연도를 웃돌았다. 그런데 기업에서는 몇 개월 혹은 몇 주 내에 광고와 프로모션 효과가 나타나기를 기대한다. 따라서 1년 정도의 단기적 관점에서 보면 광고의 영향은 상당히 과소평가될 수 있다.

인지 계량화하기도 어렵다. 기업들은 신제품 연구에 드는 비용, 신제품의 수, 최근 5년간 새로 시장에 진입한 제품이 차지하는 비율 등은 잘 파악할 수 있지만 장기적 성과 측정은 힘들어한다. 브랜드 에쿼티의 가치를 높이거나 낮추는 제반 마케팅 활동이 어떤 장기적 효과를 내는지 신빙성 있게 증명해낸다는 건 어려운 일이다. 대안이 없으니 단기 이익을 성과 측정의 기준으로 삼을 수밖에 없다.

주주의 이해가 강조되고 항상 압력을 받을 수밖에 없는 현실에서 장기적 관점의 경영이 쉬운 일은 아니다. 그렇다면 어떻게 해야 할까? 간단히 말해 단기 이익 대신 주주들을 만족시킬 만한 장기 성과를 측정할 수 있는 방법을 개발해야 한다.

♛
4. 자산과 기술의 역할

어떻게 하면 전략적 시각을 갖출 수 있을까? 그 방법 가운데 하나는 기업의 경영 목표를 단기 영업 성과 달성에서 자산과 기술의 개발 및 유지로 변화시키는 것이다. 자산은 브랜드 네임이나 소매점처럼 기업이 소유한, 경쟁사보다 우월한 무언가를 의미한다. 기술은 광고 또는 효율적 제조 과정처럼 경쟁사보다 앞선 것을 말한다.

기술은 지속적으로 경쟁우위(competitive advantage)를 점하게 해줄 기반이 된다. 한 기업의 시장 전략(경쟁 방식 및 그것을 위해 선택하는 분야)은 쉽게 모방할 수 있다. 하지만 그 기업이 현재 지닌 마케팅 자산과 경쟁하기는 어렵다. 그러려면 전문 자산이나 기술을 획득하여 상대방을 무력화해야 하기 때문이다. 시리얼이나 세제를 슈퍼마켓에 유통시키는 건 어떤 기업도 할 수 있지만 제너럴 밀스만큼 효과적으로 하기는 쉽지 않다. 적절한 자산과 기술을 통해 경쟁사의 공격을 막아내야만 오랫동안 경쟁우위를 지속시키고 장기적 이익을 낼 수 있다. 경쟁우위의 기반이 되는 주요 자산과 기술을 파악하고 그 증대 및 유지, 효과적 사용을 위해 도전하는 데 주저해서는 안 된다.

수익 발생원으로서의 자산의 개념은 친숙하게 다가온다. 그 자산이 자본화되어 대차대조표[balance sheet, 결산 시 기업의 재정 상태를 한눈에 볼 수 있게 도식화한 표]에 나타날 때 특히 그러하다. 그 전형적 예가 바로 국채다. 건물, 설비, 인원을 갖춘 공장이 또 다른 예가 될 수 있다. 물론 공장은 국채와 달리 적극적 경영과 유지가 필요하다.

그러나 조직 내의 인력이나 브랜드 네임 같은 기업의 가장 중요한 자산은 자본화할 수 없고 대차대조표에도 나타나지 않기 때문에 분명한 가치를 알 수 없다. 무형 자산의 감가상각비는 계산을 할 수가 없으므로 그 유지비는 자금 흐름이나 단기 이익에서 가져와야 한다. 사람들은 모두 불경기에도 공장은 유지해야 한다고 생각한다. 손익계산서의 감가상각을 고려하지 않을 수 없고 한편으로는 공장을 유지해야 할 필요성이 눈에 보이기 때문이다. 이와 대조적으로 무형 자산의 중요성은 간과하기 쉽고 그것을 유지할 필요성도 간과하기 쉽다.

브랜드 네임 관리

가장 중요한 무형 자산 가운데 하나가 브랜드 네임이다. 많은 사업에서 브랜드 네임은 매우 중요한 의미가 있으며, 경쟁우위를 차지하고 매출 이익을 가져오는 기반이 된다. 그러나 브랜드 네임의 유지와 강화에 대한 개념을 갖추고 일관성 있게 관리하는 경우는 드물다.

출세가도를 달리는 미국 경영자들은 브랜드 같은 자산에 힘을 쓰기보다는 손쉽게 손에 들어오는 하루하루의 성과에 집착한다. 왜 북동부 지역에서의 점유율이 떨어질까? 프로모션을 통해 경쟁사의 신제품 도전을 꺾을 수 있을까? 새로운 시장에 진출할 수 있는 방법은? 완전히 다른 종류의 제품에 같은 브랜드 네임을 붙임으로써 임시 해결이 가능할까? 지속적 성장을 위해서는 무엇이 필요할까? 기존의 브랜드 네임을 신제품의 시장 진입에 이용할 수 있을까? 기업이 집중하는 것은 이 같은 문제들이다.

브랜드를 단기적 문제에 집중 활용함으로써 사업에 도움을 받을 수 있고, 때로는 장기적으로 브랜드를 이용할 수도 있다. 이때 브랜드를 악용하거나 수준을 낮추는 식으로 성과를 얻는 건 위험하다. 중심적인 브랜드 연상 이미지의 약화 가능성이 있기 때문이다. 격이 낮은 유통 채널이나 고객층까지 포함하는 시장에서 브랜드가 남용되면 브랜드 가치가 손상될 위험이 있다. 잦은 가격 할인 행사를 하는 제품이라면 고객들은 싸게 구매할 수 있는 물건으로 인식할 것이다. 브랜드는 재고로 쌓아두는 여분의 목재처럼 하나의 자산으로 간주해야 한다. 미래에 대비하지 않고 예비품을 소진해버리는 과정에서 단기 이익은 많아질지 몰라도 자산이 소멸될 수 있다.

브랜드의 손상을 막는 것만으로는 충분하지 않다. 자양분을 공급하고 세심하게 관리할 필요가 있다. '비용과 효율성'만을 추구하는 기업 문화 때문에 브랜드는 더욱 첨예한 위험에 직면하게 된다. 구매, 제품 디자인, 생산, 프로모션, 물류 등 사업 효율성의 제고에만 초점을 맞춘다면 브랜드 가치의 강화를 바라기는 어렵다. 게다가 효율성에 대한 압력은 목표 비용과 고객 만족 사이에서 적절한 지점을 찾기 어렵게 만든다.

브랜드 구축 활동이 미래의 실적 향상에 얼마만큼 가치 있는 일인지 입증하기는 쉽지 않다. 따라서 브랜드 자산과 미래의 실적이 어떤 관계가 있는지 잘 이해할 필요가 있다. 그래야만 브랜드 구축 활동이 정당화되기 때문이다. 브랜드 에쿼티의 기초가 되는 자산은 무엇이며 이는 미래의 실적과 어떻게 연결되는가? 그러한 활동은 어떤 보상을 받으며 그 활동에 내재하는 위험의 본질은 정확히 무엇인가? 예를 들어 지각된 품질 향상과 브랜드 인지도 제고는 얼마만큼 가치 있는 일인가? 이러한 질문에 답할 수 있다면 브랜드 구축은 지지받게 되고, 반대로 단기 이익만 추구하는 관점은 반발에 부딪칠 것이다.

모든 브랜드 구축 활동은 정당화되어야 한다. 특히 광고에서 그 필요성이 절실하다. 광고에는 엄청난 비용이 소모되므로 단기 이익에 대한 압력이 심하기 때문이다. 영앤루비컴(Young&Rubicam, 세계적 광고 회사, 이하 'Y&R') 사장 피터 조르제스쿠(Peter A. Georgescu)는 강력한 브랜드를 만드는 데 필요한 커뮤니케이션 요소를 측정, 예측, 관리하는 방법을 배울 필요성이 있다고 강조하면서 광고에 대한 압력을 불식했다.

"강력한 브랜드를 구축하기 위해 우리의 고객에게 써야 하는 엄청난 비용을 측정하고 정당화할 방법을 찾아야만 한다."

그는 그렇지 못할 때 "얼굴도 생명도 없는" 일회용품 같은 브랜드로 전락할 위험성이 있다고 경고한다.

브랜드 에쿼티의 가치를 확인하는 첫 번째 단계는 그것이 무엇인지 이해하는 것이다. 실제로 무엇이 브랜드 가치에 기여하는지 정의해 보자. 그다음으로 브랜드의 개념에 대해 통찰력을 일깨우는 브랜드 가치 평가의 다양한 방법을 살펴볼 것이다. 마지막으로 브랜드를 만들거나 관리하는 사람들이 당면한 여러 가지 문제를 소개하고자 한다.

♛

5. 브랜드 에쿼티란 무엇인가

브랜드 에쿼티란 하나의 브랜드와 그 브랜드 네임, 심벌에 연계되는 자산과 부채의 총체로, 제품이나 서비스가 기업과 고객에게 제공하는 가치를 증가시키거나 감소시키는 역할을 한다. 자산이나 부채가 브랜드 에쿼티의 기저를 이루려면 브랜드 네임 또는 심벌과 연관성이 있어야 한다. 브랜드 네임이나 심벌이 바뀌면 자산과 부채의 전부 혹은 일부가 영향을 받거나 아예 없어질 수 있다. 단지 일부만이 새로운 이름이나 심벌로 옮겨간다. 브랜드 에쿼티의 근간을 이루는 자산과 부채는 상황에 따라 달라지는데 이를 다음의 다섯 가지 범주로 구분할 수 있다.

1. 브랜드 충성도
2. 브랜드 네임 인지도
3. 지각된 품질
4. 지각된 품질에 추가되는 브랜드 연상
5. 특허, 등록 브랜드, 유통 관계 등 기타 독점적 브랜드 자산

브랜드 에쿼티의 개념은 **그림 1-3**에 요약되어 있다. 그림에 나온 다섯 가지 자산의 범주가 바로 브랜드 에쿼티의 기초가 된다. 그림을 보면 브랜드 에쿼티가 고객과 기업 모두에 가치를 창출한다는 것을 알 수 있다.

고객에게 가치를 제공하기

일반적으로 브랜드 에쿼티 자산은 고객이 브랜드에 가치를 갖도록 하거나 반대로 고객이 브랜드에 대해 가졌던 가치를 박탈한다. 고객이 제품과 브랜드에 대한 방대한 양의 정보를 원활하게 해석하고 처리하도록 돕기도 한다. 또 (과거에 사용한 경험이나 브랜드 및 브랜드의 특성에 대한 친숙도를 통해) 구매 결정에 이르기까지 고객의 소신에 영향을 미치기도 한다. 잠재적으로 더 중요한 것은 지각된 품질과 브랜드 연상이 사용 경험(use experience)에 대한 고객의 만족도를 향상시킬 수 있다는 사실

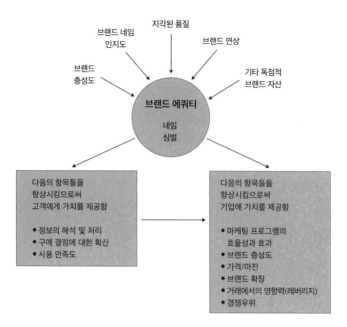

그림 1-3   브랜드 에쿼티

이다. 티파니(Tiffany, 미국 뉴욕에 본사가 있는 고급 보석 브랜드)에서 나온 보석이라는 사실을 아는 것은 그 보석을 착용할 때의 느낌에 영향을 준다. 사용자의 실제 느낌이 달라지는 것이다.

기업에 가치를 제공하기

브랜드 에쿼티는 고객에게 가치를 제공하는 것 외에도 적어도 대여섯 가지 방법으로 현금흐름을 창출해내어 기업에 가치를 부여하는 힘이 있다. 첫째, 브랜드 에쿼티는 새로운 고객을 끌어모으거나 이전 고객을 다시 찾아오는 데 도움이 된다. 예를 들어 브랜드에서 론칭한 새로운 맛이나 사용법을 시도하도록 유도하는 프로모션의 경우, 고객에게 친숙하고 품질에 신뢰감이 있는 브랜드의 제품이라면 더 효과적일 것이다.

둘째, 브랜드 에쿼티는 그 밖의 네 가지 차원에서 브랜드 충성도를 증대시킨다. 지각된 품질, 브랜드 연상 이미지 그리고 잘 알려진 브랜드 네임은 구매동기를 자극하고 만족감을 향상시킨다. 이는 브랜드 선택 시 이러한 요소들이 별로 중요하지 않은 상황에서도 고객에게 확신을 주고 다른 브랜드를 선택하려는 동기를 약화시키는 요소들이다. 브랜드 충성도가 높으면 혁신을 꾀한 경쟁자들이 제품에서 우위에 서더라도 그에 대응할 시간적 여유를 벌 수 있어 유리하다. 브랜드 충성도는 브랜드 에쿼티의 구성 요소들 가운데 하나인 동시에 브랜드 에쿼티의 영향을 받는다는 사실에 주목하자. 브랜드 에쿼티의 구성 요소들이 브랜드 충성도에 미치는 영향은 매우 중요한데 이는 브랜드 에쿼티가 기업에 가치를 부여하는 방법 가운데 하나이기 때문이다.

나머지 브랜드 에쿼티 차원들 사이에도 비슷한 상호 관계가 존재한다. 예를 들어 지각된 품질은 인지도(유명한 제품은 품질도 좋을 것이다), 연상(유명한 광고 모델은 품질이 좋은 제품 광고에만 나올 것이다), 브랜드 충성도(충성도가 있는 고객들은 질 낮은 제품을 좋아하지 않을 것이다)의 영향을 받을 것이다. **그림 1-3**에는 나와 있지 않지만 어떤 상황에서는 브랜드 에쿼티에 영향을 미치는 요소로서가 아니라 그 영향을 받는 요소로 브랜드 에쿼티의 여러 차원을 파악해보면 도움이 될 것이다.

세 번째로, 브랜드 에쿼티는 상품에 비싼 값을 매길 수 있게 하고 프로모션에 대한 의존도를 낮추어 더 많은 이익을 창출한다. 브랜드 에쿼티의 여러 요소는 상품 고가화에 다양하게 기여한다. 브랜드 에쿼티가 취약한 브랜드는 프로모션 활동에 더 많이 투자해야 하는데 그 성과가 고작 유통에서 현재 위치를 유지하는 정도에 그치는 경우도 있다.

네 번째, 브랜드 에쿼티는 브랜드 확장을 통해 성장의 발판이 되기도 한다. 앞서 보았듯이 아이보리 브랜드가 없었더라면 P&G의 시장 진입에는 훨씬 더 많은 비용이 들었을 것이다.

다섯째, 브랜드 에쿼티는 유통에서도 영향력을 높여준다. 잘 알려지고 연상되는 이미지가 있는 증명된 브랜드 네임을 거래할 때 상인도 고객과 마찬가지로 확신을 갖는다. 브랜드가 강할 때 마케팅 프로그램을 수행하며 진열이나 기타 여러 가지 측면에서 협조받는 데 유리할 것이다.

마지막으로, 브랜드 에쿼티는 경쟁자들에게는 실제로 장벽이 되는 경쟁우위를 제공한다. 연상(예를 들어 타이드는 빨기 힘든 가족들 옷을 세탁하는 세제다)은 주어진 세부시장에서 관건이 되는 특성을 선점토록 해준다. 다른 브랜드가 '빨기 힘든 옷 세탁' 세부시장에서 타이드와 경쟁하기는 어려울 것이다.

어큐라〔Acura, 일본 혼다 자동차가 1986년 출시한 고급 자동차 브랜드〕처럼 고객의 마음속에 지각된 품질이 강하게 자리 잡은 경우, 경쟁자가 쉽사리 뛰어넘을 수 없는 경쟁우위를 갖춘 셈이다. (아무리 사실일지라도) 어큐라보다 다른 브랜드의 품질이 좋다고 고객들을 믿게 만들기는 어렵다. 낮은 브랜드 네임 인지도와 높은 브랜드 네임 인지도가 동등한 수준을 갖기까지는 엄청난 비용이 소모된다.

이제 브랜드 에쿼티를 구성하는 다섯 가지 자산의 범주로 돌아가 보고 그 각각에 대해 논의할 예정이다. 이러한 브랜드 에쿼티 자산 요소들을 구축하려면 투자가 필요하다. 그리고 구축 후에도 유지와 관리를 하지 않는다면 이 요소들은 시간의 흐름과 함께 사라져버릴 것이다.

브랜드 충성도

어떤 사업이든 새 고객을 끌어모으는 데 드는 비용보다 기존 고객을 유지하는 비용이 덜 들게 마련이다. 특히 기존 고객이 그 브랜드에 만족하고 좋아할 때 더욱 그렇다. 사실 브랜드 전환에 부담을 느끼거나 브랜드 관여도가 낮은 경우에도 고객들은 현재 사용하는 브랜드를 계속 구매하는 성향이 있다. 즉 현재 확보된 고객 집단은 과거에 했던 상당한 투자의 결과로 볼 수 있다. 더군다나 기존 고객들은 새로운 고객들에게 브랜드를 소개하거나 그 브랜드에 대한 확신을 주기까지 한다.

고객의 충성도는 경쟁자의 마케팅 활동이 미칠 영향력을 감소시킨다. 경쟁자들은 만족스러워하는 타사 고객들을 끌어가는 데 자원을 소모하려 들진 않을 것이다. 항상 특정 브랜드의 제품만 구입하기를 바라는 고객의 충성도는 심지어 유통에서의 영향력을 높이기도 한다.

브랜드 네임과 심벌의 인지도

사람들은 친숙한 것을 좋아하므로 익숙한 브랜드의 물건을 구매하는 편을 선호한다. 또 기존 제품 가운데 친숙한 브랜드가 비교적 믿을 만하고 품질도 괜찮을 거라고 판단한다. 따라서 유명 브랜드는 알려지지 않은 브랜드보다 선택받을 확률이 높아진다. 우선 구입 대상이 되는 브랜드군에 포함되어야 하기에(제품 구입 시 고려되는 브랜드 가운데 하나여야 하기 때문에) 브랜드 인지도는 중요하다. 보통 잘 알려지지 않은 브랜드는 구입 고려 대상이 될 기회조차 없다.

지각된 품질

브랜드의 전반적인 지각된 품질이 반드시 상세한 사양에 대한 지식을 근거로 하지는 않는다. 고객은 산업의 유형에 따라 조금씩 다른 형태로 품질을 지각한다. 예를 들어 휴렛팩커드(Hewlett Packard)나 IBM에서의 지각된 품질과 솔로몬 브라더스(Salomon Brothers, 미국의 투자은행으로 보험 회사 트래블러스컴퍼니에 인수됨), 세제 브랜드 타이드와 케첩 브랜드 하인즈(Heinz)에서의 품질은 의미가 전혀 다르다. 그렇지만 지각된 품질은 언제나 측정 가능하면서도 중요한, 브랜드의 특징이다.

성분을 브랜딩한 사례 : 뉴트러스위트

페르듀(perdue) 치킨과 치키타(Chiquita) 바나나는 제품 간 차이가 거의 없는 일상적 물건도 성공적으로 브랜드화할 수 있음을 보여준다. 얼마 전까지만 해도 순수 일상품으로 여겨지던 제품이 상당한 수준의 인지도와 품질에 대한 명성을 획득하게 된 것이다.

몬산토[Monsanto, 2018년 6월 독일 바이엘이 인수한 미국 농업생물공학 기업]의 자회사 뉴트러스위트(Nutrasweet)는 이보다 훨씬 어려운 과제를 해결해야 했다. 설탕 대체 감미료인 아스파탐(aspartame)이라는 특허 재료를 브랜드화하는 것이었다. 그 브랜드는 1990년대 초반 특허가 종료되어 같은 원료로 만든 경쟁 제품이 쏟아지더라도 살아남을 만큼 아주 강해야 했다.

그들의 전략은 고객에게 친숙한 브랜드 네임('영양'과 '달콤한'이란 단어를 결합한)과 심벌(친숙한 소용돌이 모양)을 만들어 고객 마음속에 확고히 자리잡게 하는 것이었다. 그렇게 함으로써 원가가 싼 경쟁사 제품보다 뉴트러스위트로 만든 제품을 선호하도록 해야 했다. 뉴트러스위트가 엄청나게 광고를 했다고는 해도 브랜드 창출 노력이 실효를 거둔 것은 뉴트러스위트로 만든 약 3,000여 제품에 뉴트러스위트란 브랜드 네임과 심벌을 표시하자는 주장을 받아들인 후였다. 그 브랜드는 시장에서 큰 성공을 거두었고 출시 6년 만인 1989년, 매출 8억 5,000만 달러에 1억 8,000만 달러의 이익을 냈다.

여기서 몇 가지 흥미로운 문제가 대두된다. 저렴한 대체물이 나온다면 뉴트러스위트 브랜드는 얼마 동안이나 경쟁력을 유지할 수 있을까? 고객의 브랜드 충성도를 유지하기 위해 뉴트러스위트는 무엇을 해야 할까? 모기업은 신제품인 지방 대체 물질 심플리즈(simplesse)도 성공시킬 수 있을까? 비슷한 전략이 다시 통할 것인가?

지각된 품질은 구매 결정과 브랜드 충성도에 직접적 영향을 미친다. 특히 구매자가 동기부여가 되지 않은 상태이거나 자세한 분석을 할 수 없을 때 그러하다. 또 지각된 품질이 좋을 경우 고가 정책을 쓸 수 있으며, 이를 통해 브랜드 에쿼티에 재투자할 전체 수익을 창출하게 된다. 지각된 품질은 브랜드 확장의 기초가 될 수 있다. 특정 상황에서 어느 브랜드가 품질이 좋다는 인식을 얻는다면 관련된 다른 상황에서도 좋은 평가를 받으리라 추론할 수 있기 때문이다.

브랜드 연상 이미지

브랜드 네임의 가치는 보통 그것과 연관된 구체적 연상을 기반으로 한다. 맥도날드(McDonald's)에 대한 연상 이미지는 맥도날드라는 브랜드와 연결되는 긍정적 태도나 느낌을 형성한다. 영화배우 칼 멀든[Karl Malden(1992~2009), 진중한 분위기로 수많은 영화에서 열연한 미국의 성격파 배우]과 아메리칸 익스프레스[American Express, 여행 관련 서비스 및 금융 서비스 기업]를 연결해 신뢰감을 형성할 수 있고 (다른 브랜드와 연결해) 서비스에 대한 신뢰를 높일 수도 있다. 아스피린이 '사용되는 상황'을 심장마비와 연결하는 식으로 고객이 구매 이유를 찾게 할 수도 있다. 라이프스타일이나 개성과 관련된 연상을 통해 사용 경험을 변화시키는 것도 가능하다. 재규어(Jaguar)의 연상 이미지를 통해 '뭔가 다른 것'을 소유하고 운전하는 경험을 만들어낼 수도 있는 것이다. 강력한 연상은 브랜드 확장의 기초가 되기도 한다. 허쉬(Hershey) 초콜릿 우유는 허쉬의 연상 이미지에 기초한 경쟁우위를 갖는다.

만약 하나의 브랜드가 그 제품군에서 중요하게 여겨지는 특성(서비스 지원이나 기술적 우위 등)에서 잘 포지셔닝되었다면 경쟁사들이 그 브랜드를 공격하기는 어렵다. 경쟁사가 자사 제품이 그러한 특성에서 우수하다면서 똑같이 정면공격을 시도한다면 그러한 주장의 신뢰성은 의심받게 될 것이다. 예를 들어 노드스트롬[Nordstrom, 미국의 유통 전문 업체]의 경쟁 백화점이 서비스 면에서 자신들이 노드스트롬보다 낫다고 주장한다면 신뢰를 얻기 어렵다. 그들은 (중요성이 좀 떨어지더라도) 다른 특성을 강조해야 한다. 이와 같이 연상은 경쟁자들이 넘기 힘든 장벽이 될 수가 있다.

기타 독점적 브랜드 자산들

지금까지 브랜드 충성도를 비롯해 브랜드에 대한 고객의 인식과 반응을 반영하는 네 가지 브랜드 에쿼티의 범주에 대해 살펴보았다. 다섯 번째 범주는 특허, 등록 브랜드, 유통 관계 등 그 밖의 독점적 브랜드 자산에 관한 것이다.

고객과 브랜드 충성도를 잠식하려는 경쟁사의 시도를 차단할 때 브랜드 자산의 가장 큰 가치가 드러난다. 이 자산들은 다양한 형태를 취할 수 있다. 예를 들어 등록 브랜드는 경쟁자들이 비슷한 브랜드 네임이나 심벌, 패키지로 고객을 혼동시키려 할 때 효과가 있다. 고객의 선택에 영향을 주는 강력하고 적절한 특허는 직접적 경쟁을 막아준다. 브랜드가 성과를 냈던 과거의 역사 덕분에 분산된 채널 또한 브랜드로 컨트롤할 수 있다.

자산들은 당연히 브랜드에 속한 것이어야 한다. 유통을 브랜드 에쿼티의 기초로 보려면, 그것이 기업보다는 브랜드에 기초를 두고 있어야 한다(예컨대 P&G 혹은 펩시의 자회사가 만든 스낵 브랜드인 스낵 제조 업체 프리토레이Frito-Lay). 유통에 강한 브랜드를 갖고 있는 기업이라고 해서 다른 브랜드를 유통시킬 때도 쉽게 진열대를 차지할 수는 없다. 특허의 가치가 쉽게 다른 브랜드 네임으로 전이된다면 브랜드 에쿼티에 기여하는 바가 크다고 보기 어렵다. 다른 브랜드 네임을 사용해서 확보한 점포망이 브랜드 에쿼티에 기여할 수 없는 것 역시 마찬가지다.

♛

6. 브랜드 가치란 무엇인가

브랜드 가치 평가 방법의 개발은 여러 가지 이유에서 매우 중요하다. 우선 실질적 문제가 있다. 브랜드는 사고파는 것이므로 구매자와 판매자가 그 가치를 평가해야 한다. 이때 어떤 방법이 가장 적절할까? 둘째, 기업에서는 항상 경쟁적으로 자금을 운용하기 마련이다. 그러므로 브랜드 에쿼티의 가치를 높이기 위한 투자를 우선시할 필요성을 입증해야만 한다. 투자를 하면 브랜드 가치가 높아지는 것이 보통이다. 따라서 경영자는 브랜드가 어떻게 평가되어야 하는지에 대한 '느낌'만으로 브랜드에 대한 투자 결정을 내릴 수도 있다. 셋째, 가치 평가를 함으로써 브랜드 에쿼티 개념에 대한 통찰력을 갖게 된다.

브랜드 네임의 가치는 무엇인가? IBM, 보잉, 베티 크로커(Betty Crocker), 포드(Ford), 웨이트 워처스[Weight Watchers, 뉴욕에 본사를 둔 다이어트 제품과 프로그램 서비스 브랜드], 버드(Bud), 웰스 파고[Wells Fargo, 미국의 다국적 금융 서비스 기업]를 보라. 이 기업들이 사업과 관련된 다른 자산들은 유지하면서 브랜드 네임만 상실한다면 어떤 일이 벌어질까? 브랜드 네임을 잃어버릴 때 입을 사업상의 피해를 돈으로 따지면 얼마나 될까? 지속될지도 모를 사업상 피해를 만회하려면 얼마만큼의 비용이 들까?

블랙앤데커(Black&Decker)는 3억 달러 이상을 주고 제너럴 일렉트릭(General Electric, 이하 'GE')의 소형 가전제품 사업을 사들였다. 하지만 GE라는 브랜드 네임을 사용할 수 있는 기간은 단 3년뿐이었다. 이름을 바꾸려는 노력 끝에 그들은 GE의 제품 라인을 사지 않고 그냥 사업에 진출하는 편이 더 나았으리라는 결론을 내렸다. GE의 브랜드 에쿼티를 블랙앤데커의 것으로 바꾸느라 새로 제품 라인을 개발하고 새 브랜드를 붙여 출시하는 것만큼 비용이 들어갔다. 명백한 사실은 GE라는 브랜드 네임이 그 사업의 중요한 부분이었다는 점이다.

브랜드 에쿼티의 가치를 평가하는 일반적 방법을 적어도 다섯 가지 정도 제안할 수 있다. 첫 번째는 브랜드 네임으로 인한 가격 프리미엄을 기준으로 한다. 두 번째는 브랜드 네임이 고객의 선호도에 미치는 영향력을 기준으로 한다. 세 번째는 브랜드 네임의 대체가치를 살펴보는 것이다. 네 번째는 주식 가격에 기반을 둔 방법이다. 다섯 번째는 브랜드의 수익성에 초점을 맞춘다. 이제 이 방법들을 순서대로 살펴보자.

브랜드 네임에서 창출되는 가격 프리미엄

브랜드 네임 인지도, 지각된 품질, 연상, 충성도 같은 브랜드 에쿼티 자산들은 모두 잠재적으로 가격 프리미엄을 제공할 수 있다. 결과로 나타난 가외의 수입은 순이익을 늘리는 데 쓰거나 더 큰 브랜드 에쿼티의 창출을 위한 재투자에 사용되기도 한다.

브랜드로 인한 가격 프리미엄을 측정하는 한 가지 방법은 단순히 시장에서 가격 수준을 관찰하는 것이다. 가격 차이는 어느 정도며, 각 브랜드들과 어떻게 연관되는가? 예를 들어 경쟁사의 자동차들은 가격 수준이 어떤가? 각 브랜드들은 매년 어느 정도 가격을 낮추는가? 특정 브랜드는 자사의 가격 변화에, 또 경쟁사의 가격 변화에 얼마나 민감한가?

가격 프리미엄은 고객 조사를 통해서도 측정할 수 있다. 고객들에게 한 제품의 다양한 특성(브랜드 네임이 그 특성이 될 수도 있다)에 얼마를 지불할지 물어보는 것이다. 달러매트릭(dollarmetric, 가격 변수를 달리하면서 동일한 브랜드의 차이를 분석해 브랜드 가치를 측정하는 방법)이라는 조사 방법으로 브랜드 네임의 가치를 직접 측정할 수 있다.

아메리칸 모터스(American Motors)는 달러매트릭 측정법을 변형한 방법으로 르노 프리미어(Renault Premier)라는 자동차를 테스트했다. 브랜드 네임 없이 차의 모델을 고객들에게 보여주고 얼마에 구입할 용의가 있느냐고 물었던 것이다. 그러고 나서 여러 가지 이름을 붙이며 같은 질문을 되풀이했다. 아무 이름도 붙이지 않았을 때 가격은 1만 달러 정도였고, 르노 프리미어라는 이름을 붙였을 때는 3,000달러 정도가 더 올라갔다. 크라이슬러(Chrysler)는 아메리칸 모터스를 사들여 이 차에 크라이슬러 이글 프리미어(Chrysler Eagle Premier)라는 이름을 붙여 판매하면서 앞서의 연구에서 제시된 수준으로 가격을 책정했다.

가격 수준이 상이할 때 구매자의 선호도나 구매 의향 변화를 관찰하는 것도 브랜드의 가격 프리미엄을 알아보는 한 방법이다. 그러한 연구를 통해 경쟁 브랜드의 가격 인하에 따른 구매자의 선호도 변화와 브랜드의 자체적 가격 인하에 대한 구매자의 민감도 등을 알아볼 수 있다. 자산 가치가 높은 브랜드라면 경쟁사가 가격을 내려도 시장점유율이 별로 낮아지지 않을 것이다. 하지만 자사 브랜드의 가격을 자체적으로 (어느 정도까지) 낮춤으로써 시장점유율을 높일 수 있을 것이다.

또 다른 방법으로는 한 제품에서 중요하게 여기는 특성을 여러 가지로 조합해 그중에서 최적의 대안을 선택하게끔 하는 컨조인트 분석(conjoint analysis)이 있다. 예를 들어 컴퓨터에 중요한 특성으로 현장 서비스(있음 혹은 없음), 가격(3,200달러 혹은 3,700달러), 브랜드 네임(컴팩 Compaq 혹은 서클Circle)이 있다고 하자. 응답자는 현장 서비스가 있고, 가격이 저렴하며, 이름 있는 브랜드 네임을 더 좋아할 것이다. 각 특성의 상대적 가치를 결정하기 위해서 응답자는 다음 조합의 쌍 가운데 한 가지를 선택해야 한다.

3,700달러의 컴팩 vs. 3,200달러의 서클

3,700달러에 서비스 있음 vs. 3,200달러에 서비스 없음

서비스 없는 컴팩 vs. 서비스를 갖춘 서클

선택한 결과를 분석하면 각각의 특성과 관련된 화폐가치를 알 수 있다. 브랜드 네임의 화폐가치는 그 제품군의 다른 특성과 비교해서 판단할 때 비로소 나타난다.

브랜드 네임으로 인한 가격 프리미엄을 알아낸다면 단위 판매량에 가격 차이를 곱해 특정 연도의 브랜드 네임의 가치를 측정할 수 있을 것이다. 시간 경과에 따른 현금흐름의 하락을 적정하게 산정하는 식으로 브랜드 가치를 매겨볼 수 있다.

브랜드 네임과 고객 선호도

담배나 항공권처럼 경쟁 브랜드 간 가격 차이가 거의 없는 경우 브랜드로 인한 가격 프리미엄을 측정해서 브랜드 에쿼티를 평가하는 것은 부적절하다. 대신 선호나 태도, 구매 의향 등 브랜드 네임이 고객의 브랜드 평가에 미치는 영향을 고려하는 편이 나을 것이다. 브랜드 네임은 그 평가에 어떤 영향을 미칠까?

한 연구에서 고객들에게 켈로그 콘플레이크(Kellogg Corn Flakes)라

는 브랜드 네임을 알려주었을 때 그 제품에 대한 지지도는 47%에서 59%로 상승했다. 또 암스트롱(Armstrong)의 테스트에서는 '암스트롱'이란 이름 덕분에 50대 50이었던 선호도가 90대 10으로 바뀌었다. 이러한 예에서 볼 수 있듯이 브랜드 네임이 시장점유율과 브랜드 충성도에 어느 정도 기여하는가 하는 문제가 종종 관건이 되기도 한다.

브랜드 네임 덕분에 생긴 추가 매출액(또는 시장점유율)을 브랜드 가치로 볼 수 있다. 예를 들어 브랜드 네임을 없애면 매출이 30% 떨어진다든지, 광고로 브랜드 네임을 알리지 않았을 경우 5년간 30% 매출 하락을 불러온다고 치자. 이 경우 그렇게 하지 않았을 때 저하된 매출액만큼 발생했을 순이익을 브랜드의 가치로 볼 수 있다.

가격 프리미엄과 브랜드 선호도는 조사 연구 방법으로 측정 가능하고 시계열 분석[time series analysis, 통계 숫자를 시간의 흐름에 따라 일정한 간격으로 기록한 시계열 데이터에 바탕을 둔 분석법. 경기 변동 등의 연구에 사용된다]도 가능하다. 이 방법은 브랜드 에쿼티를 추정하는 한 가지 방법이 될 수 있지만 브랜드의 현재 영향력만을 고려한다는 한계가 있다. 이 방법으로는 (품질 개선 등) 미래의 변화에 대한 영향력을 고려할 수가 없다.

대체원가(replacement cost)

또 다른 방법은 비슷한 브랜드 네임과 사업체를 설립하는 데 얼마의 비용이 드는지 알아내는 것이다. 키더 피바디(Kidder Peabody, 투자은행)는 소비재 한 품목을 신규 출시하는 데 7,500만 달러 내지 1억 달러 정도가 들고 그 성공률을 15% 정도로 본다. 제품 개발 비용이 1억 달러이고 성공률이 25%인 제품이라면, 4억 달러를 들여 네 가지 제품을 개발해야 그중 제품 하나가 성공한다는 의미다. 이 경우 기존에 확립된 브랜드는 제품의 신규 출시에 드는 비용인 4억 달러에 버금가는 가치를 지닌다고 볼 수 있다.

주가 변동을 기반으로 한 브랜드 가치

주가를 브랜드 자산 평가의 기준으로 이용하는 브랜드 자산 평가 방법도 있다. 이는 재무 이론에 기초를 둔 방법으로 시카고대학교 캐럴 시몬(Carol J. Simon)과 메리 설리번(Mary W. Sullivan) 교수가 연구한 것이다. 한 기업의 주가는 그 기업이 가진 브랜드의 향후 전망까지 반영되어 정해진다고 보기 때문에 여기서는 주가를 평가 기준으로 삼는다.

이 방법으로 할 때 먼저 주가와 주식 수의 함수라고 할 수 있는, 기업 주식 자산의 대체 비용을 제하면 무형 자산 부분이 남는다. 이는 다시 브랜드 에쿼티의 가치, R&D(Research and Development, 제품의 질을 향상시키기 위한 연구개발 활동, 이하 '연구개발 활동')나 특허 같은 브랜드 외적 요소의 가치, 정부 규제나 기업 집중 같은 산업 요소의 가치 등 세 부분으로 나뉜다. 브랜드 에쿼티는 브랜드의 연한과 시장 진입 순서(일반적으로 먼저 진입한 브랜드일수록 후발 브랜드에 비해 가치가 크다), (광고를 통해 브랜드 가치가 형성되므로) 지금까지의 누적 광고량, 해당 브랜드가 속한 산업의 전체 광고량에서 그 브랜드의 광고가 차지하는 비율(포지셔닝 우위에 영향을 미치는 요소가 된다) 등에 영향을 받는 것으로 여겨진다.

이 모형을 검토해보기 위해 638개 기업의 주식시장에서의 가치(유형 자산을 뺀 가치)를 앞서 말한 세 가지 무형 자산의 가치를 나타내는 지표로 이용했다. 이 모형은 상장기업에만 활용할 수 있으므로 주로 브랜드를 가진 기업에 사용해야만 타당하고 유용한 결과가 나타난다는 한계가 있다. 그러나 과거 수익보다는 미래 수익이 반영되어 있는 주가를 이용한다는 것이 장점이 되며, 몇 가지 흥미로운 결과를 보여준다.

표 1-1은 638개 기업에 대한 1985년 자료를 기초로 산출한 것으로, 산업별 브랜드 에쿼티의 평균을 기업의 유형 자산 가치 대비 백분율로 나타낸 표다. 예상대로 금속과 기초 건자재 산업 브랜드의 자산 가치는 낮게, 의류와 담배 산업 브랜드의 자산 가치는 높게 나타났다. 이 모형을 개별 기업별로 적용하면, 드라이어스 아이스크림(Dreyers Ice Cream, 미국 동부 시장에서는 Edy's라는 브랜드를 쓴다)과 스머커즈(Smucker's)는 기업의 유형 자산에 비해 브랜드 자산 가치가 높았고, 필즈베리(Pillsbury)는 전자의 두 기업에 비해서는 낮지만 어느 정도 브랜드 가치를 가진 것으로 나타났다.

이 모형을 사용해 소프트드링크 산업을 분석한 결과는 마케팅 활동이 브랜드 에쿼티에 미치는 영향을 단적으로 보여준다. 1982년 7월 코크(Coke)에서 다이어트 코크(Diet Coke)를 출시했을 때 펩시(Pepsi)의 브랜드 에쿼티에는 변화가 없었으나 코크의 브랜드 자산 가치는 65% 증가했다. 반면 1985년 4월 시장에서 좋은 성과를 거두지 못한 뉴코크(New Coke)가 출시된 후 (펩시의 매출액 중 소프트드링크 비율이 40%뿐인데도

표 1-1 기업의 유형 자산에 대비해 백분율로 나타낸 브랜드 가치

산업	브랜드 에쿼티	식품 회사	브랜드 에쿼티
의류	61	드라이어스	151
담배	46	스머커	126
식품	37	브라운 포맨(Brown-Forman)	82
화학	34	켈로그	61
전기기기류	22	새러 리(Sara Lee)	57
운송장비	20	제너럴 밀스	52
기초금속류	1	필즈베리	30
석재, 유리, 흙	0		

펩시의 브랜드 자산 가치는 45%가 늘었고) 코크의 매출은 10%가 줄었다.

7. 미래 수익을 고려한 브랜드 가치 평가

브랜드 에쿼티에 대한 평가는, 이로 인해 발생할 미래 수익을 현재 가치로 환산하여 평가하는 것이 가장 적절하다. 문제는 어떤 방식으로 환산하느냐에 달렸다.

그 가운데 한 가지 방법은 브랜드에 대한 장기 이익 계획을 이용하는 것이다. 이는 계획에서 예측되는 이익 흐름을 브랜드 에쿼티로 환산하는 방법이다. 이러한 브랜드 계획을 세울 때는 브랜드 파워(brand power, 기업체의 상표, 브랜드가 지닌 힘)가 경쟁 상황에서 미칠 영향을 고려해야 한다. 해당 산업의 평균원가를 고려해 계산할 필요도 있

다. 생산효율은 브랜드 에쿼티가 아닌 생산과정의 영향을 받는다고 보아야 하기 때문이다.

브랜드의 이익 계획을 세우는 것이 불가능하거나 부적절할 경우에는 현재 수익을 추정하고 거기에 이익승수(earnings multiplier)를 곱해 브랜드 에쿼티를 추정할 수 있다. 수익 추정치로는 특별 비용을 제외한 현재 수익을 활용할 수 있다. 그러나 호경기나 불경기라서 현재 수익이 수익 추정치로서의 대표성을 갖지 못한다면 과거 몇 년간의 평균을 활용하는 편이 적합하다. 현재 수익이 마이너스이거나 개선 가능한 원인 때문에 낮은 경우에는 매출액 대비 백분율로 나타낸 해당 산업의 평균 수익을 추정치로 사용하는 편이 유용하다.

미래 수익을 추정하고 평가하려면 이익승수가 필요하다. 적절한 이익승수의 범위를 산출하려면 그 브랜드가 속한 산업이나 비슷한 산업에 속한 기업들의 과거에서 현재까지의 주가수익비율(P/E ratio, 주가를 주당 순이익으로 나눈 주가의 수익성 지표) 승수를 검토해야 한다. 한 브랜드의 승수 범위는 그 브랜드가 속한 산업에 따라서 7에서 12가 될 수도 있고 16에서 25가 될 수도 있다.

주가수익비율(P/E)을 검토하여 그 산업의 전망, 즉 성장 잠재력, 기존의 혹은 잠재적 경쟁자들과의 경쟁력, 대체품의 위협 등을 가늠할 수 있지만 정해진 승수 범위 내에서 어떤 승수를 적용할 것인가는 여전히 문제로 남는다.

정해진 범위 내에서 실제 승수값을 정하려면 브랜드 수익이 강화되어 산업 평균을 앞지를지, 아니면 약화되어 평균을 밑돌지 알려주는 브랜드의 경쟁우위에 대한 추정치가 있어야 한다. 이 추정치는 브랜드 에쿼티의 다섯 가지 차원에서 브랜드를 평가하고 그 결과의 가중 평균〔weighted average, 중요도나 영향도에 해당하는 가중치를 곱해 구한 평균값〕으로 얻어낼 수 있다.

브랜드 자산 평가하기

앞서 말한 다섯 가지 차원에서 브랜드를 평가할 때 다음과 같은 문제들과 그에 대한 답을 검토해보아야 한다.

브랜드 충성도

세부시장별로 브랜드 충성도 수준은 어떤가? 고객들이 만족감을 느끼는가? 그 브랜드에서 이탈하는 고객들을 대상으로 조사했을 때 무엇을 알 수 있는가? 고객들은 왜 브랜드를 바꾸는가? 그들이 만족하지 못하는 원인은 무엇인가? 고객들은 브랜드 구매와 관련된 문제에 불만을 느끼는가? 아니면 사용상 문제에 불만을 느끼는가? 시장점유율과 매출 추이는 어떤가?

인지도

이 시장에서 브랜드 네임 인지도의 중요성은 어느 정도인가? 경쟁 브랜드에 비해 브랜드 네임 인지도 수준은 어떤가? 현재까지의 추세는 어떠했는가? 소비자들이 브랜드를 인식하고 있는가? 브랜드 네임 인지도에 문제가 있는가? 브랜드 네임 인지도를 개선하려면 어떻게 해야 하는가?

지각된 품질

무엇이 지각된 품질을 촉진하는가? 고객들은 제품의 어떤 면을 중요시하는가? 품질의 의미는 무엇인가? 지각된 품질이 가치가 있는가? 아니면 시장이 일상품 사업으로 나아가는가? 가격과 마진이 점점 떨어지고 있는가? 떨어지는 속도를 늦추거나 반대로 가격과 마진을 높일 방법은 없는가? 경쟁자들은 지각된 품질을 높이기 위해 무엇을 하고 있으며 이를 통해 어떤 변화가 있었는가? 브랜드 네임을 제시하지 않고 제품을 사용한 뒤 평가하도록 하는 테스트에서 고객들은 그 브랜드를 어떻게 평가했는가? 이에 대한 평가 결과는 시간이 흐르면서 변화했는가?

브랜드 연상

그 브랜드는 어떤 이미지를 갖고 있는가? 그 이미지가 경쟁에 이점이 되는가? 그 브랜드만의 이점이 될 만한 슬로건이나 심벌이 있는가? 그 브랜드와 경쟁 브랜드들은 어떻게 포지셔닝되어 있는가? 각 브랜드의 포지션을 가치와 타깃 소비층에서의 적합성, 경쟁 브랜드 대비 강약 정도에 따라 평가한다면 어떤 포지션이 가장 가치 있고 안전한가? 그 브랜드를 보고 떠오르는 것은 무엇이며 그중 가장 강한 연상은 무엇인가?

데이비드 아커의 브랜딩 정석

주주들에게 브랜드 가치를 보고해야 하는가?

브랜드 가치를 대차대조표상에 표시하거나 주주들에게 보고하는 기업 재무 보고서에 포함시키는 문제를 생각해보자. 실제로 영국 기업들 중에는 대차대조표에 브랜드 에쿼티를 포함시키는 기업이 있다. 랭크스 호비스 맥두갈(Ranks Hovis McDougall)의 경우 1988년, 자사의 60개 브랜드의 가치를 12억 달러로 계산해 대차대조표에 포함시켰다. 상세히 보고되어 주주들의 기업 평가에 영향을 미치는 것은 유형 자산이지만 사실 브랜드 에쿼티 같은 무형 자산의 가치가 이 유형 자산의 가치보다 훨씬 클 수 있다. 또 브랜드 에쿼티를 주주들에게 보고함으로써 무형 자산에 대한 주주들의 관심이 높아진다면 단기간에 성과가 나지 않더라도 브랜드 구축 활동의 가치가 중요하다는 인식이 생길 수 있다. 이런 정보가 없다면 주주들은 단기적 재무 보고에 의존할 수밖에 없을 것이다.

객관적이고 입증 가능한 브랜드 에쿼티 평가 방법을 찾는다는 건 어려운 문제다. 하지만 객관적이지 못하거나 타당하지 못한 평가는 쓸모가 없는 데다 법적 책임의 문제까지 야기할 수 있다. 영국의 사례(브랜드 자산 가치를 대차대조표에 포함시키는 것)가 우연이 아닌 것도 법적 소송이 빈번하지 않은 영국의 풍토 때문이다.

기타 브랜드 자산

브랜드 네임과 관련해서 지금까지 검토한 것 말고도 경쟁에 이점이 될 중요한 것이 있는가? 중요한 특허나 상표권이 있는가? 경쟁자에 장애가 될 만한 유통상의 강점은 없는가?

브랜드 경쟁우위 승수의 추정

브랜드 경쟁우위 승수를 추정하려면 어떻게 해야 할까? 브랜드 강도를 평가해야 할 뿐 아니라 그 브랜드가 시장에서 갖는 강도의 중요성 및 적절성, 기업이 그 힘을 활용하고 유지하는 능력 등을 알 필요가 있다.

브랜드 에쿼티의 차원들이 모든 시장에서 똑같이 중요하지는 않다. 그렇기 때문에 각 차원들의 상대적 가치를 고려해야 한다. 시장에서 관건이 되는 중요한 경쟁우위는 어떤 차원에 속한 브랜드 파워인가? 인지도 차이로 경쟁 브랜드의 성공을 설명할 수 있는가? 관련된 경쟁자들의 인지도가 동일한 수준인가? 세세류나 첨단 기술 장비 시장에서는 지각된 품질이 중요하지만 브랜드 간의 차이가 별로 없는 성숙기 시장에서는 그 중요성이 떨어진다.

지금이든 미래의 일이든지 간에 브랜드 자산의 활용도 매우 중요하다. 활용되지 않는 브랜드 자산은 거의 가치가 없다고 볼 수 있다. 예를 들어 브랜드 충성도 자체는 아무 가치가 없다. 고객의 만족도와 브랜드 전환 부담을 높이도록 노력해야 하며, 그런 노력이 없을 경우 이탈할지도 모를 고객을 계속 지켜내야 가치가 있는 것이다. 지각된 품질이라는 면에서 경쟁우위에 있다면 고가 정책을 쓸 수 있고, 고객이 인식하는 제품 가치를 높일 수 있다. 이 경우 지각된 품질이 별로 중요하지 않은 일상품 시장으로 전환되지 않도록 주의해야 한다.

　브랜드 자산의 지속적 유지 또한 중요한 문제다. 예를 들어, 지각된 품질 수준을 유지하기 위한 프로그램이 마련되지 않은 경우 지각된 품질을 활용할 수 있는 시기는 매우 짧을 것이다.

　시장에서 관건이 되는 중요한 차원들에서 브랜드 파워가 강력하고, 그 활용과 유지가 가능한 경우라면 브랜드 경쟁우위 승수를 높게 추정해야 한다. 반대의 경우라면 경쟁우위 승수를 낮게 추정해야 할 것이다.

브랜드 에쿼티 평가 시 고려해야 할 두 가지 문제

브랜드 에쿼티를 평가할 때는 기업의 다른 자산을 평가하는 문제 및 브랜드 확장으로 인한 가치문제를 함께 고려해야 한다.

　첫 번째 문제를 고려해야 하는 이유는 기업의 환산된 현재 가치에는 운전 자본(working capital, 기업 자본 가운데 일상적인 기업 운영에 필요한 부분), 재고, 건물과 설비 등 유형 자산 부분이 포함되어 있기 때문이다. 기업의 현재 가치를 환산할 때 유형 자산의 비중을 어느 정도로 계산해야 할까? 유형 자산의 가치를 추정하는 방법에는 두 가지가 있다. 감가상각이 되는 이러한 회계장부상 자산은 감가상각비에 이익승수를 곱해 추정하는 것이 적절하다고 보는 방법 그리고 수익 대신 현금

흐름에 초점을 맞추어 장부상 가격이나 (주식)시장에서의 가격을 기초로 추정하는 방법이다. 이렇게 해서 추정한 유형 자산 부분은 환산된 미래 수익 추정치에서 빼야 한다.

두 번째 문제는 켈로그의 빵이나 허쉬의 아이스크림처럼 새로운 제품에 기존 브랜드 네임을 사용하는 식으로 브랜드를 확장할 때 발생할 수익 흐름을 추정하는 것이다. 보통 브랜드 확장의 잠재적 가치는 별개로 추정해야 한다.

확장해서 들어가려고 하는 시장의 매력도, 그 시장의 성장률 및 경쟁 강도, 브랜드의 확장력에 따라 브랜드 확장의 가치가 결정된다. 브랜드 연상 이미지와 지각된 품질이 확장해서 들어가려고 하는 제품에 얼마나 적합한가, 제품이 어느 정도 경쟁우위로 바뀔 수 있는가, 확장에 얼마나 적합한 브랜드인가 등이 브랜드의 확장력에 영향을 미친다. 이 내용은 9장에서 상세히 다룰 예정이다.

8. 브랜드 에쿼티 관리의 문제들

브랜드 에쿼티 개념의 도입은 브랜드 관리에 관한 실제적인 문제들을 불러왔다. 다음 장에 대한 이해를 돕기 위해 이 문제들 중 몇 가지를 대략 살펴보기로 하자.

1. 브랜드 에쿼티의 기초

브랜드 에쿼티의 기초는 무엇인가? 포지셔닝의 바탕이 되는 연상 이미지는 어떤 것인가? 인지도의 중요성은 어느 정도이며 어떤 세부시장에서 인지도가 중요한가? 브랜드 충성도가 높은 고객들을 빼가기 어렵도록 경쟁자들에게 장애가 될 요소를 만들 수 있는가?

2. 브랜드 에쿼티의 창출

브랜드 에쿼티는 어떻게 형성되는가? 그 형성의 주도적 요소는 무엇인가? 주어진 상황에서 브랜드 네임과 유통 채널, 홍보 요원, 패키지 등의 역할은 무엇이고 서로 어떻게 연관되는가? 그런 요소들에 대한 결정은 실질적으로 브랜드 에쿼티를 창출하거나 개선하는 방향으로 해야 한다.

3. 브랜드 에쿼티의 관리

어떻게 브랜드를 관리해야 하는가? 브랜드 에쿼티의 요소들, 특히 브랜드의 연상 이미지와 브랜드 충성도에 중대한 영향을 미칠 수 있는 조치에는 어떤 것이 있는가? 브랜드 유지를 위한 광고 등의 활동을 중단했을 때 브랜드 파워는 어느 정도 떨어지는가? 광고를 줄여도 두드러진 매출 감소가 발생하지 않는 경우도 흔한데 계속해서 광고를 줄이면 브랜드 에쿼티가 손상되는가? 프로모션을 비롯한 여타 마케팅 활동의 영향력은 어느 정도라고 평가할 수 있는가?

4. 브랜드 에쿼티 손상의 예측

브랜드 에쿼티의 손상을 포함한 여러 문제를 사전에 어떻게 예측할 수 있는가? 브랜드 에쿼티의 손상을 깨닫게 될 쯤이면 이미 너무 늦어 버린 경우가 허다하다. 브랜드 에쿼티 유지 비용보다 브랜드 에쿼티에 문제가 생겨 개선하는 비용이 훨씬 더 들 수 있다. 자동차처럼 제품 교체 주기가 5년 이상 되는 내구재에서 특히 이러한 예측의 문제가 중요하다. 브랜드 에쿼티가 손상되고 있음을 그 현상이 명백해지기 2년 전쯤에 미리 알 수 있다면 시기적절한 문제 해결이 가능할 것이다. 타이레놀 독극물 투입 사건(1982년 9월 존슨앤존슨이 생산하는 타이레놀에 누군가 청산가리를 몰래 투입해 이것을 복용한 8명이 사망한 사건. 사건 발생 후 존슨앤존슨은 책임감 있는 자세로 기업의 신뢰 회복을 노력함으로써 윤리 경영의 모범을 보여주었다)은 브랜드 에쿼티의 손상 및 그에 대한 조치의 필요성이 명백히 드러난 사례였다. 하지만 대부분의 경우 브랜드 손상은 아주 조금씩 일어나므로 사태의 심각성을 깨닫기 어렵다.

5. 브랜드 확장에 대한 의사 결정

어떤 제품에 브랜드를 확장할 것인가? 기존 브랜드가 가진 브랜드 에쿼티에 무리를 주지 않는 범위 내에서 어느 정도까지 브랜드를 확장할 수 있는가? 이때 수직적 브랜드 확장은 특히 주의를 요한다. 기존 브랜드보다 고급 제품군까지 브랜드를 확장했을 때 문제는 없을까? 그렇게 했을 경우 기존 브랜드 네임에 부정적 영향을 미치지는 않을까? 갈로(Gallo)라는 브랜드 네임을 에른스트 앤 줄리오 갈로(Earnest&

Julio Gallo)로 확장했을 때 기존 브랜드 '갈로'에 도움이 될까? 저급 제품군에 확장하면 어떨까? 그랬을 경우 브랜드 에쿼티의 손상 정도를 어떻게 예측할 수 있을까? 브랜드 확장으로 인해 새롭게 형성된 브랜드 연상 이미지는 도움이 될까, 해가 될까?

6. 신규 브랜드의 창출

브랜드를 확장하는 대신 새로 브랜드 네임을 만들고 투자하여 또 다른 성장 흐름의 기반이 될 만한 브랜드 연상 이미지를 갖는 브랜드로 키울 수 있다. 이 두 가지 방법의 절충안은 무엇인가? 어떤 경우 브랜드 확장이 적절하고, 어떤 경우 브랜드 신규 창출이 적절할까? 한 기업에서 몇 개의 브랜드 네임을 동시에 유지할 수 있을까?

7. 브랜드와 서브 브랜드군의 관리

수준이 다른 각각의 브랜드 네임군을 어떻게 관리해야 하는가? 예를 들어 블랙앤데커는 자사 브랜드와 하위 제품군의 브랜드인 스페이스 세이버(Space Saver), 블랙앤데커 더스트버스터(Black&Decker Dustbuster) 브랜드를 어떤 조합으로 광고하면 좋을까? 미 정부에서 신병을 모집할 때는 개별 병과와 국방성 중 어느 쪽을 강조해야 하는가? 브랜드와 '서브 브랜드' 간의 수직적 관계에 대해서는 세심한 고려가 필요하다.

8. 브랜드 에쿼티의 측정

지금까지 논의한 이슈들과 관련된 문제의 핵심은 브랜드 에쿼티와 그 기반이 되는 차원들의 측정에 관한 것이다. 주어진 상황에서 브랜드 에쿼티가 아주 정확하게 개념화됨으로써 측정과 관찰이 가능해진다면 그 밖의 문제들은 손쉽게 다룰 수 있을 것이다. 브랜드 에쿼티의 정의와 그 측정을 위한 방법에는 몇 가지가 있다. 그중 가장 적절한 개념 정의와 측정 방법을 선택해야 한다.

9. 브랜드 에쿼티와 그 구성 요소의 평가

중요한 문제는 어떤 방법으로 브랜드에 가치를 매길 것인가에 있다. 브랜드를 사고팔 수 있는 시장이 존재한다면 실질적으로 브랜드의 가치를 평가할 수 있는 방법의 개발은 엄청난 실용적 가치가 있는 일이다. 그러나 이보다 훨씬 더 중요한 것은 인지도나 지각된 품질 등 자산 구성 요소들의 가치를 평가하는 것이다. 이 요소들의 가치를 평가할 수 있어야 이러한 자산들을 구축하기 위한 투자를 정당화할 수 있다. 다소 진전이 있었다고는 하지만 이 분야는 여전히 마케팅 전문가들에게 난제로 남아 있다.

♛
9. 이 책의 구성

이 책은 다음과 같은 몇 가지를 목표로 한다. 첫째, 경영자들이 브랜드 에쿼티가 어떻게 가치를 창출하는지 잘 파악할 수 있도록 브랜드 에쿼티를 적절히 정의하고 설명한다. 둘째, 기업의 마케팅 의사 결정 혹은 기업 외부의 환경적 영향으로 브랜드 가치가 증가하거나 감소한 경우를 보여주는 적절한 사례와 조사 결과들을 소개한다. 셋째, 브랜드 에쿼티를 창출하고, 유지 보호하고, 활용하는 법 등 브랜드 에쿼티 관리 방법에 대한 문제를 다룬다. 마지막으로 전략적 사고를 원하는 경영자들이 고려해야 하는 문제 및 이슈들을 제기한다.

다음 장에서는 브랜드 충성도가 브랜드 에쿼티와 어떤 관련성을 갖는지 논의할 것이다. 3장과 4장에서는 브랜드 인지도 그리고 지각된 품질 부분을 다루고자 한다. 5장에서는 브랜드 연상 이미지와 포지셔닝을 소개할 것이다. 6장에서는 브랜드 연상 이미지를 측정하는 방법을, 7장에서는 연상 이미지의 선택, 창출, 유지에 대한 문제를 다룰 것이다. 브랜드 연상 이미지의 관리는 중요하고도 복잡한 문제이므로 세 장에 걸쳐 다루었다.

브랜드 네임은 브랜드를 식별하는 역할을 하는데 심벌이나 슬로건도 같은 기능을 한다. 8장에서는 브랜드 네임 이외에 이런 브랜드 상징물들과 그 선택의 문제에 관해 논의할 것이다. 9장에서는 브랜드 확장의 여러 가지 면을 다룰 것이다. 10장에서는 오래된 브랜드에 생명을 불어넣어 그 브랜드를 재생시키는 방법과 브랜드를 완만하게 사장시키거나 필요하다면 완전히 소멸시키는 방법을 소개할 것이다. 11장에서는 글로벌 브랜드에 대해 다루고 브랜드 에쿼티의 전체적 모형을 제시하면서 결론을 도출할 것이다.

2장
브랜드
충성도

브랜드에 친숙해져야 한다.

—프레드 포스너

[Fred Posner, 광고대행사 에이어 앤 손N. W. Ayer&Son 임원]

명성, 명성, 명성! 오! 나는 명성을 잃었다.
나는 영원한 것을 잃었고 남은 것은 추한 것뿐이구나.

—윌리엄 셰익스피어

♛
1. 마이크로프로 이야기

소프트웨어 개발 회사 마이크로프로(MicroPro)는 1979년, 개인용 컴퓨터의 표준 실행 시스템 CP/M에서 사용할 수 있는 워드프로세싱 프로그램 워드스타(WordStar)를 시장에 소개했다. 효과적으로 사용하면 방대한 워드 업무를 매우 신속하게 처리할 수 있는 워드스타는 워드프로세싱 시장을 장악했고, 마이크로프로는 1980년 150만 대, 1981년 440만 대, 1982년 2,230만 대, 1983년 4,380만 대, 1984년 6,690만 대라는 폭발적 판매를 보였다.

IBM은 1981년 개인용 컴퓨터 시장에 뛰어들면서 본격적으로 컴퓨터와 사업용 워드프로세싱 프로그램 생산을 시작했다. IBM 컴퓨터와 그 실행 시스템 MS-DOS는 사실상 새로운 산업의 표준이 되어 퍼져나갔다.

이듬해 마이크로프로는 MS-DOS에서 사용할 수 있도록 워드스타를 개조했다. 하지만 그 과정에서 핵심 기능 수행에 필수적인 새로운 기능키 10개를 사용할 수 없게 되었다. 아직 워드프로세싱 기능에 익숙지 못하던 사람들은 새로운 기능키의 효능에 관심이 많았고 능숙한 사용자들보다 이러한 문제점을 더욱 심각하게 인식했다.

IBM의 등장은 많은 경쟁자를 시장에 불러들였다. 1982년 출시된 워드퍼펙트(WordPerfect)와 1983년 출시된 마이크로소프트 워드(Microsoft Word)는 가장 강력한 라이벌이었다. 워드스타와는 달리 두 제품은 기능키의 완벽한 사용을 구현했다. 이 제품들은 그 후에도 다양한 형태로 개선되었다. 마이크로프로는 이에 대응하고자 워드스타 3.3판을 출시했다. 하지만 경쟁자들의 끊임없는 하드웨어 개선 및 소프트웨어 혁신에 대응할 새로운 무기를 더는 시장에 내놓지 못했다.

마이크로프로의 영업 성과

1983년 마이크로프로는 사실상 시장을 지배했고, 1984년 초까지 80만 명 이상이 워드스타를 사용하고 있었다. 워드프로세싱을 사용하던 사람이 새로운 프로그램으로 바꾸는 데는 비용이 드는 데다 초보자는 동료나 친구들의 추천에 많이 의존하는 편이었기에 회사로서는 워드스타에 대한 기존 사용자의 평가가 매우 중요했다. 그러나 급속 성장 산업이었음에도 마이크로프로의 판매는 1985년 4,260만 달러까지 떨어졌고 1990년에는 거의 바닥을 치고 말았다. 설상가상으로 1987년에 이르러 12.7%로 급격히 시장점유율이 낮아졌고, 1989년 말에는 5% 이하로까지 떨어졌다. 1983년 400만 달러, 1984년 600만 달러를 벌어들인 후 3년 동안의 수익은 연평균 100만 달러 이하 수준이었고 1988~1990년에는 연평균 손실이 400만 달러에 이르렀다. 1984년 7월에 10달러 이상이었던 주식값은 1990년 4월에 1달러 이하로 떨어졌고 회사의 가치도 1,000만 달러 이하로 급락했다.

워드스타의 경우와는 대조적으로 같은 시기 급속히 성장한 워드퍼펙트는 1982년 시장점유율 전무 상태에서 1987년 30%, 1989년 70% 이상까지 시장점유율이 상승했다. 비록 주식이 거래되지는 않았지만 회사의 가치는 10억~20억 달러 정도로 추정되었다. 물론 워드스타가 누렸던 잠시 동안의 호황조차 누려보지 못하고 사라져버린 회사들도 흔하다.

왜 워드스타는 그 중요한 것을 잃어버렸을까

한마디로 워드스타는 기존 고객에 무관심했던 대가로 많은 것을 잃었다. 첫째, 기존 고객들을 충분히 지원하지 못했다. 둘째, 워드스타가 개발한 후속 제품들은 앞서 시장에 출시되었던 워드스타와의 호환성이 부족했다. 사실상 같은 회사 제품끼리 경쟁하는 꼴이 된 것이다.

1987년 후반부터 마이크로프로는 고객의 문제를 속시원히 해결해주지 못하는, 고객에게 관심이 없는 회사로 전락했다. 심지어는 '마이크로프로! 제발 해결 좀!(MicroPro-please-hold)'이란 별명까지 얻게 되었다. 고객들은 불만이 쌓여갔고, 눈에 보이지 않는 비용이 소모되었다. 대리점조차 고객을 도와줄 의지도, 능력도 없었다. 결과적으로 고객 불만도는 점점 높아졌다. 이와는 반대로 워드퍼펙트는 언제라도 접근 가능한 수신자 부담 전화 서비스를 운영하면서 타사와의 차별화를 시도했다. 워드퍼펙트의 시스템에서는 좀처럼 문제가 발생하지도 않았지만 설혹 문제가 생겨도 기술적 지원을 제공했다. 워드퍼펙트의 명성은 "전화만 걸면 문제를 해결해주는 소프트웨어 판매원을 고객들이 좋아해요"라는 풍자 문구에 드러난다. **그림 2-1**은 고객 봉사 제도에 초점을 맞춘 워드퍼펙트의 광고다.

1984년 11월 마이크로프로는 '워드스타 2000'의 생산을 시작했다. 프로그램 개선을 바라는 워드스타 사용자들이 오랫동안 열광적으로 기다려온 제품이었다. 그런데 워드스타 2000은 타제품과 경쟁할 만한 특성은 갖추었지만 본래의 워드스타에 비해 속도가 느리고 기억 용량도 더 많이 필요했다. 엎친 데 덮친 격으로 이전 제품과의 호환성 부족으로 사용자는 모든 것을 다시 배워야 했고 원래 사용하던 키보드와는 무관한 새로운 기능키를 조작해야만 했다.

결국 워드스타는 워드퍼펙트가 대대적으로 광고한 기능키를 이용한 워드프로세싱 프로그램을 인정한 것처럼 되어버렸고 사실상 워드퍼펙트의 시장 진출을 도와준 셈이었다. 워드스타 사용자들은 비로소 앞서가는 특성을 사용하려면 새로운 프로그램을 배워야 한다는 사실을 깨닫게 되었지만 워드스타 2000으로의 전환은 워드퍼펙트나 마이크로소프트 워드로의 전환에 비하면 그다지 쉬운 일이 아니었다.

데이비드 아커의 브랜딩 정석

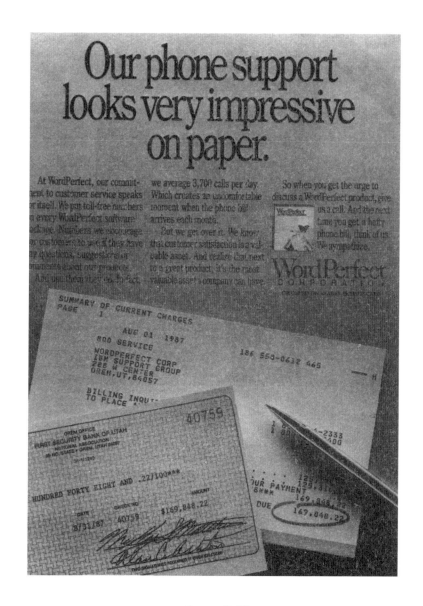

그림 2-1 **고객 지원**
제공 : WordPerfect Corporation.

충성도를 되찾으려는 노력

1986년 초 많은 문제점들을 보완한, 상당히 개선된 워드스타 2000의 두 번째 판이 나왔다. 하지만 여전히 본래의 워드스타와의 호환성 부족이 문제였다. 1987년에 선보인 워드스타 2000 버전 3도 마찬가지였다.

1986년 후반 마이크로프로는 이 같은 문제를 해결하고자 '모던 워드스타(Modern WordStar)' 프로그램을 발전시킨 뉴스타 소프트웨어 (Newstar Software)를 310만 달러에 구매하고, 1987년 2월 워드스타 프로페셔널(WordStar Professional) 버전 4를 소개했다. 워드스타 사용자들은 마침내 몇 년간 기다리던 최신판을 갖게 되었다. 1988년 8월에는 좋은 평을 받았던 워드스타 프로페셔널의 다섯 번째 버전이 나왔으며, 1989에는 릴리스 5.5(Release 5.5)를 시장에 선보였다.

그런데 워드스타 프로페셔널과 워드스타 2000의 심각한 문제점 두 가지가 대두되었다. 첫째, 그 둘은 서로 비슷한 성격을 지닌 경쟁 상대였다. 둘째, 두 가지를 동시에 공급함으로써 고객들을 혼란에 빠뜨렸다. 마이크로프로의 판매원이나 소매상들도 어떤 제품을 추천해야 하는지 알지 못했고 고객이 두 제품 중 무엇을 선택해야 할지 명백한 답을 주지 못했다. 광고도 이 혼동을 해결할 수 없었다. 1987년, 워드스타 프로페셔널은 탐 울프[Tom Wolfe, 20세기 초의 유명 미국 소설가] 같은 유명 인사를 내세워 '워드 스타즈 온 워드스타(Word Stars on WordStar)'[워드스타의 이야기 스타들이라는 뜻]라는 캠페인을 전개했으나 그 운동의 효과는 오래가지 못했다. 워드스타 2000 릴리스 3이 출시되었기 때문이다.

1989년 마이크로프로는 뒤늦게 전략을 바꾸었다. 190만 명 정도 되는 사용자를 보유하고 있고, 본래의 워드스타와 비교적 호환성이 높은 워드스타 프로페셔널의 이미지를 의도적으로 부각하는 데 주력했다. 워드스타 프로페셔널은 특별한 통제 명령키를 사용할 수 있는 매우 생산성 높은 프로그램이라는 이미지를 갖추게 되었다. 전화를 통한 고객 지원 제도를 도입하고 처음으로 고객 소식지 《워드스타 뉴스(WordStar News)》를 출간했다. 더욱 세련된 그래픽을 내놓는가 하면 기존 워드스타 사용자들을 겨냥한 '로스트 스타즈 컴 홈(Lost Stars Come Home)'을 시판하기도 했다. 고객과 밀착되기 힘든 종전의 전국 판매망 대신 직접 판매 방식을 도입한 사실은 더욱 획기적이었다. 워드스타는 이러한 노력을 통해 간신히 살아남는 데는 성공했지만 워드프로세싱 시장에서 선도자의 위치를 되찾지는 못했다.

논평

전환 비용〔switching cost, 생산자나 고객이 현재 사용하는 제품에서 경쟁사의 다른 제품으로 전환하는 데 드는 비용〕이 높고 고객의 구전효과가 중요시되는 산업에서는 워드스타가 1984년에 보유했던 거대한 고객 집단은 엄청난 자산이 될 수 있었다. 그러나 부적절한 제품에 대한 회사의 지원과 워드스타 2000으로의 전환은 이런 자산을 갉아먹는 결과를 초래하고 말았다. 그 결과 워드퍼펙트나 마이크로소프트 워드 등 경쟁자들의 엄청난 도전에 직면한다. 이미 알려진 이름을 효과적으로 이용했더라면 과거의 모델 대신 새로운 모델을 생산했다고 해서 그토록 치명적 영향을 받지는 않았을 것이다. 1960년 중반 IBM은 과거의 모델과는 완전히 달라진 시스템 360(System 360)을 출시했다. 그러나 당시의 IBM과 1984년의 워드스타 사이에는 현저한 차이가 있다. 첫째, IBM의 고객은 회사의 지속적 지원을 확신했던 반면 워드스타의 고객 집단은 마이크로프로의 태도에 상당한 불만을 느꼈다.

2. 브랜드 충성도

고객의 브랜드 충성도는 브랜드 에쿼티의 핵심이 된다. 고객들이 브랜드에 무관심한 채 브랜드 네임보다는 디자인이나 가격, 편리함에 초점을 두고 구매한다면 브랜드 에쿼티가 적다고 볼 수 있다. 반대로 고객이 경쟁 상품의 우수한 디자인, 저렴한 가격, 사용의 편리함에 상관없이 특정 브랜드를 계속 구입한다면 브랜드와 그 상징, 슬로건 등에 브랜드의 실질적 가치가 내재되어 있는 것이다.

브랜드 충성도는 오랫동안 마케팅의 중심 개념이었으며, 고객이 특정 브랜드에 어느 정도 애착을 갖는지 나타낸다. 브랜드 충성도를 충분히 이해하고 있다면 브랜드의 가격 및 특징이 변화함에 따라 고객이 다른 브랜드로 전환할 가능성을 예측할 수 있다. 브랜드 충성도를 높일 수만 있다면 경쟁자의 공격에 맞서 고객을 방어할 수 있다. 결

데이비드 아커의 브랜딩 정석

헌신적 구매자

브랜드를 좋아하고
친구처럼 여기는 구매자

전환 비용을 중요하게 생각하는,
만족하는 구매자

브랜드에 만족하고, 습관적으로 구매하며,
브랜드를 바꿀 이유가 없는 구매자

브랜드를 자주 바꾸고, 가격에 민감하며,
브랜드 충성도가 없는 구매자

그림 2-2 브랜드 충성도 피라미드

국 브랜드 충성도는 장래의 이익과 명백히 연계되는 브랜드 에퀴티의
중요한 지표가 된다.

브랜드 충성도의 단계

그림 2-2에서 여러 단계의 브랜드 충성도를 볼 수 있다. 각 단계마다
서로 다른 마케팅 기회가 존재하고 관리해야 할 자산의 종류 또한 서
로 다르다. 물론 이러한 단계가 항상 모든 제품이나 시장에서 나타나
지는 않는다.

그림에서 가장 아래 위치한 집단은 전혀 충성스럽지 않은 구매자로서 완전히 브랜드에 무관심한 집단이다. 이 집단의 경우 각각의 브랜드 네임을 적당히 인지하기는 하지만 그것이 구매 의사 결정에 거의 영향을 미치지 않는다. 이 경우 고객은 할인 판매를 하거나 편리하기만 하면 무조건 선호하는 경향이 있다. 이런 구매자는 브랜드를 자주 바꾸며 가격에 매우 민감하다.

다음으로 그림에서 아래부터 두 번째에 위치한 집단은 상품에 어느 정도 만족하거나 적어도 불만족은 느끼지 않는 구매자다. 다시 말해 구매자에게 변화를 야기할 만한 불만족이 존재하지 않는 경우다. 이러한 구매자는 습관적으로 특정 브랜드를 구매한다. 이러한 세부시장은 변화를 초래할 만큼 가시적 이익을 제공하는 경쟁 업체에 취약할 수 있지만 이 부류의 고객을 실질적으로 변화시키기는 어려울 것이다.

세 번째 집단에는 만족스러워하는 고객 및 변화와 관련된 시간적·금전적인 전환 비용을 심각하게 인식하는 고객이 포함되어 있다. 아마도 마이크로프로의 경우처럼 브랜드와 관련된 시스템을 배우는 데 많은 시간을 투자하거나 타 브랜드를 이용했을 때 만족을 느끼지 못한 경우일 것이다. 이러한 고객들을 유인하려면 경쟁자들은 납득할 만한 전환 동기나 충분한 이익을 고객에게 제공함으로써 전환 비용의 압박을 극복하게 해주어야 한다. 전환 비용에 아주 민감하다는 점이 이 집단에서 두드러지는 특징이다.

네 번째 집단은 고객이 특정 브랜드를 좋아하는 경우다. 그들이 특정 브랜드를 선호하는 이유는 상징적인 심벌, 사용했을 때 느꼈던 좋은 경험, 높게 지각된 품질 등이다. 어쨌든 좋아한다는 것은 특정한 어떤 곳까지 밀접하게 추적할 수 없는 스스로의 생명력을 지닌 감정이다. 때때로 좋아하는 대상을 정확히 지정할 수 없는 경우도 있다. 특히 서로의 관계가 오래되었을 때 더욱 그러하다. 때로는 확실한 이유 없이 오랫동안 관계를 맺어왔다는 사실 때문에 좋아하는 감정을 강력하게 표출할 수도 있다. 이 네 번째 집단은 감정적으로 친근하게 브랜드에 밀착되어 있다.

마지막으로 그림에서 가장 위에 위치한 사람들은 헌신적 고객 집단이다. 그들은 특정 브랜드를 알고 있고, 쓰고 있다는 사실을 자랑스럽게 여긴다. 그들은 기능 면에서나 자신을 표현하는 수단으로 그 브랜드를 매우 중요시한다. 선호하는 브랜드를 너무나 신뢰한 나머지 남들에게 추천할 정도다. 이토록 헌신적인 고객은 시장에서 다른 사람에게 영향을 줄 수 있으므로 지대한 가치가 있는 사람들이다.

극도로 헌신적인 고객은 할리(Harley) 심벌을 새긴 옷을 입고 할리데이비슨[Harley Davidson, 윌리엄 할리William Harley와 아서 데이비슨Arthur Davidson이 만들어낸 바이크를 시초로 하는 세계적 오토바이 브랜드]을 즐겨 타며, 전시장에서 IBM보다는 사용하기 손쉬운 매킨토시(Macintosh)를 사용하면서 기쁨을 맛보고, 자동차의 우아함을 자랑하기 위해 1960년대 비틀[Beetle, 역사적으로 큰 성공을 거둔 폭스바겐의 자동차로 딱정벌레를 닮았다]을 소유한다. 이처럼 헌신적인 고객 집단을 보유한 브랜드라면 카리스마 있는 브랜드라고 할 수 있을 것이다. 모든 브랜드가 그럴 수는 없겠지만 앞으로 소개할 매킨토시, 넥스트[NEXT, 애플의 창업자 스티브 잡스가 애플에서 나와 설립한 컴퓨터 제조 업체), 비틀, 할리 등은 카리스마 있는 브랜드의 좋은 사례다.

이상의 다섯 집단 또는 단계는 변형되어 나타나기도 한다. 다시 말해 그들이 항상 원형 그대로 나타나지는 않고 여러 형태로 개념화 되어 나타나기도 한다는 뜻이다. 때로는 여러 단계가 혼합되어 나타 날 수도 있다. 예를 들어 좋아하는 브랜드를 위해 높은 전환 비용을 지 불하는 구매자들이 있는가 하면 높은 전환 비용 때문에 별도리가 없 이 불만족을 느끼면서도 사용하던 브랜드의 제품을 계속해서 쓰는 경 우도 있다.

어쨌든 지금까지 살펴본 다섯 단계는 브랜드 충성도의 다면성을 보여준다.

브랜드 에쿼티의 기반으로서의 브랜드 충성도

습관적으로 하나의 브랜드를 구매하는 고객들은 장기간의 수익 창출 에 중요한 역할을 하므로 상당한 가치가 있다. 강한 충성도를 가진 사 람들 역시 오랫동안 변치 않기에 높은 가치를 지닌다. 만일 브랜드 충 성도와 브랜드 구매빈도의 관계를 정확히 파악할 수 있다면 브랜드 충성도의 변화에 따른 영향을 평가할 수 있을 것이다. 2장 마지막 부 분에서 그러한 평가에 도움이 되는 개념적 접근 방법들을 논의할 예 정이다. 브랜드 충성도는 사용 경험과 밀접한 관련이 있기 때문에 본 질적으로 브랜드 에쿼티의 다른 요소와는 차별성이 있다. 브랜드 충성도는 사전 구매나 사용 경험 없이는 존재할 수 없다. 그러나 인지도, 친근감, 지각된 품질 수준 등은 사용 경험이 전혀 없어도 생성될 수 있는 특성들이다.

브랜드 충성도는 많은 요소들, 특히 사용 경험을 통해 구축되는 브랜드 에쿼티의 기본 요소다. 그런데 충성도는 부분적으로 브랜드 에쿼티를 구성하는 그 밖의 요소인 인지도, 친근감, 지각된 품질 수준 등의 영향을 받는다. 브랜드 충성도의 경우 주로 브랜드의 지각된 품질 수준이나 제품 특성과 관련되어 생성된다. 그러나 브랜드 충성도가 항상 이 세 가지 요소로만 설명되는 것은 아니다. 브랜드 충성도는 흔히 그 요소들과는 독립적으로 발생하며 그 요소들과의 관계의 본질도 불명확한 경우가 많다. 맥도날드 햄버거의 경우처럼 낮게 지각된 품질과 상관없이 선호도가 높아 충성도가 높은 경우도 있고, 미국 시장에서의 일본 자동차처럼 높게 지각된 품질과 상관없이 특정 제품을 싫어하는 경우도 있다. 결국 브랜드 충성도는 다른 차원과는 구별될 수 있는 브랜드 에쿼티의 중요한 기본 요소라 할 수 있다.

사실 브랜드 에쿼티의 각기 다른 차원들은 서로 인과관계를 가진다.

예를 들어 지각된 품질은 부분적으로 눈에 띄는 브랜드가 더 품질이 좋으리라는 연상과 브랜드 인지도에 바탕을 두고 있다. 또한 심벌 같은 연상은 브랜드 인지도에 영향을 줄 수 있다. 그러므로 브랜드 에쿼티의 주된 네 가지 차원이 독립적이라고 주장할 수는 없다.

여기서 중요한 것은 브랜드 충성도는 브랜드와 연관 지어야 한다

페리에의 거품붕괴

페리에(Perrier)는 1980년대에 틈새시장을 개척했다. 독특한 병 모양과 자연 스파클링워터, 뛰어난 저장 능력에 힘입은 페리에는 레스토랑 시장에서 특히 두터운 충성도를 구축했다. 1989년, 페리에는 시장 진입을 위해 격렬히 노력하는 수많은 새로운 경쟁자들을 따돌리고 유리병 용기 스파클링워터 시장의 50%를 점유하게 되었다. 많은 사람들이 페리에를 '유리병에 담긴 물'로 인식했다.

그러나 1990년 2월, 스파클링워터가 발암물질로 추정되는 벤젠에 오염된 것이 발견되었고 페리에는 전 세계에서 자사 제품을 회수해야 했다. 다섯 달 동안 판매를 하지 못한 사실은 치명적 파급 효과를 불러왔다. 1990년에는 파격적 가격 인하를 단행했으나 시장점유율은 20% 이하로 떨어졌다. "세계 최초의 청량음료인 자연 소다수는 그다지 귀한 게 아니다", "판매망과 고객을 재확보하기 위한 가격 인하를 실시하다", "이제는 훌륭한 음식점이나 주점에서 페리에를 찾아보기 어렵다" 등의 표현에서 알 수 있듯이 페리에의 명성과 이미지는 점점 퇴색되었다.

제일 큰 문제는 고객들이 페리에를 주문하는 습관이 사라져버렸다는 것이었다. 페리에의 성공에 가장 크게 기여한 것은 고객의 충성도였다. 많은 고객들이 병에 담긴 자연 소다수를 주문할 때 페리에를 떠올렸다. 화장지를 생각하면서 크리넥스(Kleenex)를 연상하는 것과 마찬가지였다. 공급이 일시 중단되었을 때 고객들은 다른 브랜드를 사용할 수밖에 없었고 다른 브랜드 제품도 페리에 못지않다는 사실을 깨달았다. 결국 페리에는 제품의 우위 요소를 상실하고 말았다. 이처럼 공급 중단은 고객 기반을 붕괴시켰다. 이렇게 해서 페리에의 거품이 꺼지고 오랫동안 회복이 어려워졌다.

는 점이다. 상당한 지출이나 판매와 이윤의 희생 없이 브랜드 충성도를 다른 이름이나 상징으로 전환하기는 불가능하다. 만일 충성도가 브랜드가 아니라 상품에 부여된다면 브랜드 에퀴티는 존재하지 않을 것이다. 갖가지 서비스가 브랜드에 부가되고 그럼으로써 상당한 충성도를 가져온다 할지라도 원유나 밀 같은 일상품을 살 때 제품 자체에 충성도가 포함되는 일은 거의 없다.

브랜드 에퀴티를 구축하고 유지하기보다는 단기적 안목에서 판매에만 관심을 가지면 고객은 저절로 주어진 당연한 것으로 인식된다. 고객의 중요성보다는 얼굴 없는 판매 통계치에 초점을 맞추는 경우가 그러하다. 이때 브랜드 충성도는 무시당하며, 전혀 축적되거나 개발되지도 않는다. 브랜드 충성도의 중요성을 조금이라도 인식한다면 고객을 브랜드 자산으로 다뤄야 할 필요성이 있다.

3. 브랜드 충성도의 측정

브랜드 충성도를 더욱 분명히 이해하려면 그것을 측정하기 위한 여러 접근법을 이해할 필요가 있다. 몇 가지 측정 방법을 이해하고 나면 이에 덧붙여 브랜드 충성도의 의미와 범위를 파악할 수 있을 뿐 아니라 그 개념을 사용할 때의 수익성과 충성도의 관계를 정립하는 데 도움이 된다. 측정 방법 가운데 하나는 고객의 실제 행동을 연구하는 것이다. 그 밖에도 전환 비용, 만족도, 기호 및 관여도 등을 충성도 개념과 연관시키는 접근 방법이 있다.

행동 척도

브랜드 충성도를 측정하는 직접적 방법은 습관적 행동을 연구함으로
써 실제 구매 패턴을 조사하는 것이다. 구체적으로 사용할 수 있는 척
도의 예는 다음과 같다.

재구매율
올즈모빌〔Oldsmobile, 랜섬 올즈가 1897년 세운 미국의 자동차 회사 및 그 브랜드〕
자동차 소유자가 다음 구매에서 올즈모빌을 재구매한 비율은?

구매 비율
마지막 다섯 번의 구매 중 각각의 브랜드를 몇 퍼센트씩 구매하는가?

구매 브랜드의 수
몇 퍼센트의 커피 구매자들이 단지 하나의 브랜드만 계속 구매하는
가? 두 브랜드만 구매하는 비율은? 세 브랜드만 구매하는 비율은?

구매자의 충성도는 제품별로 차이가 있고, 경쟁 상품의 수나 상
품의 본질에 따라 달라진다. 고객이 오직 한 가지 브랜드만을 구매하
는 비율은 소금, 음식을 만들 때 사용하는 쿠킹 스프레이(cooking

sprary), 파라핀 종이, 일회용 샴푸의 경우 80%를 상회하고, 휘발유, 타이어, 캔야채, 쓰레기 백 등의 제품은 40%를 상회한다.

행동 척도 자료는 객관적이긴 하지만 쉽게 자료를 입수하기 힘들고, 비용이 많이 들며, 미래 예측에 제약이 있다. 더욱이 행동 자료를 사용하면 실제로 브랜드를 전환한 경우나 한 가족의 여러 구성원이 다양한 브랜드를 구매할 경우 구매자를 구별하기 어렵다. 단적인 예로 IBM에서 컴팩(미국의 컴퓨터 및 사무기기 제조사)으로 바꾼 경우 조직 내의 어떤 집단은 IBM에, 또 다른 집단은 여전히 컴팩에 충성도를 갖기 때문이다.

전환 비용

전환 비용을 분석하면 그것이 어느 정도로 브랜드 충성도의 기반을 제공하는지에 대한 통찰을 얻을 수 있다. 만일 한 회사나 고객이 공급자를 바꿀 때 위험이나 비용이 따른다면 그들이 공급 라인을 바꿀 가능성은 그리 높지 않을 것이다.

가장 명백한 형태의 전환 비용은 조직이나 제품에 투자하는 것이다. 한 회사가 컴퓨터 시스템을 구매할 때 하드웨어에 대한 투자는 관련 투자의 일부일 뿐 소프트웨어나 인력 교육 등에도 투자해야 한다. 그러므로 IBM DOS 같은 한 산업의 표준 시스템이 확산되고 나면 애플(Apple)이나 NEXT 등이 이를 공격해서 제거하기는 어렵다. 만약 그렇게 하기 원한다면 교육에 재투자해야 하는데 그것은 자금, 시간, 생산성 등에서 비용이나 희생을 감수해야만 하는 일이다.

변화에 따르는 위험이라는 또 다른 형태의 전환 비용도 있다. 현재의 시스템이 작동 중이라면 설령 그 시스템에 문제가 있더라도 새로이 도입된 시스템에는 더욱 큰 불량의 위험이 항상 내재되어 있다. 특정 병원이나 의사를 찾는 고객들이 만족스럽지 않더라도 낯선 의사나 병원을 꺼리듯 사람들은 완전히 고장이 나지 않은 건 고치지 않고 내버려두는 경향이 있다. 고객은 변화와 위험의 관계에 대해 알고 싶어 한다. 예를 들어 AT&T에서 MCI로 전화 회사를 변경할 때 내재된 위험이 무엇인지 궁금증을 느낄 것이다.

회사는 자사와 관련된 전환 비용을 평가할 수 있어야 한다. 워드스타는 그러한 원칙을 따르지 않았을 뿐 아니라 고객이 서비스와 제품에 더욱 의존하게 하려는 노력을 하지도 않았다.

만족의 측정

브랜드 충성도의 분석에 앞서 중요한 것은 만족도 측정이며 이에 못지않게 불만족 측정도 중요하다. 고객은 어떤 문제를 가지고 있는가? 불만의 원인은 무엇인가? 고객들이 다른 브랜드로 전환하는 이유는 무엇인가? 그러한 이유들 가운데 가장 중요한 건 무엇인가? 앞서 살펴본 것처럼 두 번째 및 세 번째 충성도 단계는 불만족이 존재하지 않거나 다른 브랜드로의 전환을 피할 만큼 불만족의 정도가 낮다는 것을 기본 전제로 한다.

만족의 척도는 현실적이고 대표성이 있어야 하며 섬세해야 한다. 서비스 사용자를 대상으로 반송용 엽서를 보내어 전화통화 시 친절함 같은 서비스 만족도를 묻는 것은 대표성이 없고 섬세하지도 않은 방법이다. 단적인 예로, 미국 보험 회사들이 캘리포니아에서 보험료를 20% 삭감한다는 조항은 통과 직전 고객의 높은 만족도(95%가 찬성)를 얻었지만 이러한 만족도 측정에는 고객들이 실제로 겪었던 엄청난 분노와 좌절이 전혀 반영되지 못했다.

브랜드 선호

네 번째 충성도 단계는 좋아하는 감정을 포함한다. 고객들이 그 회사를 좋아하는가? 회사나 브랜드에 대한 존경심과 친근감이 있는가? 브랜드에 대해 우호적 감정이 있는가? 그런데 이러한 긍정적 정서는 경쟁자에 대한 저항으로 나타나기도 한다. 또 특정한 것보다 일반적인 호감에 대항하는 것이 더욱 어려울 수 있다. 일반적이고 대상이 뚜렷하지 않은 선호는 다음과 같은 다양한 형태로 나타난다.

- 선호
- 존경
- 친근감
- 신뢰

구체적 특성과는 구분되는 일반적 선호도와 감정이 존재하며 이러한 현상은 브랜드의 특성에 대한 인식이나 믿음만으로는 완전히 설명할 수 없다. 그것은 앞에서 언급한 선호라는 단어에 반영되어 있다. 신뢰는 구체적 특성을 대표할 때도 있지만 일반적 감정과 관련성이 있는 개념이다.

고객들이 선호하는 브랜드를 구매하기 위해 기꺼이 추가로 지불하는 가격 그리고 경쟁자들이 충실한 구매자를 유혹하기 위해 창출하는 가격 우위는 선호도 측정의 또 다른 척도가 된다. 브랜드 네임 때문에 가능한 가격 할증에 관해서는 1장에서 논의한 바 있다. 가장 간단한 방법은 고객이 선호 브랜드 구매에 얼마나 지불하기를 원하는지 돈으로 환산해서 묻는 것이다.

헌신

강력하고 매우 커다란 에쿼티를 가진 브랜드들은 헌신적 고객들을 상당수 보유하고 있다. 여러 방면에서 상당한 수준의 공헌을 표출하는 이들을 비교적 쉽게 탐지할 수 있다. 그 핵심 지표 가운데 하나는 제품과 관련된 상호작용 및 커뮤니케이션 빈도다. 즉 고객이 그 브랜드에 관해 다른 사람들과 대화하기를 좋아하는가, 남들에게 그 브랜드를 추천할 뿐 아니라 그 브랜드를 구매해야 할 이유를 말하는가 등이다. 사용할 때 특별함과 유용함을 느끼게 하는가 등 사람들의 활동과 개성에 미치는 중요성은 또 다른 지표가 된다.

♛

4. 브랜드 충성도의 전략적 가치

브랜드 충성도를 적절히 관리하고 개발한다면 기존 고객들의 브랜드 충성도는 **그림 2-3**에서 보듯이 여러 방면에서 가치를 부여하는 잠재력 있는 전략적 자산이 될 수 있다.

마케팅 비용의 감소

브랜드 충성도를 가진 고객 집단이 존재하면 사업을 운영할 때 마케팅 비용을 절감할 수 있다. 새 고객을 끌어들이기보다 기존 고객 유지에 적은 비용이 드는 건 명백하다. 기존 브랜드를 바꾸려는 동기가 상대적으로 낮은 잠재적인 새로운 고객과 접촉하는 데는 경비가 많이 든다. 잠재적 고객들은 다른 브랜드를 찾으려고 애쓰지 않기 때문이다.

심지어 양자택일의 기로에 서게 된다 해도 고객들에겐 다른 브랜드를 구매하거나 위험을 감수해야만 할 충분한 이유가 필요하다. 기존 고객들을 무시하면서 새로운 고객들을 유치하려는 실수를 하기 쉬운데 이에 대해서는 2장 마지막 부분에서 논의할 것이다.

불만이 없는 기존 고객들은 상대적으로 다루기가 수월하다. 익숙한 것이 편안하고 확신을 주기 때문이다. 새로운 고객들을 찾기보다 기존 고객들이 마음을 바꾸지 않고 계속 만족하도록 하는 편이 훨씬 비용이 적게 든다. 물론 고객들의 충성도가 높을수록 그들을 만족시

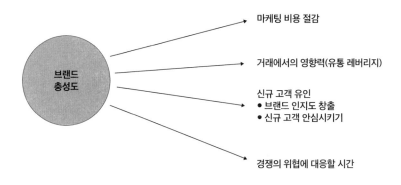

그림 2-3 **브랜드 충성도의 가치**

키는 건 더욱 쉬운 일이다. 그렇다고 해서 그들의 문제점과 관심거리에 관심을 기울이지 않는다면 고객들은 떠나버릴 것이다. 도전적 사고로 이러한 현상을 방지할 수 있다.

기존 고객들의 충성도는 경쟁자에게 상당한 진입장벽으로 작용한다. 기존 고객들이 제품에 대한 충성도가 높고 브랜드에 대해 만족하는 경우 시장에 진입하려면 많은 자원이 필요하다. 따라서 진입 기업의 잠재 이익도 감소한다. 시장에 진입하려는 신참자는 이러한 고객들을 쉽게 현혹할 수 있다는 착각을 버려야 한다. 이 경우 경쟁자들이 습득하는 문서화된 고객 충성도, 제품 품질에 관한 광고 같은 것은 강력한 고객 충성도를 알려주는 신호로서 유용할 수 있다.

거래에서의 영향력

브랜드 충성도는 거래에서의 영향력(trade leverage)을 제공한다. 내비스코의 프리미엄 소금맛 크래커, 치리오스(Cheerios) 시리얼, 타이드 세제 등에 대한 강한 충성도는 좋은 진열대를 보장한다. 매장에서도 브랜드가 소비자들의 쇼핑 리스트에 올라 있음을 알고 있기 때문이다. 결국 브랜드 충성도는 매장의 제품 선택을 좌우하게 된다. 예를 들어 웨이트 워처스의 냉동식품, 폴 뉴먼(Paul Newman)의 샐러드 드레싱, 아사히(Asahi)의 슈퍼드라이(Super Dry) 맥주, 그레이 푸폰(Grey Poupon)의 머스터드 같은 브랜드를 자신이 다니는 슈퍼마켓에서 찾지 못한다면 가게를 바꾸는 소비자가 나올지도 모른다. 거래에서의 영향력은 새로운 사이즈와 종류, 변형된 제품을 내놓거나 브랜드 확장을 꾀할 때 특히 중요하다.

새로운 고객을 끌어들이기

만족스러운 세부시장을 가진 고객 기반과 브랜드를 좋아하는 고객 기반이 있을 때 잠재고객에게 확신을 제공한다. 특히 다소 위험을 내포한 구매일 때 더욱 그러하다. 구매는 일반 군중에게서 동떨어진 모험적인 행동으로는 나타나지 않는 법이다. "IBM을 구매하면 해고는 당하지 않을 것"이란 오래된 금언은 이러한 논리에 근거한다. 특히 신제품이나 구매에 위험이 따르는 제품의 경우 기존 고객들이 그 브랜드를 받아들인다는 사실이 시장 개척을 위한 효과적 메시지가 될 수 있다. 그러나 이러한 효과는 저절로 얻을 수 있는 게 아니라 치밀한 계획을 통해 성취할 수 있다.

기존 고객들이 대체로 만족한다는 사실에서 그 브랜드의 애프터서비스가 잘되고 이미지가 괜찮은 제품이라는 사실을 유추할 수 있다. 많은 사업에서 애프터서비스와 제품 지원은 매우 중요하다. 컴퓨터 산업과 자동차 산업 같은 경우, 회사가 견실하고 고객의 필요에 잘 대처하는가, 그 회사의 제품들을 소비자가 잘 받아들이는가 하는 것이 두 가지 주된 관심사가 된다. 예를 들어 통신 판매 컴퓨터 회사 델(Dell)은 1989년, 새로운 고객의 컴퓨터 구매를 유도하기 위해 이미 확보한 기존 고객 10만 명(그중 과반수 이상이 《포춘》 선정 500대 기업이었다)을 대상으로 광고했다.

또한 브랜드 네임 인지도는 고객에게서 창출되기도 한다. 기존 소비자들과 대리점들의 존재 자체가 브랜드 네임 인지도를 증대시킬 수 있는 것이다. 사용자의 친구와 동료들은 단지 그것을 보는 것만으로도 제품에 대해 알게 된다. 더군다나 이러한 타입의 노출은 (매우 색다르고 효과적인 광고가 아니라면) 단순히 광고에서 몇 번을 보는 것보다 더 생생하고 강한 인상을 남긴다. 친구가 특정 제품을 사용한다는 사실은 사용 환경 및 사용자에 관한 선명한 기억으로 브랜드 상기를 일으키는데 이는 광고가 할 수 없는 일이다. 목표 시장을 설정할 때 고려해야 할 사항은 브랜드에 대한 가시성과 인지도를 창출해낼 수 있는 시장의 잠재력이다.

경쟁적 위협에 대응할 수 있는 여유

브랜드 충성도는 기업에 경쟁적 위협에 대응할 시간, 즉 숨 돌릴 여유를 준다. 충성스러운 고객 집단이 존재한다면 경쟁사가 우수한 제품을 개발했을 때 회사의 제품 개선에 필요한 시간을 가질 수 있다. 예를 들어 새롭게 개발된 하이테크 제품이 일시적으로 고객을 확보한다 해도 거기에는 브랜드 충성도가 존재하지 않는다. 게다가 제품에 만족하는 충실한 소비자들이라면 새로운 제품을 찾지는 않을 것이다. 그들은 신제품에 관심이 없을지도 모른다. 더욱이 그들은 새로운 제품에 노출된다 해도 마음을 바꿀 생각이 없을 것이다. 결국 브랜드 충성도가 높은 고객을 보유한 기업의 경우 경쟁자를 따라 한다는 전략을 수행할 때 상대적으로 위험이 적은 편이다.

5. 충성도의 유지 및 향상

소비자들을 경쟁자에게 넘겨주는 것 또한 쉽지 않은 일이다. 그러기 위해서는 아주 열심히 노력해야 할지도 모른다. 20년에 가까운 세월 동안 제너럴 모터스(General Motors Corporation, GM)는 객관적으로 열등하다고 평가된 차들을 생산했다. 논리적으로 본다면 제너럴 모터스의 미국 시장점유율은 거의 0%에 가까워야 했으나 놀랍게도 33% 수준을 유지했다. 미국 내에서 판매되는 자동차 석 대 중 한 대가 제너럴 모터스의 차였다. 이러한 사실은 소비자들이 구매에 변화를 주는 걸 싫어한다는 사실을 입증한다. 다른 브랜드로 변환시키기 위해서는 구매자들을 야구방망이로 내쫓아야 할 정도였다. 믿기지 않겠지만 마이크로프로 같은 몇몇 기업들은 실제로 그렇게 해오고 있다.

특히 구매 결정에 상당한 투자가 필요하고 위험이 내재돼 있다면 구매자들이 브랜드를 바꾸게 하는 데는 노력이 필요하다. 더욱이 현재 유통되는 브랜드에 대한 긍정적 태도는 과거의 구매 결정을 정당화하고 강화하기 쉽다. 다시 말해 사람들은 자신의 잘못을 인정하기 싫어하므로 과거의 결정을 정당화하는 경향이 있다. 소비자는 실제로 타성에 의해 선택하는 경향이 강하다. 구매자는 익숙한 브랜드를 구매하면서 안정감과 확신을 느끼는 법이다.

'뉴(New)' 코크를 인기 제품으로 만들려던 코카콜라의 노력을 생각해보자. '리얼(Real)' 코크에 빠져 있던 소비자들은 거부반응을 일으켰다. 심지어 뉴 코크와 '올드(old)' 코크의 맛을 구별하지 못하는 소비자들도 올드 코크를 되돌려달라고 아우성이었다. 결국 시장에서 올드 코크를 철수시키고 코크클래식(Coke Classic)으로 이름을 바꾸어 재출시해야 했다.

요점은 **그림 2-4**가 보여주듯이 몇 가지 단순한 원리를 따르기만 하면 고객의 유지는 쉬운 일이란 사실이다.

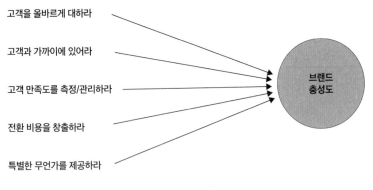

고객을 올바르게 대하라

고객과 가까이에 있어라

고객 만족도를 측정/관리하라

전환 비용을 창출하라

특별한 무언가를 제공하라

브랜드
충성도

그림 2-4 브랜드 충성도의 창출과 유지

고객에게 정당한 대우를 하라

톰 피터스[Tom Peters, 피터 드러커와 함께 현대 경영의 창시자로 불리는 세계적 경영 컨설턴트]는 메이택(Maytag, 미국의 가전제품 브랜드)의 성공 '비밀'에 대해 말한다. 메이택은 진짜 세탁을 하는 기계를 제공했다. 그 기계는 옷을 빨아준다. 믿기 어려운 이야기다. 논지는 고객들이 마음을 바꾸지 않을 정도의 제품과 서비스, 기대했던 기능이 충성도의 기반이 되고 마음을 바꾸지 않을 명분을 제공한다는 것이다. 다시 말해 고객들이 변할 때는 이유가 필요하다. 고객들을 계속 유지하기 위한 핵심이 단순히 고객들이 꺼리는 것을 피하기일 때가 있다.

기업이 고객에게 무례하고, 부주의하고, 둔감하며, 실례가 되게 처사한다면 고객은 멀어지게 마련이다. 그러한 상황을 피하는 게 그리 어려운 일은 아니지만 고객들은 모든 것에 민감하므로 주의해야

데이비드 아커의 브랜딩 정석

한다. 물론 목표는 모든 사람이 원하듯 고객에 대한 존경심을 가지고 긍정적 상호작용을 하는 것이다.

고객의 경험을 긍정적으로 유도하기 위해서는 조직원을 대상으로 한 훈련과 강력한 기업 문화가 필요하다. 부정적인 고객 반응이 드문 일본에서는 훈련이 강도 높고 치밀하며 때때로 고객 문화가 매우 강력하다. 한 사람의 은행 출납원은 많은 고객과의 접촉을 효과적으로 수행하기 위해 몇 주 동안 교육을 받고 실습한다. 그들의 은행 문화에서는 고객과의 부정적인 관계가 용납되지 않는다.

고객과 밀착하라

강력한 고객 문화를 지닌 기업들은 고객과 밀착할 방법들을 찾는다. 예를 들어 IBM의 최고경영진은 고객과 직접 접촉하고 책임을 진다. 디즈니랜드의 경영자도 매년 2주 동안 공원에서 고객들과 대면하면서 근무한다. 워싱턴스틸(Worthington Steel)은 회사의 생산자와 제품을 사용하는 고객의 만남을 주선함으로써 품질 향상에 신경을 쓴다. 고객들의 진정한 관심사가 무엇인지를 보고 듣는 데는 포커스 그룹 인터뷰(Focus Group Interview, 특정 주제에 대해 예닐곱 명 정도 되는 소수의 그룹을 대상으로 하는 인터뷰)가 이용된다. 이처럼 고객과의 접촉을 고무하는 것 자체가 고객을 귀하게 여긴다는 표시가 될 수 있다.

고객 만족을 측정하고 관리하라

고객을 대상으로 만족도와 불만족도를 정기적으로 조사하면 특히 제품에 대한 고객들의 인지도 파악 및 제품과 서비스 조정에 유용하다. 이러한 조사는 적절하고 세심하고 광범위하게 수행해야 하며 이를 통해 고객 만족도가 어떻게 변하는지 알 수 있다. 변화가 감지되지 않는다면 너무 자주 조사를 실시하거나 세심하게 시행하지 못했기 때문일지도 모른다.

고객 만족도 조사가 영향력을 갖기 위해서는 매일매일의 관리와 융합되어야 한다. 예를 들어 메리어트(Marriott) 호텔은 최근의 문제점들을 확인하고 대응 전략을 수립하기 위해 주별로 고객 만족도를 조사한다. 안내데스크의 관리자는 고객이 기다리는 시간, 체크인과 체크아웃 등에 관심을 가지고 조사 결과에 따라 문제점과 해결 방안을 논의한다.

보상 시스템을 적절하게 이용하면 소비자 조사는 더욱 활성화될 수 있다. 도미노피자(Domino's Pizza)의 경우 배달 시간, 밀가루의 양, 후추의 신선도, 배달자의 태도 등을 주된 질문으로 한 전화 조사를 매주 실행한다. 각각의 대리점을 위해 평가지표를 개발하고 매달 이러한 척도를 통해 보너스 총액을 지급한다. 이러한 시스템은 만족도를 증진시키고 결과적으로 운영에 좋은 영향을 미친다.

데이비드 아커의 브랜딩 정석

전환 비용을 창출하라

전환 비용을 창출하는 방법 가운데 하나는 사업을 재정립할 수 있도록 고객의 문제에 대한 해답을 제공하는 것이다. 한때 가격 협상 영업 직원과 함께하는 각각의 유통업자가 약품 도매업을 좌지우지한 적이 있다. 매케슨(McKesson, 미국을 기반으로 하는 세계적인 의약품 및 의료기기 회사)은 약품 소매상들에게 컴퓨터 터미널을 설치해주어 재고조사와 자동 주문이 가능하도록 해주었다. 이로써 소매상에 대한 엄청난 전환 비용을 창출해냈고 도매 산업의 성격을 변환시켰다.

전환 비용을 창출하는 또 다른 방법은 직접적으로 충성도에 보상하는 것이다. 많은 항공 업체는 고객을 유치하고 보상하는 방법을 채택한다. 이러한 개념은 다른 제품에도 확산되어간다. '더 그레이트 페이백(The Great Payback)'은 포스트 시리얼(Post Cereals), 웨이트 워처스 앙트레(Weight Watcher entrees), 클로락스(Clorox) 등의 상품을 시어스(Sears) 백화점에서 구매하면 고객에게 가산점을 주는 프로그램이다. '기프트링크 쇼퍼스 리워드(GiftLink Shoppers Reward)'라는 또 다른 프로그램은 크래프트, 캠벨(Campbell) 수프, 오션 스프레이(Ocean Spray), P&G 제품을 구입하면 샘소나이트(Samsonite), 소니 같은 회사의 제품을 사은품으로 제공하기도 한다.

특별한 무엇을 제공하라

예기치 않은 서비스를 제공함으로써 특정 제품에 대한 소비자의 행동을 무관심에서 열정으로 쉽게 변화시킬 수 있다. 박하사탕이나 제조 과정에 관한 설명서, 빵 샘플 등을 제공함으로써 좋은 인상을 심어줄 수도 있다. 고객에게 간략히 죄송함을 표시하는 것도 치명적 사태를 무마할 잠재력을 가진 일이다.

노드스트롬 백화점은 경쟁자에게는 없는 특별한 서비스를 제공하는 것으로 유명하다. 피아니스트, 정중한 서비스 안내원, 전화를 비치해놓은 구두 닦는 장소 등은 특별한 서비스들이다. 더욱 감동적인 것은 백화점 도처에서 고객들을 도와주는 판매원들이다. 그들은 고객에게 편지를 쓰기도 하고, 고객의 니즈를 충족시키기 위해 멀리 이동하는 것도 마다하지 않는다. 노드스트롬을 완전히 모방할 필요는 없겠지만 좋은 본보기로 삼을 수는 있을 것이다.

6. 신규 고객보다는 기존 고객을

아마도 사업을 수행하는 기업들이 범하는 오류 가운데 가장 보편적인 것은 새로운 고객을 유치해 기업을 성장시키려는 것일 듯하다. 기업은 이를 위해 매우 적극적인 마케팅 활동을 펼치지만 쉽지 않다는 사실을 곧 깨닫는다. 새로운 고객들에겐 다른 브랜드를 구입하려는 의지가 없을 때가 많다. 또한 새로운 고객을 유인하는 데는 상당한 경비가 소요된다. 대개가 다른 브랜드 제품 구입을 위해 광고를 보거나 판매원과 접촉하려는 노력을 전혀 하지 않기 때문이다.

반면 기존 고객들을 유지하는 데는 상대적으로 적은 비용이 소모되므로 기존 고객을 유지하는 것이 유리한 경우가 있다. 경쟁자에게 기존 고객을 빼앗기는 것을 방지할 수만 있어도 자연스럽게 성장이 일어날 것이다. 심지어는 새로운 고객들을 유치하려고 열심히 노력하지 않아도 기존 고객들에게 영향을 줌으로써 새로운 고객들을 유인할 수 있다. 고객층은 물이 새는 용기에 비유할 수 있다. 물을 퍼 넣는 것보다 구멍나서 물이 새는 용기를 고치는 편이 낭비가 덜하다.

이 지점에서 필요한 것은 제품에 불만을 느끼는 고객의 떠나려는 동기를 감소시키고 만족을 느끼는 고객들의 전환 비용은 증가시키는 것이다. 첫 번째 단계는 자기 회사에 등을 돌린 고객과 접촉해 그들이 브랜드를 전환하게끔 만든 문제점과 불편했던 점이 무엇인지 분석하는 것이다. 브랜드 변환자들은 종종 고객층에 관한 중요한 정보를 제공한다. 고객들이 왜 떠나는가? 그 정확한 동기가 무엇인가? 어떻게 하면 그러한 동기를 제거할 수 있는가? 떠남에 대한 체계적 프로그램이 이러한 문제에 답을 찾는 것을 도울 수 있다. 은행 관리자들은 지난달 얼마나 많은 계좌가 개설되었는지, 왜 고객들이 자신의 은행을 선택했는지는 정확하게 알 수 있지만, 왜 기존 고객들이 불만을 느끼고 떠나는지 파악하지 못할 때가 많다.

적극적인 고객 보유 계획을 통해 고객이 불편을 느끼는 요소를 제거하고 고객에게 보상을 해줌으로써 전환 비용을 높일 수 있다. 예를 들어, 월든북스[Waldenbooks, 미국의 쇼핑몰 기반 서점 체인이었으나 파산하고 말았다]는 '우대 고객 제도'를 개발해 고객에게 충분한 보상을 제공함으로써 높은 전환 비용을 창출했다. 서점의 우대 회원은 다음과 같은 혜택을 누렸다.

- 전화로 책 주문 시 수신자 부담 전화 사용
- 전 제품 10% 할인
- 100달러에 5달러씩 쿠폰 제공
- 신속한 수표 확인

이러한 프로그램은 월든북스의 고객 충성도를 향상시키는 강력한 장려책이 되었다.

고객 유지 분석

고객 유지(customer-retention) 계획은 어떻게 정당화되고 이익을 보장할 수 있을까? 고객 유지 계획을 조직적으로 분석함으로써 이에 대한 해답을 얻을 수 있다.

우선 고객 유지 수준과 수익성의 관계를 평가해보자. 현재의 고객 유지 수준을 기준으로 연간 유지 수준이 각각 1%, 5%, 10% 증가하거나 감소한다면 한계 이익[marginal profits, 순매출액 가운데 변동비를 제

수바루 드라이브 프로그램(The Subaru Drive Program)

수바루 드라이브 프로그램은 각각의 수바루 소유자에게 자동차 판매 후 4년이 지날 때까지 다음과 같은 일련의 개인 메시지를 제공한다.

- 환영 편지
- 스바루 서비스에 사용할 수 있는 일련의 쿠폰
- 신제품, 운전 팁 및 특별 행사를 다룬 16페이지 분량의 분기별 뉴스 레터
- 유지 보수 시 주의 사항
- 서비스 지원을 위한 차량 식별 카드
- 질문지를 통한 의견 요청

이 프로그램은 소유주가 스바루와 계속 연락하게 하고, 소중한 고객이라는 느낌을 주며, 딜러를 위한 서비스 비즈니스를 창출한다.

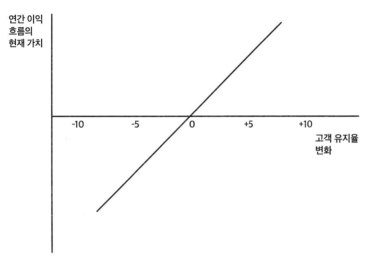

연간 이익
흐름의
현재 가치

-10   -5   0   +5   +10   고객 유지율
변화

그림 2-5 **고객 유지 분석**

외하고 산출한 이익]에는 어느 정도 영향을 미칠까? **그림 2-5**는 이익과
고객 유지 수준의 관계를 보여준다. 이러한 분석에서 일정 범위 내에
서는 변동비가 중요한 고려 사항이 된다. 변동비만 영향을 받는다면
고객 유지 수준과 관련하여 높은 레버리지〔leverage, 타인의 자본을 지렛대
처럼 이용함으로써 자기자본의 이익률을 높이는 것〕가 존재하게 된다.

고객 유지 수준의 변화로 인한 이익은 현재 가치로 바꾸어야 한
다. 기본적으로 현재 이익은 기업의 자본 비용과 고객 유지 수준에 의
해 조정된다. 그러므로 자본 비용이 15%, 유지 수준이 90%로 주어진
다면 올해의 이익 100달러는 100×0.85(자본 비용)×0.90(고객 유지 수준)
이라는 식에 따라 내년에는 76.50달러가 될 것이다.

한 연구에 따르면 고객 감소율을 5% 줄임으로써 엄청난 이익 증가 효과를 가져올 수 있다고 한다. 이러한 이익의 증가는 사업의 종류에 따라 다르다. 충성도가 낮은 자동차 서비스 산업의 경우 이익 증가가 30% 정도지만 상당히 충성도가 높은 신용카드나 은행예금의 경우 75% 이상이나 된다.

이상의 분석에서 가장 어려운 부분은 고객 유지 계획과 고객 유지 수준 변화를 잘 연결하는 작업이다. 시장조사에서 제공된 자료가 좋은 정보가 될 수도 있지만 때때로 현장에서의 시장 실험이 필요할 경우도 있다. 계획의 효과를 평가하기 위해서는 고객을 대상으로 직접 그 계획을 시행해볼 수 있어야 한다.

이와 관련된 문제는, 대부분의 상황에서 브랜드를 바꾸려는 결정이 흔하지 않을 경우 고객 유지 수준은 영향력 없는 척도일지도 모른다는 점이다. 이럴 때는 만족도와 불만족도, 브랜드를 바꿀 가능성 등의 척도를 사용할 수도 있다. 시간의 흐름과 고객 단위에 따라 고객 유지 수준이 어떻게 변화했는지에 대한 과거의 데이터를 이용해 이러한 척도들과 고객 유지 수준의 관계를 정립할 필요가 있다.

생각 정리 질문

1. 귀사의 고객은 누구인가? 고객 기반을 활용해 추천, 확신, 인지도를 제공함으로써 다른 고객들에게 판매하는 것을 도울 수

있는가?

2. 세부시장별 브랜드 충성도 수준은 어떤가? 충성도를 측정하는 대안적 방법이 도움이 될 수 있을까? 왜 어떤 세부시장은 충성도가 낮고 어떤 세부시장은 충성도가 높을까? 더 이상 그 브랜드의 사용자가 아닌, 브랜드에서 '탈출한 사람들'을 위한 인터뷰 프로그램이 존재하는가?

3. 만족도와 불만족도는 각각 어느 정도인가? 무엇이 불만을 야기하는가? 시간이 흘러감에 따라 만족도는 어떻게 변화하는가?

4. 브랜드 충성도를 높이기 위해 기존 프로그램에 감사를 실시해야 할까? 소비자가 제품이나 서비스를 더 잘 사용할 수 있는 방법을 결정하기 위해 '소비자 컨설턴트'를 고용하면 어떨까? 충족되지 않은 고객의 니즈가 있는가? 브랜드 충성도 수준을 향상하기 위해 어떤 종류의 프로그램을 고려해야 하는가? 브랜드 유지와 수익성의 관계는 무엇을 뜻하는가?

데이비드 아커의 브랜딩 정석

3장
브랜드
인지도

좋은 이름이 많은 재산보다 낫다.

—세르반테스, 《돈키호테》

소금 회사 모턴(Morton)이 제품 겉포장에 노란 비옷을 입은
어린 소녀 그림을 붙이고 "설상가상(When it rains, it pours)"이
라고 선언한 이래 어떤 광고인도 자기가 광고할 제품이 다
른 제품과 동일하다고 생각할 구실이 없었다.

—말콤 맥두걸

(Malcolm MacDougal, 조던 케이스 맥그라스 Jordan Case McGrath 부회장)

♛
1. 닷선을 닛산으로 바꾼 이야기

1918년 일본의 한 자동차 회사가 닷선(Datson, '닷의 아들Son of Dat'이라는 뜻)이라는 이름의 이인승 승용차를 생산했다. 이 이름은 덴(Den), 아오야마(Aoyama), 타케우치(Takeuchi)라는 재정 후원자 세 사람의 영문 첫 글자를 따서 만든 것으로, '돈을 잃는다'라는 뜻의 일본어와 유사하다는 이유로 훗날 '닷선(Datsun)'으로 바꾼다.

이 회사는 2차 세계대전 이후 다시 승용차 생산을 시작하면서 닛산(Nissan)이란 새 이름을 사용하다가 1961년 미국 시장에 진입할 때는 일본 이미지를 감추려고 옛 이름 닷선을 사용했다. 일본 내에서는 닛산이라는 이름으로 승용차나 트럭을 팔았지만 1981년까지 미국은 물론 그 밖의 여러 나라에서도 닷선이라는 이름을 사용했다.

1981년 가을, 이 회사는 미국 이름 닷선을 닛산으로 변경한다고 공고했다. 글로벌 시장 전략을 수행하는 데 도움이 된다는 이유였다. 전 세계에서 공히 통일된 브랜드 네임을 사용함으로써 제품 디자인과 생산의 단순화를 돕고 여러 나라에서 공통된 광고 캠페인, 판촉물 등을 사용하려 했던 것이다. 이와 더불어 잠재 구매자들이 다른 나라를 여행하면서 동일한 브랜드 네임이 부착된 차를 보게 하려는 목적도 있었다.

업계 관측자들은 브랜드 네임 변경의 가장 중요한 이유를 미국 시장에서의 닛산의 주가 상승으로 보았다. 또 다른 중요한 이유가 있었다. 자국의 경쟁사인 도요타(Toyota)나 혼다(Honda)라는 이름은 미국 소비자들에게 일상용어처럼 되었지만 닛산이라는 이름은 미국 시장에 존재조차 하지 않는다는 사실이 닛산 경영자들의 마음을 괴롭혀왔기 때문이었다.

1982~1984년 회사는 브랜드 및 제품 변경 작업을 점진적으로 추진했다. 1982년형 닛산 모델은 앞의 그릴에는 닛산, 뒷부분 왼쪽에는 닷선, 오른쪽에는 닛산을 부착했으며, 기존 닷선 모델들은 닷선 옆에 '닛산(by Nissan)'이란 말을 덧붙였다. 그리하여 1982년에는 닛산 자동차 상당수를 두 가지 브랜드 네임을 부착한 상태로 판매한다. 다음해에는 일부 모델을 완전히 새 이름으로 교체했다. 예를 들어 닷선 510 모델은 닛산 스탠자(Nissan Stanza)라는 이름으로 바꾸었다. 1984년 브랜드 네임 변경 작업이 완료된다.

당시의 브랜드 네임 변경 활동에서 중추적 역할을 한 것이 광고였다. 회사는 1977년 광고를 시작했는데 광고비 6,000만 달러를 투자

그림 3-1 '닷선 : 우리는 움직여진다(Datsun : We Are Driven)'
Nissan Motor Corporation in U.S.A.(허락하에 수록).

그림 3-2 '그 이름은 닛산(The Name Is Nissan)'
Nissan Motor Corporation in U.S.A.(허락하에 수록).

데이비드 아커의 브랜딩 정석

한 1981년의 '닷선 : 우리는 움직여진다(Datsun : We Are Driven)'라는 성공적 캠페인을 중단해버렸다(그림 3-1 참조). 대신 1983년 광고비 1억 2,000만 달러를 투입한 새로운 광고를 통해 '살아서 오라. 와서 운전하라 : 닛산에서 온 주요 모션(Come Alive, Come and Drive : Major Motion from Nissan)' 그리고 '주요 모션 : 그 이름은 닛산(Major Motion : The Name Is Nissan)'이라는 캠페인을 전개했다. 1987년에는 광고비 1억 8,000만 달러를 투자했다. 새 브랜드를 알리려고 광고 예산을 2억 4,000만 달러로 증액하고 '그 이름은 닛산' 캠페인을 전개했으나 성공적이었던 예전의 닷선 광고 캠페인에 비해 훨씬 효과가 떨어진다는 평가를 받았다(그림 3-2 참조).

닷선의 브랜드 네임 교체 이야기에서 가장 주목할 부분은 옛 브랜드 닷선의 내구성이다. 1988년 봄 전국에서 시행한 소비자 조사에 따르면, 1983년 이후 5년 동안 닷선이란 이름을 시장에서 사용하지 않았는데도 닷선의 명성에 대한 소비자의 인식은 그때까지도 닛산과 거의 동일한 수준인 것으로 나타났다.

브랜드 네임 변경으로 인한 닷선의 가장 큰 손실은 매출 감소였다. 1982년 5.9%에서 1984년 4.5%로 시장점유율이 1.4% 하락했다. 도요타 역시 같은 기간 시장점유율이 0.9% 떨어졌는데, 이 기간에 이뤄진 수입 자동차에 대한 제한, 닛산 자동차에 발생한 일부 문제점, 미국 시장에서의 혼다 자동차의 상대적 성장세 등의 배경을 고려한다면 브랜드 네임 변경에 따른 소비자의 혼동이 시장점유율 하락에 어느 정도 영향을 미쳤는지 정확히 파악하기는 힘들다. 하지만 브랜드 네임 변경으로 인한 매출 손실은 5억 달러 혹은 아마 그보다 훨씬 높았으리라는 것이 일반적 관측이다.

우선 1,100여 개 대리점의 표지판을 바꾸는 경비를 포함해 총비용 3,000만 달러 정도가 소요되었다. 또한 변경된 이름을 알리는 데 광고비 2억 달러가 쓰였을 뿐 아니라 변경 전의 '닷선 : 우리는 움직여진다' 캠페인이 중단됨으로써 광고비를 5,000만 달러나 낭비했다.

마지막으로, 3년 동안 소비자의 혼동으로 인해 0.3%가량 시장점유율이 하락한 사실을 들 수 있다. 이로 인해 몇천 만 달러에 상당하는 순이익상 손실을 입었다. 브랜드 네임 변경에 따른 영향이 1990년대까지 어느 정도 남아 있었다고 본다면 더욱 큰 손실을 입었다고 볼 수 있다.

2. GE가 블랙앤데커로 바뀐 이야기

그에 반해 블랙앤데커는 GE의 소형 가전제품 부문을 인수했는데, 계약상 기존 GE 브랜드 네임을 몇 년 동안 쓸 수 있었지만 GE에서 인수한 제품 라인의 자사 브랜드 시판을 전격 결정했다. 신제품의 브랜드 인지도 높이기를 주된 목적으로 1년 반 동안 1억 달러를 들여 광고 캠페인을 벌인 결과 블랙앤데커가 소형 가전제품 및 주방용품 메이커라는 사실에 대한 브랜드 인지도를 15%에서 57%까지 높였다. 캠페인 후 블랙앤데커는 브랜드 네임 인지도를 높이기 위한 광고가 계획보다 시간과 비용이 많이 들고 힘든 일이라는 결론을 내렸다.

그 밖에도, 닛산의 이야기에서 그랬던 것처럼 블랙앤데커의 경우에도 매우 주목할 만한 측면은 GE라는 기존 이름의 지속성이었다. 블랙앤데커로 이름을 바꾸고 3년 후인 1988년 봄, 할인매장용 업계 전문지를 위해 무작위로 선정한 소비자 1,000가구를 대상으로 주방용품 구매자 조사를 실시했는데 브랜드 선호도에 있어서 GE가 블랙앤데커보다 무려 네 배 이상 높다는 놀라운 결과가 나왔다(표 3-1 참조).

♛
3. 브랜드 인지도란 무엇인가

브랜드 인지도란 잠재적 구매자가 특정한 제품 카테고리에 속하는 특정 브랜드를 재인식하거나 상기할 수 있는 능력을 말한다. 제품 부류와 브랜드의 관계는 서로 연루가 된다. 즉 메트로폴리탄박물관(Metropolitan Museum)에 대한 홍보가 생명보험 회사 메트로폴리탄(Metropolitan Life, '매트라이프'로 더 잘 알려짐)에 대한 브랜드 인지도를 높여주지는 않는다. 마찬가지로 리바이스(Levi's)라는 이름이 적힌 애드벌룬에서 리바이(Levi)라는 성이 눈에 띈다 해도 리바이스라는 브랜드 네임 인지도를 높여준다고 볼 수 없다. 그런데 만약 그 애드벌룬이 청바지 모양과 유사하다면 리바이스 브랜드라는 제품 종류와 연관됨으로써 브랜드 인지도를 높이는 효과가 있을 것이다.

브랜드 인지도는 소비자가 느끼는 정도에 따라 '그 브랜드를 알고

표 3-1 **주방용품 부문의 미국 소비자 브랜드 선호도**

브랜드	선호도(%)	브랜드	선호도(%)
러버메이드(Rubbermaid)	14.6	엑코(Ecko)	4.0
GE	12.8	비전스(Visions)	3.5
코닝(Corning)	9.9	썬빔(Sunbeam)	3.3
캐논(Cannon)	5.7	블랙앤데커	3.0
코렐(Corelle)	5.1	리비(Libbey)	2.8

출처 : *Discount Store News*, October 24, 1988 Issue(허락하에 재수록). ⓒ Lebhar-Friedman, Inc., 425 Park Avenue, New York, NY 10022.

있는 듯하다'는 약한 인지도부터 어떤 제품의 시장에는 '그 브랜드만 존재한다고 알고 있다'는 강한 인지도까지 강도의 범위가 넓다. **그림 3-3**에서 보듯이 브랜드 인지도의 매우 다른 세 가지 단계가 이 피라미드를 대표한다. 브랜드 에쿼티에 있어 브랜드 인지도의 역할은 상황에 그리고 인지도의 어떤 단계가 달성되는지에 달려 있을 것이다.

브랜드 인지도의 가장 낮은 단계인 브랜드 인식[brand recognition, 특정 브랜드를 단서로 제시했을 때 과거에 그 브랜드에 노출된 적이 있는지 확인할 수 있는 능력. 진열되어 있는 제품을 보고 제품을 알아보는 정도를 말한다]은 보조 상기 테스트(aided recall test)에 바탕을 둔다. 아마도 전화로 하는 조사에서 응답자들은 특정한 제품 부류에 있는 여러 가지 브랜드 네임을 듣고 이전에 들어본 적이 있느냐는 질문을 받을 것이다. 그러므로 브랜드와 제품 부류의 연관성이 필요하기는 해도 반드시 강할 필요는 없다. 브랜드 인식은 브랜드 인지도의 최저 단계다. 그것은 소비자가 물건을

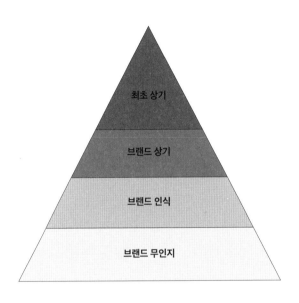

그림 3-3 인지도 피라미드

사는 장소에서 브랜드를 선택할 때 부분적으로만 중요성을 갖는다.

다음 단계는 브랜드 상기〔brand recall, 한 제품 범주나 특정한 구매 상황을 단서로 제시했을 때 특정 브랜드를 기억해낼 수 있는 능력〕이다. 브랜드 상기는 한 개인에게 제품 부류에 속하는 브랜드를 묻는 것으로 '비보조 상기(unaided recall)'라고도 일컫는다. 브랜드 인식 단계에서와는 달리 브랜드 네임이 주어지지 않으므로 응답자는 도움을 받을 수 없다. 비보조 상기는 대체로 브랜드 인식보다 어렵고 강력한 브랜드 포지션(brand position)과 연관성이 있다. 일반적으로 보조 상기일 때 비보조 상기일 때보다 많은 항목들을 떠올릴 수 있을 것이다.

비보조 상기에서 제일 먼저 상기된 브랜드를 최초 상기(top-of-mind awareness) 브랜드라고 한다. 이 브랜드는 여러 브랜드와의 경쟁에서 앞서 있으며 소비자의 마음속에서 특별한 위치를 차지한다.

그림 3-3에 나타나 있지는 않지만 비보조 상기에서 대다수의 소비자가 한 특정 브랜드만을 상기하는 경우를 지배적 브랜드(dominant brand)라고 한다. 그 예로는 미국 소비자 95%가 브랜드 심벌을 인지하고 베이킹소다 시장의 85%를 점유한 '암앤해머(Arm&Hammer)'를 비롯해 '밴드에이드(Band-Aid)' 일회용 반창고, '젤로(Jell-O)' 젤라틴, '크레욜라(Crayola)' 크레용, '모턴' 솔트, 'V-8' 야채 주스, 'A-1' 스테이크 소스 등이 있다. 각각의 경우에 다른 브랜드를 몇 개나 지명할 수 있는가? 지배적 브랜드는 강력한 경쟁우위를 제공한다.

이러한 이유로 실제 구매 상황에서 다른 브랜드는 고려 대상도 되지 않는다.

4. 상품 가치를 위한 브랜드 인지도의 역할

그림 3-4에서 보듯 브랜드 인지도는 네 가지 방식으로 상품의 가치를 창조하는 역할을 한다.

제품 이미지를 연결해주는 연상 매체로서의 역할

브랜드 인식은 마케팅 커뮤니케이션의 가장 기본적 목적이다. 일반적

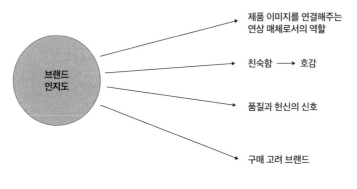

제품 이미지를 연결해주는
연상 매체로서의 역할

친숙함 ⟶ 호감

품질과 헌신의 신호

구매 고려 브랜드

브랜드
인지도

그림 3-4 브랜드 인지도의 가치

으로 제품 특성과 연계할 수 있는 브랜드 네임이 시장에서 확립되기 전 제품의 특성만을 전달하려 한다면 마케팅 노력을 낭비하는 것이다. 브랜드 네임은 소비자 마음속에 있는 특별한 파일 폴더(file folder) 같은 것으로 그 속을 그 브랜드가 연상시키는 사실, 이미지, 느낌 등으로 채운다. 이러한 브랜드 네임 파일이 없다면, 어떤 브랜드 네임에 대한 사실이나 이미지를 고객 마음 한편에 일정하게 정리할 수가 없어서 그 브랜드에 대한 정보가 필요할 때 접근하기가 어렵다.

그림 3-5는 브랜드 네임과 관련된 연상 이미지가 고객 마음속에서 서로 어떻게 연결이 되는지를 비유적으로 보여준다. 그림에 나타난 미국의 유명한 패스트푸드 브랜드 맥도날드는 고객 마음속에 맥도날드의 첫 글자인 'M' 모양의 금색 아치, 깨끗함과 효율성, 디즈니월드의 로널드 맥도날드[Ronald McDonald, 맥도날드 최초의 마스코트], 어린이, 즐거움, 빅맥(Big Mac) 등의 이미지와 강하게 연계되어 있다. 주목

그림 3-5 **맥도날드의 브랜드 네임과 연상 이미지 사슬**
제공 : Jennifer Aaker.

할 사항은 각각의 연상 이미지와 브랜드 네임의 연결 강도는 상대적
차이가 있고, '로널드 맥도날드'와 '어린이'를 잇는 연결고리에서 볼
수 있는 것처럼 연상 이미지끼리도 서로 연결이 된다는 사실이다.

　　새로운 제품이나 서비스의 경우 특별히 인지도 획득과 관련이 있
다. 실제로 브랜드 인식 없이 제품 구매 결정을 내리는 경우는 드물
다. 신상품의 성공 여부를 예측하는 거의 모든 모형은 브랜드 인식을
중요한 변수로 다룬다. 더욱이 소비자가 신제품의 브랜드 네임을 인

지하지 않은 상태에서 그 제품이 주는 편익이나 특장점을 배우기는 힘들다. 브랜드 네임에 대한 고객 인식이 어느 정도 수준에 오른 후 그 브랜드 네임에 새로운 연상 이미지를 연결하는 것이 마케팅의 역할이다.

제품에 친근감과 호감을 부여하는 역할

사람들은 일반적으로 친숙한 것을 좋아한다. 브랜드 인식은 제품에 친근감을 주는 기반이 된다. 특히 비누, 껌, 설탕, 화장지 등 저관여제품(low-involvement product, 중요도가 낮고, 값이 싸며, 상표 간 차이가 별로 없고, 잘못 구매해도 위험이 별로 없어서 구매 시 소비자의 의사 결정 과정이 신속하게 이루어지는 제품]의 경우에는 브랜드에 대한 고객의 친근감이 구매 결정을 좌우하곤 한다. 제품 평가 동기가 없다면 브랜드가 고객에게 친근감을 주는 것만으로도 충분히 구매로 연결될 수 있다.

여러 연구 조사에서 추상적 그림, 이름, 음악 등 어떤 것이라도 보거나 들은 경험이 많을수록 더 좋아하게 된다는 사실이 밝혀졌다. 한 연구에서는 응답자 두 그룹에 각각 3회, 6회씩 터키어처럼 보이는 여러 가지 글자들을 보여준 후 노출과 호감도의 관계를 조사해보았다.

본래부터 인상적이었던 단어를 배제하기 위해 다양한 단어들을 사용했는데도 응답자가 인식하는 단어에 대한 호감도가 그렇지 않은 단어에 비해 더 높게 나타났다.

이러한 브랜드 인식 관련 조사에서 더욱 흥미로운 점은 노출 횟수가 브랜드 인식 수준에 영향을 주지 않을 경우에도 호감도에는 영향을 미친다는 것이다. 이에 대해 브랜드 인식 또는 친근감으로 인한 효과는 브랜드 인식을 통해 측정할 수 있는 영역의 아래에 있다는 이론적 해석을 할 수 있다.

미국 시장의 예를 들면 아이패나(Ipana) 혹은 블랙잭(Black Jack) 같은 오래된 브랜드 네임들이 일시적으로 시장에서 사라졌다가 다시 등장한 경우로, 브랜드 인식의 가치가 브랜드 재건의 성공 요소였다는데 의심의 여지가 없다.

회사나 제품에 신뢰감을 부여하는 역할

브랜드 네임 인지도는 그 제품이 시장에 나와 있다는 것, 제품에 대한 신뢰감, 제품 특성 등에 대한 표시로서 돈이 많이 드는 품목인 산업재 구매자와 내구재 구매자 모두에게 매우 중요한 의미가 있다. 그 회사에서 나온 제품의 브랜드 네임을 고객이 인식하고 있다면 일반적으로 고객이 다음과 같이 추측하리라 가정할 수 있다.

- 회사의 제품을 광범위하게 광고한다.
- 오랜 기간 해당 업종의 사업을 해왔다.
- 회사의 사업망이 넓다.
- 브랜드가 시장에서 성공했고 많은 사람들이 사용한다.

이러한 고객들의 추측이 항상 그 브랜드나 회사에 대한 구체적 사실에 근거하지는 않는다. 설령 제품 광고를 한 번도 본 적이 없고 회사에 대해 아는 게 없다 해도 그 회사의 브랜드를 알고 있는 고객들은 규모가 크고 제품 광고를 하는 회사일 거라고 추측한다. 반대로 소비자에게 생소한 브랜드일 때는 일단 제품 및 회사의 견실함과 신뢰성이 의심을 받는다.

구매 액수가 크고 고객 관여도가 높은 제품을 구매할 때도 브랜드 인지도와 연관되는 친근감과 회사의 신뢰도는 구매 의사에 큰 영향을 미친다. 여러 후보 브랜드를 검토한 후 특별히 나은 브랜드가 없을 경우 평가자가 평소에 가졌던 브랜드 인지도가 의사 결정에 중요한 역할을 할 수 있다.

고객이 구매를 고려하는 브랜드군에 포함시키는 역할

제품 구매 과정의 첫 단계는 고려할 브랜드군을 마음속으로 선정하는 것이다. 예컨대 광고대행사 선정, 자동차 시승, 컴퓨터 시스템 평가 등에서는 서너 가지 브랜드를 고려할 것이다. 특별한 경우가 아니면 고객들이 구매 과정에서 다양한 브랜드 네임을 접할 기회는 없다. 그러므로 브랜드 상기는 구매 고려 대상 브랜드군에 포함되기 위한 필수 요건이다. "컴퓨터를 만드는 회사는?"이라는 질문을 던졌을 때 소비자에게 맨 먼저 떠오르는 회사나 브랜드는 제품 선택 시 유리한 위치에 있다. 반면 잘 상기되지 않는 브랜드라면 선택받을 기회가 거의 없다고 볼 수 있다.

세제나 커피처럼 구매 횟수가 많은 제품이나, 두통약처럼 대개 구입하러 가기 전에 브랜드를 결정하는 제품의 경우 브랜드 상기와 최초 상기는 구매 결정에 매우 중요한 역할을 한다. 더욱이 시리얼 같은 카테고리의 제품에는 소비자가 혼동을 할 정도로 잘 알려진 브랜드들이 많이 존재한다. 그러므로 매장에서 넛앤허니(Nut&Honey)가 아무리 잘 진열된다 해도 소비자의 마음에서 '상기'되거나 '최초로 상기되는 브랜드'가 될 때만이 구매로 연결될 수 있다.

브랜드 상기과 구매 고려 브랜드군의 상관관계에 대한 연구들을 보면, 일반적으로 상기되지 않는 브랜드는 구매 고려 브랜드군에 포함되지 못한다. 또한 아주 싫어하는 브랜드도 구매와 상관없이 상기되기도 한다. 세 가지 제품 부류(패스트푸드, 청량음료, 은행)에서 각각 여섯 가지 브랜드에 대한 최초 상기와 브랜드에 대한 태도 및 구매 행동의 관계를 연구한 바에 따르면, 비보조 상기 브랜드의 순서에 따라 브랜드 선호도와 구매 의향에 큰 차이가 나타났다.

커피 시장의 사례

미국 커피 시장에 대한 한 연구 조사는 브랜드 인지도의 영향력을 명확히 보여준다. 2개월에 한 번씩 38개월 동안 시장점유율 및 광고비에 따른 소비자의 비보조 상기와 브랜드 태도의 관계를 조사했다(그림 3-6). 그 결과 광고의 시장점유율에 대한 영향은 브랜드 인지도 및 브랜드 태

브랜드 상기와 구매 의사

캐나다 토론토대학교 프라카쉬 네둔가디(Prakash Nedungadi) 교수는 재치 있는 실험 연구를 통해 브랜드 상기가 구매 결정에 어떤 영향을 주는지 보여주었다. 실험에 쓴 제품 카테고리였던 패스트푸드 레스토랑을 전국 체인과 지방으로 분류한 후, 호감도와 이용 태도 조사 결과에 따라 유명한 브랜드(맥도날드, 조스 델리Joe's Deli)와 유명도가 낮은 브랜드(웬디스Wendy's, 서브웨이Subway)로 두 가지 소분류를 설정했다. 응답자들은 먼저 네 가지 브랜드들에 대한 열두 가지 질문에 '예/아니요'로 대답했다(예를 들면 '아이리쉬 스프링은 세제다Irish Spring is a laundry detergent' 등). 통제집단[control group, 실험설계에서 처치받은 집단과의 효과 비교를 위해 설정한 처치받지 않은 집단]을 제외하고 브랜드 네임이 미리 알려진(primed) 상태에서 개인별로 위의 네 가지 브랜드 중 한 브랜드에 대한 세 가지 질문에 응답했다. 다음으로, 점심을 위해 선택할 브랜드와 고려해볼 브랜드를 질문했다. 그리고 잠시 후에는 여러 레스토랑이 적힌 리스트에서 방문할 의향이 있는 곳을 선정하도록 요청했다. 이 실험 연구에서 매우 흥미로운 결과가 나왔다(햄버거 양념과 알코올 혼합음료 이용에서도 같은 결과가 나왔다).

유명 브랜드(맥도날드 또는 조스 델리)를 미리 알려준 경우, 브랜드에 대한 상대적 호감도가 변하지 않았음에도 그 브랜드를 선택하는 비율이 큰 폭으로 증가했다. 이는 브랜드 상기가 높아졌을 때는 호감도와는 상관없이 브랜드 선택에 영향을 받게 됨을 나타낸다.

지방 레스토랑의 경우에는 미리 주어진 브랜드가 서브웨이일 때 유명 지방 브랜드인 조스 델리에 대한 선택률이 큰 폭으로 증가했는데, 이는 유명도가 낮은 서브웨이가 소개될 때 응답자들 마음에 조스 델리라는 이름이 떠올라 조스 델리에 대한 브랜드 상기가 간접적으로 높아졌기 때문이다. 브랜드 상기가 여러 가지 요소가 연결된 복잡한 것임을 의미하는 결과다. 어떤 제품의 소분류 시장에서 강력한 위치를 점하는 브랜드는 그 소분류 시장에 대한 소비자의 관심을 환기시킴으로써 더 많은 상기를 불러올 수 있다.

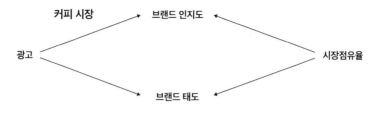

커피 시장 　　　브랜드 인지도

광고

시장점유율

브랜드 태도

그림 3-6 **커피 시장에서 브랜드 인지도가 판매에 미치는 영향**

도에 영향을 주면서 간접적으로 발생한다는 사실을 발견했다. 덧붙여 브랜드 인지도 차이에서 비롯되는 영향은 브랜드 태도가 미치는 영향 만큼이나 크게 나타났다. 이는 브랜드 인지도가 브랜드 태도와는 별도로 시장점유율에 있어 중요한 독립적 요소로 작용한다는 사실을 암시한다. 다시 말해, 브랜드 네임을 생각나게 하기 위한 광고를 통해 브랜드 인지도가 변화하면 구매 결정에 영향을 미친다.

랜도의 이미지 파워

브랜드 컨설팅 기업 랜도 어소시에이츠(Landor Associates)는 미국 소비자 1,000명을 조사한 결과를 바탕으로 브랜드 네임의 힘을 수량으로 측정하는 방법을 고안했다. 두 가지 측면에서 측정한 이미지 파워는 브랜드 인식 평균치를 측정한 '마인드셰어 지수(Share of Mind Index, 소비자의 마음속에서 한 브랜드가 차지하는 비율)'와 자신이 아는 회사나 브랜드에 대한 호감도를 평균치로 나타낸 '호감 지수(Esteem Index)'로 표시된다. **표 3-2**는 1988년 미국 시장의 667가지 주요 브랜드에 대한 이미

표 3-2 **미국에서 가장 강력한 브랜드들**

이미지 파워 순위	기업/브랜드 네임	호감 지수	마인드셰어 지수
1	코카콜라	68	78
2	캠벨	67	60
3	펩시콜라	61	67
4	AT&T	64	63
5	맥도날드	50	77
6	아메리칸 익스프레스	60	65
7	켈로그	58	64
8	IBM	65	58
9	리바이스	63	58
10	시어스	59	62
·			
30	롤스로이스	63	46
·			
·			
169	닛산	43	66
·			
·			
177	닷선	41	67
·			
667	아사히	28	27

출처 : Mim Ryan, "Assessment : The First Step in Image Management," *Tokyo Business Today*, September 1988, pp. 36~38(숫자는 근사치).

지 파워 지수를 나타낸다.

이 표는 코카콜라의 브랜드 파워가 얼마나 우세한지 보여준다는 점에서 흥미롭다. 코카콜라와 바로 다음 순위인 캠벨의 차이는 캠벨과 순위 50위인 돌(Dole)의 차이만큼이나 크다. 높은 브랜드 인식이 코카콜라의 놀랄 만큼 성공적인 브랜드 확장 전략을 뒷받침해주었다는데는 의심의 여지가 없다. 1980년대 중반 코카콜라는 코크라는 이름으로 신제품 9종을 시장에 내놓았는데, 이 중 다이어트 체리 코크(Diet Cherry Coke)는 광고 지원을 일절 하지 않은 채 시판했다.

랜도의 연구에서 발견된 중요한 점 하나는 브랜드 인지도와 브랜드에 대한 고객의 호감도는 상호 관련성이 매우 높다는 사실이다. 이는 고객들은 많이 사용하는 브랜드를 잘 인지하고 좋아하기 때문이기도 하지만 사람들이 낯선 브랜드보다는 친근한 것을 더 좋아한다는 사실을 반영하기도 한다. 물론 예외의 경우도 없지는 않다.

그레이하운드(Greyhound) 장거리 버스, 《플레이보이(Playboy)》 잡지, 워너브라더스(Warner Brothers) 영화사 등의 브랜드들은 높은 브랜드 인식에 비해 브랜드 호감도는 그다지 높지 않은 회사들이다. 롤스로이스(Rolls-Royce) 자동차, 힐튼(Hilton) 호텔, 할리데이비슨 오토바이, 윈덱스(Windex) 유리 세척액, 롤렉스(Rolex) 시계는 이와 대조적이다. 이 회사의 제품들은 제품과 회사에 대한 호감도가 높기 때문에 브랜드 인지도를 높임으로써 효과적인 매출 증대를 가져올 수 있다.

랜도는 같은 기법을 이용해 미국, 일본, 유럽의 유명 브랜드들이 어느 정도 세계적인지 비교 측정했다. 세 나라 자료를 취합해서 분석한 결과, 코카콜라가 가장 세계적 브랜드로 판명되었고, 그다음은 미국의 IBM, 일본의 소니, 독일의 포르쉐(Porsche) 자동차, 미국의 맥도날드 순서로 나타났다.

브랜드 인지도의 한계

브랜드 인지도가 중요한 브랜드 자산인 것은 분명하지만 브랜드 인지도 자체만으로는 매출을 창출하지 못한다. 신상품의 경우 특히 그러하다. 많은 화제와 논쟁을 불러일으켰던 닛산 자동차의 신모델 인피니티(infiniti)의 미국 광고 사례를 보자. 광고에서는 실제 제품은 보여주지 않고 새, 들판, 호수 등 자연경관만 보여주었는데 그 결과 90%라는 높은 브랜드 인식 수준과 독특한 연상을 불러일으켰다. 그런데도 처음 몇 달 동안은 판매가 매우 부진했는데, 광고에 제품을 '사야 할 까닭'이 전혀 나오지 않았다는 것이 하나의 이유라고 업계 평론가들은 지적했다. 어떤 만화에서는 돌과 나무 판매가 300% 증가했으므로 인피니티의 광고 효과는 그럭저럭 괜찮았다며 익살스러운 풍자를 하기도 했다.

♛
5. 오래된 브랜드 네임의 힘

시간이 흐르면 브랜드 파워는 쇠퇴하게 마련이다. 특히 브랜드의 최초 상기가 판매에 직접적 영향을 미치는 제품의 경우 더욱 그러하다. 그러나 브랜드가 시장에서 확고히 자리를 잡았을 경우, 잦은 브랜드 노출과 사용 경험으로 인해 형성된 높은 브랜드 인식은 광고 지원이 중단된 후에도 장기간 지속되는 경향이 있다.

데이비드 아커의 브랜딩 정석

예를 들어 1980년대 중반 실시한 믹서기 브랜드에 대한 소비자 조사에서 GE는 20여 년 동안 믹서기 제품을 만들지 않았음에도 소비자들이 상기한 전체 브랜드 중 2위를 차지했다. 또한 유니레버의 미용 비누 럭스뷰티바(Lux Beauty Bar)의 경우, 15년 이상 상품 광고를 하지 않았지만 2,500만 달러씩 꾸준히 판매되었고, 회사 매출액의 절반이나 되는 높은 수익을 유지해왔다.

브랜드 네임에 대한 친숙도를 알아보기 위해 미국 4개 도시의 주부 100명에게 하나를 말할 때마다 보상을 하는 방식으로 생각나는 브랜드 모두를 말해보라고 했다. 그 결과 한 사람당 평균 28개 브랜드를 언급했고 응답자 15%는 40개 이상 되는 브랜드 네임을 언급했다. 그중 절반이 식품과 관련이 있었다. 이 조사에서 가장 흥미로운 사실은 명명된 브랜드들의 연령이었다. 표 3-3에 나타난 것처럼 언급된 브랜드 중 85%가 25년 이상 된 브랜드였으며 36%가 75년 이상 된 것들이었다.

보스턴컨설팅그룹(Boston Consulting Group)에서는 1925년과 1985년, 스물두 가지 제품 카테고리별로 1위 브랜드들을 비교했다. 표 3-4에서 보는 것처럼 열아홉 가지 제품 카테고리에서는 1위 브랜드가 동일했다. 나머지 세 가지 제품 카테고리에서도 1925년에 1위였던 브랜드들은 여전히 영향력 있는 브랜드로 남아 있었다. 1985년은 1925년보다 시장 상황이 훨씬 동적이었고 새로운 제품도 많이 생겼지만 오래된 브랜드들이 여전히 강력한 힘을 지녔음을 알 수 있다. 오래된 브랜드의 힘은 부분적으로 제품에 대한 고객의 수많은 경험 그리고 광고 노출을 통

표 3-3 미국 유명 브랜드들의 연령 분포
*사용된 전체 브랜드 수 4,923개

브랜드 연령	%
100년 이상	10%
75~99년	26%
50~74년	28%
25~49년	4%
15~24년	4%
14년 이하	3%

출처 : Adapted from Leo Bogart and Charles Lehman, "What Makes a Brand Name Familiar?" *Journal of Marketing Research*, February 1973, pp. 17~22.

해 형성된 높은 브랜드 인식에 근거한다.

이는 어떤 의미를 내포하는가? 고객의 높은 브랜드 인식을 바탕으로 한 강력한 브랜드는 귀중한 마케팅 자산이 되며, 이 자산은 브랜드 노출과 경험이 늘어남에 따라 해가 갈수록 더욱 풍부해진다. 그 결과 경쟁사가 품질이 더 좋은 제품과 막강한 광고 예산으로 도전해도 그들의 제품이 고객 마음속에 자리 잡기는 어려울 것이다.

비전문가들은 흔히 제품력이 우수하고 충분히 광고로 지원하는 신규 브랜드라면 숙성기에 있는 제품도 시장을 점령할 수 있다고 믿는다. 하지만 실제로는 신규 브랜드가 시장을 선도하는 위치를 차지하기란 생각처럼 쉽지 않다. **표 3-4**에서 볼 수 있는 것처럼 60년 동안 스물두 가지 제품 시장에서 선두 자리에 도전하다가 실패한 많은 브랜드들을 생각해보자. 숙성기에 접어든 어떤 제품은 시장에서 1위가 될 수 있는 유일한 길이 처음 시장에 나올 때부터 1위 브랜드였어야

표 3-4 미국의 제품별 시장 1위 브랜드 : 1925년과 1985년의 비교

제품 종류	1925년 1위 브랜드	1985년 순위
베이컨	스위프트	1
건전지	에버레디	1
비스킷	나비스코	1
시리얼	켈로그	1
카메라	코닥	1
과일 통조림	델몬트	1
껌	리글리	1
초콜릿	허쉬	2
밀가루	골드메달	1
박하사탕	라이프 세이버스	1
페인트	셔윈-윌리엄즈	1
파이프 담배	프린스 알버트	1
면도기	질레트	1
재봉틀	싱어	1
와이셔츠	맨해튼	5
식용유	크리스코	1
비누	아이보리	1
청량음료	코카콜라	1
수프	캠벨	1
차	립톤	1
타이어	굿이어	1
치약	콜게이트	2

출처 : Thomas S. Wurster, "The Leading Brands : 1925~1985," *Perspectives*, The Boston Consulting Group, 1987.

하는 것인지도 모른다.

숙성기 제품 시장에 도전할 때는 일반적으로 완전히 새로운 브랜드보다는 시장에서 어느 정도 자리를 잡은 기존 브랜드를 활용하는 것이 최선의 방법이다. 새로운 브랜드로 시장에 진입하게 될 때는 유

사한 제품 카테고리에서 쓰는 기존의 브랜드 네임을 연장하는 것이 좋은 방도 가운데 하나가 될 수 있다. 기존 브랜드의 재활용 및 브랜드 확장 전략에 대해서는 다른 장에서 상세히 논할 것이다.

6. 브랜드 인지도를 확보하는 방법

브랜드 인지도를 획득할 때 브랜드 인식과 브랜드 상기 수준을 높이려면 다음 두 가지가 수반되어야 한다. 브랜드 네임의 정체성을 명확히 하는 것, 그리고 그 브랜드와 연관되는 제품 카테고리와의 연결고리를 만드는 것이다. 이미 둘 중 하나가 완료된 상태일 수도 있지만 아무튼 새로운 브랜드의 경우 이 두 가지 과제를 필히 완수해야 한다. 일례로, 피자플레이스(Pizzaplace) 같은 브랜드 네임은 이름 자체가 제품 카테고리와 직접적으로 연계되므로 브랜드 네임을 확립하는 것이 중요하다. 반면 브랜드 네임이 확립되어 있는 로토루터(Roto-Rooter) 같은 회사가 배관 파이프 시장에 새로이 진출한다면 이미 잘 알려진 브랜드 네임과 제품 카테고리의 연계를 확립할 필요가 있다.

어떻게 하면 원하는 브랜드 인지도를 달성하고, 유지하고, 향상시킬 수 있을까? 소비자 심리와 광고에 관련된 연구 그리고 과거 성공적이었던 브랜드들을 관찰한 결과를 통해 다음과 같은 유용한 방법들을 알 수 있었다.

커뮤니케이션 전략을 차별화하라

브랜드 인지도를 높이기 위한 메시지는 그 브랜드가 주목받을 필요성을 제공해야 한다. 또한 그 메시지를 기억에 남게 전달해야 한다. 그러한 목적을 달성하는 데는 여러 가지 방법이 있는데 우선 전달하려는 메시지가 차별적이고 전달 방식이 특이해야 한다. 한 예로, 크래프트의 마가린 브랜드 파케이(Parkay)는 광고에서 경쟁사들과는 완전히 다른 커뮤니케이션 전략을 사용한다. 이를테면 제품 포장 박스가 사람처럼 말을 하는 유머러스한 방식으로 파케이의 브랜드 네임을 마가린 제품과 직접 연결하는 전략을 쓴다.

경쟁사와 유사한 커뮤니케이션 전략을 쓰는 브랜드는 소비자의 주의를 끌지 못한다. 미국에서 향수, 스포츠카, 박하담배, 청량음료 같은 제품들의 광고는 경쟁사들과 거의 비슷해서 소비자들이 브랜드 인식을 잘하지 못한다. 한 광고주는 코카콜라의 텔레비전 광고에서 세븐업과 배경음악을 바꿔보았는데 차이를 분별하기 어려웠다. 브랜드와 제품 카테고리의 연계를 확립하는 것도 필수 과제라는 사실은 당연하다. 자동차 광고에서 가끔 볼 수 있는, 한적하고 엄숙한 산 정상에 차를 세워놓은 장면은 기억에 남을지 모르지만 훗날 소비자가 산 위에 있던 차가 어떤 차였는가를 상기하기는 쉽지 않을 것이다.

광고에 슬로건이나 로고송을 사용하라

광고 슬로건이나 로고송을 활용하면 큰 차이를 만들 수 있다. "물에 뜬다(It Floats)", "넌 오늘 쉴 자격이 있어(You Deserve a Break Today)" 같은 유명한 광고 슬로건들은 브랜드 상기를 돕는다. 아이보리 광고의 경우 브랜드보다는 '물에 뜨는 비누'라는 사실을 시각적으로 강조함으로써 브랜드 및 제품 카테고리와 슬로건이 강력히 상호 연결되는 효과를 냈다.

로고송은 브랜드 인지도 창출을 위한 유효한 도구로 사용될 수 있다. 새로운 브랜드들에 대한 브랜드 인지도 수준을 예측하는 모형 기법으로 출시 13주 된 새 브랜드 58개를 연구 분석한 결과, 기억하기 쉬운 로고송은 상대적으로 높은 상기를 불러일으키는 매우 중요한 요인으로 판명되었다. 한 예로 면 모양이 동그란 즉석 스파게티 브랜드 스파게티오(Spaghettios)는 "오 오, 스파게티오(Oh O, Spaghettios)"라는 로고송을 이용해 소비자들의 높은 브랜드 상기를 이끌어냈다.

심벌을 이용하라

켄터키 프라이드 치킨(Kentukey Fried Chicken)의 커널 샌더스(Colonel Sanders) 할아버지 인형, 트래블러스(Travellers)의 우산, 트랜스아메리카 (Transamerica)의 피라미드같이 브랜드에 밀접하게 연관되는 심벌은 브랜드 인지도를 창출하고 유지하는 데 커다란 역할을 할 수 있다. 심벌은 시각적 이미지를 동반하므로 말보다 배우고 상기하는 것이 훨씬 쉽다. 또한 심벌은 광고가 아닌 여러 가지 방법으로 대중에게 선보일 수 있다. 베티 크로커의 빵 굽기 경연대회, 버드와이저(Budweiser)의 클라이즈데일(Clydesdale, 힘센 말을 뜻하며 버드와이저의 상징) 승마팀 경기, 컴퓨터 전시회에 놓인 여러 가지 모양의 사과('애플'의 브랜드 심벌) 등이 그 예다.

그림 3-7은 굿이어(Goodyear)가 1925년부터 홍보용으로 쓰는 소형 비행선 가운데 하나로 굿이어라는 이름에 대한 브랜드 인식을 높이는 데 크게 기여했다. 중간에 날개 달린 발이 있는 굿이어의 로고가 35미터 크기로 그려져 있고 전기 프로그램으로 작동하는 전등 7,560개가 이를 밝혀준다. 이 비행선은 미식 프로축구와 프로야구 결승 시리즈 등 전국에서 벌어지는 여러 가지 야외 행사 중계방송을 통해 매년 80회 이상 텔레비전 화면에 등장했다. 한 기자는 "굿이어 비행선이 없는 행사는 행사가 아니다"라고 쓰기도 했다. 굿이어와 브랜드 네임이 비슷한 경쟁사 굿리치(Goodrich)는 굿이어의 심벌이 이처럼 강력하다는 사실을 의식하고 "소형 비행선이 없는 회사(company without the blimp)"라고 강조하면서 푸른 하늘과 흰 구름만 있는 광고를 내보낸 적도 있다.

적극적 홍보를 이용하라

광고(Advertising)는 브랜드 인지도를 창출하는 데 적절한 방법이다. 메시지의 내용과 대상을 목적에 맞게끔 쉽게 설정할 수 있고 대체로

그림 3-7 **타이어 회사 굿이어의 심벌인 소형 비행선**
제공 : The Goodyear Tire&Rubber Company.

효율적인 방법으로 노출이 되기 때문이다. 그런데 홍보(publicity)는 항시 일정한 역할을 하며, 더러는 성공의 견인차가 되기도 한다. 매체 광고보다 훨씬 적은 비용이 들 뿐 아니라 효과적이기도 하다. 사람들은 광고를 읽기보다 새로운 것을 알고 싶어 한다. 굿이어의 소형 비행선은 매년 전국 신문에 몇천 번씩 등장한다. 관건은 어떻게 상품과 관련이 있으면서도 뉴스거리가 되는 행사나 이슈를 만들어내느냐 하는 데 있다.

새로 개발한 컴퓨터 칩이나 새로운 스타일의 스포츠카처럼 상품 자체가 관심을 끌 수 있다면 홍보에 이상적인 조건이 된다. 하지만 뉴스거리가 되기에 부족한 제품에는 새로움을 가미할 행사나 상징적 요소가 필요하다. 아이스크림 회사 벤앤제리스(Ben&Jerry)의 이동식 가게 '카우모빌(Cowmobile)'은 미국 대륙을 횡단하면서 여러 도시를 방문해 무료로 아이스크림을 제공했는데 적어도 소도시들에서는 벤앤제리스의 방문이 뉴스거리가 되었다.

행사 후원을 활용하라

기업이 행사를 후원하는 주된 목적은 대부분 브랜드 인지도 창출과 유지 관리에 있다. 볼보(Volvo) 자동차, 버지니아 슬림(Virginia Slims) 담배, 트랜스아메리카 같은 회사들은 국제 테니스 대회를 전면 후원함으로써 경기를 보는 관객들이나 텔레비전 시청자들의 주의를 끈다. 게다가 사람들은 경기 전후로 관련된 보도기사를 읽는다. 버드와이저, 밀러(Miller), 쿠어스(Coors) 같은 여러 맥주 회사는 행사 후원이 마케팅에 얼마나 도움이 되는지 일찌감치 깨달았기에 몇백 개가 넘는 다양한 행사를 적극적으로 후원하고 있다.

브랜드 확장을 고려하라

브랜드 상기를 일으키고 브랜드 네임을 더욱 눈에 띄게 하는 방법 가운데 하나는 다른 제품 라인에 동일한 브랜드 네임을 쓰는 것이다. 코카콜라, 하인즈, 웨이트 워처스, 썬키스트 같은 브랜드는 다른 제품에 같은 브랜드 네임을 부착함으로써 그 제품들을 광고하거나 전시하거나 사용할 때 이름이 알려지게 한다. 소니, 혼다, 마쯔다(Mazda), 미쯔비시(Mitsubishi), 야마하(Yamaha)같이 일본의 수많은 유명 회사들은 회사 전 제품에 동일한 이름을 사용한다. 사실 소니의 경우는 여러 제품에 동일한 이름을 널리 사용함으로써 복수(複數)의 선전 효과를 얻으려는 의도로 선택한 이름이다. 세계 도처에서 볼 수 있는 미쯔비시라는 이름과 3개의 다이아몬드 모양으로 된 이 회사의 심벌은 자동차, 금융, 버섯 등의 제품을 포함해 미쯔비시에서 판매하는 2만 5,000여 개의 전 제품에 사용된다.

개별 브랜드 전략과 브랜드 확장 전략은 서로 장단점이 있다. 하나의 브랜드 네임을 여러 제품에 광범위하게 사용하는 것은 브랜드 상기를 일으키는 데 도움이 된다. 제품 카테고리에 따라 다른 브랜드 네임을 쓸 때는 각 브랜드 네임마다 특색 있는 연상 이미지를 만들 기회가 주어진다. 브랜드 확장 전략에 관한 상세한 설명은 9장에 나와 있다.

암시를 이용하라

브랜드 인지도 높이기를 주된 목적으로 하는 광고에서는 제품이나 브랜드의 특징을 통한 암시를 커뮤니케이션 전략에 유용하게 쓰는 경우를 종종 볼 수 있다. 제품 자체를 이용해 브랜드를 암시하는 방법 중에는 포장을 이용한 암시가 특히 유용한 방법으로 쓰인다. 고객이 제품

데이비드 아커의 브랜딩 정석

구매 결정을 할 때 제품을 포장하는 모습과 직접 접하지 않기 때문이다. 요리용 소금 회사 모턴이나 저칼로리 즉석요리 전문 회사 린 퀴진(Lean Cuisine)은 제품 포장만 보아도 그 회사 제품임을 알 수 있게 암시해놓았다. 다른 예로 안드레 애거시(Andre Agassi) 같은 프로 테니스 스타의 존재는 테니스 라켓 등의 제품을 암시한다. 때로는 고객이 제품을 접할 때 광고 메시지를 상기시키기 위한 목적으로 광고 내용의 일부를 암시 수단으로 사용하기도 한다. '미키 광고'는 귀여운 꼬마 동생 미키(Mikey)가 형의 예상과는 다르게 라이프 시리얼(Life cereal)을 좋아한다는 재미있는 내용으로 되어 있다. 이 회사에서는 시리얼 제품을 구매하는 고객에게 이 광고를 상기시키기 위해 제품 박스에 미키의 사진을 인쇄해 일종의 브랜드 암시 수단으로 이용했다.

반복 효과를 이용하라

브랜드 상기를 일으키는 데는 브랜드 인식 높이기보다 더 많은 노력이 필요하다. 다른 브랜드와 비교해 눈에 더 잘 띄는 브랜드 네임을 지어야 하며 제품 카테고리와의 연계가 강해야 한다. 브랜드 인식은 브랜드 노출량이 얼마 되지 않는 경우에도 지속될 수 있지만 브랜드 상기는 시간이 지남에 따라 약해진다. 일상생활에서 얼굴을 아는 사람을 만났지만 이름이 잘 떠오르지 않는 경우를 생각하면 쉽게 이해될 것이다. 브랜드 상기에는 심도 깊은 학습 경험이나 많은 반복이 필요하므로 적지 않은 노력이 필요하다. 최초 상기도를 높이려면 더욱더 열심히 노력해야 한다. 버드와이저 같은 맥주 브랜드가 현재처럼 높은 수준의 최초 상기도를 유지하려면 경쟁 브랜드들보다 더 많이, 그리고 꾸준히 브랜드를 노출시켜야 한다.

높은 상기가 주는 보너스

지속적으로 브랜드를 노출하여 높은 수준의 최초 상기도를 유지하는 것은 브랜드 네임 인지도를 형성해줄 뿐 아니라 고객이 마음속에서 다른 브랜드를 상기할 기회를 막는 브랜드 현저성(brand salience) 효과를 창출한다. 일련의 연구에서 밝혀진 바에 따르면 소비자들에게 한 가지 또는 여러 가지 브랜드 네임을 먼저 제시한 뒤 그 경쟁 브랜드들을 생각해보라고 했을 때 그렇게 하지 않았을 때보다 브랜드 수를 적게 언급했다. 또한 한 실험 연구에 따르면 특정 브랜드의 텔레비전 광고를 본 응답자들은 그 광고를 보지 않은 사람들에 비해 상기할 수 있는 브랜드 네임이 적었다. 지배적 브랜드의 존재가 고객의 다른 브랜드 상기를 막고 있는 것이다.

생각 정리 질문

1. 브랜드 인식과 브랜드 상기의 역할은 무엇인가? 그 각각이 고객의 구매 결정에 정확히 어떤 영향을 미치는가?

데이비드 아커의 브랜딩 정석

2. 브랜드 인식과 브랜드 상기의 수준은 세부시장별로 어떠한 가? 신규 고객들에게 브랜드를 인식시키는 데 어떤 문제가 있 는가? 브랜드 네임이 핵심 세분시장에서 충분히 두드러지는 가? 브랜드 상기는 잘 유지되고 있는가?

3. 브랜드 인식 또는 상기와 그 다양한 구성 요소를 생성하도록 설계된 커뮤니케이션 프로그램을 평가하라. 무엇이 작동하고 있는가? 어떤 분야에서 광범위한 검토가 필요한가? 포장은 어떠한가? 프로그램이 브랜드 연상과 일관성이 있는가?

4. 브랜드 인식이나 상기를 일으키기 위해 설계된 프로모션 및 기 타 커뮤니케이션 수단 중 어떤 것이 경쟁사들에 효과가 좋았 는가? 홍보를 위한 모든 방안이 이용되고 있는가?

4장

**지각된
품질**

품질은 우리가 가진 유일한 특허 보호권이다.

—제임스 로빈슨
(James Robinson, 아메리칸 익스프레스 CEO)

대부분의 제품에 '일등석 티켓' 같은 품질의 이미지를 부여
하면 도움이 된다

—데이비드 오길비(David Ogilvy)

품질은 무상이다.

—필 크로스비(Phil Crosby)

♛
1. 슐리츠 맥주 이야기

조셉 슐리츠 맥주 회사(Joseph Schlitz Brewing Company, 이하 '슐리츠')는 1850년 밀워키의 한 음식점에 맥주를 공급하는 소기업으로 출발했다. 1971년 시카고 대화재로 시카고 시내 맥주 공장 대부분이 파괴되었을 때 성장 호기를 맞았고, 이로써 1872년 기업 슬로건 '밀워키를 유명하게 만든 맥주'가 탄생했다. 20세기 들어 슐리츠는 펩스트(Pabst)와 앤하이저-부시(Anheuser-Bush)에 이어 세 번째로 큰 맥주 회사가 되었다. 1920년대의 금주법 기간에는 엿기름과 발효 시럽을 생산함으로써 위기를 넘겼고, 1947년 최대의 맥주 회사가 되었다. 1957년에는 버드와이저에 선두를 양보하고 말았지만 1970년 초반까지는 강력한 2위 브랜드 자리를 유지했다.

광고 회사 레오버넷(Leo Burnett)은 1960년대에 '라이트 비어의 진

그림 4-1 슐리츠의 '구스토' 광고
제공 : The Stroh Brewery Company.

데이비드 아커의 브랜딩 정석

정한 맛', '슐리츠를 모르면 맥주를 모르는 것'이라는 유명한 광고 테마를 만들어냈다.

그림 4-1은 1960년대의 '구스토(Gusto, '맛'이란 뜻)' 광고 가운데 하나다. 이 기간에 슐리츠는 슐리츠 몰트(Schlitz Malt)라는 술과 트레이드마크가 된 '팝 톱(pop top, 고리로 잡아당겨 따는 식의 용기)' 캔을 성공적으로 출시했다. 1970년대 초에는 라이프스타일에 따른 접근 방식으로 '바다 사나이'를 묘사했다. 맥주를 과음하는 사람을 영웅시하면서 기존의 '맛'이라는 테마와 병행해서 표현한 것으로, 슬로건은 '단 한 번뿐인 인생, 가능한 모든 맛을 맛보라'였다.

슐리츠의 추락

1976년 말 슐리츠는 기존에 주력했던 슐리츠 브랜드와 더불어 대중용으로 '올드 밀워키(Old Milwaukee)'와 '슐리츠 라이트(Schlitz Lite)'를 새롭게 선보였다. 하지만 시장점유율 16.1%로 19.5%인 앤하이저-부시, 12.2%인 밀러와 경합하더니 1977년 밀러에 2위 자리를 내주고 말았고 그때부터 몰락의 길을 걷기 시작했다. 슐리츠의 시장점유율은 1976년 15.8%에서 1977년 13.9%, 1978년 11.8%로 하락했다. 이에 따라 이익도 감소해 1974년 4,800만 달러 이익에서 1979년에는 5,000만 달러 적자로 돌아섰다.

그림 4-2는 몰트 라이트(malt light) 맥주를 제외한 슐리츠 브랜드만의 매출액 하락을 보여준다. 1974년 연간 매출액 1,780만 달러에서

1976년(앤하이저-부시 강력 파업의 수혜를 입은 해) 1,660만 달러, 1980년 750만 달러, 1986년 100만 달러 미만으로 떨어져 슐리츠 맥주는 거의 시장에서 사라질 위기에 처했다. 1980년대 중반에는 가격으로 유인하는 제품(price brand)으로서의 역할밖에 하지 못했으며 결국에는 프리미엄 제품에서도 제외되었다. 1982년 슐리츠는 결국 스트로(Stroh)에 팔리고 말았는데 슐리츠라는 이름의 가치는 슐리츠라는 이름으로 팔린 제품의 매출액과 연관성이 있다. 표 4-1은 이를 요약한 것이다. 이론상 제품 이름의 가치(즉 브랜드 에쿼티)는 1974년 10억 달러를 상회했으나 1980년 7,500만 달러로 단 6년 만에 93%나 가치 하락이 있었다.

슐리츠의 품질 관리

왜 이러한 사태가 발생했을까? 불행의 시작은 1974년이었다. 1974년 슐리츠의 밀워키 공장은 10년이라는 개발 기간 동안 효모 중심 양조의 혁명적 방법인 '가속 일괄 발효법(accelerated batch fermentation, ABF)'을 생산 라인에 도입했다. 이 방식으로 기존에 12일이나 걸리던 발효 과정을 단 4일로 단축함으로써 비용도 절감하고 제품의 균질성을 향상시켰다. 저장 기간은 단축되었지만 그런대로 맛에는 영향을 받지 않았다. 그러나 시중에서는 슐리츠가 푸른 맥주를 만든다는 소문이 돌았다. 어느 직원은 1700년대 조상들이 사용한 공정을 그대로 사용하는 건 괜찮지만 1700년대 조상들의 공정을 그대로 사용한다고 말을 한다면 미친 짓이란 놀림을 받았을 거라고 지적했다. 여하튼 슐리츠

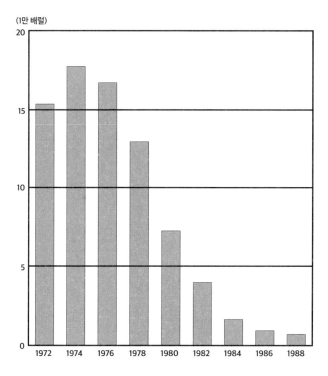

(1만 배럴)

그림 4-2 **슐리츠의 매출액**(단위 : 100만 통)
Excludes Schlitz Malt and Schlitz Light.
출처 : R. S. Weinberg & Associates.

는 이 방법을 도입함으로써 비용 면에서 경쟁우위에 설 수 있었으며 옥수수 시럽을 단순 맥아주로 바꿈으로서 더 많은 비용 절감이 가능 해졌다. 내부적으로는 평범한 맥주 소비자들이 새로운 값싼 맥주와 본래 맥주의 맛 차이를 느끼지 못하리란 희망 섞인 기대를 했는데 실 제로는 새 맥주의 맛이 더 순했다. 슐리츠가 값싼 재료와 공정을 도입 해 비용 절감을 꾀한다는 사실은 곧 알려졌고 방어하기가 어려워졌

표 4-1 **슐리츠의 브랜드 에쿼티**

연도	총 자산 가치 (단위 : 100만 달러)	총 자산 가치에서 부채를 뺀 가치 (단위 : 100만 달러)	슐리츠에서 창출한 이윤	슐리츠 브랜드의 자산 가치 (단위 : 100만 달러)
1974	1,670	1,374	71	1,082
1975	985	596	68	447
1976	698	426	65	307
1977	530	300	62	207
1978	487	311	60	207
1979	388	231	56	145
1980	287	150	45	75
1981	495	345	36	138
1982	465	318	28	98

다. 특히 경쟁사 앤하이저-부시의 오거스트 부시(August Busch) 사장이 1975년 초 비싼 재료를 계속 쓰기로 결정한 후부터 문제는 더욱 심각해졌다. 부시 사장은 천명했다.

"우리의 경쟁사는 이익을 더 많이 내고 투자 수익률을 높이려고 재료와 공정을 바꾸었다. 품질에 관해서라면 고객을 잠시 동안 속일 수 있을지 모르지만 최후까지 속이는 건 불가능하다. 우리는 품질을 낮추기보다는 이익 감소를 택하겠다. 결국에는 우리가 더 오래 사업을 할 수 있을 것이다."

이러한 이미지 문제는 슐리츠가 절감된 비용만큼 가격을 파격적으로 낮추고 매출액 증대를 위해 과감한 프로모션을 벌이자 더욱더 심각해졌다. 이러한 일련의 노력은 저렴한 생산 비용과 규모의 경제

[economies of scale, 생산 규모의 증대로 생산비 대비 생산량이 증대됨으로써 발생하는 경제적 이익]에 바탕을 두고 원가 우위를 달성하려는 전략에 들어맞았다. 그러나 가격 인하 또는 프로모션은 슐리츠가 오랫동안 누려온 고급 제품이라는 이미지와는 일치하지 않았다.

1975년 품질에 대한 이미지 문제가 심각하게 대두되었다. 이는 경쟁사의 허위 사실 유포로 더 가속화되었다. 이에 대응하기 위해 품질을 강조하는 광고가 시도되었다. '맛'을 테마로 한 광고는 사라졌고 '맥주에는 단 한마디 단어만이 존재한다—슐리츠! 당신이 알고 있는 바로 그 사실'과 '맞는 말이야. 당신이 알고 있듯이'라는 캠페인이었다. 그러나 이 캠페인 역시 악화되는 상황을 바로잡을 수는 없었다.

1976년 더 최악의 일이 생겼다. 1월 1일 슐리츠는 맥주의 저장 기간을 연장하는 데 사용하는 거품 안정제를 바꾸었다. 본래 동기는 새로운 라벨링 법규를 지키기 위해 라벨에 성분 표시를 하지 않으려는 것이었다. 새로운 거품 안정제는 발효 과정에서 걸러져 최종 제품에서는 나타나지 않았지만 맥주의 몇몇 성분에 반응해 작고 얇은 조각들을 만들었다. 그래서 새로운 맥주를 구름 맥주 혹은 파편 맥주라고 부르는 일까지 벌어졌지만 회사는 몇 달 동안이나 이 사실을 무시했다. 초여름에 누군가 거품 안정제를 제거하려고 시도했을 때 매장 선반에서 맥주병이 터지는 사고가 발생했다. 1976년 가을 슐리츠 맥주 약 1,000만 개가 비밀리에 회수되고 처분되었으나 이 비밀도 새어나갔고 슐리츠는 웃음거리가 되고 말았다.

회복을 위한 시도

1977년 이미지 문제에 대응하려는 새로운 광고 캠페인이 시작되었다. 험상궂게 생긴 사내들에게 다른 맥주를 권유받은 사람이 "내 슐리츠를 뺏으려고? 나의 맛을"이라고 답하는 광고였다. 이 무시무시한 광고는 광고 업계에서 '슐리츠를 마시지 않으면 죽여버린다'는 캠페인으로 알려졌고 비록 기간은 짧았지만 참혹한 실패라는 평가를 받았다. 결과적으로 슐리츠는 회복하지 못했다.

1978년 슐리츠는 앤하이저-부시의 맥주 제조 기술자를 채용했다. 그는 생산 체제와 재료를 개선해 1960년대처럼 다시 한 번 슐리츠의 고급화에 성공했다. 그는 또 "맥주는 행복하게 만들고 슐리츠는 더 행복하게 해준다"라고 말하는 슐리츠 광고의 모델로 광고 캠페인에 참여하기도 했다. 1979년에는 '맛'에 관한 주제로 되돌아갔으며 "덤벼(Go for it)"라는 광고 문구도 등장했다. 그러나 매출은 계속 감소하기만 했다.

절망에 빠진 슐리츠는 1980년, 400만 달러를 들여 경쟁사 맥주를 마시는 맥주 고객 100명이 참여하는 맛 테스트 대회를 개최했다. 텔레비전 생방송에서 블라인드 테스트를 통해 경쟁사의 맥주와 슐리츠의 맥주를 마시고 비교하는 방식이었다. 경쟁사의 맥주는 버드와이저, 밀러, 미켈롭(Michelob) 등이었다. 광고 효과를 최대한 높이기 위해 슈퍼볼 경기장에서 유명한 슈퍼볼 심판이 등장해 맛 테스트를 실시하기도 했다.

평소 미켈롭 맥주를 마시는 사람들 50%가 슐리츠가 낫다고 한 것이 슐리츠가 얻은 최고의 결과였다. 결국 1978년부터는 과거와 똑같은 재료를 쓰고 똑같은 과정으로 슐리츠를 다시 만들었다. 하지만 슐리츠가 예전과 같다고 고객들을 설득하는 데는 백약이 무효였다.

실패의 원인 평가하기

1970년대 맥주 산업에는 슐리츠에 영향을 주는 사건이 많았다. 1970년, 필립 모리스는 밀러를 인수하여 '병맥주의 샴페인'이라는 밀러 맥주로 '밀러 타임(Miller Time)'이라는 캠페인을 시작했다. 블루칼라 계층이 대상이었다. 필립 모리스는 제품을 재포지셔닝하기 위해 광고비를 대폭 증액하기도 했다. 또한 7온스짜리 캔맥주를 도입하고 경쟁자들보다 유통기한을 줄여 120일이 지난 맥주는 진열대에서 치우는 등 제품의 질적 향상을 꾀하는 정책을 펼쳤다. 더구나 1975년에는 밀러 라이트(Miller Lite)를 출시해 순한 맥주를 원하는 맥주 소비자들을 목표 시장으로 삼았다. 밀러 라이트는 가장 성공적인 신제품 가운데 하나로 1979년 슐리츠의 판매량을 넘어섰고 1983년에는 버드와이저에 이어 두 번째 제품이 되었다.

앤하이저-부시도 1970년 후반부터 밀러에 대항해 광고비를 대폭 증액하고 많은 스포츠 게임을 후원했다(1976년에는 불과 20건이었으나 1982년에는 400건이었다). 또 생산 능력을 늘리고 내추럴 라이트(Natural Light), 미켈롭 라이트(Michelob Light)도 출시했다. 결과적으로 1970년대 후반과 1980년대의 맥주 산업 환경은 과거에 비해 경쟁하는 회사들에 부정적으로 변화해 있었다.

밀러와 앤하이저–부시의 진출은 기본적으로 지방 맥주와 슐리츠를 약화시켰다. 라이트 맥주를 포함해서 볼 때 슐리츠의 판매 패턴은 다른 경쟁 제품인 '펩스트'나 '쿠어스'와는 매우 달랐다. 슐리츠는 1978년 1,300만 배럴에서 1984년 180만 배럴로 판매량이 감소했고 펩스트도 1,270만 배럴에서 680만 배럴로 판매량이 감소했으나 쿠어스의 경우 1,210만 배럴에서 1,260만 배럴로 판매량이 증가했다. 쿠어스의 주식 가격은 1975년 8억 900만 달러 아래로 떨어졌으나 1980년 기업공개 후 이 수준의 46%에 이르렀다. 이에 비해 1980년 슐리츠의 상장가는 1975년의 17%에 불과했고 1974년과 비교해보면 반값에도 미치지 못했다.

슐리츠는 품질 말고도 다른 문제를 안고 있었다. 1977년 CEO 사망 후 경영 공백이 발생했으며, 1978년에는 법적 문제까지 제기되어 고위 마케팅 담당자 네 명이 물러났다. 그러나 슐리츠 제품 가치의 몰락은 대체로 지각된 품질에서 손실을 입었기 때문이었음이 분명하다.

전성기에 은퇴한 슐리츠의 한 광고 담당 이사는 다음과 같이 설명했다.

"슐리츠는 더 많은 이익을 욕심내다가 명성을 잃었다. 맥주 사업에서는 자원이나 자금을 잃어도 명성만 있으면 언제나 회복할 수 있다. 그러나 명성을 잃으면 아무리 돈과 자원이 있어도 회복이 불가능하다."

데이비드 아커의 브랜딩 정석

몇 가지 관찰

이 사례는 고객들의 특정 제품에 대한 지각된 품질에 손실을 입으면 회복할 수 없다는 교훈을 잘 나타낸다. 능력 있는 광고 회사를 통해 아무리 많은 광고비를 쏟아부어도 제품을 바꾸는 것으로는 이미 변화된 지각에 영향을 미치는 데 역부족이다. 약간의 이윤 증대를 꾀하다가 10억 달러나 되는 브랜드 가치의 하락을 가져왔던 것이다.

또 브랜드의 몰락이 즉시 나타난 것이 아니라 10년의 기한을 두고 일어났다는 점이 주목할 만하다. 이는 여러 가지로 설명할 수 있다. 첫째, 품질 문제를 해결하기 위한 노력이 매년, 때로는 반년에 걸친 광고 캠페인으로 이어졌으나 소비자에게 도달하기 전 뒤죽박죽으로 끝났다는 점이다. 더구나 그것이 15년이나 일관성 있게 추진해오던 '맛'을 통한 성공적 구매 유발을 대체해버렸다. 둘째, 슐리츠에 대한 소문이 전 인구에 퍼지는 데 시간이 걸렸다는 점이다. 셋째, 사람들은 대체로 변화에 주저하므로 시장에서 관성에 따른다는 점이다. 사실, 브랜드 파워가 약화되자 경쟁 제품의 공격에 취약해졌고, 그 결과 시간이 지나자 시장에서 살아남을 수가 없게 된 것이다.

2. 지각된 품질이란 무엇인가

지각된 품질이란 제품이나 서비스가 본래 의도하는 바에 따른 제품의 전반적 품질이나 우수성에 대한 고객의 지각이라고 정의할 수 있다. 지각된 품질은 고객에 의한 지각이라는 점에서 비슷한 개념들과는 다음과 같은 차이가 있다.

- 실질적 또는 객관적 품질 : 제품이나 서비스가 우수한 서비스를 제공하는 정도
- 제품 기반 품질 : 재료의 성질과 양, 모양, 서비스 내용
- 제조 품질 : 세부 사항 준수, '무결함'이라는 목표

지각된 품질은 고객의 지각이나 평가와 관련되기 때문에 반드시 객관적으로 결정될 수는 없다. 가령《컨슈머 리포트(Consumer Report)》〔미국의 소비자연맹이 발간하는 소비재 전문 월간지〕 전문가의 세탁기에 대한 평가는 편견에 치우치지 않았을 테고 충분히 타당성이 있을 것이다. 그런데 기능의 상대적 중요성, 세척 작용, 세탁물의 종류 등에 대한 평가도 있어야 하는데 특성, 니즈, 선호도에 관한 모든 고객의 평가는 각기 다르다.

지각된 품질은 의도된 목적이나 선택 가능성과 관련지어 정의된다. 따라서 노드스트롬이나 블루밍데일(Bloomingdale) 같은 고급 백화점과 타깃(Target) 같은 일반 백화점의 경우 백화점에 대한 고객들의 지각된 품질은 매우 다르다. 타깃 백화점이 노드스트롬 백화점 정도의 개인적 서비스를 하지 않고, 질 좋은 물건을 갖추지 않았으며, 매장 분위기가 다르다고 해서 낮게 지각된 품질을 의미한다고 볼 수 없

다. 단, 타깃 백화점은 주차의 용이성, 결제 대기 시간의 길고 짧음, 계산하는 직원의 친절함, 원하는 제품의 비치 등 전혀 다른 기준으로 평가해야 한다.

지각된 품질은 만족감과는 다르다. 성취 정도를 낮게 기대하는 고객은 만족감이 클 수도 있다. 하지만 높게 지각된 품질이 반드시 낮은 기대와 일치하는 것은 아니다. 또한 그것은 태도에 따라서 달라지기도 한다. 품질이 열등해도 매우 싼 가격이라면 긍정적 태도를 유발할 수 있다. 반대로 품질이 좋아도 가격이 비싸면 부정적 태도를 일으킬 수 있다.

지각된 품질은 브랜드에 대한 눈에 보이지 않는 전반적 감정이며, 브랜드에 따라다니는 신뢰성, 성능 같은 제품 특성을 포함하는 내면적 차원을 근거로 한다. 고객들의 특정 제품에 대한 지각된 품질을 이해하려면 이러한 내면적 차원을 정의하고 측정하는 것이 유용하다. 하지만 고객들의 특정 제품에 대한 지각된 품질 자체는 어디까지나 하나의 개략적이고 전반적인 구성물이다.

3. 지각된 품질은 어떻게 가치를 만들어내는가

그림 4-3에서처럼 소비자들의 특정 제품에 대한 지각된 품질은 여러 가지 방법으로 가치를 부여한다.

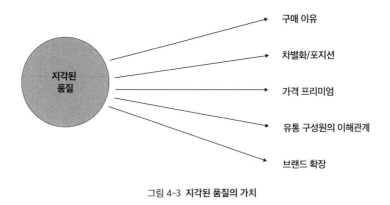

구매 이유

차별화/포지션

가격 프리미엄

유통 구성원의 이해관계

브랜드 확장

지각된
품질

그림 4-3 **지각된 품질의 가치**

구매 이유

앞서 소개한 슐리츠의 사례는 특정 제품에 대한 소비자들의 지각된 품질이 어떤 역할을 하는지 잘 설명해주며 그 밖에도 많은 예가 있다. 특정 브랜드에 대한 소비자들의 지각된 품질은 많은 경우 사고 과정에서 어떤 브랜드를 제외해야 하고, 어떤 것을 포함해야 하며, 특정 제품을 선택해야 하는지 등에 영향을 미치면서 핵심적 구매 이유를 제공한다.

어떤 고객에게는 잦은 구매 과정에서 품질을 판단하게 해줄 객관적 정보를 걸러내고 얻으려는 동기가 없을 수도 있다. 정보를 얻을 수 없는 경우도 있으며, 정보를 수집하고 처리하는 데 필요한 자원이나 능력이 없을 수도 있다. 이 모든 경우 소비자들의 특정 제품에 대한 지각된 품질이 중요하다.

특정 제품에 대한 소비자들의 지각된 품질은 구매 결정과 연계되

데이비드 아커의 브랜딩 정석

므로 마케팅 프로그램에서 모든 요소를 더욱 효과적으로 만든다. 지각된 품질이 좋으면 광고나 프로모션이 더욱 효과적일 수 있다. 반대로 앞서 소개한 슐리츠의 경우처럼 지각된 품질에 문제가 있다면 이를 극복하기가 쉽지는 않다.

차별화/포지션

컴퓨터, 자동차, 치즈 등 하나의 브랜드에 대해 가장 중요한 포지셔닝의 특징은 지각된 품질 차원에서의 포지셔닝이다. 최고급 제품인가, 고급 제품인가, 가치가 있는가? 경제적 제품인가? 나아가 지각된 품질의 카테고리에 관해서는 이 브랜드가 최상품인가, 또는 동종의 다른 제품들과 비교할 때 경쟁력이 있는가 등이 될 수 있다. 이 문제는 5장에서 더 자세히 설명할 것이다.

가격 프리미엄

지각된 품질에서 우세하다면 가격 프리미엄을 가질 가능성이 있다. 가격 프리미엄은 이익을 증대시키고 브랜드에 재투자할 자원을 제공한다. 이런 자원은 제품의 질을 향상시키기 위한 연구개발 활동 혹은 브랜드 인지도나 연상을 증진시킬 브랜드 구축 활동에 활용될 수 있다. 가격 프리미엄은 자원을 제공할 뿐만 아니라 지각된 품질을 더욱 강화할 수 있다. '지불한 만큼 얻을 수 있다'는 믿음은 객관적 정보를 쉽사리 구할 수 없는 서비스나 재화의 경우 특히 중요하다.

가격 프리미엄 대신 경쟁가격(competitive price)으로 고객에게 우월한 가치를 제공할 수도 있다. 이런 부가가치(added value)를 통해 더 많은 고객, 더 높은 브랜드 충성도, 더 효과적이고 효율적인 마케팅 계획을 낳을 수 있다.

유통 구성원의 이해관계

지각된 품질은 소매상, 도매상, 그리고 그 밖의 유통 참여 인원들에게 커다란 의미가 있으며 유통망 확보에도 중요하다. 유통 참여 인원들은 취급하는 제품이나 서비스를 통해 이미지에 영향을 받는다. 그러므로 그들에겐 좋은 품질의 제품을 확보하는 것이 중요하다. 뿐만 아니라 소매상이나 유통 참여 인원들은 매매를 이끌어내기 위해 매력적인 값에 지각된 품질이 좋은 물건을 제공하기도 한다. 어느 경우든지 유통 참여 인원들은 고객이 원하고, 고객에게 잘 알려진 브랜드를 취급하려고 한다.

브랜드 확장

게다가 새로운 제품군에 브랜드 네임을 도입함으로써 지각된 품질을 브랜드 확장에 이용할 수도 있다. 지각된 품질 측면에서 볼 때 강력한 브랜드는 더 많이 확장될 수 있으며 취약한 브랜드보다는 높은 성공률을 보일 것이다. 여섯 가지 브랜드 네임을 열여덟 가지 제품명으로 확장한 사례를 연구한 결과, 브랜드 네임에 대한 지각된 품질은 확장한 브랜드 네임들을 평가하는 데 중요한 지표가 된다는 사실을 발견했다. 9장에서 이에 대한 자료를 더 자세히 언급할 예정이다.

PIMS의 발견

PIMS(Profit Impact of Marketing Strategies, 1960년 GE가 주도하고 마케팅과학연구소Marketing Science Institute가 개발한 프로젝트) 데이터베이스는 3,000개가 넘는 기업들에 대한 ROI(Return on Investment, 투자자본수익률), 지각된 품질, 시장점유율, 상대가격(relative price, 기준 시점의 상품 가격에 대해 주어진 해당 시점의 동일한 상품에 대한 가격비) 등 몇십 개의 변수에 대한 정보를 담고 있으며, 그 기업들 중 일부는 1970년 이후 정보를 제공하고 있다. 전략적 성공의 요인을 발견하려는 몇백 가지 연구에 이 데이터베이스가 활용되었다. 이 중 가장 결정적 연구는 제품 품질에 대한 것이었다. 《PIMS의 원칙(The PIMS Principles)》을 저술한 로버트 버젤(Robert Buzzell)과 브래들리 게일(Bradley Gale)은, "궁극적으로 어떤 사업 단위의 성패를 결정하는 가장 중요한 요인이 하나 있다면 그것은 다른 경쟁자와 비교할 때 제품과 서비스가 갖는 상대적 지각된 품질"이라고 결론을 내렸다.

그림 4-4는 ROI와 ROS(Return on Sales, 매출수익률)를 품질 포지션의 함수로 보여줌으로써 상대적 지각된 품질의 전반적 효과를 드러낸

다. 즉 최하위 20%에 달하는 품질을 가진 사업체는 17%에 달하는 ROI를 나타낸 반면 상위 20%에 달하는 품질을 가진 사업체의 ROI는 그 두 배에 가깝다.

제이콥슨(Jacobson)과 아커는 지각된 품질과 ROI에 더해 핵심 전략 변수의 관계를 규명했는데 이는 지각된 품질이 어떻게 수익성을 만들어내는지에 관한 통찰력을 준다.

(1) 지각된 품질은 시장점유율에 영향을 미친다. 다른 요인들을 통제했을 때 품질이 높은 제품은 사랑을 받고 높은 시장점유율을 차지한다.

(2) 지각된 품질은 가격에 영향을 미친다. 높게 지각된 품질은 기업들이 높은 가격을 매기게 해준다. 높은 가격은 직접적으로 수익성을 증진하고 기업체가 더 높은 진입장벽을 쌓을 수 있도록 품질을 높이게 만든다. 게다가 높은 가격은 품질에 대한 신호로 작용하면서 지각된 품질을 증진하는 역할을 한다.

(3) 지각된 품질은 시장점유율이나 가격뿐만 아니라 수익성에 직접적 영향을 미친다. 개선된 지각된 품질은 가격이나 시장점유율에 영향을 주지 않는다 해도 대체로 수익성을 증가시킬 것이다. 품질이 높아지면 기존 고객 유지 비용은 감소한다. 또는 품질이 개선되면 경쟁에 대한 압력이 감소할 것이다. 어느 경우든 품질과 ROI는 직접적 관련이 있다.

(4) 지각된 품질은 비용에 대해 부정적 영향을 주지는 않는다. 사

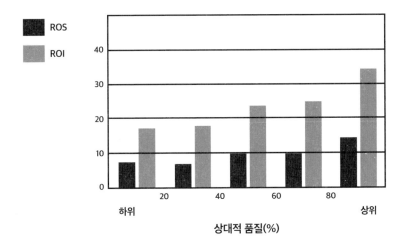

그림 4-4 상대적 지각된 품질과 ROI

출처 : From *The PIMS Principles : Linking Strategy to Performance* by Robert D. Buzzell and Bradley T. Gale, p. 107. Copyright © 1987 by The Free Press, a Division of Macmillan, Inc.(출판사 허락하에 재수록).

실상 비용에 전혀 영향을 미치지 않는다. 품질/명성의 틈새 전략(niche strategy)과 고비용이 자연적으로 연관될 거라는 개념은 실제 자료상에서는 나타나지 않았다. '품질은 공짜'라는 개념도 부분적으로는 그 이유가 된다. 증진된 품질은 결함률을 감소시키는 동시에 제작 비용도 감소시킨다.

단기 자금에 대한 대안을 찾는 작업이 진행되면서 품질의 가치를 수량화하여 신빙성 있는 대안적 측정치를 만들 필요성이 생겼다. 이 점에서 PIMS 자료는 상대적 지각된 품질이라는 브랜드 에쿼티 차원의 중요한 가치를 보여주는 소중한 수단이 된다.

지각된 품질과 사업 성과

지각된 품질의 중요성을 보여주는 또 다른 측면은 기업체 248개를 연구한 결과에서 나타났다. 이 연구에서는 각 기업체의 핵심 관리자에게 그 기업의 지속적 경쟁우위(sustainable competitive advantage, SCA)가 무엇인지 물었다. 그 결과 관리자 105명(40% 이상)이 '높은 품질에 대한 명성'이라고 답했다. 다음으로 78명이 '고객에 대한 서비스/제품 지원'이라고 답했다. 그 결과를 첨단 산업 회사 68개, 서비스 회사 113개, 제조 회사 67개로 나누어보니 어떤 그룹에서도 지각된 품질은 가장 많이 언급되는 지속적 경쟁우위였다. 이러한 결과를 통해 지각된 품질은 장기적 사업에서 중요한 성공 수단으로 여겨짐을 알 수 있다.

부언하자면, 세 번째로 많이 언급된 지속적 경쟁우위는 브랜드 에쿼티의 또 다른 차원인 브랜드 네임 인식과 대중의 높은 관심이었고 열 번째는 확고한 고객 집단이었다. 이 역시 브랜드 에쿼티의 또 다른 차원 가운데 하나였다.

4. 무엇이 지각된 품질에 영향을 주는가

지각된 품질이 이해되고 관리되어야 한다면 무엇이 이것에 영향을 주는지 알아볼 필요가 있다. 왜 품질이 높다고 생각하는 고객들이 있는가 하면 어떤 고객들은 품질이 낮다고 생각하는가? 지각된 품질은 어

제품 품질

성능 : 세탁기의 세탁 능력이 얼마나 뛰어난가?

외양 : 치약 용기가 짜는 데 편리하게 되어 있는가?

설명서와의 일치성 : 제품에 어떤 결함이 발생하는가?

신뢰성 : 잔디 깎기 기계는 쓸 때마다 잘 작동하는가?

내구성 : 잔디 깎기 기계를 얼마나 오래 쓸 수 있는가?

서비스 : 서비스 체제가 효율적인가? 서비스가 유능하고 편리하게 되어 있는가?

접합과 끝맺음 처리 : 품질이 좋은 제품이라고 느끼는가?

서비스 품질

가시성 : 물리적 기능과 도구, 사원들의 외모가 좋은 품질을 암시하는가?

신뢰성 : 회계 업무가 믿을 수 있도록 정확하게 이루어지는가?

능력 : 수리 공장 직원들에게 정확한 지식과 기술이 있는가? 그들이 신뢰감과 자신감을
       보여주는가?

반응성 : 판매원이 고객을 도와주려 하고 재빠른 서비스를 제공하는가?

동감성 : 은행이 고객 개개인을 돌봐주려는 자세를 보이는가?

그림 4-5 **품질 측면**

떻게 개선될 수 있는가? 고객들은 어떤 특성을 통해 전반적 품질을 평
가하는가?

　지각된 품질 평가에 기초가 되는 측면은 상황에 좌우되기 쉽다.
잔디 깎기 기계의 경우라면 깎기의 질, 신뢰성, 쉬운 관리, 유지 비용
등이 관건이 될 것이다. 주어진 상황에 적절한 측면을 알아내려면 탐
사적 연구를 해보는 것이 유용하다. 예를 들어 고객들에게 왜 어떤 브
랜드가 다른 브랜드보다 품질이 나은지, 혹은 두 브랜드의 품질이 어
떻게 다른지 물어볼 수 있다. 이렇게 해서 나타난 측면의 상대적 중요
성을 평가해볼 필요가 있다.

여러 제품에 적용될 측면을 제시하는 다음 두 가지 연구는 '지각된 품질'이라는 개념의 복잡성을 보여줄 뿐만 아니라 주어진 상황에서 척도를 개발하는 데 중요한 출발선이 된다.

지각된 품질의 측면 : 제품 분야

품질과 관련하여 하버드대학교 데이비드 가빈(David A. Garvin) 교수는 그림 4-5에서처럼 7개의 제품–품질 측면을 제시했다.

첫째, 성능이란 제품의 작동에 있어 가장 기본적 특징을 나타낸다. 자동차의 경우 가속 기능, 운전대, 주행 속도, 편안함 등이 될 것이다. 따라서 품질의 측면 내에 또 다른 측면이 있으며 고객들마다 성능의 특성에 대한 태도가 서로 다르다. 빠른 가속장치를 높게 평가하는 사람도 있겠지만 절약과 편안함을 추구하는 사람에게 이는 무관하거나 심지어 부담되는 측면이다.

둘째, 외양이란 제품의 이차적 요소로서 VCR의 경우 리모트컨트롤 타입, 자동차의 맵라이트 부착 등이다. 두 제품이 매우 비슷할 때 외양은 제품 사용자의 니즈를 회사가 잘 이해한다는 증거로 작용한다.

셋째, 설명서와의 일치성(무결함)은 제품 제조 관점에서 보는 품질에 대한 전통적 태도다. 고객의 처지가 되어 결함률을 낮추려 노력한 것이 과거 일본 자동차 회사의 성공 요인 중 하나였다.

넷째, 신뢰성은 구매 시점에 상관없이 똑같은 성능을 보이는 지속성, 만족할 만한 성능의 제공 비율을 나타내는 가동 시간(Up-time) 등을 가리킨다. 탠덤 컴퓨터(Tandem Computer, '텐덤'은 일렬로 나란히 선다는 뜻)는 컴퓨터 여러 대가 나란히 일한다는 개념을 개발했다. 만일 한 대가 작동을 하지 않을 경우, 낮은 순위의 작업이 지연되어도 전체 성능에는 별 영향이 없다. 탠덤은 이렇게 독특한 제품으로 재미를 보았다. IBM의 운영체계로는 텐덤 개념에 쉽게 적응할 수 없었기 때문이다. 이러한 특징 덕분에 탠덤은 특히 시스템 다운이 일어나서는 안 되는 은행이나 주식시장의 터미널, 소매점의 온라인 컴퓨터 등 대형 사용자를 대상으로 시장 확장을 꾀한다.

다섯 번째 특징은, 내구성으로서 제품이 얼마나 오래갈 것인가 하는 경제적 수명을 말한다. 볼보는 내구성이 강한 차로 자리 잡았는데 어떤 광고는 10년 된 볼보가 아직도 잘 달리는 모습을 광고에 내보낸 적도 있다.

여섯 번째 특징은, 제품에 대한 서비스 능력을 말한다. 캐터필러 트랙터(Caterpillar Tractor)는 부품과 서비스 조직을 통한 서비스 문화로 강한 차별화를 부각했다. 이 회사의 목표는 '세계 어디서나 24시간 내로 가능한 부품 서비스'였다. 캐터필러의 서비스가 보여준 이러한 경쟁력은 라이벌 회사가 캐터필러의 시스템과 조직 문화를 본받으려고 막대한 투자를 해도 매출액 규모나 유통망을 따라올 수 없도록 부동의 위치를 선사했다.

일곱 번째 특징은 접합과 끝맺음 처리로, 외양이나 품질에 대한 느낌을 말한다. 자동차의 경우 도색이나 문짝이 잘 들어맞는 것을 뜻

자동차에서의 품질에 대한 재정의

1970년대와 1980년대에 품질 면에서 가장 기본적인 목표는 무결함이었다. J. D. 파워(J. D. Power) 척도는 고객의 경험을 바탕으로 만든 신뢰성 있는 척도다. 이 척도에 따르면 일본 차는 경쟁 차들에 비해 월등히 우수했다. 그러나 1980년대 후반 미국 차들이 추격하면서 그 차이라는 것에 큰 의미가 없게 되었다. 이어서 일본 차 제조업자들이 품질 경쟁의 개념을 바꾸자 미국 차들은 새로운 문제에 봉착했다.

'매력적 품질'을 가진 무결함 자동차를 만드는 건 당연한 일이었다. 새롭게 등장한 품질 개념에서는 매력적이고도 즐거운 차를 만드는 데 중점을 두어야 했다. 일반적으로 자동차에서 느끼는 모양, 소리, 감성 등의 수준을 뛰어넘고 그 누적 효과(cumulative effect)로 자동차의 개성을 바꾸도록 제작한다는 아이디어였다. 이 개념은 고객이 원하는 바를 끊임없이 연구하고 자동차의 개성이 어떻게 되어야 하는지 개념화하는 '개선철학'을 실제로 적용하는 것이었다.

품질 변화를 목적으로 이루어지는 세련화와 개선 작업의 예는 많다. 닛산 자동차가 핸들링에 손대지 않고도 부드럽게 주행하도록 하기 위해 자사 자동차 '인피니티'에 최초로 컴퓨터 작동 서스펜션[suspension, 자동차에서 차체의 무게를 받쳐주는 장치]을 장착한 것, 물건을 실을 때 균형을 맞춰줄 리드 같은 부품을 자사 자동차 '맥시마(Maxima)'에 장착한 것 등이다. 렉서스(Lexus)는 광범위한 인간공학 연구를 거쳐 최대한 부드럽고 편안한 감각을 제공하도록 설계했고, '미아타(Miata)'는 고전적 스포츠카의 감각과 모양을 갖추었다. 혼다 자동차는 모든 버튼에서 같은 느낌을 갖게 하고 진동을 줄이는 체계를 발전시켰다. 물론 이러한 혁신들은 하나하나 따로 볼 때 사소해 보일 수도 있다. 그러나 다른 개선 작업들과 함께 이루어진다면 진정으로 제품 전체를 바꿀 수 있다.

한다. 접합과 끝맺음은 고객이 평가할 수 있는 측면이다. 고객들은 보기 좋고 끝맺음이 잘된 제품을 만들지 못하는 기업이 어떻게 품질이 좋은 제품을 만들겠냐는 생각을 할 수 있다. 따라서 이는 품질의 매우 중요한 측면이 된다.

지각된 품질의 측면 : 서비스 분야

서비스 산업 분야에서는 품질의 또 다른 측면이 중요시된다. 파라슈라만(Parasuraman), 자이탐(Zeithaml), 베리(Berry)는 서비스 품질에 대한 고객의 인식을 연구했다. 이들이 가전제품 수리, 은행 창구 업무, 장거리 전화, 유가증권 소개업, 신용카드 등의 서비스업을 다룬 결과가 그림 4-5에 나타난 여러 측면의 서비스 품질이며 몇 가지는 제품의 품질 측면과 유사하다.

능력은 '제품 품질' 부분의 성능과 비슷한 것으로 고객이 추구하는 기본적 기능의 전달을 말한다. 다음으로 가시성이라는 측면은 '제품 품질' 부분에서의 접합 및 끝맺음 처리와 유사한 것으로, 서비스가 가진 역량과 성과를 보여주는 신호로서 중요성을 갖는다.

서비스 부분에서의 신뢰성은 '제품 품질'의 상황과는 약간 다르다. 서비스에는 사람이 관련되므로 서비스를 제공하는 사람, 고객, 시간 등에 따라 변화가 있다. 서비스 제공 과정의 표준화는 고객과의 원활한 대화와 신뢰성 달성에 효과적인 방법이다. 패스트푸드점이나 호텔 체인의 운영을 생각하면 가장 성공적인 사례들에서는 시설과 운용

체계가 대단히 표준화되어 있음을 보게 된다.

이외의 다섯 가지 측면은 서비스 회사와 고객의 개인적인 상호작용과 관련된 것으로, 반응성, 공감성, 믿음성, 진실성, 친절 등이다. 즉 고객이 잘 대접받았는가, 회사가 진정으로 고객에게 관심을 보였는가 등이다.

고품질을 제공하는 방법

지각된 품질을 높이는 첫 번째 단계는 고품질을 제공하는 것이다. 통상 품질이 좋지 않은 물건을 고품질이라고 설득하면서 고객을 기만한다면 시간 낭비다. 고객의 사용 경험이 품질의 위상과 일치하지 않는 한 좋은 이미지를 유지하기는 어렵다.

물론 고품질에 도달하는 건 상황과 연관성이 있는 문제다. 제록스(Xerox)가 1970년 후반 자사 제품의 품질 변환에 성공한 요인은 속도를 줄이더라도 품질에 더욱 신뢰성을 갖도록 제품 설계를 한 것이었다. 은행은 고객과의 상호작용에 중점을 둠으로써 품질을 높일 수 있다. 품질 향상에 대한 여러 가지 연구를 종합해보면 다음과 같은 점들을 알 수 있다.

품질에 대한 의지

오랜 기간 좋은 품질을 만들어내고 이를 유지하는 건 쉽지 않은 일이다. 품질이 조직 내에서 최우선 과제가 되지 않는 한 이의 달성은 거의 불가능에 가깝다. 노드스트롬 백화점, 페더럴 익스프레스, 혼다 등은 기업 사명이 품질의 전달이라고 말하고 행동해왔다. 말로만 그친 것이 아니라 이들은 품질 면에서 절대 양보하지 않았다.

품질 문화

조직 문화, 행동 규범, 기업 상징, 가치 등에 품질에 대한 의지가 반영될 필요가 있다. 품질과 비용 사이에서 선택을 해야 한다면 품질을 먼저 선택해야 하고 이를 당연시해야 한다. 조직과 그 유산에는 가야 할 길을 보여주는 롤 모델들이 많이 있다.

고객의 역할

궁극적으로 품질을 결정하는 것은 고객이다. 관리자들은 고객이 중요하다고 생각하는 게 무엇인지 잘못 판단할 때가 많다. GE의 경우 가전제품 부문 관리자들은 소비자들에 비해 가전제품의 기량, 세부 사항은 과대평가하는 반면 세탁의 편리함이나 외양 등은 과소평가하는 경향이 있었다. 신용카드의 경우 고객들은 관리자들이 생각하는 것보다 분실한 카드로 인한 손해를 더 많이 걱정했다. 따라서 고객들의 정확하고 현실적인 욕구를 수집할 필요가 있다. 경영관리자들이 고객과 정기적으로 만나는 것이 하나의 방법이다. IBM은 최고관리자들을 고객 창구에 배치하고 라디오섹[Radio Shack, 미국의 전자 기기 소매 체인점]에서는 관리자들이 소매점에서 시간을 보내도록 하는 '매장 근무 정책'을 시행한다. 디즈니랜드도 관리자들이 정기적으로 매장의 무대를 방

쉐라톤의 품질

쉐라톤(Sheraton) 호텔에서는 24명 정도가 팀을 이루어 '쉐라톤고객만족시스템(Sheraton Guest Satisfaction System)'이라는 고객 서비스 개선 프로그램을 개발했다. 프로그램에는 다음과 같은 요소가 포함되어 있다.

- 피고용인의 목표 : 친절하기, 고객의 존재가치 인정하기, 고객의 질문에 응답하기, 고객의 문제와 니즈를 예상하기.
- 채용 : 호텔 내에서 일어나는 사건을 담은 비디오에 반응하는 정도를 보고 고객과 감정이입이 잘되는 사람 위주로 채용.
- 훈련 : 다양한 상황에서 수습생이 대응하는 법을 배우도록 해주는 일련의 훈련 프로그램 실행.
- 측정 : 고객이 평가하는 설문지(침실의 안락함이나 조명, 피고용인과의 상호 관계 등)에 의거해 분기 보고서 작성.
- 지속적 미팅 : 지속적으로 수행 능력을 평가하고, 문제점을 교정하고 개선하도록 함.
- 보상 : 서비스 수행 능력이 뛰어나고 발전적이라는 평가를 받아 최고 10% 내에 드는 호텔은 분기마다 쉐라톤 체어맨즈 클럽(Sheraton Chairman's Club) 회원이 될 자격을 주고 상을 수여함. 각 호텔마다 피고용인 포상 제도를 실행.

쉐라톤은 계속 이 프로그램을 실시하면서 '사소한 일도 큰 의미를 지닌다'는 광고의 테마를 지속적으로 전달했다. 서비스 품질이 충분한 정도로 달성되고 신뢰도 수준에 도달했다고 믿을 만한 시점이 되면 쉐라톤은 새로운 프로그램을 개시할 것이다.

문하게 한다.

또 다른 방법으로는 포커스 그룹 인터뷰, 설문 조사, 실험 등이 있다. 외출용 의상과 도구를 우편 판매하는 엘엘빈(L. L. Bean)은 정기적으로 소비자 만족 설문 조사와 집단면접을 실시하고, 경쟁사와 자사의 제품과 서비스에 대한 고객의 지각된 품질을 추적 조사한다. 또한 모든 고객의 불평을 추적하고 제품이 반품되면 그 이유를 묻는 간단한 조사를 실시한다. 일본의 한 은행은 전담자를 두고 고객의 문제나 불평을 매일매일 정리한다.

측정/목표/기준

그저 말로만 품질 운운하는 조직과 실제로 품질 개선을 위해 노력하는 조직은 어떤 차이가 있을까? 측정 가능한 목표가 있는지, 그것이 포상 제도와 연계되는지가 관건이 된다. 너무 일반적인 품질 목표는 효과가 없으며 쉽게 무용지물이 되고 만다. 목표와 기준을 이해할 수 있어야 하며 우선순위를 정해야 한다. 우선순위 없이 목표만 너무 많다면 아무런 목표가 없는 것과 마찬가지로 실패를 불러온다.

직원들의 선도 역할

일본에서는 팀으로 일하는 직원들이 품질 향상에 매우 효과적인 방안을 제시하는 사례가 많았다. 직원 그룹은 문제에 민감할 뿐만 아니라 해결 방안을 실행하고 지원하는 현장에 있다.

자이탐 등의 연구는 이와는 다른 관점을 제시한다. 즉 서비스 품질 문제는 주로 직원들이 서비스 품질을 제공할 때 중심 역할을 하지 못하는 데서 기인한다고 본 것이다. 예를 들어 융통성 없는 직원들은 고객을 응대하면서 자신이 처리해야 할 문제를 조직 체계에 전가한다는 것이다. 이렇게 되면 회사는 '규정에 의한' 품질 관리가 아닌 '고객에 의한' 품질 관리를 하게 된다.

고객의 기대

기대 수준이 너무 높으면 지각된 품질에 있어 제품의 결함에 주목하기 쉽다. 홀리데이 인(Holiday Inn) 호텔은 고객들이 일관성 있는 품질을 높이 산다는 사실을 발견하고 '노 서프라이즈(No surprises)' 광고 캠페인을 펼쳤다. 문제는 운영 책임자가 올바르게 지적했듯이 무결점 운영이 사실상 불가능하다는 점이다. 따라서 광고 캠페인은 고객의 기대 수준을 실제로 실행되는 것 이상 올리는 데 이용되었을 뿐이다.

고품질의 징표

고품질을 획득하는 것만으로는 충분하지 않다. 실제 품질은 반드시 소비자들의 지각된 품질에 부합해야 한다. 대부분의 경우 품질의 가장 핵심적 측면은 가장 평가하기가 어렵다. 자동차 구매자는 내구성을 가장 중요한 특성으로 생각할 수도 있는데 이를 평가하는 방법이 그리 쉽지는 않다. 평가를 위해 소비자 단체 잡지, 사용자, 사전에 그 회사 제품을 사용한 경험이 있는 사람에게 정보를 얻는 식으로 노력하는 방법도 있을 것이다. 그러나 정보를 얻기 위해 시간과 노력을 들이는 것을 번거롭게 여기는 사람들도 많고, 최신 모델에 대한 지식 또한 검증되지 않았을 수 있다. 따라서 고객들에게 단서를 제공하는 것이 매우 중요하다. 예를 들어 어떤 제품 모델의 보증 수리 기간이 매우 길다면 고객으로서는 그 회사가 제품에 자신감을 가지고 있다고 유추할 수 있다.

서비스 품질 측면에서 고객이 가장 중요시하는 것은 서비스를 제공하는 사람의 실력이다. 외과의사, 자동차 정비업자, 대출 담당 직원, 변호사, 카펫 까는 사람, 계산대 직원 등은 먼저 실력을 갖추어야 한다. 판단과 실무에서의 실수는 불편을 야기하는 데 그치지 않고 큰 손실을 불러올 수도 있다. 그러나 고객은 실력을 평가할 만한 역량이 없으므로 눈앞에 나타난 사소한 사항이나 관찰 가능한 특징에 좌우되기 쉽다. 대기실 정돈 상태, 기다리는 환자들 수로 외과의사의 실력을 유추하는 것이다. 마찬가지로 서비스 인원의 외양이 그들의 전문성을 나타내는 지표가 된다. **그림 4-6**에 나타난 이사 전문 업체 베킨스(Bekins)의 광고 카피를 보라. 누구에게 이삿짐을 맡길까?

한 소비재 회사는 품질이 '향상된' 무색 창문 세척제를 개발했다. 그러나 사용자 테스트에서 새 제품은 기존 세척제보다 좋은 평가를 받지 못했다. 그래서 푸른색을 첨가했더니 그제야 호평을 받고 시장의 승자가 될 수 있었다. 차이는 제품 색깔의 차이였다. 무색 제품에 대한 소비자의 신뢰가 부족했던 것이다.

연구에 따르면 평가하기 어려운 몇몇 가시적인 측면이 매우 중요

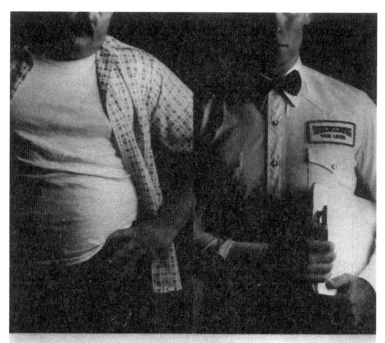

그림 4-6 **품질에 대한 신호**
제공 : Bekins, High Technology Division.

데이비드 아커의 브랜딩 정석

한 측면에 대한 지각에 지대한 영향을 미치는 제품군이 많은 것으로 나타났다. 다음은 그 몇 가지 예들이다.

- 스테레오 스피커 : 큰 사이즈는 좋은 소리를 뜻한다.
- 세제 : 비누거품이 세탁의 효율성을 나타낸다.
- 토마토 주스 : 진한 색깔이 품질을 의미한다(단, 과일맛이 나는 어린이 주스 제외)
- 세척제 : 레몬향 같은 향내가 세척력을 상징한다.
- 슈퍼마켓 : 싱싱한 채소류는 전반적으로 그 슈퍼마켓의 물건이 품질이 좋음을 의미한다.
- 자동차 : 문 닫는 소리가 묵직하게 나면 훌륭한 만듦새와 단단하고 안전한 차체를 암시한다.
- 오렌지주스 : 생즙이 냉장 즙보다 낫고, 냉장 즙이 병에 든 주스보다 낫다. 그다음으로는 냉동, 캔, 분말가루순이다.

브랜드의 제품 사양에 대한 정보(내재적 단서intrinsic cues) 외에도 광고의 양, 브랜드 네임, 가격 등 브랜드와 연관된 외적 정도(외재적 단서extrinsic cues) 등이 지각된 품질에 영향을 준다.

한 브랜드의 광고량은 회사가 그 브랜드를 지원하고 있음을 나타내며 따라서 논리적으로 우수한 제품이란 사실을 유추하게 한다. 한 실험적 연구는 새 운동화나 냉장 요리에 대한 지각된 품질은 이 제품들에 대한 광고가 많다는 정보에 영향을 받는다는 사실을 보여주었다.

또 다른 징표는 브랜드 네임이다. 여기서는 지각된 품질이 브랜드 네임에 미치는 영향을 주로 다루지만 그 반대 경우도 가능하다. 즉 고객들은 브랜드 네임에 근거하여 지각된 품질을 발전시킬 수 있다. 브랜드 확장에 대한 연구에 따르면 다양한 제품군에 브랜드 네임을 붙였을 때 지각된 품질에 영향을 미치는 것이 분명하다는 사실이 드러났다.

래디슨 호텔(Radisson Hotel)은 피자가 일반적인 룸서비스 품목이 아니라는 사실을 잘 알고 있었지만 많은 고객들이 피자를 먹기 위해 호텔 밖에 나가거나 피자 포장 박스가 많이 배출된다는 사실에 주목했다. 호텔에서는 룸서비스 번호가 아닌 전화번호로 호텔 밖 '나폴리탄(Neapolitan)' 피자를 주문할 수 있다고 고객들에게 알려주었다. 이 경우 호텔 룸서비스는 분명 열등한 품질을 나타내는 징표가 되는 반면, 호텔과는 매우 거리가 먼 이탈리아어 피자 이름 나폴리탄은 확립된 이름이 아닐지라도 (아니면 아마도 그것 때문에) 매우 큰 차이를 만들어냈다.

품질에 대한 단서로서의 가격

품질에 대한 단서가 되는 중요한 변인은 가격이다. 비교적 값이 싸고 자주 구매하는 소비재를 다룬 연구 서른여섯 건을 분석한 결과 가격은 브랜드 네임과 마찬가지로 품질에 대한 강력한 단서가 됨을 알 수 있었다. 그 고전적인 예가 바로 시바스 리갈(Chivas Regal) 위스키다. 매우 힘들게 브랜드 네임을 유지해오던 시바스 리갈은 경쟁 제품보다 월등히 가격을 올린 후 판매량이 급격히 늘어났다. 제품 자체에는 변화가 없었지만 가격이 품질에 대한 단서가 된 경우다.

품질에 대한 단서로서 가격이 갖는 적합성 여부는 관련된 제품, 개인, 사용 가능한 정보에 달려 있다. 즉 가격이 품질에 대한 단서가 되는 경우는 다른 단서를 사용할 수 없을 때이며 내재적 단서(스피커의 크기나 자동차의 문 닫힘)나 외재적 단서(브랜드 네임)를 사용할 수 있을 때 사람들은 가격을 품질에 대한 단서로 의존하는 경향이 덜하다.

가격을 품질에 대한 단서로 의존하는 데는 개인차가 있다. 제품의 품질을 평가하려는 동기나 능력이 부족할 때는 가격에 더 의존하게 된다. 레인코트의 경우를 예로 들어보자. 재료나 바느질 차이를 알아차릴 만큼 레인코트에 지식이 많은 사람이 있는가 하면 가격 같은 단서에만 의존하는 사람도 있다. 또한 개인들은 저마다 품질의 가치를 서로 다른 방식으로 부여하므로 유명하고 비싼 브랜드를 가치 있다고 생각하는 사람들이 있는가 하면 그렇지 않은 사람도 있다.

제품군에 따라서도 가격을 품질 단서로 보는 시각이 달라진다. 평가하기 어려운 제품군일수록 가격을 품질 단서로 삼기가 쉽다. 연구에 따르면 가격은 포도주, 향수, 내구재 등의 품질 단서로 사용되는 경우가 많다. 그러나 가격차가 적은 제품군에서는 가격이 품질 단서가 되기가 어렵다. 몇십 원 가격 차이가 난다고 해서 품질에 차이가 있다고 유추하기는 어렵기 때문이다.

제품군에 따른 지각된 품질의 차이가 클 때 가격은 품질 단서가 되기 쉽다. 레빗(Leavitt)은 한 고전적 연구에서 피험자에게 가격이 싼 소비재 4개를 짝지어 그중 하나를 선택하도록 한 후 가격을 유일한 정보로 제공했다. 피험자들은 요리용 셰리주와 좀약은 면도날과 가구용 왁스보다 훨씬 더 품질 차이가 적다고 보았다. 비싼 브랜드를 선택하는 응답자의 비율은 품질 차이에 대한 지각과 상관이 있었다. 두 이질적 제품군에 있는 제품을 선택하는 비율은 57%와 30%였고 나머지를 선택하는 경우는 24%와 21%였다.

PIMS 연구는 상대적인 지각된 품질과 상대적인 가격 연관성은 서로 영향을 주고받음을 보여준다. 즉 높은 가격은 평균적으로 상대적인 지각된 품질이 높아지도록 이끈다. 이러한 관계는 완전한 정보가 없을 경우 가격이 품질의 징표가 된다는 견해와 일치한다. 한편 가격을 높이 책정한 회사는 위험하고, 비용이 수반되며, 초기 투자가 많을지라도 제품의 품질을 향상시키는 단계를 밟을 것이므로 가격이 품질의 단서가 될 수 있다는 설명이 타당성을 얻는다.

지각과 실제 품질의 일치

수준 높은 품질을 달성하는 것만으로 충분치 않다는 사실은 안타깝다. 고객 지각의 창조와 변화는 어떻게 가능할까? 어떻게 보강된 품질을 설명할 수 있을까? 이를 위한 방법에는 품질을 나타내는 징표인 가격이나 직원들의 자기표현 능력, 또는 기능을 통해 고객에게 단서를 제공하는 것 등이 있다.

또 다른 방법으로는 단순히 품질에 대한 메시지를 전달하는 것이 있다. 그런데 고객들이 '우리가 최고'라는 말은 항상 들어왔다는 게 문제가 된다. 사실 이런 말들은 법적으로 그리고 고객들에게 과대광고에 지나지 않는다. 예를 들어 자동차의 경우 품질 변화가 구매 행위에 반영될 정도까지 지각되는 데 족히 5년이 걸린다. 왜 품질이 가장 우수하다고 설명하는지 보증하거나 외부의 척도로 그 말의 신빙성을 증명하는 것이 관건이다.

품질에 대한 주장은 고객이 그 근거가 무엇인지 알 수 있을 때 더욱 믿음을 얻는다. 보험 회사는 자사의 컴퓨터 시스템이 고객의 니즈에 얼마나 빠르고 정확하게 반응하는지 설명하면 된다. 공작기계 회사라면 새 공장이 얼마나 높은 오차 허용도로 기기를 생산하는지, 시험 프로그램을 통해 얼마나 품질이 훌륭한 제품을 만들어낼 수 있는지 명확하게 설명하면 된다. 단, 그러한 주장은 알기 쉽고 설득력이 있어야 한다.

의미 있는 보증 제도는 품질에 대한 주장에 설득력 있는 근거를 제공한다. 음식점이 10분 내로 점심이 나오지 않으면 음식값을 받지 않는 것, 살충제 판매 회사가 12개월 동안 사용 후 만족하지 않으면 돈을 되돌려주는 것 등이다. 나아가 호텔의 경우 해충이 나왔을 때 투숙객의 숙박비를 받지 않고 다음 숙박비까지 무료로 해주는 것 등이다. 효과적 보증 제도로는 다음과 같은 것들이 있다.

• 무조건적이다 : 예를 들어 노드스트롬 백화점은 환불에 있어

그림 4-7 **독립적 조사 활용하기**

데이비드 아커의 브랜딩 정석

서는 전설적이다.

- 이해하기 쉽다 : 깨끗해야 한다.
- 상기하기 쉽다 : 절차가 간단하고 노력을 최소화할 수 있어야
  한다.
- 의미가 있다 : 중요한 편지가 분실되었는데 소액의 우푯값만
  보상한다면 무의미하다.

효과적 보증 제도는 고객들이 신빙성을 느끼게 하며, 고용인들의 명확한 기준이 되고, 고객 중심 문화를 가져온다. 또한 피드백을 제공한다. 적어도 소수의 고객에겐 불만이 없을 수 없으며 그들은 보증 제도를 이용할 것이다. 따라서 고객들에게 어떤 불평불만이 있는지 오랜 기간 동안 양적·질적 측면에서 축적할 수 있을 것이다.

품질에 대한 외부의 불편부당한 주장 역시 필요한 신빙성을 얻게 한다. 휴렛팩커드는 독립적 설문 조사를 근거로 자사의 데이터프로(Datapro)가 1위를 차지했다는 사실을 5년 이상 광고했다. 설문 조사에서는 컴퓨터 제조 업체에 대한 고객의 지각을 여섯 가지 주요 서비스와 지원 항목으로 측정했다. 유지 보수의 효율성, 유지 보수의 반응도, 문제 해소, 자료화, 교육, 소프트웨어 지원 등이 여기에 포함되었다.

자동차 산업에서 영향력 있는 측정 방법은 J. D. 파워가 실시하는 설문 조사로, 자동차 구매 후 1년이 지난 소비자를 대상으로 수리 횟수를 조사해 기록하는 것이다. 이는 분명 품질에 대한 한 가지 측면에

불과하지만 그 통계치는 모델 간의 비교가 가능하도록 해주었기에 매우 영향력이 있었다. **그림 4-7**에서 볼 수 있듯이 점수가 좋은 회사들은 즉시 그 사실을 광고한다.

♛ 생각 정리 질문

1. 지각된 품질이 측정되었는가? 시간이 흐르면서 그것이 어떻게 변했는가? 그 이유는? 경쟁사와 비교하면 어떤가? 그것은 어떻게 강화될 수 있을까?

2. 당신의 조직에서 지각된 품질은 무엇인가? 지각된 품질에서 고객에게 중요한 차원들은 무엇인가?

3. 고객에게 품질에 대한 신호를 보내는 중요한 단서는 무엇인가? 그 단서들이 올바른 신호를 전달하도록 관리되고 있는가? 아니면 다른 단서가 만들어질 수 있을까?

4. 고객에게 제공된 품질은 적절한가? 만약 그렇다면 그 사실을 어떻게 믿을 만하게 전달할 수 있을까?

5장

브랜드 연상 :
포지셔닝의 결정

"애플은 '애플 II'라고 하는 훌륭한 컴퓨터를 제조했다. 그보다 더 대단한 것은 뚜렷한 차별화를 이루어냈다는 사실이다. 애플은 컴퓨터 사용에 친숙해지게 했다. 로고부터 실제 설립자까지 애플에 있는 모든 것이 독창성을 강조한다."

—톰 피터스

♛
1. 웨이트 워처스 이야기

1978년, 하인즈(H. J. Heinz)는 7,100만 달러에 웨이트 워처스를 사들였으며, 웨이트 워처스 냉동식품을 제조하고 판매하던 푸드웨이즈 내셔널(Foodways National)을 5,000만 달러에 인수했다. 2년 뒤에는 다시 비냉동식품 부문에서 웨이트 워처스의 라이선스로 영업하던 카마고 푸드(Camargo Food)를 인수했다. 1989년 하인즈의 웨이트 워처스 분과는 13억 달러나 되는 매상을 기록했고 세 회사를 구입한 가격과 비슷한 1억 달러 이상의 영업이익을 달성했다. 하인즈에서 웨이트 워처스를 '1990년대 성장의 기관차'라고 부를 정도였다.

'웨이트 워처스'라는 브랜드 네임은 체중 조절을 강하게 연상시켰다. 이 브랜드 네임을 획득한 것은 건강과 체중 조절로 소비자들의 마음을 끌기 위한 노력의 일환이었다. 사람들이 이 문제에 보여주는 관심을 통해 이 부문이 유망한 사업 분야가 될 수 있음을 알아차렸고 실제로 이는 1980년대의 성장 산업 가운데 하나가 되었다. 거의 1,000만 명에 가까운 미국인들이 체중을 줄이려고 노력하고 있었기 때문이다. 더욱이 인구가 고령화될수록 체중 조절에 대한 관심은 증가하기 마련이다. 1963년 만들어진 웨이트 워처스 프로그램은 과거에 웨이트 워처스 클래스에 다녔거나 현재 다니고 있는 핵심 그룹들에 제공되었다.

1988년에는 평균 100만 명이나 되는 사람들이 24개 국가에서 매주 웨이트 워처스 클래스를 수강했다. 그들은 수강료로 5억 달러를 지불했으며, 웨이트 워처스에서 만든 냉동식품 3분의 1가량을 구매했다. 웨이트 워처스에서 발행하는 잡지를 구독하는 사람들도 85만 명 이상이나 되었다. 많은 미국인들은 이 시스템에 대한 일반적 지식을 갖고 있었으며, 참가자들이 체중을 측정하고, 음식을 만들고, 쇼핑, 운동에 대한 강의를 듣는 주별 모임도 시스템에 포함되어 있었다. 미국인 대부분에게는 이미 웨이트 워처스 프로그램을 수강한 지인이 있었다.

하인즈의 관심을 끈 것은 이 프로그램만이 아니다. 하인즈는 체중 조절 및 식습관 프로그램이 창출하는 건강 및 영양의 연계성 그리고 그 이름이 체중 조절을 연상킨다는 사실에 주목했다. 하인즈는 1980년대에 신상품마다 이 이름을 가차없이 확대 적용함으로써 이러한 연상들을 이끌어냈다.

하인즈는 1982년 소개한 초콜릿 아이스를 필두로 웨이트 워처스

냉동식품의 신제품 라인을 성공적으로 시장에 진입시켰다. 이어서 샐러드 드레싱, 스파게티 소스, 칠면조 고기 제품, 요거트, 냉동 디저트, 식빵 및 말린 과일로 만든 스낵류에도 이 브랜드를 확대 적용했다. 심지어 피자, 아이스크림, 멕시칸 음식에도 이 브랜드를 붙였다. 1989년이 되자 하인즈는 냉동식품 품목 60개와 비냉동식품 품목 150개를 갖게 되었다. 확장된 상품들은 저마다 웨이트 워처스라는 이름과 그로 인한 연상 이미지의 덕을 톡톡히 보았을 뿐만 아니라 웨이트 워처스의 연상 이미지와 브랜드 네임 인지도를 더욱 강화해주었다.

대부분의 식품 카테고리에서, 특히 냉동식품 중 웨이트 워처스가 타사와 경쟁하는 저칼로리/건강 세부시장에서 맛과 체중 조절이라는 두 가지 요소가 두드러졌다. 양쪽 모두에서 강력하고 확실한 포지셔닝을 하기란 힘든 일이다. 웨이트 워처스는 스토퍼(Stouffer)의 린 퀴진, 캠벨 수프의 르 메뉴(Le Menu), 아머푸드(Armour Food)의 클래식 라이트(Classic Lites), 방케푸즈(Banquet Foods)의 라이트&엘레강(Light&Elegant) 등 경쟁사 제품들에 비해 체중 조절 부문에서는 유리한 고지를 점하고 있었다.

1980년대 전반기, 웨이트 워처스는 맛이라는 측면에서 경쟁자들보다 열등한 포지션에 있었다. 부분적으로는 어려운 식이요법과 관련된 연상 이미지 때문이었고, 실질적으로는 상품 자체가 맛이 없었기 때문이다. 그리고 맛이란 주관적이기 때문에 강력한 경쟁사인 스토퍼의 린 퀴진에 대항해 웨이트 워처스 제품의 맛이 향상되었음을 구매자들에게 확신시키는 건 매우 어려운 일이었다. 반면 경쟁사들은

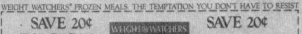

그림 5-1 '죄책감 느끼게 하기(Feeling Guilty)' 광고
제공 : Weight Watchers International, Inc.

데이비드 아커의 브랜딩 정석

'300칼로리 이하의 저녁'이라는 객관적 주장을 통해 웨이트 워처스를 공격할 수 있었다.

따라서 웨이트 워처스는 몇 가지 단계에 걸쳐 소비자들에게 열등하다고 인식되는 맛에 대한 문제를 개선해나가기 시작했다. 첫째, 1980년대 전반기에 연구 및 제품 시험에 집중적으로 투자함으로써 제품의 맛을 상당한 수준까지 향상시켰다. 결과적으로 전체 생산 라인은 점차 다양해졌고, 흥미를 이끌어냈으며, 품질도 좋아졌다. 린 퀴진과의 품질 차이도 상당히 좁힐 수 있었다.

둘째, 처음의 광고(그림 5-1)는 다이어트를 계획했으나 실행에 옮기지 못해 웃음을 유발하는 사람을 등장시킴으로써 다이어트에 대한 죄의식을 부각했다. 결과적으로 다이어트 실패를 강조한 것이었다. 이 광고는 소비자들을 확신시키지 못했으며, 고급스러운 식품과의 경쟁에도 도움이 되지 못했다. 새로운 광고(그림 5-2)는 소비자들에게 긍정과 확신을 심어주었다. 웨이트 워처스를 통해 성공적으로 체중을 감량한 영화배우 린 레드그레이브(Lynn Redgrave)를 광고 모델로 기용했으며 '이것이 삶이다'라는 제목을 붙였다.

셋째, 웨이트 워처스에 대한 브랜드 연상 이미지가 친숙하게 지속되는 상태에서 더욱 품격 있고 우아하게 보이기 위해 몇 번이고 포장을 바꾸었다. 빨간색 띠가 있는 깨끗한 흰색 바탕에 맛깔스럽게 음식을 담은 접시 그림이 들어간 포장은 매우 고급스러워 보였으며 전시할 때도 효과적이었다. 이전 포장과 새로운 포장을 **그림 5-1**과 **그림 5-2**에서 볼 수 있다.

그림 5-2 '이것이 삶이다(This Is Living)'
제공 : Weight Watchers International, Inc.

넷째, 1983년 성공적으로 냉동 디저트를 도입했다. 그 후 '히트한' 다른 이름들도 웨이트 워처스라는 '고집 세게 다이어트에만 몰두'하는 회사의 이미지를 희석하는 것을 도왔다. 웨이트 워처스란 즐겁게 디저트를 즐기는 것이란 사실을 보여준 것이다.

노력은 마침내 결실을 맺었다. 웨이트 워처스는 1988년 린 퀴진을 추월해 마침내 저칼로리 냉동식품 가운데 가장 많이 팔리는 상품이 되었다. 괄목할 만한 성과였다. 결과적으로 웨이트 워처스는 린 퀴진 앞에 스토퍼라는 브랜드 네임을 가져다 붙이기로 한 스토퍼의 결정에 수혜를 받은 격이 되었다. 그리고 린 퀴진이란 브랜드 네임은 스토퍼라는 제조사의 이름이 없었더라면 믿을 만한 저칼로리 식품이라는 인상을 주었을지도 모른다. 회사명 스토퍼는 크림소스 같은 고칼로리 음식을 특색으로 하는 '빨간 상자(red box)'를 연상시켰기 때문이다.

웨이트 워처스가 1986년, 맛 좋은 저칼로리 냉동식품으로 포지셔닝한 새로운 냉동식품 '캔들 라이트 디너즈(Candle Lite Dinners)' 라인을 소개한 사실은 흥미롭다. 이 제품의 상자 앞면에는 웨이트 워처스라는 이름을 눈에 띄지 않게 넣었다. 이 라인은 '코르동 블루(Cordon Bleu)' 같은 요리와 함께 진열했으며 가장 고가의 저칼로리 냉동식품르 메뉴보다 높은 가격을 책정했다. 이름, 가격, 요리 선택 등에 있어 최고급 제품임을 보여준 것이다. 웨이트 워처스라는 이름이 여전히 저칼로리 부분에서 신뢰감을 주고 있다는 사실이 이 정책의 논리적 배경이 되었다.

그런데 결과적으로 캔들 라이트 디너즈 라인은 성공하지 못했으며 곧 시장에서 철수하고 말았다. 냉동식품으로서는 가격이 너무 높았던 것이 실패의 이유로 추정된다. 그리고 웨이트 워처스 라인을 가지고 그처럼 고급품을 지향함으로써 행동반경을 너무 넓게 잡았다고 생각할 수 있다. 소비자들은 웨이트 워처스에서 품질이 좋고 비교적 가격이 싼 품목을 구매하기를 원했지 그런 고급품을 원하는 게 아니었다. 웨이트 워처스는 체중 조절, 건강, 영양이라는 강력한 연상 이미지들을 브랜드와 접목한 좋은 예다. 하인즈는 1978년 이 같은 연상 이미지들이 핵심이 되는 냉동식품 분야뿐만 아니라 그 밖의 상당수 식품 분야에서도 지속적 경쟁우위의 기초가 되겠다는 비전을 품었다. 실제로 하인즈는 1990년대 전반기, 부분적으로 국내외에서 열리는 모든 영양 관련 행사에 '웨이트 워처스'라는 브랜드를 접목함으로써 웨이트 워처스의 사업을 세 배 정도 증가시키려는 계획을 세웠다.

2. 연상, 이미지, 그리고 포지셔닝

브랜드 연상이란 기억 속에서 브랜드와 '연결된' 무언가를 의미한다. 맥도날드는 로널드 맥도날드 같은 캐릭터, 어린이 같은 고객 세부시장, 즐거움이라는 감정, 뛰어난 서비스라는 제품의 특징, 황금 아치 같은 심벌, 자동차 같은 사물 혹은 맥도날드 옆 극장에서 영화 보기 같은 활동 등과 연결될 수 있다. 연상 이미지들과 연결된 맥도날드의 닻을 보여주었던 **그림 3-5**를 떠올려보라.

연상 이미지는 그저 존재하기만 하는 것이 아니라 힘을 갖는다. 브랜드에 대한 '연결'은 많은 경험들 혹은 커뮤니케이션 노출을 기반으로 할 때 더욱더 강력해질 것이다. 또 연상 이미지는 다른 연결들의 네트워크를 통해 지원을 받으면서 더욱 강력해진다. 따라서 단순히 맥도날드에 있는 어린이들 모습을 보여주는 광고에 의존한다면 아이들과 맥도날드의 연결은 약해질 수 있다. 맥도날드에서의 생일 파티 경험이나 로널드 맥도날드, 맥도날드의 게임, 맥도날드의 인형과 장난감 등을 포함하는 복잡한 정신 네트워크와 연계가 되었을 때 그 연결은 강해진다. 다시 한 번 **그림 3-5**를 떠올리면서 닻과 보트를 연결하는 고리를 상상해보라.

브랜드 이미지는, 의미 있는 방식으로 조직화되는 연상 이미지들의 집합이다. 따라서 맥도날드는 단순히 강한 연상 이미지 20개와 약한 연상 이미지 30개의 집합이 아니다. 그보다는 어린이들의 군집, 서비스의 군집, 일종의 식품 군집 등 연상 이미지들이 어떤 의미를 지니는 그룹들로 조직화된 것이라고 할 수 있다. 혹은 황금 활, 로널드 맥도날드 또는 (맥도날드를 떠올릴 때 필수적인) 햄버거나 프렌치프라이처럼 맥도날드가 언급될 때 마음속에 다가오는 하나 혹은 그 이상의 시각적 이미지 또는 마음에 그려보는 그림일 수도 있다.

연상과 이미지 모두는 지각을 드러내는데 이는 객관적 실체를 반영할 수도 있고 그렇지 않을 수도 있다. 역마차는 종종 웰스 파고와 관련이 되는데 그것이 반드시 논리적으로 혹은 물리적으로 웰스 파고가 뱅크 오브 아메리카(Bank of America)보다 더욱 서부적이어야 한다는 사실을 의미하지는 않는다. 이전 환자들이 건강을 되찾았는가 하는 객관적 척도보다는 병원의 외관과 스태프들의 태도를 통해 병원의 치료 능력에 대한 이미지가 결정되기도 한다.

포지셔닝은 보통 경쟁 상태에 있는 것의 기준점이 되는 준거틀(a frame of reference)을 나타내는 것을 제외하면 연상 이미지나 이미지 콘셉트와 밀접하게 연관되어 있다. 뱅크 오브 캘리포니아(Bank of California)는 뱅크 오브 아메리카보다 작고 친절한 은행으로 포지셔닝을 한다. 따라서 특성(친절함) 및 경쟁사와 연관시켜 정의한 연상과 이미지에 초점을 맞춘다.

포지셔닝이 잘된 브랜드는 강력한 연상 이미지에 의해 뒷받침되는, 매우 경쟁력 있고 매력적인 포지션을 갖게 될 것이다. 이러한 브랜드는 친근한 서비스 같은 바람직한 특성을 높이 평가받을 것이며 경쟁사와 구분되는 포지션(예컨대 가정에 배달해주는 유일한 점포)을 차지한다.

'브랜드 포지션'은 사람들이 어떻게 브랜드를 지각하는지 반영한다. 그리고 '포지셔닝' 혹은 '포지셔닝 전략'은 기업이 소비자들에게 어떻게 지각되도록 노력하고 있는지 반영하는 데 쓰일 수도 있다. 따라서 "캐딜락(Cadillac)은 메르세데스(Mercedes)와 경쟁할 수 있는 고급 자동차로 포지셔닝되었다"라는 말은 캐딜락이 그렇게 지각되도록 노력하고 있음을 의미하는 것일 뿐 반드시 그 전략이 성공하리란 것을 의미하지는 않는다.

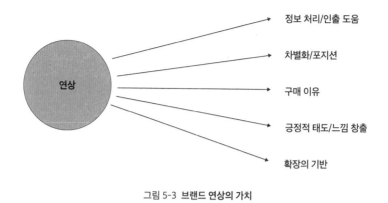

정보 처리/인출 도움

차별화/포지션

연상

구매 이유

긍정적 태도/느낌 창출

확장의 기반

그림 5-3 브랜드 연상의 가치

3. 브랜드 연상은 어떻게 가치를 창출하는가

브랜드 네임의 기본적 가치는 그 연상 이미지들의 집합이 사람들에게 전달하는 의미에 있다. 연상 이미지들은 구매 결정과 브랜드 충성도의 바탕이 되는 것이 무엇인지 나타낸다. 브랜드 가치와 관련된 연상 이미지들은 무수히 많고 그 가치를 나타낼 수 있는 방법 또한 다양하다. 연상 이미지들이 기업과 고객들에게서 가치를 창조하는 데는 다음과 같은 여러 방법이 있다. 즉 정보 처리 및 검색 협조, 브랜드 차별화, 구매 이유 제공, 긍정적 태도와 느낌 창출, 확장 기반 제공 등이다(그림 5-3 참조).

정보의 처리 및 인출을 도와라

만약 연상 이미지가 없다면 고객들이 특정 제품에 대한 정보를 처리하고 접근하는 데 어려움을 겪을 것이고, 기업이 고객들에게 알리고 싶은 사실을 전달하는 데 상당한 비용이 들 것이다. 연상 이미지는 이러한 사실과 설명들을 매우 간략하게 정리하는 역할을 한다. 연상 이미지를 통해 고객들을 위한 정보를 간단명료하게 창출할 수 있는 것이다. 예를 들어 노드스트롬 백화점에 관한 수많은 사실과 사건들은 서비스 부분에서 노드스트롬 백화점이 경쟁사들에 비해 상대적으로 강력한 포지셔닝을 하고 있음을 보여준다.

또한 연상 이미지는 사실을 해석하는 데도 영향을 미친다. 제록스 복사기를 소개할 때 이용된 베네딕트 수도사("기적이로구나"라고 말한다)의 가시적 이미지는 광고가 바라는 바대로 해석되게끔 하는 내용을 제공한다. 첨단 기술에의 포지셔닝(휴렛팩커드 제품은 기술적으로 진화했다)은 복잡한 사용 설명서를 해석할 때 영향을 미칠 수 있다.

특히 연상 이미지는 의사 결정 과정 중에서 필요한 정보를 기억하는 데 영향을 준다. 예를 들면, 트래블러스의 우산이나 웰스 파고의 역마차 같은 상징은, 만약 이러한 상징들이 없었더라면 전혀 느끼지 못했을 브랜드에 대한 생각이나 경험들을 유발한다.

차별화를 하라

연상 이미지는 차별화를 꾀하는 기업에 중요한 근거를 제공할 수 있다. 대다수의 고객들은 포도주, 향수, 옷 같은 제품들의 다양한 브랜드를 쉽게 구별하지 못한다. 이런 상황에서 브랜드 연상은 그 브랜드를 다른 브랜드와 차별화하는 데 결정적 역할을 할 수 있다. 예를 들어 영화배우 쉐어(Cher)의 개성은 쉐어라는 향수 제품에 다른 제품과 차별화되는 점을 제공한다. 쉐어의 개성은 매우 독특하므로 그녀의 이름을 딴 브랜드는 외형적으로도 차별화된다.

차별화를 제공하는 연상 이미지는 중요한 경쟁우위 요소가 될 수 있다. 예를 들어 서비스에서의 고급 백화점 노드스트롬처럼 제품 분류에서의 주요 특성에서, 혹은 게토레이(Gatorade)와 운동선수들처럼 특성과 그 적용 관계에서 어떤 브랜드가 좋은 포지셔닝을 하고 있다면 경쟁사들은 공격하기 쉽지 않음을 알게 될 것이다. 경쟁사들이 이러한 부문에서 우월함을 자신하면서 전면 공격을 시도했을 때 어느 정도 성공할지는 미지수인 것이다. 예를 들어 경쟁 백화점들이 서비스 부분에서 고급 백화점 노드스트롬을 능가하거나 따라잡았다고 확실하게 주장하기는 매우 어렵다. 또한 게토레이의 경쟁자들은 실제로도 스포츠 음료 부문을 제외한 다른 부문에서 경쟁 대상을 찾아야 할 것이다. 이처럼 연상 이미지는 경쟁자들에게 매우 극복하기 힘든 장애 요인으로 작용할 수 있다.

구매 이유

많은 브랜드 연상은, 그 브랜드만을 구매하고 사용하는 이유를 말해주는 제품의 특성이나 고객에 대한 혜택과 연관되어 있다. 연상 이미지가 구매 결정이나 브랜드 충성도에 대한 근거를 나타내는 것이다. 이 같은 관점에서 볼 때 크레스트 치약은 충치 예방 치약이다. 콜게이트(Colgate) 치약은 깨끗하고 하얀 치아를 만들어주며, 클로즈업[Close-Up, 1967년 유니레버에서 생산한 최초의 젤 타입으로 된 치약]은 입 안을 상쾌하게 해준다. 밀러 타임은 밀러 맥주를 구매할 이유를 제공한다. 블루밍데일 백화점은 흥미진진함을 느끼게 하며, 최신 유행 스타일의 제품을 판매한다. 메르세데스와 아메리칸 익스프레스 골드 카드는 사용자에게 명성을 부여한다.

어떤 연상 이미지들은 브랜드에 대한 신뢰감과 자부심을 제공함으로써 구매 결정에 영향을 미친다. 윔블던(Wimbledon) 테니스 대회 챔피언이 특정 테니스 라켓을 사용하거나, 전문 헤어 스타일리스트가 특정한 염색약을 사용할 때 고객들은 그들이 사용하는 브랜드들에 대해서 더욱 친근함과 신뢰감을 느낀다. 이탈리아 계통의 이름이나 혹은 이탈리아를 연상하게 하는 이름은 피자 메이커에 대한 신뢰도를 높인다.

긍정적 태도/느낌을 창출하라

어떤 연상 이미지는 고객에게 호감을 줌으로써 브랜드에 곧바로 전달

되는 긍정적 감정을 유발한다. 빌 코스비[Bill Cosby, 영화배우 겸 코미디언] 같은 유명 인사들, '졸리 그린 자이언트(Jolly Green Giant, 캔 옥수수 브랜드로 초록색 거인 캐릭터가 패키지의 특징이다)' 같은 심벌들, '손을 뻗어 누군가를 만져보세요(Reach out and touch someone)' 같은 슬로건은 모두 호감이 가고 감정을 자극하는 것들이다. 연상 이미지와 그에 수반되는 감정은 브랜드와 연결된다. 현재 메트로폴리탄생명보험의 모델로 사용되는〈찰리 브라운(Charlie Brown)〉주인공들은 어떤 역할을 하는가? 그들은 메트로폴리탄생명보험을 찰스 슐츠(Charles Schultz, '피너츠'라는 캐릭터를 만든 미국 만화가)의 호감이 가는 만화 주인공들이나 그들이 표현하는 따뜻하고 긍정적인 감정들과 연결한다. 그럼으로써 커다랗고 비인간적 조직, 심각한 내용의 메시지들을 아주 부드럽게 전달한다.

호감이 가는 상징들은 고객들이 광고의 논리성에 대해 논박할 거리를 감소시킨다. 예를 들어 1970년대의 석유 위기 동안 석유 회사 쉐브론(Chevron)은 신나고 재미있는 음악을 곁들인 귀여운 만화 공룡 이야기를 이용해 석유 회사에 대한 분노를 성공적으로 무마한 바 있다. 고객들은 그 회사의 귀여운 겁쟁이 심벌과 그의 메시지에 성을 내기가 힘들었다.

제품을 사용하는 동안 일어나는 연상 이미지는 긍정적 감정을 창출하기도 한다. 광고는 펩시콜라를 마시는 경험을 더욱 재미있게 느끼게 하고 포드의 브롱코(Bronco) 3톤 트럭을 운전하는 것을 더욱 모험적으로 보이게 한다.

확장을 위한 기반

연상 이미지는 브랜드 네임과 신상품에 어울리는 느낌을 창출함으로써, 혹은 구매 이유를 제공함으로써 확장의 기반을 제공한다. 따라서 혼다의 엔진을 접하면서 경험했던 느낌은 모터사이클을 비롯해 선박용 엔진과 잔디 깎기 기계까지 확장이 가능해진다. 마찬가지로 썬키스트는 브랜드 네임을 말린 과일, 소프트 드링크, 비타민 C 알약을 포함한 다양한 신상품에 일치시키는 오렌지에 관한 연상 이미지뿐만 아니라 건강한 야외 활동과 관련된 연상 이미지를 가지고 있다. 웨이트 워처스의 사례는 또 다른 예를 제시한다. 브랜드 확장에 대해서는 9장에서 더욱 상세하게 논의할 것이다.

4. 연상 이미지의 유형

시어스 같은 유통 회사 브랜드는 여러분에게 무엇을 의미하는가? 혹은 IBM은? 혹은 뱅크 오브 아메리카 같은 은행 브랜드는? 리바이스는 어떤가? 상당수 연상 이미지들은 어느 누군가와 관계가 있는 것이다. 어떤 사람에게 시어스는 엔진 후드가 덜컹거리는 낡은 쉐보레 (Chevrolet) 자동차를 타고 할아버지와 함께 상점에 가는 것을 의미할 수 있다. 또 다른 누군가에게는 최초로 자전거를 타면서 느낀 자유의 감정과 연관될 수도 있다. 타이어나 자동차 부품, 가치를 배달해주는 장소로 이해하는 사람도 있을 것이다. 물론 브랜드 담당 이사는 이 모든 연상 이미지에 동등한 관심을 기울이지는 않을 것이다. 오히려 구매 행위에 직간접으로 영향을 미치는 연상 이미지들에만 주로 관심을 가질 것이다. 관리자들의 관심은 브랜드 연상의 정체성뿐만 아니라 그러한 연상 이미지들이 여러 사람들에게 공유될 정도로 강력한지, 아니면 사람들마다 다르게 느낄 정도로 취약한지 여부에 있다. 기업의 산만한 이미지는 일관된 이미지를 가진 기업과는 매우 다른 맥락으로 소비자에게 다가온다.

웨이트 워처스의 사례에서는 맛과 체중 조절을 제품 특성과 고객 혜택이라고 각각 명명할 수 있는데 모두 지배적인 지각적 측면이다. 이러한 두 차원에 어떻게 포지셔닝하느냐 하는 것은 브랜드를 선택할 때 주안점이 된다. 이러한 포지셔닝을 이끌어가는 연상 이미지를 개발하는 것이 바로 경영진이 추구해야 할 과제다. 제품 특성이나 고객 혜택 등이 연상 이미지의 중요한 종류인 것은 틀림없지만 몇 가지 측면에서 중요성을 가지는 다른 종류의 연상 이미지도 있다.

그 상품이 라이프스타일이나, 사회적 위치, 직업적 역할 등을 나타내는 데 사용된다는 사실을 반영하는 연상 이미지들이 있는가 하면 상품의 적용, 상품을 이용하는 사람들의 유형, 그 상품을 취급하는 가게, 그 상품을 파는 판매원 등을 반영하는 연상 이미지들도 있다. 브랜드 네임, 심벌, 슬로건 등은 그 브랜드를 표현해주며 중요한 연상 이미지가 될 수도 있다. 이에 대해서는 8장에서 자세히 다룰 것이다.

그림 5-4에 나온 11개 유형의 브랜드 연상 이미지들은 이 장 후반

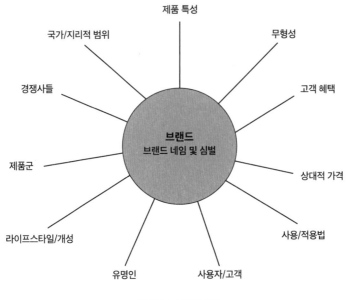

제품 특성

국가/지리적 범위

무형성

경쟁사들

고객 혜택

브랜드
브랜드 네임 및 심벌

제품군

상대적 가격

라이프스타일/개성

사용/적용법

유명인

사용자/고객

그림 5-4 **브랜드 연상**

부에서 다루고자 한다. (1) 제품 특성, (2) 무형성, (3) 고객 혜택, (4) 상대적 가격, (5) 사용/운용, (6) 사용자/고객, (7) 명성/사람, (8) 라이프스타일/개성, (9) 상품 종류, (10) 경쟁사, (11) 나라별/지리적 범위.

제품 특성

아마도 가장 빈번하게 사용되는 포지셔닝 전략은 어떤 사물을 제품의 특성이나 특징과 연계하는 작업일 것이다. 이 같은 연상 이미지의 개발은, 그 특성이 의미가 있을 때 이에 대한 연상 이미지가 직접적으로

데이비드 아커의 브랜딩 정석

어떤 브랜드를 구매하거나 구매하지 않는 이유를 설명해주므로 효과적이다. 크레스트 치약은 미국 치과 협회가 부분적으로 보증하는 충치 예방과의 강력한 연상 이미지를 통해 치약 업계에서 선두 주자가 되었다. 이러한 연상 이미지는 몇 년 동안 40% 이상의 시장점유율을 유지하는 데 직접적으로 큰 힘이 되고 있다.

많은 종류의 제품들에서 각기 다른 브랜드들이 저마다 다른 특성들과 연결된다. 예를 들어 볼보는 '충돌 실험'을 통해 내구성을 보여주면서 차가 얼마나 오래갈 수 있는지 강조한다(충돌 실험이 조작된 것이었다는 폭로는 내구성을 연상 이미지의 핵심으로 삼았던 볼보에게 큰 손해를 입혔다). 반면 BMW는 '궁극의 드라이빙 머신(The ultimate driving machine)'이라는 슬로건으로 성능과 운전에 대해 이야기한다. '예술과 기계의 혼합'이라는 재규어는 성능과 우아한 형태를 제시하고 있다. '최고로 강화된 차(The ultimate engineered car)'를 내세우는 메르세데스는 럭셔리 자동차의 공학적 우수성을 강조한다. '합리적인 차(Cars that make sense)'를 강조하는 현대자동차는 가격 이점을 제공한다. 이상의 모든 차들은 포지셔닝하기에 적절한 서로 다른 특성/혜택을 선택하고 있다.

포지셔닝의 문제는, 주요 세부시장에는 중요하면서도 아직까지 경쟁사들이 제기하지 않았던 특성을 찾는 데 귀결된다고 할 수 있다. 경쟁사들이 해결하지 못한 고객의 불편을 해결하는 건 경쟁사들이 무시해온 특성을 발굴함으로써 가능하다. 종이 타월 제품들은 흡수성만 강조해왔다. 제지 회사 비바(Viva)는 고객들이 종이 타월이 젖으면 쉽게 찢어진다는 사실에 불평한다는 사실에 착안했고 내구성에 중점을 둔 제품을 통해 성공적으로 시장에 진입했다. 비바는 내구성 있는 제품이라는 것을 광고에서 보여주면서 자사 제품이 '젖었을 때도 제 기능을 한다'는 주장을 펼친다.

브랜드를 여러 가지 특성과 연계하려는 시도는 늘 있었다. 그 이유는 판매에 대한 어떤 논의나 세부시장도 무시할 수 없기 때문이다. 그러나 너무나 많은 제품 특성들을 포함시키는 포지셔닝 전략은 우스꽝스럽고 모순되며 때로는 혼란스러운 이미지만 창출할 수 있다. 여러 가지 특성들이 내재된 메시지를 처리하기 위한 고객들의 동기부여와 능력이 제한적이라는 데 문제가 있다.

여러 가지 특성은 상호 연관성을 갖고 사용될 때 제대로 효과를 낼 수 있다. 새러토가 워터(Saratoga Water)는 고객들이 식수를 마시기 쉽게 해주는 조그마한 기포의 덕을 상당히 보고 있다. 새러토가는 이러한 독특한 물방울들을 가벼운 플라스틱 용기에 집어넣었다. 그러고는 '작은 버블은 새러토가를 가볍게 만든다. 새 플라스틱 통은 훨씬 더 가볍게 만든다'라는 캠페인을 통해서 새러토가를 가벼운 음료수의 일종으로 포지셔닝했다. 맛과 체중 조절 문제를 동시에 해결하려 했던 웨이트 워처스의 사례에서 볼 수 있듯이 제품 특성들이 서로 일관성이 없을 때, 제품 특성을 통한 적절한 포지셔닝은 특히 어려워진다.

무형성

기업들은 브랜드들을 비교하기 좋아한다. 그러면서 경쟁에 뛰어들어

한두 가지 주요 측면에서 자기네 브랜드가 다른 브랜드들보다 우위에 있음을 확신하려 한다. 바이엘(Bayer)은 빠른 치유 효과가 있다, 린 퀴진은 칼로리가 적다, 텍사스 인스트루먼츠(Texas Istruments)는 첨단 칩을 가지고 있다, 볼보는 자동차 수명이 길다. 브란 원(Bran One)은 다른 시리얼보다 더 많은 섬유질을 함유하고 있다 등을 내세운다. 무려 서른 가지 특성들의 장점을 경쟁사와 비교해 보이는 워드프로세서도 있다.

그러나 이같이 사실을 설명하는 것만으로는 여러 가지 문제가 발생한다. 첫째, 사실 설명에 근거한 포지셔닝은 혁신에 취약하다. 더 빠른, 혹은 더 많은 섬유질을 가지고 있으며 칼로리가 적은, 혹은 그 밖의 어떤 장점을 가진 경쟁사들이 수시로 등장하게 마련이다.

둘째, 기업들이 사실 설명을 이용한 경쟁을 시작하면 그 기업들 모두 궁극적으로는 신용을 잃게 된다. 조금 시간이 흐른 뒤에는 어느 누구도 가장 효과적이고 빠른 효능을 주장하는 아스피린 회사를 믿지 않게 된다. 결과적으로 수많은 주장들이 모든 관련 기업의 신용을 실추시켜온 셈이다.

셋째, 사람들이 언제나 상세한 특정 사실에 근거해서 결정을 내리는 것은 아니다. 그들은 조그마한 차이는 중요하지 않다고 느낄지도 모른다. 혹은 동기부여가 결여되어 있거나 상세한 수준까지 정보를 처리하는 능력이 부족할지도 모른다. 세계적 테크놀로지 마케팅 전문가로 실리콘밸리(Silicon Valley) 기업들의 고문을 맡고 있는 레지스 매케나(Regis Mckenna)는 무형적 요소는 어떤 상세한 특성보다도 개발하는 데 효과적인 연상 이미지라고 지적한다. 무형적 요소란 4장의 주제인 지

제너럴 모터스, 본래의 모습으로 되돌아오다

알프레드 슬론[Alfred Sloan, 제너럴 모터스의 전 CEO]은 거의 70년 전부터 제너럴 모터스를 위한 세분화 비전을 갖고 있었다. 다섯 가지 브랜드 네임이 각각 독특한 제품 제공 라인업을 가지고 서로 다른 세부시장에 초점을 맞춘다는 것이다. 그러나 세월이 흐르면서 이러한 비전은 모호해졌다. 각 모델들은 각각 전체 세분시장을 상대로 영업 활동을 벌였다. 이에 따라 쉐보레는 고급 자동차를 선보였고, 캐딜락은 작고 가격이 저렴한 시마론(Cimmaron)을 내놓았다. 1980년대 중반에는 사실상 다섯 브랜드가 실제적으로 동일하다는 비난을 받았다. 이 같은 차별화의 부족은 시장점유율을 저하시켰다.

제너럴 모터스는 부분적으로 슬론의 기본 개념으로 되돌아가기 위해 1988년 광고 담당 경영자로 셜리 영(Shirley Young)을 영입했다. 그녀의 처방은 브랜드와 전통에 대한 역사적 연상 이미지들을 규명해내고, 시대에 맞는 그러나 면면히 내려오는 전통과 일치하는 제품과 광고를 창안하라는 것이었다. 영은 브랜드란 일종의 친구이므로 이미 잘 알려진 것을 임의로 변경해서는 안 된다고 했다. 기존의 연상 이미지들을 던져버리기보다 수정해야 한다는 말이었다.

제너럴 모터스의 각 브랜드들은 위치 재정립을 위해(자신을 차별화하기 위해) 자신들의 역사를 발굴해나갔다. 이를 간략하게 기술하면 다음과 같다. 쉐보레는 저렴한 가격의 좋은 차를 만들어야 한다. 폰티악(Pontiac)

은 성능과 젊은 세대에 집중해야 한다. 올즈모빌은 창조적 기술에서 앞서 나가야 한다. 뷰익(Buick)은 고속도로에서 안락해야 한다. 캐딜락은 세계적으로 고급스러운 차의 표준이 되어야 한다.

새로운 처방은 제너럴 모터스 제품 공급에 영향을 미쳤다. 이에 따라 브랜드 전략은 더욱 차별화되었다. 쉐보레가 진행한 '미국의 심장박동(Hearbeat of America)'이라는 캠페인은 기업의 전통과 일치했다. 뷰익은 나이 든 고객들에게 초점을 맞추면서 '프리미엄 미국 자동차'라는 주제를 가지고 '뚜렷하고, 본질적이며, 강력하고, 성숙한' 자동차라는 사실을 강조했다. 폰티악은 전륜구동을 제공했으며 흥미진진함을 특징으로 했다. 올즈모빌은 낮아진 바람막이 유리에 계기판을 투영하는 새로운 공학을 개발할 예정이다. 캐딜락은 나이 든 운전자들을 겨냥해서 더욱더 일관되고 고급스럽게 만들어진다.

각된 품질, 기술적 리더십, 인식된 가치, 혹은 건강식품 같은 일반적 특성들이며, 더욱 객관적인 특성들을 요약 정리하는 역할을 한다.

예를 들어 기술적 리더십을 고려해보자. 자이스(Zeiss) 선글라스는 광학 기술계의 선두 주자라는 명성 덕분에 아주 비싼 값에 팔린다. 경영진들의 활약과 의견, 생산설비, 장기간에 걸친 제품 개발 등이 이러한 명성의 기초가 되었다. 고객들은 자이스의 특별한 모델이 정확하게 어떤 점에서 우수한지 모르는 상태에서 상세한 내용도 알지 못한 채 자이스를 기술의 선두 주자로 인식한다.

카메라에 대한 실험실 연구는 무형적 특성의 강력한 힘을 보여준다. 소비자들에게 두 가지 브랜드의 카메라를 제시했다. 하나는 기술적으로 상당히 복잡했고, 다른 하나는 간편한 사용 측면에 포지셔닝된 것이었다. 주어진 각 브랜드에 대한 상품의 상세한 내용 설명을 보면 사용이 간편한 상품이 기술 면에서 더욱 우수하다는 사실을 분명하게 알 수 있다. 두 브랜드가 동시에 주어졌을 때 조사 대상자 중 94%가 사용이 간편한 상품이 기술적으로 우수하다고 평가했다. 그러나 조사 대상자들에게 다른 카메라를 먼저 보여주고 이틀 후에 사용이 간편한 상품을 선보였을 때는 오직 36%만이 후자의 기술력이 우수하다고 느꼈다. 이틀이 지나 실제 내용 설명서에 대한 기억이 불분명해지자 대개의 조사 대상자들이 첨단 기술력 포지셔닝에 근거해서 판단을 내렸던 것이다.

구체적 특성들과는 달리 기술력, 건강, 영양 같은 '무형적 특성'은 양적 판단이 어렵다. 만약 라이프 시리얼이 영양 쪽으로 잘 포지셔닝한다면 하루에 필요한 비타민의 10%를 제공하는(타사가 20%를 제공한다고 하면 불리해질 수 있다) 쪽으로 포지셔닝한 경쟁사만큼 타격이 심하지는 않을 것이다. 더욱이 고객도 칼로리나 섬유질, 비타민에 대한 상세한 정보를 배우고 처리하는 데 부담을 느끼지 않아도 된다. '라이프 시리얼은 건강하다'는 지각은, 우발적으로 등장한 무언가가 소비자들에게 그 지각에 대한 고찰을 자극하지 않는 한, 소비자들이 라이프 시리얼에 대해서 알고자 하는 전부인 셈이다.

광범위하고 다양한 상품을 취급하는 데 사용되는 GE, 소니, HP, IBM, 포드 같은 회사 이름에는 제품의 특수성과 관련된 연상 이미지가 필요치 않다. 그러나 이러한 회사들의 이름은 지각된 품질 같은 무형적 연상 이미지의 개발에 도움을 줄 수 있다. 그러한 연상 이미지의 개발은 회사가 제한적으로 통제할 수밖에 없는 주어진 제품 수준의 연상 이미지를 고려할 때 까다로운 것일 수 있다.

고객 혜택

대개 제품의 특성은 고객에게 혜택을 제공하므로 양자 간에는 항상 일대일의 관련성이 존재한다. 따라서 충치 예방은 크레스트 치약이라는 제품의 특성인 동시에 고객에게는 혜택인 셈이다. 마찬가지로 BMW는 운전하는 고객의 만족(고객 혜택)을 제공하는 훌륭한 운전 기계(제품 특성)다. 그런데 때로는 지배적 연상이 제품의 특성인지, 고객 혜택인지 여부가 중요할 때가 있다. 크레스트 치약이 마음에 와 닿을 때 고객는 불소 같은 성분이나 그 작용에 대해서 생각할까? 아니면 아이들 이를 검사한 후 충치가 없다는 사실에 행복해하는 치과의사가 지배적 생각이 될까? BMW가 언급될 때, 가시적인 이미지는 차에 대한 것일까? 아니면 만족스러워하는 운전자에 대한 것일까? 그 차이는 연상 이미지 개발에서 매우 중요하다.

이성적 혜택과 심리적 혜택을 구분하는 것도 유용하다. 이성적 혜택은 제품 특성과 밀접한 관련이 있고 '이성적' 결정 과정의 일부분이 된다. 심리적 혜택이란 종종 태도 형성 과정에서 상당히 중요한 역할을 하며 그 브랜드를 구입해서 사용할 때 어떤 감정들이 창출되느냐와 관계가 있다.

스니커즈(Snickers)는 하루가 끝날 무렵 심리적 혜택, 즉 상으로 받는 캔디 바(캐러멜, 견과류, 초콜릿 등으로 되어 있다)에서 그 연상 이미지들을 확장한 브랜드의 예이다. 마찬가지로 밀러 맥주는 건설 공사장 등에서 보람 있게 하루 일과를 끝내고 갖는 휴식과 '밀러 타임'을 연관시켰다. 따라서 칼로리, 설탕, 술 등에 연결한 특정 종류의 상품에 대한 연상 이미지는, 결과적으로 긍정적 활동 및 사람들과의 연계를 통해 잘 성사된 일에 대한 보상 개념이 될 수 있다.

표 5-1은 심리적 혜택은 이성적 혜택을 따르는 것이지만 서로 매우 다르다는 것을 몇 가지 예를 통해 보여준다. 심리적 연상 이미지의 강도를 측정하기 위해 이 표에 나온 예들을 사용한 연구도 있다. 실험에서는 특정한 신상품의 개념을 이성적 혜택 두 가지 또는 심리적 혜택 두 가지 또는 합리적 혜택 한 가지와 심리적 혜택 한 가지를 통해

조사 대상자들에게 제안했다. 계속해서 컴퓨터, 금융업, 샴푸에 대해 이 실험을 실시했다. 예를 들어 두 가지 혜택을 이용한 샴푸 개념은 다음과 같이 제시한다.

> 샴푸를 사용하는 남성의 니즈는 여성과는 다르다. 그러기에 지금 특별히 남성을 위해 만든 첫 샴푸 아반티(Avanti)가 존재하는 것이다. 아반티는 남성 머리카락에 가장 필요한 세 가지 단백질을 혼합한 샴푸로 자체적으로 컨디셔너를 함유한 독특한 성분을 포함한다. 이제 머리 감을 땐 아반티와 함께하라.

- 머리숱이 많아지고 윤택해질 것이다(이성적 혜택)
- 멋져 보이고 멋있게 느껴질 것이다(심리적 혜택)

세 가지 실험 전부에서 사용자들이 상위 3개 브랜드 중 하나로 지정하는 비율로 브랜드 콘셉트를 평가했다. 모든 사례에서 순수한 이성적 어필은 순수한 심리적 어필보다는 우세했으나, 역시 모든 경우에서 한 가지 이성적 혜택과 한 가지 심리적 혜택의 결합이 유의성 있고 의미 있게 우세한 것으로 나타났다(평균평가 81%, 64%, 55%).

이어진 연구는 텔레비전 광고 168개에 대한 분석이다. 이를 위해 표준화된 광고 실험을 통해 설득 지수 혹은 효과 점수를 구했다. 168개 광고 모두 이성적 혜택을 결합한 것이었고 오직 47개 광고에만 심리적 혜택이 포함된 것으로 판단되었다. 이 47개 광고는 두 가지 혜택을 전

표 5-1 **심리적 혜택**

제품	특징	이성적 혜택	심리적 혜택
컴퓨터	버블 메모리	완료된 작업을 망치는 것을 방지	작업 안전도/보안
컴퓨터 뱅킹	터치스크린 입력/ 고수익률 IRA	사용이 간편함/ 수익률을 높임	전문적이라는 느낌
뱅킹	개인 은행	개인 서비스	확신/ 자기 이미지 향상
샴푸	자체 내 컨디셔너 포함	머리숱을 풍부하게 해줌	외양에 대한 확신
샴푸	자연 단백질	매일 사용해도 안전함	기분 좋음/ 성적 매력

출처 : Stuart Agres, *Emotion in Advertising : An Agency's View*, The Marschalk Company, 1986.

부 제공하고 있었기에 오로지 이성적 혜택에만 의존하는 광고보다 매우 높은 효과 지수(effectiveness index)를 지닌 것으로 나타났다(136 대 86).

이러한 연구들은 심리적 혜택이 상당히 강력한 형태의 연상이 될 수 있다는 결론을 이끌어냈다. 이는 심지어 컴퓨터 같은 제품에도 해당된다. 더욱이 심리적 혜택은 이성적 혜택을 수반할 때 더욱 큰 효과를 낸다는 사실을 알 수 있었다.

상대적 가격

제품 특성과 상대적 가격은 매우 유용하고 일반적이어서 분리해서 생각하는 것이 적절하다. 어떤 종류의 제품에는 잘 발달된 가격체계 수준이 다섯 가지 존재한다. 이러한 종류의 제품에서 브랜드에 대한 평가는 그 브랜드가 한 가지 혹은 두 가지 가격체계 수준 가운데 어디에 위치하는지 결정하는 데서 시작된다. 예를 들어 맥주 시장에서는 버드와이저, 쿠어스, 밀러 같은 주요 프리미엄 맥주가 있다. 슈퍼 프리미엄 맥주 부문은 미켈롭, 뢰벤브로이(Lowenbrau), 쿠어스 골드(Coors Gold) 등을 포함하는데 이들의 판매사는 비싼 가격을 받을 만한 고품질 맥주로 지각되기를 원한다. 최고급 부문은 헨리 바인하드(Henry Weinhard), 헤르만 조셉(Herman Joseph), 앵커 스팀(Anchor Steam), 새뮤얼 아담스(Samuel Adams), 그리고 그 밖의 몇 가지 수입품을 포함하며 기대 가격과 품질 수준이 높다. 경제적이고 '가격으로 유인하는 브랜드'의 카테고리에는 앤하이저-부시의 부시 바바리안(Busch Bavarian), 스트로의 올드 밀워키, 밀러의 밀워키즈 베스트(Milwaukee's Best) 등이 포함되는데 본질적으로 가격이 낮고 광고 지원이 거의 없는 브랜드들이다. 가장 저급 맥주는 브라운 더비(Brown Derby) 같은 스토어 브랜드〔store brand, 소매업자가 독자적으로 사용하고 있는 브랜드〕다.

소매점들 가운데는 색스(Saks), 피프스 아베뉴(Fifth Avenve), 니만 마커스(Neiman Marcus), 블루밍데일 등이 고급이며 메이시(Macy's), 로빈슨(Robinson's), 불록(Bullocks), 리치스 파일린즈(Rich's Filene's), 데이튼

표 5-2 **가격/품질로 세분된 호텔들**

품질 분류	경쟁사	대표적 욕실 비품
저예산	모텔 식스(Motel 6), 이코노로지(Econolodge), 맥슬립(McSleep)	작은 세수비누 2개, 플라스틱 혹은 종이컵, 수건 2개
이코노미	데이즈 인(Days Inn), 햄프턴(Hampton), 컴포트(Comfort)	중간 크기 세수비누, 플라스틱 컵, 샴푸, 고급 타월, 개인 용변기
중간 범위	코트야드(Courtyard), 라마다(Ramada), 홀리데이 인(Holiday Inn)	벨벳 수건, 개인용 화장실들
고급	메리어트(Marriott), 르네상스(Renaissance), 클라리온(Clarion)	배스 젤, 바디 젤, 바디 크림, 양치액, 신발과 바느질 도구, 샤워 캡 등이 담긴 바구니, 대형 수건, 헤어드라이어
최고급	포시즌(Four Seasons), 하야트 레전시(Hyatt Regency), 웨스틴 호텔(Westin Hotels)	신선한 꽃, 화분, 말린 꽃, 고급 비누, 유리 텀블러, 화장 거울, 침실 옷, 접을 수 있는 빨랫대, 전화, 텔레비전, 대리석 장식품, 난방 램프
호화 객실	포시즌(Four Seasons), 하야트 레전시(Hyatt Regency), 웨스틴 호텔(Westin Hotels)	침실의 싱크대와 화장대, 스위트 어코모데이션

출처 : In part drawn from Faye Rice, "Hotels Fight for Business Guests," *Fortune*, April 23, 1990, pp. 265~274.

즈(Dayton's), 허드슨즈(Hudson's) 등의 백화점들이 그 뒤를 따른다. 시어스, 몽고메리 워드(Montgomery Ward), J. C. 페니(J. C. Penney) 같은 매장

은 백화점보다는 격이 떨어지지만 케이마트(K-Mart) 같은 할인매장보다는 급이 높다. 표 5-2는 숙박 업계에서의 시장 구성에 대한 면면을 보여준다.

상대적 가격에 관한 포지셔닝은 복잡할 수도 있다. 브랜드는 보통 단 한 가지 가격 카테고리에 반드시 들어 있어야 한다. 그다음 할 일은 같은 가격대에서 다른 브랜드들과는 차이가 나는 제품을 보여주도록 포지셔닝하는 것이다. 시장에 내놓는 자사 제품을 높은 가격과 연결하는 것도 한 가지 방법이다. 예를 들어 수아베(Suave)는 헬렌 커티스(Helene Curtis)가 경쟁사들보다 아주 낮은 가격으로 시장에 내놓아 성공한 일종의 '경제적' 샴푸다.

이 회사는 "수아베는 나의 머리칼을 이렇게 훌륭하게 보이게 해주지만 구입하는 데 더 많은 돈을 지불하지는 않아"라고 말하는 모델을 보여줌으로써 이 샴푸를 프리미엄 샴푸와 동등한 품질을 가진 샴푸로 포지셔닝하려고 했다. 버짓 구르메(Budget Gourmet)는 "만약 가격이 목적이 아니라면, 왜 조금 덜 쓰지 않는가?"라는 꼬리표와 함께 금쟁반 위에 있는 먹음직스러운 요리를 보여준다. 이스쯔(Isuzu)는 포르쉐 944(Porsche 944)가 그러하듯 경사진 노면 위를 달리는 이스쯔 자동차를 보여주면서 경주용 차와 성능이 비슷한 경제적인 차라고 주장한다. 따라서 이러한 포지셔닝은 높은 가격을 매기며 성능을 중시하는 다른 경쟁사들의 기존 소매가격에 대항하는 것이다.

상대적으로 가격이 높은 브랜드들에 대항해 상품을 향상시키는 포지셔닝을 하기란 쉽지 않다. 예를 들면 시어스는 정기적으로 디자이너들이 직접 만든 고급 의상들을 내놓으려는 시도를 해왔다. 그러나 고급 패션 제품들을 광고하면 오히려 시어스의 핵심 가치 이미지에 불리한 영향을 미칠 수도 있었다. 소비자들은 시어스가 여전히 저렴하고 좋은 제품을 팔고 있는지 의구심을 갖는다. 백화점 판매 제품들과 경쟁 관계에 있는 제품들을 제공하려 할 때 소비자들은 시어스가 백화점이 되어버렸다고 의심하게 되는 등 위험을 수반하는 일인 것이다. (평소대로) 가격이 저렴하면서도 품질이 좋은 물건을 파는 점포로 남아 있다는 바람직한 결론보다는 열등한 백화점이 되어버렸다는 부정적 결론이 나올 수도 있다.

많은 시장들이 프리미엄 세부시장을 매력적으로 바라본다. 해외 기업의 저렴한 원가로 인한 가격 압력을 이겨낼 수 있는 고성장, 고수익을 가진 분야라는 인식 때문이다. 이 시장에 뛰어들려면 반드시 뛰어난 품질을 보여주는 브랜드가 되거나 아니면 소비자들에게 높은 가격에 어울리는 지위를 부여할 수 있어야 한다. 이 같은 포지셔닝을 달성하도록 돕는 방법 가운데 하나는 브랜드 네임이 '프리미엄'이라는 의미를 내포하도록 하는 것이다. 그래서 향수 제조사 올드 스파이스(Old Spice)는 특제 향수 라인에 피에르가르뎅(Pierre Cardin)이란 이름을 사용할 수 있는 라이선스를 획득했다.

어니스트&줄리오(Emest&Julio)의 리저브 셀러(Reserve Cellars), 쿠어스 골드, 맥스웰 매스터 블렌드(Maxwell Master Blends), 웨이트 워처스의 캔들 라이트 같은 기존 브랜드 네임을 고양하기는 어렵다. 브랜드 네임 자체가 상대적으로 낮은 가격을 의미하기 때문에 프리미엄을 갖춘

데이비드 아커의 브랜딩 정석

품질이나 지위를 뜻하게 만드는 것은 매우 힘든 작업이 된다. 브랜드를 격상시키기보다 오히려 격하시키기는 아주 쉽다. 그렇지만 브랜드의 격하는 기존 제품의 품질 연상에 손상을 미칠 위험 또한 수반한다.

사용/적용법

또 다른 접근 방법은 브랜드를 사용이나 적용과 연계하는 것이다. 몇 년 동안 점심용 제품으로 포지셔닝해온 캠벨즈 수프(Campbell's Soup)는 정오의 라디오 프로그램을 폭넓게 이용했다. 최근 들어 캠벨즈 수프는 완전한 식사로 재포지셔닝〔repositioning, 경쟁 환경과 소비자의 욕구 변화에 발맞추어 기존 제품의 포지션을 새로이 분석, 조정하는 활동〕을 하고 있다. 더 벨 텔레폰 컴퍼니(The Bell Telephone Company)는 '손을 뻗어 누군가에게 터치하라(Reach out and touch someone)'는 캠페인에서 사랑하는 사람들과의 커뮤니케이션과 장거리 전화를 연계한다. 쿠어스 비어(Coors Beer)는 옥외 활동, 등산, 나들이 등과 자사 제품을 연계하며, 뢰벤브로이는 정다운 분위기에서 만나는 좋은 친구들과 자사 맥주를 연계한다.

커피 시장에 대한 연구에서는 커피를 마시는 아홉 가지 상황을 보여준다.

1. 하루를 시작할 때
2. 혼자서 하는 식사 사이
3. 여럿이 하는 식사 사이

4. 점심을 먹으며

5. 저녁을 먹으며

6. 손님들과의 만찬에서

7. 저녁때

8. 밤에 졸음이 올 때

9. 주말

이 연구는 브랜드에 따라 커피를 마시는 상황이 상당히 달라진다는 것을 보여준다. 예컨대 힐스 브라더스(Hills Brothers)의 아침 식사에서의 시장점유율은 7%였지만 그 밖의 경우에는 시장점유율이 단 1.5%였다. 이로써 오전에 커피를 마시는 사람들과 오후에 커피를 마시는 사람들 사이에 중대한 차이가 존재함을 알 수 있다.

제품들은 상당한 어려움과 위험이 뒤따르는 여러 가지 포지셔닝 전략을 취한다. 사용에 의한 포지셔닝 전략은 특정한 브랜드에 대해 두 번째 혹은 세 번째 위치에 있음을 나타내기도 하고 자사 브랜드의 시장을 확장시킬 만한 위치에 있음을 나타내기도 한다. 여름철 체액 대체를 위해 필요한, 운동하는 사람들을 위한 음료 브랜드 게토레이는 겨울철을 위한 포지셔닝 전략을 개발하려 하고 있다. 감기에 걸려 의사에게 "충분한 수분을 섭취하세요"라는 말을 들었을 때 게토레이를 이용하게 한다는 개념이었다. 마찬가지로, 퀘이커 오스(Quaker Oats)는 아침 식사 대용이라는 익숙한 역할에 더해 뜨거운 시리얼 제품을 자연 곡물 성분을 가진 조리용 식품으로 포지셔닝하려 하고 있다.

사용자/소비자

또 다른 포지셔닝 접근법은 브랜드를 제품 사용자나 고객 유형과 연계하는 것이다. 이러한 사용자 포지셔닝 전략은 제대로 할 수만 있다면 세분화 전략에 포지셔닝을 대응시키는 상당히 효과적 방법이다. 목표 세부시장으로 브랜드를 식별하는 것은 종종 해당 세부시장에 호소하는 좋은 방법이다.

사용자 포지셔닝 설정이 어떤 역할을 하는지는 1980년대 후반 화장품 업계를 살펴봄으로써 알 수 있다. 시장점유율이 20% 이상인 녹셀(Noxell)은 자사 제품을 커버걸(Cover Girl) 라인으로 특정함으로써 화장품 업계에서 우위를 차지한다. 이웃 처녀들을 위한 화장품으로 확실히 정의되는 이미지 덕분이었다. 커버걸은 건강하고 (대체로 금발인) 여성을 위한 제품으로 굳건히 자리 잡게 되었다. 레브론(Revlon)은 고급스러운 여성들과 연계함으로써 15% 정도로 시장점유율을 유지해왔다. 반면 쉐링플라우(Shering-Plough)의 메이블린(Maybelline)은 20% 정도로 시장점유율을 유지하고 있었으나 강력한 이미지의 결여로 인해 점유율이 계속 저하되었다. 이 브랜드는 시장에서 자사의 포지셔닝을 유지하기 위해 약국, 할인점, 저가 정책, 유통 업체를 대상으로 하는 프로모션(trade promotion), 신상품 혁신 등 매스 마케팅[mass marketing, 불특정 다수를 대상으로 하는 홍보와 판매 촉진 활동]에 의존해왔다. 그러나 최근 들어서는 브랜드 이미지 강화를 목표로 삼고 아름다운 여성을 위한 제품을 만드는 패션 지향적인 이미지의 창출을 위해 노력하면서

'스타일 선도자'를 위한 화장품 라인으로 재포지셔닝하고 있다. 이 회사는 '슬기롭고 아름다운 메이블린'을 테마로 하는 세련된 광고 등 밝은 색조의 아이섀도와 화학적 합성을 드러냈던 과거와는 상당히 거리가 있는 광고를 내보낸다. 화장품이 여성을 위해서 진정 어떤 역할을 해야 하는지를 제시하는 것이다.

경쟁자들이 무시하는 사용자들을 찾으려 노력하는 또 다른 기업은 캐드베리(Cadbury)로 캐나다 드라이 진저에일, 소다, 탄산수 제품 등과 슈웹스(Schweppes) 라인을 만들어내고 있다. 캐드베리는 코크나 펩시에 10대들 시장은 맡겨두고, 성인 음료수 시장을 목표로 삼겠다고 밝혔다. 드라이 진저에일을 깨끗한 초록빛과 금빛으로 새롭게 포장했고 광고에서는 '당신의 입맛이 성숙했을 때를 위해(For when your tastes grow up)'라는 슬로건을 사용했다. 성숙해질수록 진저에일처럼 덜 달콤한 음료수를 원한다는 논리였다. 캐드베리는 과일 맛 나는 광천수의 대안으로 라즈베리 진저에일 개발을 추진했고, 비알코올 칵테일을 원하는 사람들을 위해서는 슈웹스 토닉을 만들었다.

사용자 연상 이미지가 성공한 고전적 사례로는 밀러 라이트를 들수 있다. 밀러는 술은 많이 마시지만 취하고 싶지는 않은 맥주 '과음자'를 위한 맥주에 밀러 라이트를 포지셔닝하기로 결정했다. 반면 저칼로리 맥주를 시장에 내놓은 다른 회사들이 이전에 해온 노력은, 부분적으로는 지나치게 저칼로리만을 강조했던 것이 참담한 실패의 이유였다. 심지어 자사의 맥주 칼로리가 탈지우유보다 적다고 주장하거나 매우 가볍다는 라이트 비어의 개성을 특징으로 강조한 회사도 있었다.

강력한 연상 이미지, 특히 강력한 사용자 연상 이미지는 브랜드의 역량을 그 시장 밖으로는 확장할 수 없게 한다는 한계를 가진다. 예를 들어 클럽메드(Club Med)는 부부들의 욕구에 부응하려고 노력하는데 그 부부들은 평균 연령이 37세 이하다. 게다가 여섯 나라에 있는 클럽메드 마을은 어린이들, 심지어 아기들을 상대로 영업 활동을 벌인다. 그러나 클럽메드는 기존에 젊은 독신 남녀가 또 다른 젊은 독신 남녀들을 만날 수 있는 휴양지라는 기존 이미지가 강력하다. 고객 확장을 위한 클럽메드의 임무는 자사의 휴양지가 아이들과 같이 오려는 사람들에게도 적절하다는 점을 기존 고객층에게 확신시키는 것이어야 했다. 강력한 이미지는 이처럼 장점인 동시에 단점이 될 수 있다.

유명인

유명인은 종종 강력한 연상 이미지를 불러온다. 유명인을 브랜드와 연계하는 작업을 통해 그러한 연상 이미지를 브랜드로 전이할 수 있다. 브랜드 발전에 중요한 한 가지 특성은 기술적 능력, 즉 어떤 제품을 설계하고 제조하는 능력이다. 예를 들어 테니스 라켓의 경우 유명한 테니스 선수들이 그 라켓을 보증하는 것이 마케팅 전략의 주요 요소가 된다. 특히 새로운 라켓은 이름 있는 선수의 보증을 받는 것이 절대적이다. 현재 라켓 업계의 선두 주자인 프린스(Prince)는 1975년 비정상적일 만큼 큼직한 라켓으로 시작했다. 이 제품은 유명한 프로선수 팸 슈라이버(Pam Shriver)가 그 라켓을 사용하면서부터 실제로 라켓 업계의 강력한 경쟁자로 부상했다. 프린스 라켓이건 나이키(Nike) 농구화건 간에 자기 회사의 제품이 경쟁사 제품보다 디자인이나 제조 기술 면에서 우수하다고 설득하는 건 매우 어려운 일이다. 믿을 만한 논거를 개발하는 것뿐 아니라 사람들이 유사한 경쟁사들의 주장보다 그 논거를 믿게끔 하는 것도 해볼 만한 과제다. 반면 사람들이 팸 슈라이버가 프린스를 사용한다고 믿게 하는 건 비교적 쉽다. 그녀 스스로 사용한다고 말하고 있고, 사실상 대중 앞에서 경기를 하므로 자신의 주장대로 하지 않는다면 그 사실이 곧 새어 나가게 마련이다. 게다가 모든 것이 그녀의 성적에 달려 있다. 따라서 그녀가 보기에도 프린스가 뛰어나지 않다면 그 제품을 쓰지 않으리란 건 자명하다. 물론 팸 슈라이버가 성공적일수록 그녀의 프린스에 대한 신뢰는 더욱더 커질 것이다.

1980년대 중반 나이키는 리복(Reebok)의 도전에 직면했다. 그 당시 리복은 운동화 시장에서 1위를 쟁취하기 위해서 에어로빅 열풍을 주도했다. 나이키는 특허 낸 압축 공기 주머니로 특징되는 기체 탄력 기술을 농구화 밑바닥에 사용한 농구화 에어 조단(Air Jordans)으로 본래 위치를 회복했다. 그 농구화는 출시 첫해 매출이 1억 달러 이상이나 되는 굉장한 성공작이었다. 성공의 주요 관건은 나이키 광고에서 흥분한 관중을 배경으로 중력의 영향을 받지 않고 서 있는 불세출의 농수선수 마이클 조던(Michael Jordan)의 보증이었다.

브랜드와 결부하는 사람이 반드시 유명인일 필요는 없다. 해서웨이(Hathaway) 셔츠의 안대를 하고 있는 저명인사라든가 베티 크로커[제너럴 밀스가 사용한 가상의 여성 캐릭터], 후안 발데즈[Juan Valdez, 콜롬비아 커피의 캐릭터), 미시즈 폴[Mrs. Paul, 식품 회사 피너클 푸드의 가상의 여성 캐릭터], 미스터 휘플[Mr. Whipple, 샤밍 화장지 광고에 등장하는 허구의 슈퍼마켓 관리자), 미스터 굿렌치[Mr. Goodwrench, 제너럴 모터스의 캐릭터였던 가상의 정비사), 메이택 서비스맨, 말보로 맨(Marlboro man) 등은 중요한 브랜드 연상 이미지가 되었다. 등장인물이 굳이 실제 인물일 필요가 없다. 미스터 클린(Mr. Clean), 필즈베리 도우보이(Pillslbury Doughboy), 키블러(Keebler)의 요정들 혹은 미쉐린(Michelin) 타이어의 거인 등 만화 주인공이 등장인물이 될 수도 있다.

시간이 흐르면 나이가 들고 변하는 실제 사람보다는 베티 크로커 같은 가공 인물과 연결되는 연상을 컨트롤하기가 더 쉬워진다. 빌 코스비, M. C. 해머(M C. Hammer), 제인 폰다(Jane Fonda) 같은 사람들보다는 말보로 맨에게 오랫동안 똑같은 연상 이미지를 유지하도록 하는 편이 훨씬 쉽다는 뜻이다. 물론 새러 리(Sara Lee), 커널 샌더스, 로라 스커더[Laura Scudder, 캐나다의 기업가로 최초로 봉지로 된 감자칩 포장을 만들었다), 페이머스 아모스[Famous Amos, 초콜릿 칩 쿠키 브랜드] 등을 바탕으로 만든 상징들은 그들이 나타내는 실제 사람들과는 멀어져간다.

라이프스타일/개성

만약 여러분의 자동차가 갑자기 인간이 된다면 어떤 종류의 인간이기를 원하는가? 위대한 사람? 같이 있기 힘든 사람? 물론 사람들 저마다에게는 풍부하고, 복잡하고, 생생하고, 쉽게 구분되는 개성과 라이프스타일이 있다. 그런데 어떤 브랜드(심지어 자동차 같은 기계조차)는 매우 유사한 개성과 라이프스타일의 특성을 가진 수많은 고객들에게 주입될 수 있다. 홈베이킹 브랜드 베티 크로커에 대한 연구는 이에 대해 설명해준다. 여성 3,000여 명을 대상으로 한 이 조사 연구는 베티 크로커의 이미지뿐만 아니라 일반적인 디저트에 대해 여성들이 느끼는 감정에도 초점을 맞춘다. 조사에 참가한 여성들 중 90%가 '베티 크로커'라는 이름을 친숙하게 여긴다는 사실이 판명되었다. 일반적으로 베티 크로커는 다음과 같은 성격을 가진 회사로 간주되었다.

정직하고 믿을 만하다.
친절하고 소비자들에게 신경을 쓴다.
빵 굽기에 전문성을 갖추었다.

그러나 다음과 같은 이미지도 있었다.

시대에 뒤떨어져 있다.
구식이며 전통적이다.
'오래된 임시' 제품 제조업자다.
시대에 맞지 않고 혁신적이지 못하다.

결론은, 더 현대적·혁신적이 되고 구식이고 진부한 이미지에서 탈피하려면 더 강력한 이미지를 가져야 한다는 것이었다.

펩시 또는 코카콜라의 17개 단골 고객 그룹을 대상으로 펩시가 실시한 조사 결과는 두 브랜드의 개성에 대한 통찰력을 제공한다. 펩시 사장 로저 엔리코(Rodger Enrico)는 그 결과를 발표했다. 일반적으로 코크는 가족, 깃발, 농촌, 굳건한 미국 등 노먼 록웰[Norman Rockwell, 20세기 변화하는 미국 사회와 미국인들의 일상을 그림으로 표현한 미국의 삽화가]의 그림에서 볼 수 있는 이미지를 투사하고 있었다. 펩시는 다소 야단스럽고 저돌적이지만 흥미로움, 혁신, 고속 성장 등의 이미지를 투영하는 것으로 간주되었다. 펩시는 이 연구를 근거로 이러한 이미지를 더욱 개발하고 강화하기로 결정했다. 그때부터 펩시 챌린지(Pepsi Challenge)라는 맛 테스트 위주의 광고를 버리고 마이클 잭슨이 부각되는 광고 캠페인을 재등장시키면서 펩시 세대로 되돌렸다.

제품군

어떤 브랜드들은 제품군에 대한 연상 이미지를 포함하도록 포지셔닝할 필요가 있다. 예를 들어 맥심(Maxim)의 냉동 건조커피는 레귤러 커피와 인스턴트커피에 대한 포지션을 설정할 필요가 있다. 몇몇 마가린은 버터에 대한 포지션을 설정한다. 레버 브러더스가 만드는 핸드비누 카레스(Caress)는 베스오일 제품을 지향하면서 목욕탕에서 쓰는 비누의 카테고리와는 동떨어진 위치에 포지셔닝하고 있다.

와사 크리스프브레드(Wasa Crispbread)는 쌀과자인 라이크리스프(Ry-Crisp)와 유사품들에 대한 포지션을 고섬유소 및 저칼로리 대체품으로 설정했다. 광고 캠페인은 이 제품이 먹음직스러운 토핑을 올린 오픈샌드위치로 이용될 수 있음을 보여준다.

음료수 세븐업은 '산뜻하고 깨끗한 맛'과 '목마름을 멈춰준다'는 특성을 강조해왔는데도 오랫동안 믹서용 음료수로 인식되었다. 여기서 벗어나기 위해 세븐업은 '콜라'의 합리적 대체품이면서도 콜라보다 더 맛있는 음료수라는 이미지를 구축하려고 끊임없이 노력했다. 성공적인 언콜라[Uncola, 마케팅 목적으로 만든 세븐업의 별명] 캠페인이 바로 그 결과였다.

경쟁사

대개의 포지셔닝 전략에서, 준거틀이 되는 것은 명시적이든 암시적이든 하나 혹은 그 이상의 경쟁사다. 몇몇 경우 경쟁사들은 포지셔닝 전략의 바로미터가 될 수 있다. 다음과 같은 두 가지 이유에서 경쟁사에 대해 포지셔닝을 고려해보는 것이 유용하다.

첫째, 경쟁사는 아주 굳건하고 잘 정제된, 오랫동안 점진적으로 발전된 이미지를 가지고 있을 것이다. 이러한 이미지는 그 이미지에 영향을 줄 만한 또 다른 이미지와의 의사소통을 위한 가교로 사용될 수 있다. 특정 주소의 위치를 알고 싶어 하는 사람에게 수많은 거리의 이름을 알려주는 것보다 뱅크 오브 아메리카 빌딩 옆이라고 말하면 훨씬 이해하기 쉬울 것이다.

둘째, 가끔은 당신의 회사에 대한 단골 고객들의 생각이 중요하지 않을 수도 있다. 오히려 고객들이 당신의 회사가 상대적으로 경쟁사보다 낫다고 믿는 것이 더 중요하다.

두 번째 유형에 속하는 가장 유명한 포지셔닝 전략을 아비스(Avis)의 다음과 같은 캠페인에서 볼 수 있다.

'우리는 두 번째로 좋은 기업이지만 더욱 노력하고 있다.'

허츠(Hertz)는 너무나 크고 강대하므로 아비스는 열심히 허츠의 뒤를 쫓아가겠다는 메시지였다. 이 전략은 허츠와 더불어 자동차 렌털에서 주요한 선택지가 되겠다는 것으로, 그 당시 근소한 차이로 아비스를 뒤따르던 내셔널(National)을 따돌리는 포지셔닝이었다.

경쟁사와 함께하겠다는 포지셔닝은 제품 특성, 특히 가격 및 품질에 관한 포지션 설정에 매우 유용한 방법일 수가 있다. 주류 제품 등 평가가 힘든 제품들은 종종 포지션 설정에 도움을 받기 위해서 이미 위상이 정립된 경쟁사를 이용하곤 한다. 예를 들어 커피 리큐어 브랜드 사브로소(Sabroso)는 품질과 리큐어의 유형에 관해서 이미 잘 알려진 브랜드인 깔루아(Kahlua)를 포지셔닝에 이용하고 있다. 인쇄 광고는 두 회사 제품이 나란히 있는 것을 보여주며 '위대한 수입 커피 리큐르 둘. 그중 하나는 가격이 저렴하다'라는 제목을 사용한다.

경쟁사 이름을 노골적으로 드러내고 몇 가지 제품 특성을 비교하는 비교 광고(comparative advertising)를 통해 경쟁사에 대해 포지셔닝을 할 수 있다. 폰티악은 유명 수입 자동차들과 연료 소비 및 가격에서 견줄 만한 몇몇 국내 생산 자동차를 포지셔닝하는 데 이 방법을 이용했다. 경쟁사들을 언급하지 않으면서 경제적인 연비의 자동차로 포지셔닝할 수도 있었지만 어떤 면에서는 그편이 더욱 어려운 작업일 가능성이 있었기 때문이다. 폭스바겐(Volkswagen)의 래빗(Rabbit)은 경제적인 자동차라는 잘 정의된 이미지를 갖고 있는 경쟁사다. 폰티악을 이 차와 비교함으로써, 그리고 EPA 가스 등급 평가 같은 실제 정보를 사용함으로써 그만큼 쉽게 의사 전달을 할 수 있는 것이다.

국가별/지역별 범위

국가란 강력한 상징이 될 수 있으며 제품, 원료, 제조 능력 등과 밀접한 연관성이 있다. 독일은 맥주 및 고급 자동차와 연관되어 있으며, 이탈리아는 구두 및 피혁 제품, 프랑스는 패션 및 향수와 연관되어 있다. 이러한 연상 이미지들은 한 브랜드를 국가와 연계함으로써 개발될 수 있다.

빠른 성장을 보이고 있는 주류 세부시장이나 수입 보드카 세부시장 등은 주로 국가와 연관됨으로써 힘을 얻는다. 선두를 달리는 브랜드 스톨리치나야[Stolichnaya, 밀과 호밀을 증류해서 만든 증류주]는 러시아에 대한 연상 이미지를 갖는다. 다른 경쟁 상품들 중에서 핀란디아(Finlandia)는 핀란드, 앱솔루트(Absolut)는 스웨덴, 아이시(Icy)는 아이슬란드에 대한 연상 이미지를 갖는다. 이 같은 국가들과의 연관성은 산뜻하고, 상쾌하고, 서늘한 이미지를 준다. 아이시 제품은 몇 가지 원료가 미국 중서부 옥수수밭에서 생산되었다는 말이 새어 나가는 바람에 상당히 곤경에 처한 적이 있다.

사람들이 지각하는 것에 대해서는 국가별로 상당한 차이가 존재한다. 1980년대 중반 미국 중부에서 실시한 텔레비전과 자동차에 관한 연구는 이러한 사실을 잘 설명한다. 응답자들에게 4개국 가운데 한 국가에서 만들어지는 것으로 묘사된 모델들을 평가하라고 부탁했다. 두 제품 모두 일본은 경제성, 장인 정신, 기술에서, 미국은 서비스에서, 독일은 명성에서 최고 점수를 얻었다. 이처럼 제품들 간 차이가 분명히 존재했다. 미국 제품은 텔레비전 기술에 관해 독일보다 높은 점수를 받았으나, 자동차에 관해서는 그 반대였다. 서비스 부문에서 미국이 독일보다 우위라는 사실은 자동차에서보다 텔레비전에서 더욱 두드러졌다.

13개 제품, 21개 인지 차원들, 5개 국가로 구성된 또 다른 연구는 제품 특성에 따라 국가가 미치는 영향에 상당한 차이가 있음을 보여 준다. 예를 들어 프랑스 사람들은 캐나다 사람들보다 원산지에 상당히 민감했다. 프랑스 사람들은 일반적으로 프랑스나 일본 그리고 미국에서 온 제품들이 캐나다나 스웨덴에서 온 제품들보다 우수하다고 간주했다. 미국 제품은 영국보다는 프랑스나 캐나다에서 높은 점수를 얻었다. 원산지 국가를 방문하여 직접 그 국가를 경험한 적이 있는 사람들에게서는 원산지의 영향이 감소되었다. 국가 연상 이미지에 대한 이슈는 국가별로 글로벌 전략을 발전시켜나가면서 더욱 복잡해지고 중요해지고 있다.

생각 정리 질문

1. 세부시장별로 귀사 브랜드의 주요 경쟁자들은 누구인가? 그 각각의 경쟁자들은 실제로 어떻게 지각되는가? 예를 들어 냉동식품에서 맛과 체중 조절처럼 가장 중요한 두 가지 경쟁의 측면을 확인하라. 각각의 경쟁 브랜드를 가로세로가 있는 이차원 그래프에 시각적으로 배치하라. 각 브랜드가 포지셔닝하려는 위치는 어디인가? 그래프에서의 포지셔닝 전략과 실제 포지션의 차이에 주목하라.

2. 귀사의 브랜드에는 현재의 제품군에서 입지를 굳히거나 새로운 제품군으로 확장해서 활용해야 할 연상이 있는가? 웨이트 워처스는 체중 조절에서 시작해 건강과 영양이라는 연상 이미지를 추가했다. 귀사의 브랜드에도 추가해야 할 연상 이미지가 있는가? 책에서 다룬 열두 가지 유형의 연상 이미지를 그 출발점으로 고려하라.

3. 웰스 파고의 역마차 같은 몇몇 연상 이미지는 신뢰성과 독립성 등 더욱 유용한 다른 연상 이미지와의 연결고리 역할을 한다. 귀사의 브랜드에는 지금 그러한 연결고리 기능을 하는 연상 이미지가 있는가, 아니면 그러한 것을 새로이 획득해야 할 필요성이 있는가?

6장

**브랜드 연상의
측정**

명백한 대답은 항상 확실하지만, 근사치 대답은 모호하다.
그러나 틀린 질문에 명백한 대답을 하는 것보다는 올바른
질문에 근사치로 대답하는 것이 훨씬 낫다.

— 존 튜키(John Tukey, 응용통계학자)

♛
1. 포드 토러스 이야기

1985년 12월, 포드는 토러스(Taurus, 별자리에서 황소자리를 지칭) 자동차를 출시했다. **그림 6-1**에서 보듯이 토러스는 유선형에 공기역학적인 형태로 되어 있었다. 이 디자인은 업계의 기준에서 보면 파격적이었고 포드로서는 위험 부담이 컸다.

고급 자동차 세부시장에서 중상층을 형성하는 차(이하 '중상급 자동차')로는 쉐보레의 셀러브리티(Celebrity), 올즈모빌의 시에라(Ciera), 폰티악 6000, 크라이슬러의 레바론(LeBaron), 아우디 4000(Audi 4000), 닛산의 맥시마, 도요타의 크레시다(Cressida), 그리고 토러스로 대치된 포드의 LTD 등이 있었다.

토러스는 그 중간대에서 굉장한 성공을 거두었다. 1986년 토러스는 분기당 10만 대에 육박할 정도로 많이 판매되었다. 반대로 토러

그림 6-1 **포트 토러스의 광고**
제공 : Ford Motor Co.

데이비드 아커의 브랜딩 정석

스의 경쟁자였던 쉐보레의 셀러브리티는 분기당 10만 대를 상회했던 판매고가 6~7만 대로 감소했다. 포드가 감당해야 했던 위험 부담은 명백한 이익으로 되돌아왔다.

토러스 초기 단계에서 포드는 토러스가 연상시키는 것에 관해 광범위하고도 정기적인 조사를 실시했다. 이 조사를 살펴보면 토러스의 성공 비결을 이해할 수 있다. 아울러 이 조사는 연상 이미지 조사가 어떻게 응용될 수 있는지를 제시한다.

마케팅 회사 앨리슨 피셔(Allison-Fisher)는 전국을 대표하는 20만 세대의 패널을 관리하고 있는데, 이들은 정기적으로 설문지를 작성하고 수수료를 받는다. 이 패널들 중에서 앞으로 6개월 이내에 차를 구입할 계획이 있으면서 중상급 자동차에 친숙한 사람을 표본으로 추출했다. 그리고 이들을 조사 대상자로 삼아 중상급 자동차 세부시장에서 그 차들을 설명할 수 있는 특성을 체크해달라고 요청했다.

그림 6-2는 1985년 6월의 포드 LTD, 6개월 후의 토러스(즉 출하 6개월 후), 1987년 12월의 토러스에 관한 프로필을 나타낸다. 여기서 토러스의 이미지는 시초부터 LTD의 이미지와는 극명한 차이가 있다는 사실을 알 수 있다. 토러스는 LTD와는 대조적으로 기술적으로 진보했고, 스포티했으며, 연비(mileage, 1마일 주행 시 드는 연료비)가 탁월하고, 젊은 층을 심중에 두고 제작한 것으로 인식되었다. 하지만 토러스는 중요한 문제도 안고 있었다. 구체적으로 가족용 자동차, 품질, 실내 공간, 내구성, 운전이라는 차원에서 좋은 인식을 받지 못했던 것이다. 따라서 불리한 특성의 개선에 역점을 두어야 한다는 것이 명백했다.

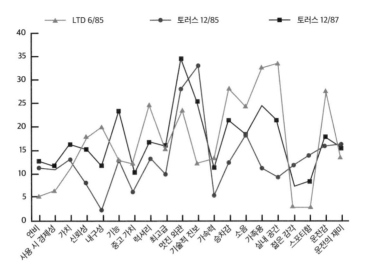

그림 6-2 **포드 LTD와 토러스의 이미지 비교**

첫 2년 동안 토러스의 광고는 품질과 제작 기술을 강조했고, 실내 공간이 여유가 있으며, 가족용으로 적합하다는 것을 실증해 보였다. 토러스와 지난날의 LTD에 관한 인식이 어떻게 변했는지 그림을 통해 살펴보기 바란다. 가족용, 실내 공간, 제작 기술, 승차감, 견고성, 특히 모양새 등에 관한 토러스의 이미지는 극적으로 좋아졌다. 반면 기술적 진보 차원에서 토러스는 처음보다 못하다고 인식되었다. 아마도 포드에는 좋은 징조 아니었을까?

그림 6-2를 그대로 이해하기는 약간 어렵다. 특히 중간에 있는 그 밖의 고급형 자동차 7개를 포함한다면 더욱 이해하기가 힘들 것이다. 이 문제를 해결하기 위한 다차원 척도법(multidimensional scaling)은

자동차와 그 특성을 이차원 혹은 삼차원 공간('지각도perceptual'라고 불림)에 표시하는 것이다. 이 방식에는 다음과 같은 특성이 있다.

(1) 비슷한 특성을 지닌 차는 함께 위치하며 상이한 차는 멀리 떨어진 곳에 표시된다.

(2) 하나의 특성에 대해 높은 평가를 받은 차는 그 특성과 가까이 위치하며, 낮은 평가를 받은 차는 그 특성에서 멀리 떨어져 있다.

이런 방식의 결과는 **그림 6-2**에서 묘사된 것만큼이나 완전하지도 정확하지도 않다. 그러나 여러 요소가 밀접한 관련을 맺고 있을 때 (예를 들어 좋은 연비, 운영의 경제성, 가치)에는 이차원 혹은 삼차원이 도움이 될 것이다.

그림 6-3은 토러스 출시 이전의 시장 상황을 삼차원으로 보여준다. 각 자동차는 공간의 바닥에 삼각형으로 표시되어 있으며, 이 표식의 수직선 위에는 브랜드를 나타내는 이름표가 붙어 있다. 또한 이 수직선은 각 자동차의 높이를 나타낸다. 고급성/경제성, 수입차/국산, 미입증/신뢰성 등 자동차와 특성의 위치는 차원을 명명할 수 있도록 해준다. 높은 기술력으로 만든 수입차들은 모두 기술 특성 근처에 무리를 지어 있는 것을 보게 된다. 그러나 고급성의 차원에서는 다르게 나타남으로써 차이를 보여준다. 첫 번째는 아우디, 그다음은 맥시마, 그리고 크레시다순이다. 또한 LTD는 공간에서 가족용, 넓은 실내 공간, 국내라는 특성에서 높은 점수를 받고 있음을 알 수 있다.

그림 6-4는 토러스가 1985년 그리고 그 2년 뒤인 1987년 어떤 위치를 점유하는지를 보여준다. 앞서 말했듯이 토러스는 시장에 등장했

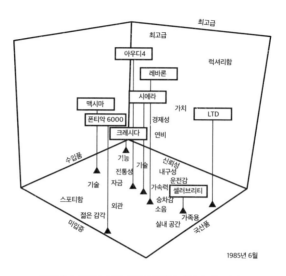

최고급

최고급

아우디4

럭셔리함

레바론

맥시마   시에라   가치
폰티악 6000   LTD
경제성
크레시다   연비

수입품   기능   신뢰성
          기술   내구성
전통성   운전감
기술   자금   가속력   셀러브리티
스포티함   승차감
          소음   가족용
젊은 감각   외관   실내 공간   국산품
미입증

1985년 6월

그림 6-3 **토러스 등장 이전의 중상급 자동차 세부시장**

을 때 매우 독특한 위치에 있었다. 2년 후 토러스는 외관이 훌륭한 국산 가족용 자동차라는 쪽으로 인식되었으나, 스포티하고 기술적으로 진보했다는 인식은 계속 유지하고 있다.

여기서 관심을 끄는 부분은 토러스와 경쟁 자동차의 관계라고 할 수 있다. 사실상 수입차는 대부분 토러스의 영향을 받지 않았다. 즉 훌륭한 제작 기술과 젊음이라는 이미지를 유지하고 있었다. 그러나 새로운 포드는 제너럴 모터스 자동차의 이미지에 상당한 영향을 미쳤다. 토러스의 등장 이전에는 셀러브리티, 시에라, 폰티악 6000이 공간 전체에 걸쳐 편안하게 자리를 잡고 있었다. 그러므로 그들은 서로 정면 경쟁을 피할 수 있었고 중상급 차 세부시장에서 집단적으로 광범위한 부분에 호소할 수 있었다. 그러나 토러스는 제너럴 모터스 차를

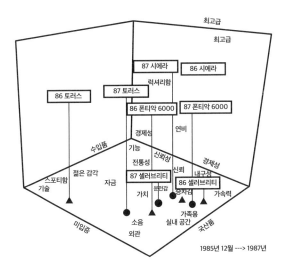

그림 6-4 **토러스가 제너럴 모터스에 미친 영향**

가족용과 넓은 공간이라는 위치에 서로 밀착시키는 결과를 초래했다. 특히 폰티악 6000이 심한 피해를 입었다.

그림 6-2, 그림 6-3, 그림 6-4에 묘사되어 있듯이 포드 토러스의 사례는 포지셔닝 전략의 개발과 시행에서 연상 이미지 연구가 하는 역할을 잘 보여준다. 물론 포드는 기존에 개입하던 규모가 큰 중상급 자동차 시장에 개입하고 있었으므로 대다수 회사에 비하면 연상 이미지 연구에 드는 비용을 많이 줄일 수 있었다. 포드의 사례에서는 브랜드 연상 측정에서 기본이 되는 여러 이슈를 볼 수 있다. 그리고 이는 다른 사례에도 교훈을 제공한다. 즉 (1) 특성을 밝혀야 한다, (2) 브랜드와 경쟁 상품에 관한 인식을 습득해야 한다, (3) 특성 및 경쟁사와 관련된 브랜드의 포지션 분석이 필요하다 등이다.

2. 그 브랜드는 귀사에 어떤 의미가 있습니까?

포드의 예는 브랜드와 경쟁자를 어떻게 지각하는지 결정하는 정형화된 측정 방법을 묘사한다. 이제부터 관련 이슈, 시행 테크닉, 측정 방법을 간략하게 논의할 것이다. 그리고 어떻게 브랜드가 지각되는지에 관해 풍부하면서도 통찰력 있는 모습을 제시하는 데 유용한, 약간은 비정형적인 접근법을 먼저 살펴보도록 하자.

브랜드가 고객에게 어떤 의미가 있는지 알아내기 위한 가장 직접적 방법은 고객에게 질문하는 것이다. 개인적으로 혹은 10명 이내의 포커스 그룹 인터뷰로 브랜드에 대한 심층 조사를 하는 것이 도움이 된다. 이때 다음과 같은 질문을 추구할 수 있다.

어떤 브랜드가 사용되고 있는가? 그 이유는? 어떤 브랜드 연상이 존재하는가? 그 브랜드를 사용할 때 어떤 느낌과 연관되는가? 어떤 사람들과 연관되는가?

간접적인 접근법

어떻게 지각되는지 직접적으로 조사하는 방법이 더욱 유용하겠지만 간접적인 방법, 다시 말해 약간은 자유스러운 방법도 나름대로 가치가 있다. 특히 고객이 직접적 질문과 맞닥뜨리면서 느낌이나 생각, 태도 등을 표출하기를 주저하거나 혹은 표출하는 것이 불가능하다고 가정할 때 간접적인 방법이 거론된다.

정보가 어렵다고 느끼거나 개인적인 것이라고 생각하는 조사 대상자는 의사 표현을 하지 않을 것이다. 한 가지 예를 들면 특정한 디자이너의 청바지를 입는 이유는 그 청바지를 입음으로써 사회적으로 인정받는다는 생각 때문일 수 있다. 이런 상황에서 응답자는 대답을 거부하거나 아니면 (더욱 흔하게는) 논리적으로 보이는 식으로 합리화를 한다. 즉 제작 기술 수준, 사이즈의 적합성, 가격, 스타일 등을 이야기하는 것이다(비록 이러한 요소가 부차적인 이유일지라도).

또 응답자 자신도 정확하게 알지 못하기 때문에 특정 브랜드를 구매하는 이유에 관한 정보를 제공하지 못할 수도 있다. 일례로 '사회적 인정'이라는 느낌의 습득이 중요한 동기라는 사실을 의식하지 못할 수도 있는 것이다. 실제 느낌이 방어적 구조에 의해 억눌려 있을 수도 있다. 또는 질문받기 전에는 그 문제에 관해 철저하게 생각해볼 필요가 없었기 때문에 결코 표면에서 의식되지 않았을 수도 있다.

이제부터 제시할 여러 접근 방법은 투사법(projective methods)이라고 명명된다. 이는 직접적 질문을 했을 때의 제약이나 억압을 피해 갈 수 있는 상황에 응답자를 투영시켜 전술했던 두 가지 문제점을 나름대로 해결하고자 하는 방법이다. 투사법에서는 대체로 연구 목적을 위장한다. 따라서 브랜드에 초점을 맞추기보다는 사용하면서의 경험, 구매 결정 과정, 브랜드 사용자 또는 브랜드를 사람이나 동물로 여기는 시각 등을 집중적으로 토론한다. 투사 연구의 또 다른 특징은 경험, 태도, 지각을 투사할 수 있도록 모호한 자극을 사용한다는 점이다. 이때 질문이나 진행 과정은 대체로 한정되지 않는 경향이 있다.

　브랜드 관리자는 고객에게 브랜드가 어떤 의미를 갖는지 이해하기 위해 간접적인 방식의 채택을 진지하게 고려해보아야 할 것이다. 간접적인 방식은 대부분의 경우 시간을 두고 여러 세부시장에 반복적으로 시행해야 하며 정형적 측정 방법이 뒤따라야 한다. 하나의 브랜드만으로 사람들의 지각을 추정한다는 것은 변명의 여지가 없는 잘못이다. 브랜드 연상을 이해하는 데는 많은 간접적 방식이 있다. **그림 6-5**는 우리가 설명하려는 방식을 보여준다.

자유 연상

응답자를 억누르는 사고 과정을 뛰어넘기 위한 노력의 일환으로 단어 연상(word association)이 사용된다. 단어 연상은 다음과 같이 진행된다.

　브랜드를 포함하는(또는 브랜드를 구성하는) 사물의 목록을 작성하고, 응답자에게 머릿속에 떠오르는 일련의 단어를 말하게 한다. 여기서 중요한 것은 생각이나 평가를 하지 않도록 주의하면서 머릿속에 떠오르는 대로 단어나 생각을 생성해야 한다는 점이다. 응답자는 이런 단어들을 종이에 써도 되지만 구두로 응답하는 편이 즉각적인 생각을 포착하는 데 더 좋다. 자유 연상(free association) 작업은 왜 그러한 연상이 나타났는지 토론하는 과정으로 이어질 수 있다.

　이 방식은 잠재 가능한 브랜드와 슬로건에 대한 반응을 얻는 데 특히 유용하다. 예를 들어 벨 텔레폰의 '시스템이 해결책(The System Is

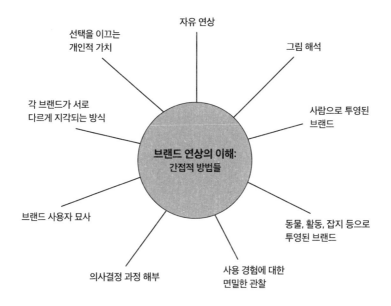

그림 6-5 브랜드 의미 파악하기

the Solution)'이라는 슬로건에 대해 일부 사람들은 "빅 브라더가 당신을 보고 있다(Big Brother is watching you)"〔조지 오웰George Orwell의 소설 《1984》에 나오는 말로 전체주의 국가에서 기관이 개인을 감시하는 것을 뜻한다〕 식으로 부정적 반응을 보인다는 것도 알 수 있다.

단어 연상을 시행하고 나면 종종 몇백 개의 단어와 아이디어를 결과로 얻는다. 각 단어의 상대적 중요성을 양적으로 평가하기 위해 목표 세부시장의 대표적 집단을 대상으로 5점 척도를 제시함으로써 각 단어가 그 브랜드에 얼마나 적합한지 평가할 수 있다.

경쟁 브랜드에 관해서도 똑같은 연상 이미지 연구를 수행하는 것이 유용하다. 맥도날드에 대해 단어 연상 방식으로 그러한 스케일링 테스크가 행해졌을 때, 강력한 연상을 이룬 단어들은 다음과 같다. '빅맥(햄버거 메뉴 가운데 하나)', '골든 아치(노란색 아치형 심벌)', '로널드(맥도날드의 마스코트인 광대 캐릭터)', '치킨 맥너겟(Chicken McNugget)', '에그 머핀(Egg Muffin)', '도처에 있는', '친숙한', '매끄러운', '깨끗한', '음식', '값싼', '아이들', '잘 알려진', '감자튀김', '빠른', '햄버거', '지방질'.

같은 연구에서 잭인더박스(Jack-in-the-Box)라는 음식점의 경우 '도처에 있는', '친숙한', '매끄러운', '깨끗한' 같은 단어와는 낮은 연상을 이루었으나, '타코(taco, 멕시코의 전통음식)', '다양성', '재미', '영양가 있는' 같은 단어와의 연상은 비교적 높았다.

문장 완성(sentence completion)은 단어 연상의 변형이라고 할 수 있다. 응답자는 다음과 같은 미완성 문장을 완성시킨다.

- "사람들은 ~때문에 마쯔다의 미아타를 좋아한다."
- "버거킹의 상징은 ~이다."
- 처음으로 자동차를 산 친구가 당신에게 자동차 보험에 관해 묻는다. 당신은 이렇게 대답한다. "너는 ~해야 해."

여기서도 단어 연상과 마찬가지로 머릿속에 떠오르는 첫 생각을 이끌어낼 것을 응답자에게 요청한다.

데이비드 아커의 브랜딩 정석

사진 해석

또 다른 방법은 응답자에게 브랜드나 상품이 포함된 장면을 해석하도록 하는 것이다. 예를 들어 특정 자동차가 고속도로를 달리는 장면을 보여주며 운전자가 되었다고 생각할 것을 응답자에게 요청한다. 또 다른 응답자에게는 다른 브랜드의 자동차를 보여준다. 두 경우 모두 제시된 장면은 자기표현 드러내기, 힘, 사회적 위치와 같이 운전과 관련된 느낌을 이끌어내는 역할을 한다. 또 다른 연구에서는 한 남성이 카탈로그를 읽고 아내로 보이는 여성이 옆에 서 있는 스케치를 보여준다. 그러고 나서 응답자에게 여성이 무슨 말을 하려고 하는지 예측할 것을 요청한다.

어떤 연구에서는 응답자에게 두 가지 시나리오를 제공한다. 하나는 산에서 하이킹을 하다가 휴식을 취하는 장면이고, 다른 하나는 가까운 친구와 함께 간단히 저녁 바비큐 모임을 하는 장면이다. 쿠어스 또는 뢰벤브로이 맥주가 제공되는 장면도 나온다. 응답자는 그 장면에 자신을 투영하고 자신의 느낌을 5점 척도로 기록하도록 요청받는다. 이때 사용된 일련의 형용사는 '포근한', '우정 어린', '건강한', '건강에 좋은' 등이었다. 쿠어스와 뢰벤브로이의 광고가 각각 사용 상황과의 연상을 제대로 설정했는지 알아보기 위한 연구였다. 다시 말해 쿠어스가 '하이킹', '건강에 좋음', '건강'과 관련이 있는지, 뢰벤브로이가 '바비큐' 모임 같은 상황이나 '친구', '포근함' 등과 연관되는지를 조사한 것이다. 기대한 대로 쿠어스는 산행이라는 배경에서, 뢰벤브로이는 바비큐라는 배경에서 높은 평가를 받았다. 그러나 다른 단어 연상들은 그러한 배경과 관련이 있는 것으로 나타나지 않았다. 예를 들어 하이킹이라는 상황에서의 쿠어스는 '건강한'과 '건강에 좋은'뿐만 아니라 '포근한'과 '우정 어린'에서도 점수가 높았다.

그림은 응답자에게 태도와 느낌을 전달하는 매개체가 되어야 한다. 그림에 있는 인물을 이용해 자신들이 어떻게 느끼는지를 진실하게 표현하도록 해야 한다. BMW를 운전하면서 파워나 특권에 대한 느낌을 받는다고 인정하는 것이 어쩌면 쑥스러운 일일지도 모른다. 하지만 알려지지 않은 무명의 인물이 그런 느낌이나 태도를 표출한다고 해서 별 문제가 되지는 않을 것이다. 나아가 태도와 느낌은 응답자가 의식하지 못하는 가운데 나타나지 않을까?

만일 브랜드가 사람이라면

세계적 광고 회사 Y&R의 전임 리서치 책임자였던 조셉 플러머(Joseph Plummer)는 브랜드 이미지에는 세 가지 구성 요소가 있다는 점을 지적한다. 제품 특성(탕Tang은 비타민C가 함유된 오렌지맛 가루로 병에 들어 있다), 소비자 편익(레몬향 플렛지Pledge는 가구에 광을 내고, 먼지를 없애준다), 마지막으로 브랜드의 개성이다. 브랜드는 현대적이거나 구식일 수 있고, 생생하거나 지루할 수도 있다. 또한 전통적일 수도, 이국적일 수도 있다. 그는 많은 종류의 상품에서 브랜드의 개성은 특정 브랜드의 선택을 이해하게 해주는 매우 중요한 요인이라고 주장했다.

한 연구에서 Y&R은 '개성과 관련이 있는(personality related)' 단어와 구절 50여 개 중에서 각 브랜드를 묘사할 수 있는 단어나 구절을 응답자가 고르도록 요청했다. 이러한 방법을 이용한 테스트는 여러 브랜드들이 매우 다르게 인식됨을 보여주었다. 응답자의 39%가 호텔 브랜드 홀리데이인이 '유쾌'하다고 한 반면, 같은 업종의 버즈 아이(Birds Eye)에 대해서는 오직 6%만이 유쾌하다고 했다. 39%가 화장품 브랜드인 오일 오브 올레이(Oil of Olay)가 부드럽다고 표시했으나 맥주 브랜드 밀러 하이 라이프(Miller High Life)가 그렇다고 대답한 사람은 아무도 없었다. 홀리데이인은 '유쾌한', '친한', '평범한', '실용적인', '현대적인', '믿을 만한', '정직한'이라는 단어로 묘사했다. 반면 오일 오브 올레이에 대해서는 '부드러운', '세련된', '성숙한', '이국적', '신비한', '철저한'이라는 단어로 묘사했다.

Y&R은 이러한 조사를 이용해 한 스웨덴 보험 회사의 캠페인을 개발했다. 보험이란 사고나 상해와 연관되어 있으므로 그런 결과를 피하고 싶다는 인식을 만드는 상품이라고 할 수 있다. 이 회사의 일련의 유머러스한 광고는 대부분의 사고가 누구에게나 발생할 수 있는 것이며, '올바른' 관점에서 보면 유머러스할 수도 있고, 적어도 실제로는 그렇게 비극적이지는 않다는 사실을 보여주었다. 이 광고는 쉽게 접근할 수 있고, 따뜻하고, (무엇보다도) 인간적이라는 개성을 그 회사에 부여했다. 이와 유사하게 탄산음료 닥터페퍼(Dr. Pepper)에 독창적이고 재미있고 자유스럽다는 개성을 부여함으로써 1970년대에 높은 판매 신장률을 기록하게 했다.

질적 연구(qualitative research)의 선구자로 불리는 어니스트 디처(Ernest Dichter)는 사람들이 상품이 되어보는 사이코드라마(psychodrama)를 자주 이용했다.

"당신은 아이보리(Ivory) 비누다. 몇 살인가? 남성적인가, 아니면 여성적인가? 어떤 개성이 있는가? 어떤 잡지를 읽는가?"

그 결과는 브랜드 연상과 관련된 풍부한 묘사가 될 수 있다.

광고대행사 맥켄에릭슨(McCann-Erikson)은 조사 대상자들에게 브랜드를 사용하는 전형적 인물을 그려보라고 했다. 한번은 50명에게 케이크 믹스인 필즈베리와 던컨 하인즈의 브랜드를 대표할 만한 인물을 그려달라고 부탁했다. 필즈베리 사용자는 앞치마를 두른 할머니 등으로 일관되게 묘사되었다. 반면 던컨 하인즈 구매자는 날씬하고 현대적인 여성으로 그려졌다. 또 다른 연구에서 맥켄(McCann)은 소비자들에게 서로 경쟁하는 두 식품 회사의 사망 기사를 작성하도록 요청했다. 한 회사는 여성으로 지각했는지 포근한 반응이 나왔다.

"우리 모두 그녀를 그리워할 것이며 어떤 누구도 대신할 수 없을 지어다."

다른 회사는 냉랭하고 접근하기 어렵고 남성적으로 비쳐졌다.

"우리가 그를 좀 더 잘 알았어야 했건만."

동물, 활동, 그리고 잡지

브랜드를 논의하다 보면 사람들은 때때로 자신이 지각한 것을 표현하는 데 어려움을 느끼게 된다. 그들은 분명하면서 세속적인 표현을 쓰는 경향이 있다. 아마도 계속 그런 용어들을 써왔기 때문일 것이다. 포드의 토러스도 분명한 특징이라는 면에서 묘사된다. 어린이를 태우고 가족이 운전하는 공기역학적인 형태로 된 차. 여기서 응답자의 반응을 풍부하게 만드는 것은 우리가 도전할 만한 일이다.

고객에게 브랜드를 다른 사물(동물, 자동차, 잡지, 나무, 영화, 또는 책 등)과 연관시키도록 요청하면 유용할 것이다. 이때 다음과 같은 질문을 던질 수 있다.

- 만약 클로락스 표백제나 타이드 세제가 동물이라면, 어떤 동물일까? 그 이유는? 동물의 어떤 특성이 당신에게 그 브랜드를 연상시키는가?
- 씨티뱅크(CitiBank)와 뱅크 오브 아메리카가 자동차라면, 어떤 모델이라고 할 수 있을까?
- 유나이티드 에어라인즈(United Airlines), 아메리칸 에어라인즈 (American Airlines), 델타항공(Delta)을 잡지라고 한다면 각각 어떤 잡지라고 할 수 있을까?

Y&R은 이런 간접적 방식을 생산적으로 사용하는 광고대행사다. 어떤 연구에서 Y&R은 응답자에게 스물아홉 가지 동물 목록을 주고 물었다.

"다음 브랜드들이 동물이라면 어떤 동물이라고 생각하는가?"

다양한 활동 스물다섯 가지, 섬유 17개, 직업 35종, 국적 20개, 잡지 21종에 대해서도 비슷한 질문을 했다. 브랜드들에 적용할 심벌을 얻는 것이 목적이었다.

이렇게 해서 나타난 일반적인 심벌들은 유익했다. 오일 오브 올레이는 밍크, 프랑스, 비서, 실크, 수영, 《보그(Vogue)》와 연관되어 있었다. 반면 KFC는 푸에르토리코[Puerto Rico, 서인도제도의 섬으로 미국 자치령], 얼룩말(KFC의 치킨 통에 있는 줄무늬를 떠올려보라), 데님 옷을 입은 가정주부, 캠핑, 《TV가이드(TV Guide)》 읽기 등과 관련이 있었다. 그 결과는 개발되어야 할 연상 이미지와 피해야 될 연상 이미지를 제시하는 브랜드에 대한 풍부한 묘사였다.

사용 경험

조사 대상자에게 어떤 브랜드를 사용하는지, 왜 사용하는지를 묻는 대신 사용 경험에 논의의 초점을 모을 수도 있다. 응답자는 사용 브랜드에 관한 특정한 과거의 사용 경험을 이야기함으로써 느낌과 상황을 펼치고, 기억하고, 전달할 수 있게 된다. 그럼으로써 브랜드에 관한 묘사가 여과되거나 요약되지 않은 채 등장할 수 있다.

질적 연구자 어니스트 디처는 몇십 년 전 아이보리 비누를 위해 했던 첫 번째 연구에 대해 다음과 같이 이야기한다. 그는 왜 특정 브랜드의 비누를 사용하는지 묻는 대신 소비자 100명을 대상으로 한 심층 인터뷰에서 그들의 목욕 습관을 이야기하도록 했다. 인터뷰를 통해 젊은 여성들은 데이트 전 유별나게 철저히 목욕을 한다는 것을 알게 되었다. 관찰한 바에 따르면 데이트 전의 목욕은 일종의 의식과 같은 의미를 지녔고, 인류학적 감각에 따라 과거의 태도와 느낌을 정화시키는 것과 관련된다고 믿게 되었다. 이렇게 습득한 통찰력 덕분에 다음과 같은 테마에 도달할 수 있었다.

"아이보리 비누와 함께 산뜻하고 신선하게 출발하라."

사용에 초점을 맞추어 통찰력을 얻을 수 있었던 또 다른 고전적인 사례로 사란 랩〔Saran Wrap, 식품 포장용 랩〕에 대한 태도 조사를 들 수 있다. 1950년대 중반 처음 등장했을 때 사란 랩은 매우 얇고 끈적끈적했다. 밀폐에는 도움이 되는 특성이었지만 사용할 때는 어렵고 당황스러웠다. 일부 사용자들은 자기들끼리 잘 달라붙는 랩에 혐오감을 느낄 지경이었는데 너무나 격렬한 거부감을 보이는 바람에 어떤 이성적인 조치로도 해결할 수 없을 정도였다.

브랜드와 그 사용에 중점을 둔 일련의 심층 인터뷰에서 일군의 가정주부들이 가정을 지키고 요리하는 일을 싫어한다는 사실이 드러났다. 여권운동의 대두 이전이었으므로 이처럼 격렬한 증오감을 말로 표현하는 것이 받아들여지지 않았다. 여성 스스로 그 사실을 인정하는 것조차 금지되었다. 여성들은 분노를 표출할 배출구가 없었고 사란 랩에 그런 느낌을 전이했던 것이다. 상품에 대한 욕구 불만은 여성의 역할과 라이프스타일에 대한 욕구 불만을 상징하고 있었다. 이 연구의 결과, 사란 랩은 더 두꺼워지고 덜 달라붙는 식으로 개조되었다.

구매 결정 과정

구매 결정 과정을 추적하는 것도 하나의 방법이다. 구매 결정 과정을 해부함으로써 단순히 요약된 묘사가 아닌 브랜드 연상의 영향을 알 수 있다. 그 연상 이미지는 할아버지의 사용 경험 또는 그 브랜드를 추천한 사람의 특성같이 미묘한 것일 가능성이 있다.

IBM 퍼스널 컴퓨터의 사용자가 가정에서 쓸 두 번째 퍼스널 컴퓨터를 찾고 있다고 생각해보자. 먼저 어떤 종류의 컴퓨터가 저렴한지 조사할 것이다. 덧붙여 서비스와 지원을 고려하지 않을 수 없기에 현지 서비스를 강조하는 우편 주문 브랜드(예를 들면 델Dell)를 고려 대상으로 한다. 휴대용 컴퓨터의 편리함에 관한 기사를 읽은 후에는 도시바(Toshiba)나 제니스[Zenith, 미국 가전제품 제조 업체로 LG전자에 합병됨]로 방향을 굳힌다. 제니스는 미국 행정부에서 광범위하게 사용되는 반면 자신의 친구는 도시바를 갖고 있다. 그런데 상품이 자주 교체된다는 사실을 고려하면 새로운 IBM이나 컴팩을 사서 지금 사용하는 컴퓨터를 지원하는 용도로 사용하면 된다는 데까지 생각이 미친다. 그러다가 현재의 컴퓨터를 업그레이드하려면 그래픽 능력과 사용상의 용이함 때문에 애플 컴퓨터가 적합하지 않을까 하는 의문이 생긴다. 이러한 과정은 델, 도시바, 제니스, IBM, 컴팩, 애플에 대해 지각할 때 깊은 통찰력을 가져올 수 있다.

브랜드 사용자는 어떤 모습인가?

브랜드 관련 연구에 몇백 번이나 참여한 바 있는 저명한 시장 연구자 조엘 액설라드(Joel Axelrod)는 소비자의 선호도를 이해하는 데는 딱 두 가지 질문만 필요하다고 말한다. 첫째, 브랜드 사용자에 집중하는 것으로 특정한 브랜드 또는 제품의 사용자가 다른 브랜드의 사용자와 어떻게 다른지 묻는 것이다. 특히 두 사용자의 니즈와 동기에는 어떤 차이가 있는지 탐구해야 한다. (브랜드가 아니라 그) 브랜드 사용자를 집중적으로 다룰 때 조사 대상자는 자신의 선택에 대해 논리적 이유를 뛰어넘는 다양한 반응을 제공한다(두 번째 질문은 뒤에서 설명할 예정이다).

기본적 질문은 여러 형태로 만들 수 있으며, 확장 가능 형식(open-ended)을 취할 수도, 척도 측정 형식(scaled measure)을 취할 수도 있다. 조사 대상자는 쇼핑 목록(해당 브랜드도 포함되어 있는 목록)이나 누군가의 활동에 대한 묘사를 본 후 그 사람에 대해 자세히 말한다. 한 집단의 대상자에게는 한 브랜드를 포함한 쇼핑 목록을 주고, 또 다른 집단의 대상자에게는 목록은 똑같지만 그 브랜드가 아닌 다른 브랜드를 포함한 목록을 준다. 이때 쇼핑 목록이 다른 두 사람에 대해 느끼는 차이점은 많은 점을 시사해줄 것이다.

인스턴트커피가 아직은 폭넓게 퍼지지 않은 새로운 제품이었을 때 7개 품목으로 된 쇼핑 목록을 이용한 고전적 연구가 있었다. 실험 대상자들을 두 그룹으로 나누고 한 그룹의 목록에는 맥스웰 하우스(Maxwell House)의 드립커피 기계 방식의 커피를, 다른 그룹에는 네스

카페(Nescafe)의 인스턴트커피를 구매 목록에 넣었다. 이들 커피를 사려는 두 여성에 대한 평가는 매우 달랐다. 드립커피를 구매하려는 여성은 부지런하고 좋은 주부이며 질서정연하다고 지각된 반면, 인스턴트커피를 구매하려는 여성은 게으르고 나쁜 주부에 단정하지 못하다고 지각되었다.

때때로 브랜드보다는 어떤 제품 타입을 사용하는지 연구함으로써 풍부한 통찰력을 얻을 수 있다. 일례로 마트에서 두 여성이 쇼핑을 하면서 각자 쇼핑카트를 밀고 있는 장면을 묘사한 스케치를 사람들에게 보여주었다(그림 6-6). 사람들에게 드라이 수프 믹스(dry soup mix)를 구매하려는 여성에 대해 말해보라고 요청했다. 또 다른 여성(드라이 수프를 구매한 경험이 없는 사람)이 어떤 사람이라고 생각하는지, 드라이 수프 믹스를 구매하는 여성이 다른 여성에게 무슨 이야기를 할지 묘사하라고 요청한다. 응답자가 작성한 이야기에는 사용자의 주요한 프로필 또는 사용자의 타입이 다음과 같은 네 가지로 투영되어 있다.

1. 창조적 여성

"드라이 수프 이용자는 좋은 요리사, 이른바 창조적 요리사다. 그녀는 그 수프로 맛있는 요리를 한다. 햄버거에도 스프를 넣어 경이적 음식을 만든다. 다른 여성들은 드라이 수프가 있으면 얼마나 훌륭한 요리를 만들 수 있는지 알지 못한다."

그림 6-6 쇼핑을 하는 두 여성

출처 : "Dreams, Fairy Tales, Animals and Cars," by Sidney J. Levy, in *Psychology and Marketing* 2, Summer 1985, pp. 67~81, copyright © 1985 by John Wiley & Sons, Inc.

2. 실용적이고 현대적 여성

"어린 자녀를 둔 그녀는 음식을 편리하게 조리하게 해주는 드라이 수프를 좋아한다. 드라이 수프는 부피가 적어서 깡통보다 보관이 편리하며, 다양한 맛의 제품이 있다. 그녀는 젊고 신상품을 시도해보는 경향이 있다."

3. 게으르거나 무관심한 여성

"그녀는 깡통보다 운반이 쉽다는 드라이 수프를 찾는다. 드라이 수프로 조리하는 게 쉽다고 생각하는 게으른 그녀는 요리에 싫증을 느껴

쉽게 요리할 방법을 찾는다. 그녀는 쇼핑을 즐기며, 자녀에게서 해방되기를 원한다. 어린 자녀 다섯 때문에 그녀는 항상 신경이 날카롭다. 그녀는 커다란 봉지에 든 드라이 수프를 쏟아붓고 한 솥 가득 끓여줄 모양이다."

4. 저소득 여성

"가족이 많기 때문에 드라이 수프를 구매한다. 드라이 수프는 1인분에 3~4센트밖에 안 할 정도로 저렴하고 경제적이다. 드라이 수프 구매자는 맛도 좋고 영양가가 있다고 말한다."

무엇이 브랜드를 서로 다르게 만드는가

조엘 액설라드는 다음과 같은 두 가지 질문이 선호도 이해에 중요하다고 주장한다.

첫째, 브랜드 사용자들은 어떤 차이가 있는가? 둘째, 하나의 브랜드나 상품은 다른 브랜드나 상품과 어떤 차이가 있는가?

포장지 색깔은 브랜드에 대해 지각된 차이를 불러올 수 있다. 하지만 포장지 색깔이 구매를 결정할 때 중요한 요소였다고 말하는 조사 대상자는 거의 없다. 그럼에도 포장지는 중요한 요인이 될 수 있다. 따라서 브랜드 간 차이에 초점을 맞춤으로써 상관없었던 요소들에 대해 응답자가 이야기할 수 있게 된다.

응답자에게 브랜드 한 쌍을 제시하고 두 브랜드가 어떻게 다른지 묻는 것도 하나의 방법이다. 고객 위주의 어휘를 생성하는 데 주효한 방법은 다음과 같다. 친숙한 브랜드 세트 가운데서 세 브랜드를 응답자에게 선정해준다. 응답자는 그중 유사한 두 브랜드를 기록한 후 왜 두 브랜드는 비슷하고 나머지 하나는 다른지를 묘사한다. 집단을 달리해서 계속 이 방법을 시행한다. 더욱 직접적인 방식은 2~3개 브랜드 중에서 어떤 브랜드를 좋아하는지 묻고 나서 선호 이유를 설명하라고 하는 것이다.

제품 특성에서 이익, 개인적 가치로

수단-목적 연쇄 모형(means-end chain model)은 조사 대상자를 단순히 상품의 특성 차원에서 조사하는 것이 아니라 이를 뛰어넘어 고객 혜택과 개인적 가치까지 조사할 때 유용한 방법을 제시한다. 이는 개인적 가치는 간절히 바라는 최종 상태를 드러내며 또 개인적 가치가 반드시 포함되어야 한다는 것을 콘셉트로 한다. 개인적 가치는 외부 지향적('중요한 느낌' 혹은 '인정받는 느낌')일 수도 있고, 자신을 어떻게 보느냐('자존심', '행복', '안전감', '산뜻함')와 관련이 있을 수도 있다. '갤런당 주행거리' 또는 '강한 맛' 같은 제품 특성 그리고 '돈 절약' 또는 '머리를 자주 감을 필요가 없음' 같은 고객 혜택은 원하는 목적을 이루기 위해 사용되는 수단이 되는 셈이다.

수단과 목적의 연결을 끌어내기 위한 한 가지 방법으로 비행기의 예를 들 수 있다. 먼저 고객에게 특정 항공사를 선호하는 이유를 쓰라고 한다. 이어서 고객은 왜 '넓은 기체' 같은 특성이 좋은지 설명하도록 요청받는다. '육체적 안락함'이라는 반응이 돌아왔다고 하자. 다시 고객에게 왜 육체적 안락함이 중요한지 물었을 때 '활동 반경이 넓어서'라는 답이 나왔다고 가정하자. 또 다른 질문은 '스스로 기분 좋게 느낌'이라는 가치로 연결된다.

'지상 서비스' 같은 특성이 좋은지에 대한 설명은 '시간 절약', '긴장 감소', '자기 통제하에 있다는 느낌'으로 이어지고 궁극적으로는 '안전한 느낌'을 이끌어낼 수 있다.

지상 서비스의 특성에 기초한 광고 캠페인은 결과('시간 절약', '긴장 감소', '자기통제하에 있다는 느낌')와 가치('안전한 느낌')의 측면을 전달할 수 있을 것이다. 이를 바탕으로 어린이와 함께 여행하는 한 어머니에게 개별적 서비스가 필요해진 상황을 제시할 수 있을 것이다. 이때는 상황을 극복할 수 있는 '자기통제하에 있는 느낌'이 주제가 된다. 그 결과는 안전한 느낌이며 이것이 브랜드 연상에서 핵심이 될 수 있다.

질적 마케팅 조사의 해석

지금까지 설명한 대다수 연구 방법은 투사 기법(projective techniques)과 소규모 표본을 사용하는 질적 연구다. 이는 즉각적이면서도 비교적 비용이 적게 드는 방법이다. 또한 조사 대상자를 관여시키기 때문에 브랜드 담당자가 생생하면서도 효율적으로 고객과 긴밀히 접촉하도록 할 수 있다. 무엇보다도 개선된 브랜드 전략을 이끌어내도록 직감에 의존하지 않는 통찰력을 부여한다. 이때 핵심이 되는 것은 연구의 해석이다. 다음과 같은 점이 해석 과정에서 지침이 될 수 있다.

항상 근본을 생각하라

브랜드의 핵심은 무엇인가? 디처가 '제품의 영혼'이라고 불렀던 것을 찾고자 노력하라. 무엇이 구매를 자극하고, 다시 그 제품을 구매하도록 결정하게 하는가?

반응을 억제하지 마라

반응이 흘러나오도록 하라. 모호한 자극을 이용하라.

브랜드가 어떤 신호를 보내는지를 찾아내라

예를 들어 세련된 분위기를 전달하는 식품이 있는가 하면 하류층의 냄새를 풍기는 식품도 있다.

심벌을 찾아라

무엇이 그 브랜드를 상징하는가? 그 브랜드는 어떤 시각적 이미지를 만들어내는가?

대조적인 점을 찾아라

노인과 관련이 있는 브랜드가 있는가 하면 젊은 여성과 관련이 있는 브랜드도 있다.

연결점을 찾아라

질적 연구의 유용한 성과 가운데는 하나의 생각이 다른 생각을 이끌어내는 동시에 때로 그 연결고리를 찾아낸다는 것이 있다. 그리고 그 연결고리는 선호도가 어떤 방식으로 형성되는지에 대한 가설을 이끌어낸다.

연상/포지셔닝에 관한 아이디어가 등장하면, 응답자들의 반응을 실험해보라

3. 브랜드 선호의 측정

연상 이미지를 측정하는 더욱 직접적인 방법은 포드의 토러스 사례가 보여주듯이 여러 차원을 종합해 브랜드를 측정하는 것이다. 규모를 통한 접근은 질적 접근보다 객관적이며 신뢰할 만하다. 주관적 해석에 덜 취약하며 고객을 대표하는 표본에 근거한다. 즉 연상 이미지의 빈도와 그 관계를 수량화할 수 있다.

포드의 사례에서 볼 수 있듯이 규모를 통한 지각은 다음과 같이 구성된다. 지각적 차원의 결정을 포함하며, 목표 세부시장을 알아내고, 경쟁자를 구체화하고, 브랜드 프로필을 제시하거나 해석하고, (마지막으로) 이차원 혹은 삼차원적으로 지각의 공간을 제시하고 해석한다. 특히 새로운 브랜드가 소개되었을 때 장시간 지각의 추이를 조사하여 역동적인 면을 고찰할 수 있다.

브랜드 이미지의 양적인 그림을 제시할 때 부가적으로 고려해야할 점이 있다. 이제 이러한 문제 가운데 몇 가지와 전제 조건, 주의 사항, 절차 등을 살펴보겠다.

특성과 혜택 그 이상

물론 지각적 측면이 특성과 혜택에 국한될 필요는 없다. 일례로 아메리칸 익스프레스 여행자 카드의 특성에 관한 진술문에 7점 척도로 의견을 표출하게 한 것을 보자.

나는 아메리칸 익스프레스 카드가 _____ (라)고 생각한다.

- 훌륭한 상점에서 광범위하게 이용된다
- 유럽에서 광범위하게 이용된다
- 명성이 있다

브랜드의 사용자가 누구인지, 어떤 상황에서 사용되는지 알고 싶을 때도 이러한 척도를 적용할 수 있다.

나는 아메리칸 익스프레스 카드의 전형적인 사용자가 _____ (이)라고 생각한다.

- 50세 이상
- 부자

- 독립적
- 지성적

나는 아메리칸 익스프레스 카드가 _____ (라)고 생각한다.
- 유럽 여행
- 여행과 관련된 거래
- 쇼핑
- 식사

관련 경쟁자는 누구인가

대부분의 척도 측정에서 관련 경쟁자 리스트는 기본적인 입력 데이터가 된다. 얼마나 많은 경쟁자를 포함시켜야 할까? 다음 두 가지 질문에 관한 대답으로 이 문제를 해결할 수 있다.

첫째, 고객이 구매 결정을 할 때 어떤 경쟁자들이 고려 대상이 되는가? 일례로, 마쯔다 컨버터블(Mazda Convertible, 오픈카의 일종)을 구매한 사람들의 표본을 선정해 구매 이전에 어떤 자동차들을 고려했는지, 어떤 매장을 방문했는지 물어본다. 다이어트 펩시(Diet Pepsi) 구매자에게는 마지막으로 다이어트 펩시를 구매한 시기가 언제인지 묻고 당시 선택할 수 있는 대체제로 무엇이 있었는지 물어본다. 그렇지 않으면 가게에 다이어트 펩시가 없을 때 어떤 브랜드를 구매할지 물어볼 수도 있을 것이다. 이 결과를 분석함으로써 경쟁 상품의 주요 경쟁

데이비드 아커의 브랜딩 정석

자와 부차적 경쟁자를 알아낼 수 있다.

둘째, 제품을 사용하는 주요 상황에서 어떤 경쟁자가 연상되는가? 조사 대상자에게 펩시를 마시는 상황을 기억해보라고 함으로써 연관되는 많은 상품과 상황을 알아낼 수 있다. 스낵을 먹던 어느 날 오후라고 답하는 응답자가 있다면 그(녀)에게 그때 먹던 스낵에 적합한 음료가 무엇인지 물어본다. 그 음료에 대한 답이 나오면 그(녀)에게 각각의 음료를 어떤 상황에서 마시는지 알려달라고 부탁함으로써 더 풍부한 정보를 얻을 수 있다. 수많은 상황과 음료에 대한 정보가 산출되도록 약 20~30명의 응답자에게 같은 식으로 질문한다.

또 다른 응답자에게는 각각의 음료가 각각의 상황에 얼마나 적합한지 7점 척도로 판단해달라고 부탁한다. 그랬을 때 유사한 상황에서 사용되는 음료들의 군집이 등장할 것이다. 그리하여 만약 펩시가 스낵에 적합한 음료로 여겨진다면 비슷하다고 간주되는 다른 음료와 주로 경쟁하게 될 것이다. 컴퓨터 같은 공산품에도 똑같은 접근법을 적용할 수 있다.

군더더기 제거 : 근본적 측면을 밝힘

양적 연구를 통해 규모가 매우 큰 하나의 세트가 드러날 수 있다. 요인 분석 기술은 의미가 유사한 단어나 구절을 묶어 이 세트를 몇 가지 강조할 만한 요인 또는 측면으로 압축하는 것이다. '다양한' 척도 중 하나의 척도에서 높은 점수를 받는 브랜드는 나머지 척도에서도 높은 점수를 받는 경향이 있다.

일례로 자동차 판매 대리점(dealership)들은 효율적 수리, 청결한 상점, 대인 접촉 시 친절한 서비스, 예약의 용이성 같은 측면에서 저마다 다르게 지각될 수 있다. 그런데 한 상점이 네 가지 측면 가운데 하나에서 높은 점수를 받았다면 다른 측면에서도 높은 점수를 받는 경향이 있다. 이런 의미에서 볼 때 다양한 척도는 군더더기일 수 있으며 '수리 서비스의 질'로 명명할 만한 요약 개념으로 합칠 수 있을 것이다(물론 이들을 하나의 요인이라고 보기 어려운 경우도 있겠지만).

중요한 지각 측면을 밝힘

어떤 척도를 연구할 때 문제가 되는 것은 가장 중요한 지각 측면을 찾아내는 일이다. 이에 대한 정보를 얻는 직접적 방식은 응답자에게 각각의 특성이나 혜택이 브랜드 선택에 얼마나 중요한지 직접 물어보는 것이다. 여기서 문제는, 자신에게는 모든 측면이 다 중요하다고 응답하는 사람들이 많다는 점이다.

두 번째 방식은 구매자와 비구매자를 구별하는 요인이 무엇인지 밝히는 것이다. 한 스낵 식품 연구에서는 주부들이 가장 중요하다고 여긴 특성은 영양과 편리성이었지만 구매를 더욱 잘 예측해주는 특성은 '맛'과 '어린이의 선호'였다.

세 번째 방식(1장에서 브랜드 네임에 가치를 부여해야 하는 상황을 설명할 때 논의된 바 있다)은 트레이드오프(trade-off, 두 목표 가운데 하나를 달성하려

자연적 그룹 나누기

영국을 기반으로 한 세계적 마케팅 조사 회사 리서치 인터내셔널(Research International)은 질적 연구와 양적 연구를 모두 결합한 '자연적 그룹 나누기(natural grouping)'라는 방법을 사용한다. 먼저 한 세트의 브랜드나 상품으로 시작한다. 응답자는 그 세트를 연속적으로 여러 개의 부분집합으로 나눈다. 매번 분류할 때마다 응답자는 자신의 언어로 나눈 각각의 부분집합에 대해 묘사한다.

응답자가 보험 회사 5개를 평가한다고 가정하자(그림 6-7 참조). 응답자는 처음에 하나의 그룹을 2개의 부분집합으로 나눈다. 그리고 그렇게 구분한 이유를 적는다. 각 부분집합은 더는 나뉠 이유가 없을 때까지 계속 세분화된다.

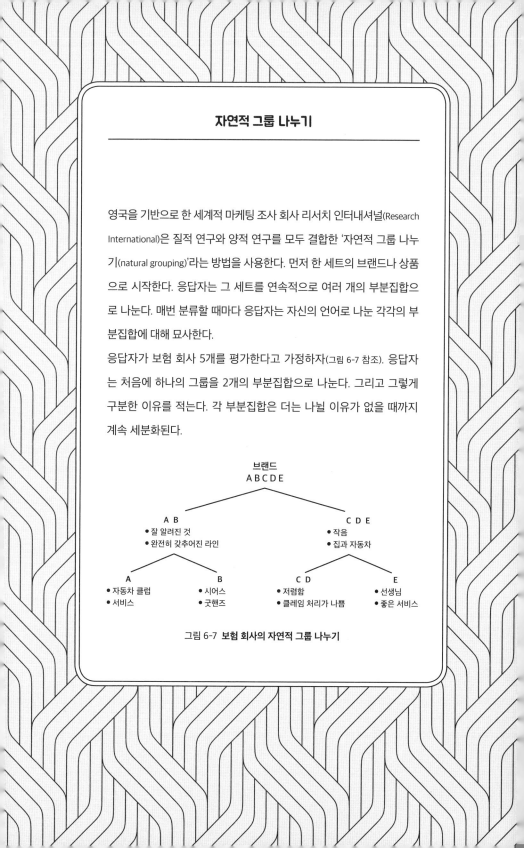

브랜드
A B C D E

A B
• 잘 알려진 것
• 완전히 갖추어진 라인

C D E
• 작음
• 집과 자동차

A
• 자동차 클럽
• 서비스

B
• 시어스
• 굿핸즈

C D
• 저렴함
• 클레임 처리가 나쁨

E
• 선생님
• 좋은 서비스

그림 6-7 보험 회사의 자연적 그룹 나누기

응답자에게서 나온 데이터를 통해 이차원 혹은 삼차원 지각 지도[percep-tual map, 소비자의 마음속에 있는 제품이나 브랜드의 위치를 이차원상에 표시하거나 그래프로 나타내는 방법]를 얻을 수 있다. 가장 자주 하나의 그룹으로 묶이는 브랜드들은 공간에서 가깝게 위치할 것이며, 같은 그룹에 속한 적이 별로 없으면 서로가 비교적 멀리 떨어져 있게 될 것이다. 이 기술은 대응분석(correspondence analysis)이라고 불린다. 이를 통해 각 브랜드 간의 연상 관계를 알 수 있으며, (그림 6-3과 마찬가지로) 관련이 있는 브랜드들은 같은 공간에 포지셔닝될 수 있다.

고 하면 다른 목표의 달성이 늦어지거나 희생되는 관계)를 이용한 질문이다. 저렴한 가격, 높은 신뢰도, 또는 그 밖의 특성 중 하나를 희생해야 한다면, 어떤 점을 포기하겠는가? 트레이드오프(또는 결합conjoint)라고 명명되는 이 방식을 통해 고객에게 어떤 측면이 가장 중요한지 세심하게 측정할 수 있다.

고려해야 할 점은 지각이라는 측면에서 브랜드를 구분하는 것이 가능한가 하는 점이다. 정말로 구분되는 특성이라면, 즉 하나의 브랜드를 다른 브랜드와 뚜렷이 다르게 보이게 하는 특성이라면 다른 척도로는 중요해 보이지 않더라도 유지할 필요가 있다. 표면상 드러난 것보다 더욱 영향력을 행사하는 어떤 숨은 의미가 존재할 수 있기 때문이다. 반대로, 만약 명백히 중요한 특성이나 혜택(예를 들어 비행기의 안전)인데도 브랜드 간에 구별되는 점이 없다면 이는 유용성에 한계가 있음을 뜻한다.

규모의 과제

규모의 과제(scaling task)에는 항상 타당성 문제가 뒤따른다. 예를 들면 응답자가 정말로 '오랜 기간 발효되었음'이라는 측면에 맥주들을 포지셔닝할 수 있을까 하는 문제가 발생하는 것이다. 첫째, 익숙지 않은 브랜드라는 문제에 관해서는 응답자에게 친숙한 브랜드만 평가하도록 요청함으로써 해결할 수 있다(물론 친숙함의 정도도 문제가 된다). 또 다른 문제는 '발효'의 의미를 정확하게 이해할 만한 능력이 응답자에게 있는지, 그러한 측면에서 정확히 평가할 수 있는지 여부다. 척도가 모호하거나 응답자가 그러한 척도에 응답할 수 없을 때 결과의 타당성과 신뢰도에 영향을 미칠 것이다.

또 다른 문제는 사용되는 척도의 특성과 관련이 있다. 소비자들은 특정 항목이 어떤 브랜드와 관련되어 있는지 직접 기록해달라는 요청을 받는다. 비교적 쉬운 과제의 경우, 수많은 측면을 이용하거나 전화 인터뷰를 하는 것이 적합하다. 순위 순서 데이터(rank-order data, 어떤 측면에서 가장 점수가 높은 브랜드, 다음으로 높은 점수의 브랜드 등)는 매우 민감한 정보를 생성할 뿐만 아니라 조그만 차이를 과장되게 나타내기도 한다. 5점 또는 7점 척도는 응답자의 정보 대부분을 완전하게 알아보는 대안이 될 수 있다.

세부시장을 통한 지각의 결정

지각 측정은 경쟁 브랜드들이 존재하는 특정 세부시장과 관련지어 행해질 필요가 있다. 포드 토러스의 사례에서는 중상급 자동차 세부시장이 경쟁자와 세부시장을 정의하고 있었다.

대다수의 경우 규모의 과제는 다수의 세부시장을 상대로 행해져야 한다. 연령, 라이프스타일, 태도 또는 사용법에 의해 규정되는 어떤 세부시장도 다른 세부시장과는 충분히 상이하게 지각할 것이다. 예를 들면 특정 브랜드의 사용자와 비사용자는 그 브랜드에 대해 상당히 상이하게 지각할 것이다. 그리고 이러한 차이가 바로 선호와 구매를 결정짓는다. 그러므로 포드의 토러스 사례에서는 구매를 고려하거나 구매를 한 사람들과 구매하지 않은 사람들의 차이를 살펴보는 것이 중요하다.

지각을 넘어서

브랜드 연상 그리고 지각 측면에서의 브랜드 위치뿐만이 아니라 다음과 같은 점에도 관심을 가져야 한다.

1. 연상 이미지의 강도
그 브랜드에 대한 고객의 연상 이미지는 얼마나 굳건한가?

2. 이미지의 명확성
고객은 그 브랜드의 연상 이미지에 동의하는가(명확하고 분명한 이미지는 종종 강하고 차별화된 브랜드를 뜻한다)? 아니면 사람에 따라 브랜드에 대한 이미지가 상이한가? 분산된 이미지를 분명하게 하는 과제는 고정되어 있는 매우 확고한 이미지를 바꾸는 것과는 또 다른 과제다. 물론 때때로 펩시 같은 브랜드는 그 제품을 마시는 사람의 타입 등 어떤 특성에 관해서는 애매하기를 원한다. 만약 펩시 사용자가 너무 단단하게 정의된다면 어떤 세부시장에서는 따돌림을 당하게 된다.

1. 귀사의 브랜드는 각각의 주요 세부시장에 어떤 의미가 있는 가? 연상 이미지라는 단어의 의미는 무엇인가? 만약 귀사의 브랜드가 동물이라면 어떤 동물일까? 마찬가지로 어떤 잡지, 자동차, 나무, 사람, 책이 귀사의 브랜드와 비슷한가? 고객의 실제 사용 경험에서는 어떤 일이 일어나고 있는가? 귀사 브랜 드의 영혼, 즉 브랜드의 내적 의미는 무엇인가? 어떤 유형의 사람들이 귀사의 브랜드를 사용한다고 생각하는가? 그들의 나이, 성별, 라이프스타일은? 귀사의 브랜드를 경쟁사의 브랜 드와 어떻게 다르게 지각하는가? 어떠한 가치들이 귀사의 브 랜드에서 영향을 받는가(예: 안전, 관리, 자기 과신 등)?

2. 귀사 브랜드의 경쟁자는 누구인가? 가장 관련성이 높은 지각 적 측면에 대한 귀사의 브랜드 프로필은 무엇이며, 경쟁 브랜 드들의 프로필과는 어떻게 다른가? 당신이 가장 중요하다고 느끼는 두 가지 지각적 측면을 사용해 주요 경쟁자를 이차원 공간에 배치하라. 그 공간이 실제로 당신이 그린 그대로인지 확인하기 위해 양적 연구를 수행한다면 유용할까?

7장

의도된 브랜드 연상의

개발 및 관리

사람은 자신의 동료들에게 평가받는다.

—작자미상

나는 광고가 기차를 끌고 가는 엔진과 같다고 생각한다. 기차에서 엔진을 떼어내면 당분간은 그대로 굴러갈지 모르지만 결국 기차는 멈춰버린다.

—피에르 페라리(Pierre Ferrari, 코카콜라 수석부사장)

1. 도브 이야기

2차 세계대전의 부산물로 비누 같은(soap-like) 제품이 발견되었다. 훗날 레버 브러더스는 도브(Dove) 비누를 뷰티바라고 명명한다. 제품은 자극적일 가능성이 있는 알카리 성분 없이 비누와 형태가 비슷한 분자로 만들어졌다. 페하 중성(ph-neutral)의 부드러운 클렌징 제품이었고 정기적으로 사용하면 확실에 피부에 다른 '느낌'이었다.

1957년 미국 전역에 도브(Dove)가 출시되었다. 전체 4분의 1가량이 클렌징크림으로 이루어진 화장비누로, 세안하는 동안 크림을 피부에 바르는 듯한 효과가 있다는 것이 도브의 포지셔닝이었다. 광고는 화장비누에 클렌징크림을 붓는 장면을 보여주었다. 일반 비누는 피부를 거칠게 만들지만 도브는 세안하는 동안 피부에 크림을 발라준다는 것이 도브의 메시지였다. 이처럼 비누에서 크림을 연상시키는 전략은

1957년부터 지금까지 계속 사용되고 있다. 이러한 일관적 주장은 얼굴을 이용한 1969년의 테스티모니얼 광고[testimonial advertisement, 소비자가 직접 체험한 것을 증언식으로 말하는 광고 기법], 7일 실험(1979년), '클렌징크림'이란 말 대신 '모이스처라이징 크림'의 사용(1979년) 등 일련의 과정을 통해 계속 강화되어왔다.

도브의 브랜드 에쿼티가 얼마나 강한지의 척도가 되는 것은 도브가 유지하는 상대가격이다. 즉 1987년 시장점유율은 수량으로는 9%였으나 금액으로는 13.8%였다. 도브가 경쟁자보다 더 높은 가격을 받고 있음을 반영하는 사실이다.

강한 브랜드와 관련되는 연상 이미지는 몇 개월 또는 몇 년에 걸쳐 사람들 마음에서 생겨난다. 도브의 경우 일관성 있게 지속적으로 커뮤니케이션을 위해 노력함으로써 사람들 머릿속에 그처럼 강력한 브랜드 연상이 생겨나게 했다. 도브는 30년 이상 화장비누에 크림을 붓는 광고를 내보냈으며 테스티모니얼 광고를 통해 피부의 촉촉함을 소비자에게 납득시켰다. 많은 소비자들은 30년에 걸쳐 600회 이상 도브 광고에 노출되었으며 직접 비누를 사용하거나 입소문으로 도브가 어필하는 바를 느끼고 보고 들었다. 따라서 도브의 경쟁사들은 촉촉하다는 표현의 사용을 주저할 수밖에 없었다. 심지어 도브보다 품질이 월등히 좋은 자사 제품들에 대해서도 마찬가지였다.

도브는 1960년대에 아이보리와 경쟁할 만한 식기세척기용 세제의 시장 진입을 위해 브랜드 확장을 시도했다. 그 시도는 별로 성공적이지 못했는데 그럴 만한 이유가 있었다. 도브에 크림을 붓는 연상 이미지는 식기세척기에는 도움이 되지 않았던 것이다.

2. 허니웰 이야기

허니웰(Honeywell)은 건물 제어와 자동화 시설, 산업 과정 응용, 항공기, 기타 설비를 전문적으로 취급하는 업계의 선두 주자로 매출 규모가 70억 달러나 되는 회사다. 그리고 회사가 취급하는 품목 대부분이 최고 품질을 인정받는다.

허니웰은 '또 다른 컴퓨터 회사'가 되려고 시도했지만 회사의 이미지가 문제였다. 회사는 1960년대에 컴퓨터에 관심을 갖게 되었는데 그 첫 번째 이유는 컴퓨터 기술이 그들이 하고 있는 제어와 자동화 사업의 중요한 부분이라고 생각했기 때문이다. 두 번째 이유는 그 분야가 매력적으로 보였기 때문이다. 그러나 이러한 시도는 실패하고 말았다. 컴퓨터에 관해서는 허니웰에 비판적이던 대중에게 효과적인 존재감을 전달하지 못했기 때문이다. 1986년 허니웰은 드디어 이 사업 분야를 포기했다.

그런데 컴퓨터와 정보 시스템 취급 업체로서의 허니웰의 이미지는 강해지는 반면 제어와 자동화 업체와 연관된 이미지는 흐려져갔다. 그리하여 제어와 자동화의 선두 주자 대신 컴퓨터, 정보 시스템, 사무 자동화 같은 컴퓨터 주변 기기 회사로 지각되게 되었다. IBM의 그늘에 가려져 보잘것없는 컴퓨터 기능 정도만 갖고 있던 허니웰은 심지어 생존을 위해 몸부림치는 회사 같은 이미지를 갖게 되었다. 살아남기 급급한 회사로서의 이미지는 제어와 자동화 시설 선두 주자로서의 전통적 이미지를 차츰 잠식했다.

1982년 허니웰은 컴퓨터를 강조하지 않기로 결정했다. 1982~1987년에 실행한 광고 캠페인에서는 "우리 함께 해답을 찾자"라고 하면서 문제 해결을 강조했다. 컴퓨터를 강조하지 않았지만 이러한 새로운 접근도 컴퓨터 사업이 야기했던 연상 이미지를 약화시키지는 못했다.

1988년에는 다시금 '제어'가 연상되는 것들을 강조하는 또 하나의 캠페인을 시작했다. 세계적으로 실행한 캠페인의 새로운 슬로건은 '당신이 세계를 제어하도록 돕겠다'였다.

제어가 연상시키는 것들을 재강조하기 위해 허니웰은 다음과 같은 점들을 활발히 어필했다.

- 역사적인 '투탕카멘(Tutankhamen) 보물' 전시회 보호.
- 우주 산업에서조차 신뢰성 있는 성능 제공, 인공위성에서 작동되는 제어 시스템 모듈 중 허니웰의 부품 4개가 6년 동안 완벽하게 작동.
- 비행기 조종석을 더욱 편안하고 안전하고 효율적으로 만듦.
- 동물원 펭귄들을 위한 환경을 조정-제어.
- 승강기 시스템을 제어.

열거한 여러 가지 제어장치에 대한 신뢰도는 컴퓨터 사업에서의 신뢰도와는 완전히 달랐다. 성공하지 못한 컴퓨터 사업과 허니웰이라는 이름의 관계를 약화시키겠다는 바람에서 시도한 캠페인이었다.

허니웰의 프랑스 자회사는 1988년 '기본으로의 회귀'라는 포지셔닝을 실행하기 위해 대중 홍보에 최선을 다했다. 허니웰은 바스티유 오페라 극장에 혁신적인 최첨단 제어 시스템을 제공하는 계약을 성사시켰다. 1989년 7월 13일, 미테랑 대통령이 기공식에 참여했던 이 가시적인 프로젝트는 많은 논란을 일으켰다. '오페라 하우스에서의 허니웰'이라는 점을 어필하면서 건설 경영 전문지와 일반 언론지에 홍보를 했으며 특별 행사에 저명한 관련 인사들 50명을 초청하는 등 법석을 떨었던 것이다.

허니웰의 사례는 매우 유용할 것만 같던 컴퓨터나 진보된 기술과 관련된 연상 이미지가 최첨단 제어장치와 관련된 연상 이미지를 약화시키는 결과를 초래함으로써 역효과를 내는 모습을 보여주었다. 이 사례에서 볼 수 있듯이 해결책은 제어와 관련된 기본적 연상 이미지의 강조로 돌아가기였다. 오페라 하우스의 예는 연상 작용을 관리함에 있어서 광고가 유일한 수단이 아니며 홍보의 역할도 중요하다는 사실을 인지하게 한다.

3. 어떤 연상 이미지를 사용할 것인가

5장에서는 브랜드의 포지셔닝을 위해 여러 가지 종류의 연상 이미지를 사용할 수 있음을 살펴보았다. 6장에서는 브랜드 연상을 결정하는 데 사용되는 방법들을 살펴보았다. 이번 장에서는 다음과 같은 세 가지 문제가 논의될 것이다. 첫째, 어떤 연상 이미지가 사용되어야 하는 가? 즉 하나의 브랜드가 어떻게 자리매김해야 하는가? 둘째, 연상 이미지는 어떻게 개발되어야 하는가? 셋째, 연상 이미지를 유지하기 위한 몇 가지 원칙은 무엇인가? 이에 대한 논의를 마무리한 후 위기관리에 대해 알아보려고 한다.

연상 이미지를 선택할 때는 마케팅 노력에서의 모든 요소를 고려해야 한다. 특히 새로운 상품이나 서비스에서는 그 중요성이 더 크다. 새로운 서비스 개념을 가정해보자. 예를 들어 비디오 가게가 고객의 집에 특별히 우편함을 설치해 비디오테이프를 배달하고 가져오는 서비스를 개시한다고 하자. 이 경우 가정배달의 편리함, 배달 속도, 다양하고 풍부한 영화, 카탈로그를 통한 선택, 친절한 배달 기사 등을 연상할 수 있다. 어떤 것이 가장 중요한 연상 이미지이며 그다음으로 중요한 연상 이미지는 무엇인가? 브랜드 네임이나 심벌을 만들고 이러한 서비스 운용을 위해 세부 사항을 구상하는 데 노력이 필요할 것이다.

그러한 포지셔닝 결정은 단기적 성공뿐만 아니라 장기적 생존을 결정할 것이다. 왜냐하면 연상 이미지는 지속적이고 설득적으로 경쟁 우위를 점할 수 있도록 지원받을 필요가 있기 때문이다. 예를 들면 장기적으로 볼 때 '친절하고 겸손하게' 서비스하는 것이 가정배달 제도를 모방하기보다 더욱 어렵다.

이미 잘 알려진 브랜드를 위한 포지셔닝 전략은 이미 존재하는 여

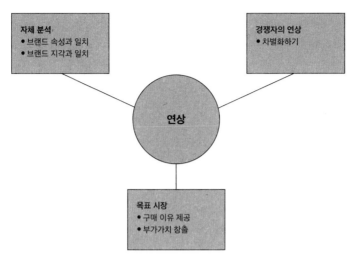

그림 7-1 포지셔닝 의사 결정

러 가지 연상 이미지들로 인해 매우 복잡하다. 따라서 어떤 연상 이미지들이 약화되거나 제거되어야 하고 어떠한 어떤 연상 이미지들이 만들어지거나 강화되어야 하는지 주의할 필요가 있다. 이러한 선택은 연상 이미지에 대한 시장 반응, 투입 비용과 한계 비용 등을 포함하는 전반적인 경제적 결정에 근거해야 한다. 기본적으로 일정 기간 내에 이익 산출이 가능한 시장에서 매력적인 위치를 차지하는 포지셔닝이 필요하다. 여기서 시장은 큰 시장의 일부나 작은 시장의 큰 부분을 의미한다. 물론 특정한 포지셔닝 전략과 관련된 판매와 비용의 흐름을 미리 예측하는 것이 쉬운 일은 아니다. 그러나 몇 개의 기준은 있을 수 있다. **그림 7-1**은 포지셔닝 분석에서 고려할 수 있는 세 가지 요소를 요약한 것이다.

자체 분석

당신이 아닌 어떤 것이 되려고 해서는 안 된다. 브랜드 포지셔닝에 앞서 자체적으로 시음이나 시식 테스트, 물건 사용 테스트를 실시함으로써, 그러한 포지셔닝이 브랜드가 전달하는 약속이나 제안된 이미지에 걸맞은 것인지 살펴볼 필요가 있다. 브랜드가 전달하는 것과 상이한 포지셔닝은 일종의 낭비라고 할 수 있다. 게다가 브랜드의 기본적 이미지를 훼손함으로써 전략적인 면에서 기업에 많은 피해를 주며, 고객들은 미래의 주장에 대해 회의를 느끼게 된다.

브랜드에 대한 지각이 제품 그 자체보다 오히려 더 중요할 때가 있다. 특히 브랜드 네임이나 과거 집행했던 광고를 통해 잘 알려진 제품의 경우 브랜드에 대한 지각은 더욱 중요해진다. 그러므로 잘 알려진 특성을 파악하고 기존 연상 이미지를 강화하는 것도 중요하다. 기존 연상 이미지의 변경, 특히 잘 알려진 제품에 대한 연상 이미지의 변경은 어려운 작업이다. 일반적으로 기존 연상 이미지를 변화시키거나 중화시키기보다는 기존 연상 이미지를 바탕으로 포지셔닝 전략을 수립하거나 전혀 새로운 연상 이미지를 만드는 것이 기업의 관점에서 볼 때는 더욱 긍정적이다.

1970년대에 소개된 햄버거 헬퍼(Hamburger Helper)는 햄버거에 곁들여 먹는 제품으로 좋은 맛, 경제성, 스튜용 냄비에 맞는 식사 등을 강조했다. 이 제품은 육류 가격이 비쌌던 1970년대 초반에는 성공적이었지만 1970년대 중반 들어서는 가정주부들이 색다른 맛, 비싼 음식 등을 다시 선호하면서 판매 부진을 맞게 되었다. 햄버거 헬퍼는 타개책으로 요리째 식탁에 놓는 자루 달린 냄비에 적합한 제품이라고 포지셔닝하면서 더욱 색다른 맛을 강조하려고 했다. 그러나 제품에 대한 소비자의 인식은 변하지 않았고, 소비자들은 햄버거 헬퍼가 경제적이고 간편한 음식에만 어울리는 제품이라는 시각을 고수했다. 성격검사(personality test)에 따르면 가정주부들은 헬퍼라는 이름 때문에 그 제품을 의인화하여 생각했다. 제품이 가진 부수적인 특성에 대한 인식은 도움을 주는 부차적 제품이라는 것이었다.

이 회사는 포지셔닝 전략의 교체에 있어 충분한 의지와 능력을 발휘했는가? 브랜드가 가지지 않은 연상 이미지를 바탕으로 시장 욕구와 기회를 확대하려는 포지셔닝 전략은 무모하고 때로는 회사에 치명적으로 작용할 수 있다. 그렇지 않다 해도 포지셔닝을 바꾸는 것은 매우 어려운 작업임에 틀림없다.

경쟁자의 연상 이미지

포지셔닝 결정을 위한 두 번째 열쇠는 경쟁자의 연상을 파악하는 것이다. 대부분의 수많은 브랜드들은 경쟁자와의 차이점을 보여주는 연상 이미지를 개발할 필요가 있다. 경쟁사 제품과 비교할 때 차별화가 되지 않는다면 소비자들이 군이 자사의 제품을 선택하거나 지각할 이유가 없을 것이다. 신제품 도입과 관련된 연구들을 살펴보면, 신제품의 성공과 인지율 증가를 가장 잘 예측해주는 유일한 요소가 차별화가 되어 있느냐 하는 것이다. 이런 점에서 볼 때 '미 투(me too)'라는 포지셔닝은 치명적 오류가 될 수 있다.

미술용품 브랜드들은 대부분 매우 유사하다. 그들은 일반적으로 제품을 사용한 경험이나 브랜드의 특성에 대해 느낀 경험을 바탕으로 자사의 품질을 강조한다. 더치보이(Duch Boy)는 외양을 중시함으로써 자신감과 만족감을 연상시키도록 노력했다. 뉴에이지(New Age) 사운드 트랙은 텔레비전을 통해 젊은 소비자층에게 어필함으로써 자사 브랜드에 접근하도록 유도했다. 이러한 강조는 제품보다는 느낌에 따라 행해진다.

때로는 단 한 가지 차별화되는 점을 이야기하면서 이와 관련된 공통적 연상 이미지들을 개발하는 것이 유용하다. IBM 퍼스널 컴퓨터와 유사한 모델을 제조하는 회사들이 사용하는 기법을 대표적 예로 들 수 있다. IBM 모델과 중요한 기능들이 일치하는 자사 제품들에서 단지 저렴한 가격 같은 차이점만 내세우는 것이다. 경쟁자의 주요한 연상 이미지를 흡수해버리는 것은 두 가지 이유에서 필요하다. 첫째, 그러한 연상 이미지가 사용자에게 매우 중요하기 때문이다. 그렇지 않다면 소비자들은 그 브랜드를 고려하지 않게 된다. 둘째, 연상 이미지에 대한 커뮤니케이션이 쉬워진다. 사용 방법, 크기 등을 설명하는 대신 IBM과 모든 기능이 동일하다고 하면서 단지 이러이러한 점이 다를 뿐이라고 소비자들에게 쉽게 어필할 수 있다.

그런데 매우 중심적인 특성이라면 다른 경쟁자가 이를 먼저 차지하고 있어도 강조해야 할 때가 있다. 이러한 예는 레버 브러더스의 카레스 비누에서 볼 수 있다. 카레스 비누는 이미 도브 비누가 차지한 촉촉한 피부를 만든다는 포지셔닝과 매우 흡사하게 부드러운 피부를 만드는 비누라고 어필했다. 그러나 도브의 모이스처라이징이라는 주장과 테스티모니얼 광고 대신, 카레스는 우아한 모델을 등장시켜 '부드러운 빛, 부드러운 색깔, 부드러운 키스'라는 슬로건을 통해 부드러운 피부와 관련된 연상 이미지를 개발했다. 이렇게 해서 도브의 '촉촉한 피부'와 유사한 '부드러운 피부'라는 제품 특성을 강조하면서도 분명히 다른 차이점과 연상 이미지를 불러오게 되었다.

만약 브랜드가 압도적 위치에 있고 유통을 강력하게 통제할 수 있다면 달라져야 할 필요성이 크지 않다. 경쟁사가 인지율과 유통 면에서 약세에 있다면 소비자들은 경쟁사 제품을 잘 인식하지 못할 것이다. 예를 들어 살렘(Salem) 박하담배의 전략은 기분이 좋아지는 푸른 잎과 시냇물을 연상하게 하는 것이었다. 경쟁 제품들이 광고에서 유사한 연상 이미지로 어필하자 오히려 살렘 담배의 연상 이미지가 강화되었다. 이런 경우 살렘에서는 굳이 경쟁자와 다른 모습을 찾으려고 애쓸 필요가 없다.

한편 강한 연상 이미지를 회피하면서 인지율 높이기 등으로 강력한 고객 충성도를 가져옴으로써 브랜드 전략을 성공시킨 사례를 살펴볼 필요가 있다. 또한 특별한 연상 이미지를 의도적으로 약화시킴으로써 특정 집단 소비자를 배제하지 않으려고 노력하는 경우도 있다. 코카콜라에서 사용하는 '이건 진짜'라는 슬로건이나 버드와이저의 "맥주의 왕" 또는 "여전히 품질을 중시하는 사람이 있다"는 표현들은 이러한 전략을 잘 보여준다.

목표 시장

분석에 필요한 세 번째 범주는 목표 시장에 대한 분석이다. 연상 이미지를 제공한다는 것은 상품의 장점과 특성을 개발하여 차이점을 제공함으로써 목표 시장의 반응을 이끌어내는 것을 의미한다. 무언가 다르다는 사실은 인지율 증가에 기여한다. 더욱 강력한 포지셔닝을 구축함으로써 구매 이유를 제공하고 제품에 가치를 부여할 수 있다.

구매 이유를 제공하는 연상 이미지

연상 이미지의 역할 가운데 하나는 어떤 브랜드를 구매해야 할 이유를 제공하는 것이다. 특성이 포함된 연상 이미지는 종종 구체적 구매 이유를 제공하기도 한다. 예를 들면 다음과 같다.

- 핀란디아 보드카의 얼음 같은 차가움은 기분전환을 돕는다.
- 뉴트러스위트는 맛이 더 좋다.
- 메이택은 서비스맨이 할 일이 없어 보일 정도로 신뢰감을 주는 회사다.
- 샤프(Sharp)의 팩시밀리는 최고급 품질로 판매 실적 1위를 자랑한다.

구매 이유를 제공하는 것은 구매자가 매력을 느끼게 함으로써 충분히 영향을 미친다. 그런데 단순히 특성을 열거하는 연상 이미지를 비롯해 몇 가지 연상 이미지는 고객들이 가치를 부여하지 않을 때는 큰 힘을 발휘하지 못한다. 오히려 연상 이미지를 분산시키거나 부정적으로 작용할 때도 있다.

구매 이유를 제공하는 연상 이미지가 소비자들에게 어느 정도 가치를 부여하는지를 집단 심층 면접, 개별 면접, 현장조사, 시장조사 등 소비자와의 대화를 통해 가늠할 수 있다.

1,250명을 대상으로 실시한 현장조사는 카페인을 함유하지 않은 청량음료 시장에서 세븐업이 가장 신뢰받는 제품임을 보여주었다. 이로써 카페인 미함유 청량음료 분야에 상당한 규모의 세부시장이 존재함을 확인했는데 이는 이후 무카페인 콜라의 도입을 자극했다. 표본 중 28%의 사람들은 자신들이 마시는 청량음료에 카페인이 들어 있다면 구매 이유가 달라질 것이라고 응답했다. 또한 40%가 넘는 사람들은 무카페인 청량음료 중 가장 먼저 떠오르는 것은 세븐업이라고 했다. 이는 펩시 프리(Pepsi Free)에 비해 네 배나 많은 비율이었다.

USP 전략[Unique Selling Proposition, 경쟁 브랜드에 비해 특출한 장점이 있는 제품의 경우 장점을 말하는 것 자체를 훌륭한 광고 전략으로 삼는 방법]은 광고계의 거장 가운데 한 사람인 로서 리브스(Rosser Reeves)가 개발하고 사용한 개념으로 특히 구매 이유에 초점을 맞춘다. USP 전략에서는 독특하면서도 구체적인 제품의 특성이 고객의 구매 행동에 영향을 미칠 만큼 중요하다고 본다. 예를 들어 "M&M 초콜릿은 입에서는 녹지만 손에서는 녹지 않는다", "콜게이트 치약은 치아를 깨끗하게 하는 동안 호흡도 깨끗하게 해준다", "팔모리브(Palmolive)와 함께 더 나은 피부를" 등이다. 리브스는 실험을 바탕으로 한 USP 전략을 선호했다. 실험을 통한 주장은 더욱 신뢰감 있고, 방어할 수 있고, 오랫동안 유지할 수 있기 때문이다. 일정 기간 실험적으로 팔모리브 비누를 사용해본 사람들은 "팔모리브와 함께 더 나은 피부를"이란 슬로건을 적극 지지했다.

　리브스는 훌륭한 USP가 발견되었을 때는 무제한적으로 계속 사용해야 한다고 믿었다. 애너신(Anacin) 진통제 제조 회사는 10년 동안 8,500만 달러의 비용으로 8,200달러를 들여 처음 만든 텔레비전 광고물을 계속 내보냈다. 리브스에게 어떤 광고주들이 질문한 적이 있다. 10년 동안 같은 광고를 방영하는 동안 700명에 달하는 광고 회사 직원들은 하는 일이 무엇이냐고. 그는 "광고를 바꾸려는 광고주들을 그렇게 하지 않도록 설득하는 것"이라고 대답했다.

가치를 부가하는 연상 이미지

구매 이유를 확실하게 제공해주는 것에 더해 부가적 가치를 부여하는 연상 이미지를 만들어냄으로써 간접적 성공을 거둘 수 있다. 구매해야 하는 논리적 이유를 꼭 쉬운 말로 표현하는 연상 이미지일 필요는 없으며, 그 브랜드를 떠올릴 때 그리고 그 브랜드 제품을 사용할 때의 느낌에 대한 연상 이미지만으로 충분할 때도 있다. 그러한 연상 이미지는 광고나 간접적 사용 경험 또는 다른 사람들이 그 제품을 사용하면서 가지는 느낌 등을 표현할 때 만들어진다. 여기서 느낌이란 문자나 말로는 표현하기 어려운 잠재의식적 요소를 가지면서 가치를 부여하는 것이다.

예를 들어 티파니의 팔찌를 선물로 받았다고 가정하자. 대부분의 사람들에게 티파니 포장지를 푸는 느낌은 메이시 백화점의 포장지를 푸는 느낌과는 다를 것이다. 즉 매우 강력하고 특별한 느낌이라고 볼 수 있다. 나아가 티파니 팔찌를 착용하는 것은 평범한 백화점에서 같은 팔찌를 구입해서 착용하는 것보다 더 매력적이고 자신감을 갖게 하는 일일지도 모른다. 높은 명성과 좋은 품질을 지닌 제품이 불러일으키는 연상 이미지는 사용 경험을 변화시키고 그 브랜드에 가치를 부여한다

가치를 증대시킨다는 티파니에 대한 연상 이미지는 오랜 시간 동안 형성되었다. 아마도 상점 위치, 매장 분위기, 판매원, 제품 선정, 광고 등이 복합적으로 어우러진 결과일 것이다. **그림 7-2**를 보면서 카피에 주목하라.

"티파니가 문을 열 때 가졌던 비전은 153년 동안 변하지 않았습니다. 고전적인 아름다움, 그것은 티파니가 만드는 모든 것과 함께합니다."

어떤 광고는 브랜드에 대한 느낌과 사용 경험이 연계되도록 만들어진다. 다음은 그 예들이다.

• 우아하고 맵시 있는 느낌

어떤 향수 광고는 파티 참석 준비를 하는 맵시 있는 여성을 보여준다. BMW의 광고는 우아하고 멋진 여성이 천천히 차에 타는 장면을 보여준다.

그림 7-2 **티파니—고전적 아름다움**
제공 : Tiffany & Co.

데이비드 아커의 브랜딩 정석

• 명성, 성공, 특별한 사람이라는 느낌

아메리칸 익스프레스 광고는 지난 몇 년 동안 자사 카드의 회원으로 등록한 명사들을 등장시킨다.

• 흥분되는 느낌

오토바이 광고는 이곳저곳을 위태롭게 달리면서 위험천만한 방식으로 오토바이를 타고 달리는 드라이버를 보여준다. 사파리 카메라 광고는 사진작가가 아찔한 모험을 즐기며 위험과 맞닥뜨리는 순간을 보여준다.

• 따뜻함

전화 회사 광고의 '손을 내밀어 특별한 사람과 인사하라'는 슬로건은 서로 멀리 있지만 통화를 하고 싶었던 친구나 친척들이 전화로 이야기하는 따뜻하고 부드러운 장면을 보여준다.

뢰벤브로이 맥주 회사는 '특별한 경우'를 보여주는 시리즈 광고를 제작했다. 그중 하나는 변호사 시험에 막 합격한 아들을 보며 기뻐하는 아버지가 가족들과 즐겁게 저녁 식사를 하는 장면을 통해 따뜻함, 자랑스러움, 사랑을 표현했다.

어떠한 가치를 부여할지는 제품 사용에 관한 마케팅 조사 결과를 바탕으로 결정한다. 베티 크로커는 자사 디저트를 재포지셔닝하기 위해 사람들의 디저트에 관한 느낌을 조사했다. 그 결과를 참조해 가족의 유대감, 사랑, '좋은 시간을 위해서'라는 아이디어를 강조하게 되었다. 조사 결과에 따르면 디저트는 아끼는 타인에게 사랑을 드러내고 가족의 행복한 순간을 연상시켰다. 어떤 응답자는 디저트를 '재미있고 사교적인' 행사라고 답했으며, 또 '친밀함과 웃음'을 경험하는 것이라고 상기한 응답자도 있다.

변형 광고

광고 회사 BBD 니덤(BBD Needham)의 윌리엄 웰스(William Wells)는 사용 경험을 변화시키는 브랜드 연상을 불러오는 광고에 '변형 광고(transformational advertising)'라는 이름을 붙였다. 변형 광고는 사용 경험의 변화를 통해 브랜드 사용자로 하여금 우아함, 모험심, 따뜻함을 느끼게 함으로써 고객이 느끼는 가치를 증대시킬 수 있다. 이런 관점에서 볼 때 앞서 언급한 AT&T의 '손을 내밀어 특별한 사람과 인사하라'는 캠페인은 따뜻한 감정을 강조함으로써 전화를 거는 행동을 아주 다른 것으로 변화시킨 것이다. 웰스는 가치를 증대시킬 연상 이미지를 불러오는 성공적 변형 광고 제작을 위해 몇 가지 가이드라인을 제시했다.

우선 감정(예를 들면 따뜻함), 브랜드(AT&T의 장거리 전화), 사용 경험(사랑하는 사람에게 전화하기) 간의 연상 이미지를 불러올 수 있어야 한다. 그러려면 자주 노출될 수 있도록 적절한 광고 예산을 확보해야 하고, 지속적으로 광고를 집행할 수 있도록 원칙과 인내를 가져야 하며, 느낌 및 사용 경험을 브랜드와 확실하게 연결할 수 있는 광고를 제작해야 한다.

변형 광고는 긍정적 제품에 가장 적합하다. 풍부하고, 따뜻하고, 즐거운 경험을 나타내는 광고를 제작할 수 있기 때문이다. 또한 변형 광고는 불쾌한 경험을 완화하는 데 사용되기도 한다. 예를 들어 몇몇 항공 회사의 변형 광고는 비행기를 탈 때 느낄지도 모르는 불안감을 잠재우는 작용을 할 수 있다. 주택금융공사(House Finance Corporation)의 '최선의 삶을 위해 사람들은 우리의 돈을 이용한다'라는 슬로건을 내세운 캠페인은 대출 신청을 할 때 느끼는 불유쾌한 느낌을 완화해주었을 것이다.

변형 광고는 신뢰감을 주어야 하고 최소한의 진실한 면이 있어야 한다. 그렇지 않으면 사람들이 어리석고 우스운 이야기로 치부할지도 모른다. 또한 실생활에서 제품을 사용했을 때 진실이 아니었음이 드러나면 효과가 없어진다. 뉴욕에서 지하철을 타본 경험이 있는 사람은 '친절한 지하철을 타자'라는 캠페인 때문에 마음이 바뀌지는 않을 것이다.

세분화 약속

포지셔닝은 특정 집단의 사람을 위한 특별한 약속을 암시하는 것이라고 볼 수 있다. 즉 시장에서 많은 사람들을 등한시하면서 어떤 특정 집단을 강조하는 것으로 그 브랜드를 위해 선택된 연상 이미지에 관심이 있는 사람을 대상으로 한다. 이러한 접근은 약속과 원칙에 따라 시행되어야 한다. 고객이 될 수도 있는 소비자들에게서 등을 돌리는 것이 쉬운 일은 아니기 때문이다. 따라서 명확하고 의미 있는 포지셔닝을 개발함으로써 목표 세부시장에 초점을 맞추어야 하며 다른 세부시장의 반응에 너무 얽매여서는 안 된다.

4. 연상 이미지의 개발

브랜드와 연결된 어떠한 것들도 연상 이미지를 만들어낼 수 있다. 물론 브랜드 이미지의 중심을 이루는 것은 제품이나 서비스의 특징이나 장점 그리고 포장이나 유통 등이다. 나아가 브랜드 네임, 심벌, 슬로건은 포지셔닝 도구들 가운데 가장 중요한 것이라고 할 수 있다(이어지는 장에서 좀 더 자세히 살펴볼 예정이다). 물론 광고는 직접적 공헌을 한다고 할 수 있다. 연상 이미지를 창조하기 위해서는 기타 많은 방법들을 다양하게 고려해야 한다. 홍보나 프로모션처럼 중요하고 현저하게 드러나는 방법이 있는가 하면 미묘하고 복잡해서 고객들의 지각 형성에 어떤 신호들이 사용되었는지 이해해야 할 때도 있다.

신호의 파악과 실행

고객들은 종종 사실 정보를 믿지 않거나 부분적으로만 믿는다. 더욱이 정보에 대한 관심이 부족하거나 정보 처리 능력이 부족할 때도 있으며, 전혀 정보에 노출되지 않는 경우도 있다. 이러한 고객들은 종종 다양한 신호나 다른 지표들로써 대처한다. 하나의 특성이나 연상 이미지는 다양한 것을 의미하기 때문이다.

예를 들어 건강에 관심이 많은 고객이라도 아침 대용식으로 먹는 시리얼 포장지에 적힌 영양 정보를 이해할 만한 능력이 없거나 그 정보를 받아들이려 하지 않을 수 있다. 대신 고객은 구체적 정보 처리 과정 없이 지각을 창조해줄 신호들을 기대한다. 예를 들어 귀리 성분을 함유했다거나 하루에 필요한 영양소를 100% 충족시킨다거나 설탕이 들어 있지 않다는 것 등은 건강한 시리얼이라는 신호가 된다. 귀리 성분 함유 여부가 중요하지 않은 고객도 있을지 모르지만 한편으론 이것이 제조 회사가 건강에 관심을 두고 있다는 신호가 되기도 한다.

어떤 연상 이미지를 만드는가는 중요한 문제다. 그런데 다음과 같은 질문이 필요하다.

연상 이미지를 형성하는 데 가장 중요한 신호는 무엇인가?
그리고 지각은 어떻게 이에 대한 영향을 받을 수 있는가?

3장에서는 고품질 신호에 대해 논의했다. 고객들은 일반적으로 제품의 실질적 품질을 평가하는 능력이 부족하다. 그 결과 품질에 대한 신호, 즉 스테레오 스피커의 크기, 차문 닫는 소리, 토마토주스의 진하기, 제품 가격 등이 중요해진다. 특히 서비스는 평가가 힘든 항목이므로 소비자들은 이의 평가를 위한 신호를 찾는다. 가구 배달원의 용모, 병원 진료실의 말쑥함, 은행원의 품행 등이 그것이다.

신호들은 지각된 품질에 대한 연상 이미지에만 영향을 주는 것이 아니다. 노드스트롬 백화점의 클래식 피아노 연주는 편안하고 압박감 없는 쇼핑 분위기를 연출하면서 독특하고 특별한 고급스러움을 느끼게 만드는 신호가 된다. 미국의 중장비 제조 회사 캐터필러에서 실시하는 48시간 내 부품 배달 보증 서비스는 고객에게 하는 약속인 동시에 세계적 판매망을 자랑하는 신호가 된다. 체리맛 세븐업에 첨가한 핑크색은 '체리맛'뿐만 아니라 '상쾌함'의 신호가 되며 제품에 긍정적 영향을 미친다. 비행기 객실의 청결함이 좋은 인상을 주고 비행기의 안전함을 지각하도록 하는 것도 마찬가지다. 어느 항공사의 간부인 톰 피터스(Tom Peters)는 비행기 좌석에 묻은 얼룩은 비행기 조종사와 여객기의 안전 기록이 낮을 것이라는 신호가 될 정도로 큰 실수라고 말한다.

하이테크 제품에 신뢰도를 제공하기

새로운 하이테크 제품, 특히 실적이 빈약한 회사에서 만든 제품이라면 회사가 건실하고, 그 제품에 많은 신경을 쓰고 있으며, 가치 있는 제품이라는 식으로 신뢰성을 제공하는 연상 이미지를 개발할 필요가 있다. 새로운 회사의 후원자들은 신뢰도의 신호가 될 수 있다. 예를 들어 벤처기업가이자 컴팩 전 회장이었던 벤저민 로젠(Benjamin Rosen)은 컴팩과 로터스(Lotus, 미국의 소프트웨어 기업으로 IBM에 인수됨)에 즉각적인 신뢰를 불러왔다. 사이텍(Sytek, 미국의 LAN 개발사)과 마이크로소프트는 IBM과 제휴함으로써 정비된 조직이라는 이미지를 갖게 되었다. 주요 고객을 확보하는 것도 매우 중요하다. 만약 백화점의 선두주자 세이프웨이(Safeway, 미국의 대표적 슈퍼마켓 체인)가 컴퓨터 시스템을 비교 분석한 후 특정한 컴퓨터 시스템을 구입했다면 다른 백화점은 동일한 컴퓨터 시스템을 구매하면서 불확실성을 감소시킬 수 있을 것이다. 또한 인쇄매체의 제품 소개란은 매우 효과적인 자극제가 될 것이다. 예를 들어 《PC 매거진(PC Magazine)》〔미국의 컴퓨터 전문 잡지로 1982~2009년 발행되었다〕에 특정 제품에 대한 기사가 게재된다면 그 매체에 스무 번을 광고하는 것보다 더 효과적일 수 있다.

브랜드 분류

고객들은 어떤 브랜드에 대해 '조금씩' 구체적 평가를 하기보다 특정한 제품 카테고리에 있는 브랜드와 연관된 신호들을 사용하는 경우가 종종 있다. 자신을 둘러싼 대상들을 범주화하는 것은 정보를 조직화하는 효과적 방법이다.

　고객 행동 연구가인 미타 수잔(Mita Sujan)은 '110 카메라'와 '35mm 싱글 렌즈 리플렉스 카메라(single-lens reflex camera)'를 비교의 자극제로 사용하여 범주화에 대해 조사했다. 각각의 카메라는 다섯 가지 점에서 기술되었다. 리플렉스 카메라는 "셔터 속도와 조리개 세팅의 범위가 원활한 변화를 통해 빛이 매우 적거나 환한 햇살일 때도 완벽한 노출을 허락할 만큼 융통성이 있다"고 했으며 110 카메라는 "필름을 갈아 끼우기가 매우 쉬워서 필름을 카메라에 집어넣기만 하면 되므로 잘못 집어넣을 위험이 없다"고 했다.

　응답자들은 이름에 근거해서 카메라를 평가하는 경향이 있었다. 즉 35mm 싱글 렌즈 리플렉스라는 상표는 35mm 카테고리의 일부인 고급 카메라라는 신호가 되었다. 반대로 110이라는 상표는 저품질 카테고리의 일부인 저품질 카메라라는 신호가 되었다. 심지어 110카메라에 대한 설명을 35mm 카메라에 붙여 두 카메라를 반대로 설명했을 때도 이러한 범주화가 발생했다. 이 연구는 모든 세부적인 사실적 정보가 매우 명확할 때조차도 제품 카테고리에 대한 신호가 될 정도로 상표의 힘이 얼마나 강력한지를 보여준다.

예기치 않은 신호의 이해

때때로 고객에게 유용함을 어필하고 제품의 장점을 강조한다고 생각했던 특성이, 부정적 연상 이미지와 관련된 기대치 않던 신호를 제공하면서 부정적 의미를 함축한 것으로 판명되는 경우가 있다. 이처럼 때로는 미묘한 브랜드 연상의 해석을 제대로 이해할 필요가 있다. 그렇다면 다음과 같은 질문을 할 수 있을 것이다.

브랜드 연상에 의해서 예기치 않은 신호가 발생할 수 있을까?

예를 들면 1968년 프링글스가 발매되었을 때, P&G는 미국 내 감자칩 시장에서 30% 이상의 시장점유율을 확보하리라 기대했다. 그들은 이 제품을 전략 상품으로 선정하고 맛을 고급화했으며, 모양과 품질을 일관성 있게 했다. 절대 태우지 않았고, 차곡차곡 쌓은 후 칩이 부서지지 않도록 단단한 실린더 모양 용기에 포장했다. 이 모든 요소가 소비자들의 진정한 이익을 드러내는 것이었다. 뿐만 아니라 P&G는 전국 규모의 광고를 집행했고 정비된 유통망을 활용해 규모의 경제를 극대화하는 데 노력했다.

그런데 이러한 요소들의 결합이 '인공적이다', '나쁜 재료로 만들었다', '가공품이다', '맛이 없다' 등의 신호를 보내게 되었다. 이들 제품에서 결국 핵심이 되는 것은 맛이다. 소비자들은 블라인드 테스트에서조차 그 제품이 선택되지 않을 거라고 생각했다. 하지만 실제로는 경쟁사들 제품만큼 좋은 것으로 판단되었다. 그렇다면 왜 이러한 맛의 문제가 대두되었을까? 시장에서 소비자들은 그 제품을 '눈을 가린 채' 먹어보지 않았고 또한 감자칩이 도입될 때 강조되었던 다른 브랜드들의 특성과 비교해볼 때 프링글스의 맛이 열등하다고 생각했기 때문이다. 그 브랜드의 판매 실적은 매우 실망스러웠다. 그에 따라 광고 지원도 차츰 줄어들었다. 프링글스는 비교적 적은 시장점유율을 차지하는 데 그치고 말았다.

프링글스의 사례는 맛의 지각을 통해 발생한 문제로 인해 출시되자마자 실패하고 만 어떤 다이어트 맥주의 사례를 떠올리게 한다. 그러나 밀러 라이트가 조금 덜 채워져 있어도 훌륭한 맛이라면 관심을 보이는 마초나 술꾼들을 위한 맥주로서 동일한 제품을 포지셔닝했을 때 엄청난 성공을 거두었다. 이때 저칼로리, 다이어트와의 연관성은 회피되었다.

프로모션의 역할

가격 할인은 구입을 결정할 때 단기 장려책이 된다. 1장에서 언급했듯이 프로모션은 파격 세일에는 효과적이지만 가격 민감도를 증대하고 브랜드 충성도를 저하할 위험성을 갖는다. 따라서 단순히 할인이나 리베이트를 제공하는 프로모션은 브랜드의 가치를 떨어뜨리고 브랜드 이미지에 손해를 끼치는 경우가 있다.

브랜드 에쿼티를 변질시키기보다는 강화할 수 있는 프로모션에 참여할 방법들이 있다. 중요한 것은 프로모션 개발을 위한 기준을 설정할 때의 브랜드 에쿼티 요소에는 제약이 있어야 한다는 점이다. 브랜드 에쿼티에 해를 끼치는 어떠한 프로모션도 포함해서는 안 된다. 이와는 대조적으로 판매 자극이라는 고유의 계획을 가진 프로모션은 정상적인 실행으로서 선택되고 평가받을 수 있다.

연상 이미지와 브랜드 인지도의 강화

브랜드 에쿼티를 강화할 수 있는 프로모션 방법 중 하나는 중요한 연상 이미지와 브랜드 인지도를 강조하고 강화하는 것이다. 아메리칸 익스프레스 카드 회원에게 주는 자주색 끈으로 된 여행 가방 꼬리표, 폴로(Polo) 향수 구매자에게 제공하는 랄프 로렌(Ralph Lauren)의 테리 직물 옷, 웰스 파고가 제공하는 웨스턴(Western) 액세서리, 리바이스 소매상이 프로모션 품목으로 선물하는 허리띠와 핸드백 등의 장신구를 생각해보자. 이 경우 프로모션 품목들은 연상 이미지와 브랜드 인지도를 강화한다.

그림 7-3은 아이보리의 프로모션으로 유통 중인 아이보리 비누 가운데 물에 가라앉는 비누를 발견한 사람에게 10만 달러를 지불하겠다는 광고이다. 이러한 프로모션은 물에 뜨는 아이보리 비누의 특성

그림 7-3 **아이보리 비누의 경품 광고**
© The Procter&Gamble Company(허락하에 수록).

을 강화하는 간단한 아이디어인 동시에 순수하다는 포지셔닝의 신호가 된다.

아이보리의 현금 프로모션은 하와이 여행을 내거는 것과 같은 경품보다 훨씬 효과적이다. 제품을 사용한다는 것 자체가 상을 받을 가능성을 제공하기 때문이다. 또한 이는 유머러스하고 즐거운 콘테스트에 참가하는 것이기도 하다. 이 프로모션의 모든 콘셉트는 브랜드를 돕는 긍정적 느낌만을 자아낸다. 더욱이 아이보리 비누 사용자는 자동적으로 경연에 참가하게 되므로 수수께끼 맞히기, 설문지에 응답하기, 우편엽서 보내기 등의 어떤 수고도 할 필요가 없다. 또한 아이보리 비누를 아예 사용하지 않거나 자주 사용하지 않는 사람들도 이 브랜드를 사용해보라는 자극을 받게 된다. 결과적으로 엄청나게 많은 광고들의 난립 앞에서도 주목을 끄는 흔하지 않은 메시지를 통해 제품의 핵심적 특성이 강화된다.

자동차 판매 시 무분별한 환불은 브랜드 에쿼티를 위태롭게 하는 대표적 예다. 현금으로 환불하는 대신 크라이슬러 뉴요커(Chrysler New Yorker) 자동차를 구입한 사람에게 브로드웨이 쇼를 포함, 모든 비용을 제공하는 주말 뉴욕 여행을 시켜준다고 하자. 또는 스털링(Sterling) 자동차 구입 시 은으로 된 커트러리를 한 벌 제공한다고 하자. 혹은 지프 왜고니어(Jeep Wagoneer)를 사는 사람에게 아웃도어 기어 패키지와 산악용 자전거 두 대를 선물로 준다고 가정하자. 이러한 경우 프로모션은 중요한 연상 이미지를 강화해줄 것이다.

충성도를 강화하는 프로모션

프로모션은 현재의 고객에게 보상함으로써 충성도를 증진하는 데 사용될 수 있다. 이제부터 새로운 고객을 유인할 뿐 아니라 기존 중요 고객을 강화하는 촉진 방법을 살펴보자. 같은 아이스크림을 열 번 사면 한 번은 아이스크림을 무료로 제공하는 식의 프로모션은 기존 고객에게 보상을 제공하는 것이다. VISA 골드카드는 고객의 다음 구매가 공짜일 수 있다는 가능성을 프로모션에 이용하기도 했다.

브랜드 프로모션

프로모션을 브랜드와 함께 고려하는 것은 도움이 된다. 프로모션에 있어서도 브랜드와 마찬가지로 브랜드와 연결되는 브랜드 인지도와 연상 이미지를 개발할 필요가 있다. 예를 들면 직접적 연결성이 없는 제품의 프로모션을 위해 하와이 여행권을 상품으로 준다고 가정하자. 훗날 이 프로모션에 참가한 사람만이 어떤 브랜드의 프로모션이었는지 기억할 수 있을 것이다. 반대로 30년 이상 계속되어온 필즈베리 베이크 오프(Pillsburry Bake-Off)의 경우를 살펴보자. 인지도가 높은 이 콘테스트는 도우보이(최근에는 녹색 괴물이 프로모션에 합류했다)에 대한 연상 이미지를 불러일으킨다. 이 프로모션은 브랜드를 강화하는 힘을 가졌으며 심지어 참석하지 않은 사람에게까지도 영향을 준다. 게다가 프로모션의 브랜드 인지도와 연상 이미지를 만들어가는 일을 매년 처음부터 다시 시작할 필요가 없다.

브랜드나 심벌 또는 일차적 연상과 밀접하게 연결되는 프로모션은 어떤 브랜드에 귀속되는, 일반적인 프로모션에서 발생하는 정체성 문제에서 자유롭다. 사실상 프로모션은 다른 브랜드와 차별화를 할 수 있기 때문에 유용하다.

지각된 품질을 강화하는 프로모션

때때로 브랜드 이미지를 한 단계 높이는 비교적 저렴한 방법은 한 단계 높은 프로모션을 사용하는 것이다. 이것은 높게 지각된 품질의 제품과 양립할 수 있는 강한 연상 이미지를 불러온다. 적절한 방법으로 제시된 '품질'에 대한 프로모션은 좋은 품질을 암시할 것이다. 이와는 대조적으로 좋은 브랜드는 '싸구려' 프로모션은 피할 것으로 예상된다.

브랜드 평가를 위해 사용되는 프로모션에 관한 어느 연구는 프로모션의 질이 중요하다는 증거를 제시했다. 이 연구에서는 VCR을 구매하는 사람에게 비디오테이프를, 타자기를 구입하는 사람에게는 전자계산기를 선물로 주었다. 피실험자들은 제품과 선물의 조합을 평가했는데 VCR의 품질은 상(JVC 350달러), 중(도시바 250달러), 하(금성 200달러)로 구분했다. 마찬가지로 비디오테이프의 품질도 상(맥스웰 18달러), 중(스카치 12달러), 하(케이마트 6달러)로 구분했다. 놀랍게도 선물의 품질이 브랜드의 품질 못지않게 중요시되었다. 제품에 비하면 선물의 실제 가격은 아주 적은 부분이었음에도 프로모션에 대한 소비자의 평가에는 커다란 영향을 미치는 요인이 됨을 알 수 있었다.

가치의 추가

선물을 제공하는 프로모션은 제품에 가치를 더하는 것으로 단순한 가격 할인과 비교하면 브랜드에 대한 나쁜 영향이 줄어들게 한다. BMW의 경우 가격 할인보다는 차량용 전화기를 제공하는 편이 낫다. 자전거 제조업자는 공기주입기나 헬멧을 주면 된다. 선물의 품질이 적절하다면 브랜드 이미지는 강화될 것이다.

그렇다면 어떤 종류의 선물을 선택해야 할까? 월터 톰슨(J. Wlater Thompson) 광고 회사 연구원들은 1970년대 초기에 제품 그룹과 관련된 선물과 그렇지 않은 선물을 비교하는 조사를 실시했다. 비누 제품과 관련된 선물(주방 장갑)은 관련이 없는 선물(파이프 담배)보다 효과적이었다. 대부분 여성인 고객들이 파이프 담배를 사용하는 경우가 별로 없었기에 약간 문제가 있는 조사였다.

그러나 유제품 및 샴푸와 관련된 선물(머그컵과 머리빗)은 관련되지 않은 제품(인조 속눈썹 및 꽃씨)보다 효과가 적었다. 따라서 그 브랜드와 선물이 어떤 관련이 있는가 하는 단순한 법칙만 사용해서는 어떤 선물이 가장 좋은지 판단하기가 어렵다.

새로운 승용차 구매자에게 전화기를 주는 식으로 가치를 더하기 위해 고안된 특별한 프로모션이 항상 다수의 고객들에게 어필하는 것은 아니다. 그러므로 현금 할인을 포함한 몇 가지 선택지를 제시하는 것이 하나의 해결책이 될 수 있다. 만약 연상 이미지 강화를 목적으로 하는 프로모션이라면 가치를 더하는 것은 여전히 유용한 방법이 된다.

홍보의 역할

연상 이미지와 브랜드 인식을 창조하기 위해 반드시 많은 비용을 투자해야 하는 것은 아니다. 사실 유료 광고는 신뢰도와 흥밋거리라는 측면을 충족시키기 어렵거나 비용이 많이 들 때가 있다. 잘 짜인 홍보는 이러한 두 가지 문제를 동시에 해결한다.《스키(Ski)》나《스포츠 일러스트레이티드(Sports Illustrated)》같은 잡지 표지에 모델이 파타고니아(Patagonia) 운동복을 입고 등장하는 경우가 있다. 그러므로 자사 제품을 선택해주도록 포토그래퍼들을 설득하기 위해 감사의 편지와 가벼운 상품권을 보내는 것도 홍보의 일환이다. 피오피 사용 등으로 겉표지에 관심을 불러일으킬 방법을 찾기도 한다.

더욱 효과적인 홍보 활동을 위해서는 뉴스밸류가 있는 이벤트나 행사를 이용해도 좋다. 벤앤제리스는 미국 전역을 돌아다니며 무료로 아이스크림을 나누어 주는 재미있는 암소 모양으로 된 컬러풀한 자동차를 운영하기도 했다. 지방 언론 매체들은 그 차가 자기 지역에 왔을 때 보도하지 않을 수 없었다. 브랜드 인식 향상은 물론이고 두 실존 인물이 이 아이스크림을 만들었다는 콘셉트가 강화되었다. 제품에 이름이 붙어 있는 바로 그 두 사람이 차에 타고 있었기 때문이다.

고객을 참여시킴

가장 강력한 연상 이미지를 위해서는 고객들의 생활에 브랜드를 새겨넣을 필요가 있다. 예를 들어 작은 포도주 제조 회사는 고객들에게 무료 시음회를 개최해서 브랜드 강화를 위해 노력한다. 이러한 관람 및 시음회는 직접경험의 기회를 줄 뿐만 아니라 제품의 제조 과정을 알려주고, 즐겁고 재미있는 경험을 선사하면서 다양한 연상 이미지의 일부가 된다.

연상 이미지의 변화

연상 이미지를 변화시키거나 브랜드를 재포지셔닝하는 것은 기존의 연상 이미지가 존재하기 때문에 까다로운 경우가 많다. 기존 연상 이미지와 일관성 있는 연상 이미지일 경우에는 비교적 쉽다고 볼 수 있다. 예를 들어 올 템퍼러처 치어〔All-Temperature Cheer, P&G가 일본 시장에 내놓았던 세탁 세제. 일본 여성들은 본래 차가운 물로 빨래를 했기에 미국 소비자들에게 어필한 '어떤 온도에서나 사용 가능한' 세제는 실패하고 말았다〕에 대해 매년 실시한 추적 조사는 다음과 같은 사실을 알려주었다. 소비자들이 세탁을 위해 물 온도를 바꾸는 경우가 거의 없었으므로 이 제품의 중요한 특성은 전혀 쓸모가 없었다. 회사는 '찬물에서 이보다 더 좋은 건 없다'는 새로운 캠페인을 시작했다. 이러한 새로운 주장은 기존의 것과 일치하지 않았다. 각도를 조금 달리하는 것이었다.

재포지셔닝이 기존 연상 이미지와 불일치할 경우 다음과 같은 두 가지 점을 고려해야 한다. 첫째, 기존 연상 이미지는 재포지셔닝을 위한 노력을 방해할 수 있다. 둘째, 재포지셔닝에서 소외되는 것 중에서 가치 있는 세부시장이 존재할 수 있음을 명심해야 한다. 예를 들어 시어스나 와즈(Ward's) 같은 기존 이미지에서 벗어나 한 단계 높은 품질의 백화점으로 업그레이드하려는 J. C. 페니 백화점의 노력에 대해 생각해보자. 그들은 반호이젠(Van Heusen) 같은 전국적 브랜드를 더 많이 취급하고, 유행에 민감한 제품들을 판매했으며, 트렌디한 흑백 광고를 제작하고, 이벤트 행사를 통해 블루밍데일과 경쟁했다. 또 세일을 줄이고, 탈의실 위치를 개선했으며, 패션 컨설턴트를 고용했다. 페니 백화점이 오랫동안 만들어왔던 강한 연상 이미지에 대응하기 위해서는 모든 단계의 운영과 관련된 실질적이고 값비싼 노력이 필요했다.

기존 고객에 민감하게 반응해야 할 필요성은 변화를 위한 노력에도 영향을 미쳤다. 첫째, 오래된 제품 진열 선을 유지해야 했을 뿐만 아니라 이를 확실히 하기 위해 매장 안에서 고객들이 길을 잃지 않도록 통로를 위한 공간을 충분히 확보했다. 둘째, 광고 매체가 될 우편물을 두 배로 늘렸는데 이로써 오래된 고객들을 더욱 정중하게 대우할 수 있었다. 셋째, 고객들에게 거슬리지 않는 부드러운 카탈로그를 제작했다.

5. 연상 이미지의 유지

마케팅 계획과 외부적 요인이 요구하는 것들에 직면했을 때, 때로는 연상 이미지를 유지하는 것이 새로 창작하는 것보다 어려울 때가 있다. 이때 중요한 가이드라인은 다음과 같다. 첫째, 오랫동안 일정해야 한다. 둘째, 마케팅 프로그램에 대해서도 일관성이 있어야 한다. 셋째, 피해를 최소화하기 위해 위기관리를 잘해야 한다.

오랜 기간 일정할 것

연상 이미지를 바꾸는 것은 가능한 일이고 때때로 필요한 일처럼 보이기도 한다. 그러나 이러한 작업은 어렵고 많은 비용이 소요되며 때로는 낭비인 경우가 있다.

오랜 기간 양성된 연상 이미지는 새로운 연상 이미지를 강조하면 없어지기도 한다. 그러므로 경우에 따라서 연상 이미지의 변화는 낭비일 수도 있다. 도브 비누가 모이스처를 이용한 연상 이미지에 투자한 사실을 고려해보면 잘 알 수 있다. 만약 도브가 모이스처로는 부족해서 매력적인 손 같은 다른 연상 이미지를 사용한다면 그것은 새로운 메시지가 된다. 이로써 거대한 자산이라 할 수 있는 모이스처 연상 이미지를 점차 잃게 된다.

연상 이미지 세트의 많은 측면들은 브랜드 이면의 마케팅 노력이 계속 집적된 것이라고 볼 수 있다. 광고, 프로모션, 포장 등을 통해서 일관성 있는 포지셔닝 전략을 오랫동안 지속할 때 그 브랜드는 강해질 것이다. 도브, 말보로, 아메리칸 익스프레스 여행자 수표, 맥도날드 햄버거 같은 브랜드들이 전하는 일관된 메시지를 생각해보자. 반대로 포지셔닝이 바뀌면 변화 이전에 광고에 투자했던 비용은 가치 없는 것이 되어버린다.

만약 광고가 잘 적용된다면 계속 고수하라. 포지셔닝 전략에 자주 싫증을 느끼는 광고주라면 광고를 해결책으로 삼으려 하면서 광고의 변화를 고려할 것이다. 그러나 브랜드가 갖는 개성이나 이미지는 사람의 그것과 같이 오랜 기간에 걸쳐서 형성되는 것으로 오랜 시간 쌓아올린 일관성의 가치를 결코 간과해서는 안 된다. 아주 성공적이고 많은 비용을 들인 몇몇 캠페인은 10년, 20년 또는 그 이상 계속할 필요가 있다. 가장 비효율적인 방법 가운데 하나는 매년 다른 캠페인을 벌이는 것이다.

흔히 새로운 연상 이미지 세트를 창작하는 과업을 과소평가하는 실수를 저지른다. 또 다른 실수는 고객들이 현재의 광고나 포지셔닝에 식상하지 않을까 하는 우려 때문에 모든 것을 새롭게 변화시킬 필요가 있다고 느끼는 것이다.

마케팅의 여러 요소에 대한 일관성 유지

마케팅 프로그램이나 제품 생산 라인의 변화를 시도할 때의 위험성 가운데 하나는 연상 이미지에 영향을 줄 수도 있는 분리를 당연시한다는 것이다. 할인매장의 선두 주자라고 할 수 있는 코르베트(E. J. Korvette)에서 그 좋은 예를 볼 수 있다.

유진 페르포프(Eugene Ferfauf)는 1948년, 맨해튼 동부 46번가의 한 블록에 있는 작은 가방 가게에서 코르베트의 문을 열었다. 곧이어 10달러 정도 되는 가정용 기구들을 판매했는데 가게는 연일 고객들로 장사진을 이루었다. 1951년 말에는 다른 거리에 두 번째 지점을 열었다. 그 후 15년 동안 시카고와 세인트루이스에서까지 27개 상점이 문을 열었다. 차츰 신용을 얻게 된 코르베트는 섬유 제품, 최신 유행 제품, 가구, 카펫, 식품까지 판매 물품으로 취급했다.

1965년 코르베트의 매출액은 7억 달러 이상이 되었고, 페르포프는 미국 역사상 가장 훌륭한 상인 여섯 사람 가운데 하나로 저명한 유통학 교수에게 인정받게 되었다. 그러나 그 후 코르베트는 극적 변화를 맞는다. 판매가 떨어졌고 손실이 높아졌다. 유통에서 이익이 될 만한 부문을 찾으려고 몇십 년을 노력했지만 허사였다. 코르베트의 급락에는 몇 가지 원인이 있다. 지리적으로 너무 넓게 퍼져 있어 관리 능력의 부족을 초래했고, 지나치게 빠른 성장을 했으며, 또 너무 많은 종류의 상품을 취급한 것이다. 그러나 가장 중요한 문제는 회사의 이미지를 바꿈으로써 미친 영향이었다.

1950년대 초반 코르베트의 명확한 이미지는 놀랍도록 저렴한 가격 외에도 여러 가지 신호를 통해 창조되었다. 제품 라인에 초점을 맞추었고, 서비스는 거의 없었으며, 상점은 초라했고, 가게도 저렴한 곳에 위치했다. 주요 고객들은 싼 제품을 찾는 사람들이었다. 즉 명확한 '코르베트 느낌'이란 것이 있었다. 그러나 그러한 느낌과 그 이상의 것을 앗아가 버린 변화가 시작되었다. 상점의 고급화와 서비스 향상은 오래된 이미지와의 불일치를 초래했다. 새로운 제품들에서는 명백하게 저렴한 제품이고 소비재라는 이미지가 흐려졌다. 고객에게 매력적이었던 고유한 개념과는 매우 달라진 상점이 되었고 또 그런 느낌을 주었다.

메시지는 일관성을 가져야 한다. 별 볼 일 없는 변화는 용인될 수 있지만 이미지가 일관성을 갖지 않으면 어려움이 발생한다. 고객들이 바뀐 이미지에 맞추기 위해 많은 노력을 해야 하기 때문이다.

브랜드 에쿼티 보호를 위한 조직의 사용

때때로 경영자들이 단기 성과를 보이겠다는 심한 압박감 때문에 브랜드 에쿼티 같은 회사의 재산을 침해하는 경우가 있다. 프로모션 행위나 대안적 유통은 특별히 위험한 것일 수 있다. 가시적 프로모션은 단기간의 급격한 판매 증가를 불러올 수는 있다. 예를 들면 하나 가격으로 둘을 살 수 있는 헤어크림이나 교향악단 관람권 구매자에게 제공하는 할인권 같은 것이 있다. 리바이 스트로스(Levi Strauss)는 록그룹 순회 공연을 후원하면서 공연 장소나 티셔츠를 제공한 적이 있다. 그러나 한 번 경험한 후에 더는 유사한 프로모션을 하지 않기로 결정했다. 부분적으로는 록그룹의 본질적 특성이 연상 이미지 미치는 영향 때문이었다.

판매 기저를 넓히기 위해 유통망을 확대하는 것은 판매를 극적으로 증대할 수 있는 또 다른 방법이다. 편의점이나 약국의 큰 체인을 확보하는 것은 백화점이나 전문점에 의존했던 브랜드의 판매를 급격히 증대시킨다. 그러나 새로운 유통망은 브랜드 에쿼티의 기초가 되는 연상 이미지를 약화하거나 해로운 연상 이미지를 창조할 수도 있다. 허용되어서는 안 될 행동들을 찾아내는 것도 에쿼티를 보호하기 위한 방법 가운데 하나다.

예를 들어 게토레이는 고가 정책을 유지하면서 할인 프로그램이나 프로모션을 절대 실시하지 않았다. 뿐만 아니라 허용되는 것과 허용되지 않는 프로모션의 형태를 명시했다. 또한 게토레이는 남성적 이미지를 갖춘다는 전제하에 골프나 야구 대신 미식축구와 하키 등이 연상되도록 했다. 썬키스트는 태양과 건강에 대한 연상 이미지를 강화한 프로모션만을 받아들이는 정책을 유지했다.

프로모션 과정은 그러한 정책을 뒷받침하고 지원하는 자리에 있어야 한다. 그러므로 새로운 프로모션은 이로 인한 연상 이미지 자체가 뜻하는 것이 무엇인지, 그리고 가능하다면 브랜드 연상에 어떤 영향을 미치는지 검증해보아야 한다. 이상적으로는 브랜드 연상을 정기적으로 측정할 수 있는 표준 절차(standard procedure)가 있다. 이 같은 절차는 프로모션에도 적용될 수 있다. 단, 프로모션이 바람직한 연상 이미지를 가질 때에만 고려할 수 있을 것이다.

물론 프로모션이 갖는 연상 이미지 세트와 이들 프로모션의 연상 이미지가 브랜드에 전이된 것은 구별이 가능하다. 후원자와 분리된 연상 이미지를 가지는 록그룹도 있을 수 있는데 이들은 거의 아무런 이익도, 손해도 끼치지 않는다. 전이가 일어날 듯하다면 판단을 해야 할 필요가 있다. 프로모션 상황에서의 브랜드에 대한 연상 이미지 테스트는 충분히 섬세하지 않을지도 모른다. 프로모션이 받게 될 노출의 강도를 반영할 수 없기 때문이다. 프로모션에 허구의 브랜드 네임을 연결하고 그로 인한 연상 이미지를 프로모션과 연결되지 않은 또 다른 허구의 브랜드 네임이 일으키는 연상 이미지와 비교함으로써 더욱 섬세한 테스트를 할 수 있다.

조직적 배려

많은 회사에서 브랜드 관리자는 단기간에 재정 성과를 보여주어야 한다는 심한 압박감을 느낀다. 담당한 브랜드의 재정 성과가 좋을 때 승진이 빠른 관리자라면 몇 년 안에 승진하거나 이동하는 경우도 흔하다. 따라서 그들의 시간 프레임은 2~3년 정도 혹은 몇 달에 불과할 경우도 있다.

대부분의 기업에서 브랜드 손상을 가져오는 단기 압력에서 보호하기 위한 메커니즘은 최고경영자의 관리다. 규칙적으로 브랜드 계획을 평가함으로써 브랜드의 장기간의 건강성에 위해가 될 만한 계획을 변경하거나 완전히 사장할 수 있다. 그러한 관리를 통해 두 가지 문제가 발생한다. 첫째, 최고경영자들은 여전히 단기간의 재정 성과를 위해 종종 압력을 가한다. 따라서 공세적으로 브랜드를 방어하는 자세는 브랜드 관리자들과의 동기부여 관계를 약화시킨다. (최소한) 판매, 점유율, 이윤의 향상을 위해 압력을 가하면서 연상 이미지를 약화시킨다는 판단 아래 프로모션을 없애는 것은 어리석은 일이다. 둘째, 관리는 임시방편인 경향이 있다. 모든 프로그램과 계획이 적절한 방법으로 관리받을 것이라는 보장이 없다.

여러 회사가 실시하는 부분적인 해결책들 가운데 하나가 소비재 회사 콜게이트 파몰리브(Colgate-Palmolive) 그리고 음료 회사 캐나다 드라이에서 하듯이 브랜드 에쿼티 관리자를 갖는 것이다. 그러한 직책에서는 브랜드 에쿼티를 보호하는 데 초점을 맞출 수 있다. 그(또는 그녀)는 브랜드 에쿼티를 주기적으로 측정하는 임무를 지니며, 브랜드 에퀴티가 좀먹고 있다는 신호를 찾아내고, 브랜드 담당자가 제안하는 여러 가지 프로그램을 결재함으로써 브랜드 연상에 영향을 미칠 잠재력을 갖는다.

♛

6. 위기관리

어떤 브랜드가 맞이할 수 있는 가장 극적인 손상은 브랜드 이미지와 브랜드 에퀴티에 영향을 미치는 위기다. 이런 예는 수없이 많다. 아우디 5000, 스즈키 사무라이(Suzuki Samurai), 크라이슬러, 타이레놀, 네슬레(Nestle)와 AT&T 등의 사례를 들어보자. 이들의 예에서 손상을 최소화하기 위해 시행되었던 접근 방법은 상당히 교훈적이다.

아우디 5000

아우디 5000은 1978년 이후 제작된 차로서 '급가속'이 문제가 되어 여론이 좋지 않았다. 급기야는 1986년 11월, CBS 방송국이 〈60분(60 Minutes)〉이라는 프로그램에서 이에 대해 다루게 되었다. 이때 아우디는 차 자체에 문제가 있는 것이 아니라 미국 운전자들이 잘못 다루었기 때문이라는 주장으로 방어했다. 결과적으로 상황은 전혀 나아지지 않았다. 아우디 5000의 매출은 1985년 7만 4,000대에서 1989년 2만 1,000대로 급격히 감소했다. 그 후 아우디 5000은 디자인을 바꾸었는

데 그제야 문제가 해결되었다. 그럼에도 본래 디자인에 결함이 있었다는 사실을 인정하지 않았기 때문에(아니면 그들의 주장대로 결함이 없을 수도 있지만) 완전한 신뢰감을 주지는 못했다.

1989년이 되자 판매 저하가 느려지고 있다는 증거가 나타났다. 아우디는 다음과 같은 두 가지 프로그램을 제공함으로써 명성에 결함 있는 차를 소유하는 데 따른 위험성을 감소시켜주었다.

첫째, 낮은 월 할부금으로 3년간 대여를 포함한 '3년 시험주행', 둘째, 2년 동안 경쟁 차종인 BMW, 메르세데스 벤츠, 볼보 모델과 동일한 중고 가격을 보장하는 '재판매 가치 보장' 프로그램이다. 이 두 프로그램 모두 '급가속' 논쟁이 야기한 브랜드 이미지에 대한 손상을 만회하기 위해 값비싼 대가를 지불한 것이었다.

스즈키 사무라이

스즈키의 스포츠용 차량으로서 성공한 사무라이는 1986년 6월,《컨슈머 리포트(Consumer Reports)》가 개최한 기자회견에서 한쪽으로 쏠리는 경향이 있다는 공격을 받았다. 그런데 같은 차종을 가진 경쟁사 제품 역시 똑같은 결함을 갖고 있었다. 스즈키 사무라이는 며칠 동안 자동차 전문 잡지 열 군데에서 증언을 발췌한 광고를 집행했다. 경쟁 차종을 가지고 《컨슈머 리포트》에서 했던 '스즈키 사무라이 실험'과 똑같은 실험을 해서 쏠리는 경향을 보여준 테이프를 제출하는 사람에게는 상금 2,000달러를 제공한다는 내용이었다. 그러면서 10년 이상 연구해온《컨슈머 리포트》의 차량 전복 기준을 널리 알리기 위해서 사무라이를 가지고 마치 특종기사인 것처럼 꾸민 이 잡지를 비난했다. 두 달 후 깊은 불황에 빠졌던 차량 판매는 차츰 회복이 되었지만 그 여파는 몇 년 동안 계속되었다.

스즈키 자동차에 호의를 가졌던 고객들은 아무래도 젊고 모험을 즐기는 층이었다. 광고의 주제는 '자라고 싶지 않은 운전자를 위해'였으며, 한 무사가 사무라이 자동차를 타고 낚시터 같은 곳으로 사라지는 장면을 보여주었다. 이 광고의 배경에 있는 슬로건은 '어른이 되려면 충분한 시간이 있지 않은가?'였다.

크라이슬러

크라이슬러의 간부가 주행된 자동차의 오도미터〔odometer, 주행 거리계〕를 빼돌리다가 적발되었다. 리 아이아코카(Lee Iacocca) 회장은 광고에서 "이제 그런 일을 하지 않겠다"고 공언했으며, 소비자들에게는 보상을 해주고 즉시 그러한 관행을 중단시켰다.

타이레놀

누군가가 모종의 극약을 타이레놀 캡슐 용기에 집어넣었다. 제조사 존슨앤존슨(Johnson&Johnson)은 모든 제품을 수거했으며 쉽게 뜯기지 않게 포장을 새로 디자인한 후 다시 제품을 시판했고 그럼으로써 문제를 고치기 위한 가시적인 노력을 보여줄 수 있었다. 또한 적극적인 광고와 프로모션을 시행했다. 그 사건이 있고 6개월 후에는 타이레놀은 기존 시장점유율의 95%를 회복했다.

네슬레

1975년, 유아용 식품 회사인 네슬레의 제3세계 마케팅에 대한 비난이 최고조에 달했으며 독일에서 출간된 어느 책에서는 '유아 살인자'라고 네슬레를 몰아붙이기도 했다. 네슬레는 출판사를 상대로 한 재판에서 이겼다. 하지만 고객을 대상으로 적극적인 대중 홍보를 전개했음에도 회사가 좋은 일을 해왔으며 해로운 일을 하지 않았다는 사실을 사람들에게 확신시키는 데 실패했다. 그 결과 거의 5년 동안 대규모 불매 운동이 지속되었다. 훗날 네슬레는 마케팅 프로그램에 중요한 수정을 가했다.

네슬레는 간호사를 시장에 직접 파견해서 제품과 건강의 연상을 꾀하거나 병원에 무료 샘플을 나누어 주었다. 비평가들은 네슬레가 자신의 제품과 의사 또는 병원을 연관 짓는 것은 나쁜 일이라고 비난했다. 더욱이 그들은 네슬레가 모유를 먹이지 못하도록 한다면서 어린이 책자를 포함한 모든 프로모션을 무시하거나 중요성을 깎아내렸다. 그런데 실상은 몇몇 고객들이 좋지 못한 물과 잘 소독되지 않은 병을 함께 사용했기에, 즉 나쁜 물과 소독 안 된 병이 결합되어 유아 사망에 이르게 했던 것이다. 그 영향을 받은 고객들은 모유를 먹일 수 있

었고 먹여야 했다. 물론 앞에 나온 특수한 예외를 제외하고 대부분의
사용자에게 그 유아용 분유는 전적으로 괜찮은 것이었다.

AT&T

AT&T가 '올바른 선택'이라는 슬로건으로 품질과 신뢰도 경쟁을 하고
있을 때 컴퓨터 소프트웨어가 고장이 나버렸다. 그 결과 하루 종일 고
객들 가운데 절반가량이 전화를 걸지 못했다. AT&T는 잘못을 인정하
고 고객에게 사과했으며, 문제를 설명하고 수리를 했다. 또 고객을 위
한 디스카운트 데이를 정해서 실행했다. 하지만 경쟁자들은 이 기회
를 놓치지 않고 '만약 당신의 장거리 전화에 문제가 생긴다면'이라는
주제로 광고를 내보냈다.

위기 대응

모든 회사는 사고에 그리고 그 불운을 이용하려는 경쟁사들에 취약하
다. 그러나 (피할 수 없다면) 재난과 탐욕스러운 사업가의 강탈 모두 완화
시킬 방법이 없는 것은 아니다. 일반적으로 재난을 다루는 가장 좋은
방법은 그 재난을 피하는 것이다. 이를 위해서 제품이 오용되거나 프로
모션이 잘못 해석되었을 때 일어날 수 있는 가장 나쁜 경우를 상정해보
면 유익할 것이다. 시나리오가 준비되어 있다면 그러한 일이 일어날 가
능성을 줄이도록 행동할 수 있다. 예를 들면 사무라이의 불안정은 잘

알려져 있다. 더 나은 디자인은 그 차에서 다른 (사실상 거의 비슷한) 경쟁 차종에 비해 잘못이 일어날 가능성을 낮춰준다. 소책자 등의 자료는 소비자가 위험성을 인식하고 더욱 주의해서 운행하도록 돕는다.

방어를 위한 두 번째 방법은 조기 탐지로 문제의 확대 이전에 조치를 취하는 것이다. 네슬레와 아우디의 경우 그전에 많은 경고가 있었을 것으로 보인다. 재난 발생 몇 년 전부터 갖가지 불편함이 쌓여왔다고도 볼 수 있다. 초기에 가능한 조치들을 취했다면 아마도 손해를 격감시킬 수 있었을 것이다.

나쁜 평판이 발생하면 그 지속 기간을 단축하는 것이 목표가 되어야 한다. 핵심은 먼저 문제를 인정한 다음에 바로잡는 것이다. 이는 되도록 설득력 있고 빠르게 해야 한다. 타이레놀의 사례는 기민한 동작이 실제 재난을 제어하는 데 얼마나 중요한지 보여주었다. 네슬레와 아우디처럼 자기들 주장이 옳다고 주장했다면 실제로는 그 말이 맞을지라도 논쟁의 연장이라는 결과만을 초래했을 것이다. 그러나 크라이슬러처럼 실수를 즉시 인정한다면 비평가들로서도 더 이상 할 말이 없다.

몇몇 사례들에서 보았듯이 올바른 접근법은 비평을 받아들이고, 사무라이의 경우처럼 별로 대수롭지 않은 문제라고 고객들을 설득하는 것이다. 그러한 반응은 빠르고 강력해야 한다. 사무라이는 불과 며칠 만에 《컨슈머 리포트》에서 암시하는 것과는 달리 경쟁사들도 같은 문제를 가지고 있다는 생생한 증거를 고객들 스스로가 제시하게끔 하는 것으로 대응했다. 그러나 이 같은 대응 전략은 중대한 위험 부담을 안고 있다. 이런 방식은 사람들에게 와 닿고 영향을 미치는 데 효과적이기는 하지만 많은 고객들이 문제만을 기억하고 그 해결에 대해서는 기억하지 못할 가능성이 높다.

네슬레는 탄탄한 주장을 펼쳤으나 미국교사연합, 미국교회연합 같은 반대론자들과 싸운 것은 커다란 실수였다. 실제로 1982년 상반기 6개월 동안 《워싱턴 포스트(The Washington Post)》는 네슬레를 비판하는 91건의 기사를 실었다. 네슬레가 4년에 걸쳐 정교한 대중 홍보와 교육적 노력을 했음에도 이 같은 소나기 비판이 쏟아졌던 것은 마케팅 정책을 변경할 필요성을 보여주는 좋은 예라고 할 수 있다. 네슬레의 사례는 대중 홍보를 위한 노력이 비효과적일 뿐만 아니라 엄청난 불행을 초래할 수도 있다는 것을 보여준다.

생각 정리 질문

1. 귀사의 브랜드가 개발해야 할 일차적 연상 이미지와 이차적 연상 이미지는 무엇인가? 그 연상 이미지들은 브랜드 속성 및 기존 브랜드의 지각에 대해 서로 일관성을 갖는가? 그러한 연상 이미지들은 차별화 지점을 나타내는가? 고객이 구매해야 할 이유를 제공하는가? 사용 경험을 혁신하여 부가가치를 창출하는가? 모든 연상 이미지가 정말로 유용한가?
2. 바람직한 연상 이미지들 각각에 중요한 신호는 무엇인가? 예상

치 못한 신호나 바람직하지 못한 신호가 존재하는가? 바람직한 연상 이미지를 확립하고 강화하려면 무엇을 해야 하는가? 브랜드 연상은 홍보, 이미지 강화 프로모션, 라이선싱에 어떻게 활용되는가? 브랜드 연상을 사람, 장소, 이벤트와 연결하는 것은 어떨까?

3. 브랜드 연상에 영향을 미치는 마케팅 프로그램은 시간이 흘러도 일관성이 있는가? 그 마케팅 프로그램의 전반적 요소들에 있어서는 어떠한가?

4. 브랜드 에쿼티를 향상할 수 있는 프로모션은 무엇인가? 뉴스 밸류가 있고 홍보 활동을 지원하는 브랜드와 관련되는 요소가 있는가?

5. 조직에서 브랜드 에쿼티의 개발 및 보호에 책임을 지는 사람은 누구인가? 그 사람은 어떤 상충되는 목표를 가지는가? 브랜드 에쿼티에 손해가 될 가능성이 있는 프로모션이나 여타 활동에서 브랜드를 보호할 시스템이 마련되어 있는가? 브랜드 에쿼티 관리자가 필요한가?

6. 어떤 재난 시나리오가 만들어질 수 있는가? 어떤 프로그램이 그러한 재난의 발생 가능성을 줄이거나 피해를 최소화할 수 있는가?

8장

브랜드 네임,
심벌, 슬로건

이름에는 무엇이 담겨 있는가? 장미를 다른 이름으로 불러도 장미를 부를 때와 똑같은 향기를 느낄 수 있을 것이다.

—윌리엄 셰익스피어

셰익스피어의 주장은 틀렸다. 장미를 다른 이름으로 부른다면 똑같은 향기를 느낄 수 없다. 이것이 향수 마케팅에서 네이밍을 가장 중요한 결정으로 생각하는 이유다.

—알 리스(Al Ries)＆잭 트라우트(Jack Trout)

아이디어의 깊은 뜻은 심벌을 통해서가 아니면 전달될 수 없다.

—새뮤얼 테일러 콜리지
(Samuel Taylor Coleridge, 시인 겸 평론가)

♛
1. 폭스바겐 이야기

1968년 폭스바겐 비틀('버그Bug'라고도 불린다)은 미국에서 42만 3,000대가 판매되었는데 단일 자동차 모델로는 최고의 판매 기록이었다. 조그만 독일산 수입 자동차가 수립한 이러한 기록은 포드 모델 T(Ford Model T)의 기록을 능가하는 것이었다.

비틀은 역사적으로 볼 때 미국 시장에서 아마도 가장 성공적인 심벌을 개발한 사례로 평가받을 수 있을 것이다. 그 독특한 모양은 거의 20여 년을 광고에서, 문화에서, 길에서 건재해왔다. 나타났다 사라져버린 수많은 자동차 모델과는 달리, 쉽게 알아볼 수 있고 상징적 가치도 큰 자동차로 평가된다.

비틀의 이미지

1950년대에 비틀은 튼튼하고 신뢰감을 주는 경제적인 자동차로 알려졌다. 이러한 긍정적 이미지를 가질 수 있었던 것은 비틀이 우수한 디자인과 뛰어난 서비스, 효율적 부품 공급 시스템을 갖춘 자동차였기 때문이다. 초기에는 주로 전후 독일에서 이 차를 경험한 적이 있는 미국 육군들이 판매를 촉진했다. 1950년대 후반에는 연간 판매량이 10만 대를 넘어섰다. 내구성과 성능 면에서 놀라운 자동차라는 사실이 입소문으로 널리 퍼졌기 때문이다. 물에서도 뜬다는 독특한 성능은 물에서 경주도 가능하다는 식으로 확대되면서 많은 이야깃거리를 만들어냈다. 급기야는 두 용감한 사람이 비틀을 타고 영국해협 횡단을 시도하기도 했다.

비틀은 크고, 힘이 세고, 비싸고, 유지비가 많이 들고, 기름을 많이 소비하고, 호화로웠던 수많은 기존 자동차와는 뚜렷하게 대비되는 자동차로 인식되었다. 즉 작고, 단순하고, 경제적이고, 신뢰감을 주는 못생긴 자동차로 뚜렷하게 지각된 것이다.

1960년대 이르러 비틀은 소유자의 유형과 라이프스타일을 대변하게 되었다. 비틀 소유자는 물질주의(materialism)나 지위 상징(status symbol)에 연연해하지 않는 사람들이다. 그들은 못생기고 촌스러운 자동차를 운전함으로써 독립심을 나타내고자 했다. 한때 비틀 소유자들은 마주치면 서로 경적을 울려 동질된 소속감을 나타내기도 했다.

1960년대 비틀의 문화는 도일 데인 베른바흐(Doyle Dane Bernbach,

이하 'DDB')가 제작한 광고를 통해 개발되기 시작했다. 1960년에 처음 등장한 그들의 인쇄 광고는 자극적인 헤드라인 위 커다란 자동차 사진을 상징적으로 보여준다. 그중 하나는 '불가능한(Impossible)'이라는 헤드라인과 함께 라디에이터도 없이 스팀이 나오는 장면을 보여주고 있다(비틀은 엔진이 뒤에 달린 공랭식air-cooled 자동차다). 펑크 난 타이어 그림 밑에 '완전한 사람은 아무도 없다(Nobody's perfect)'라는 헤드라인이 달린 광고도 있었다. 또 '추함은 피상적인 것일 뿐이다(Ugly is only skin-deep)'라는 헤드라인 밑에 비틀의 장점을 열거한 광고도 있었다. 그중에서도 가장 고전적인 것은 '작게 생각하라(Think small)'와 '고물 차(Lemon)'였다(그림 8-1 참조).

비틀의 많은 광고들은 제품을 깔보는 듯한 기발한 접근 방법을 사용한다. 고물 차라는 말은 비틀에게조차 극단적으로 여겨지는 표현이다. 광고에 게재된 자동차에 조그마한 흠집(앞좌석 글러브 박스의 크롬 도금이 벗겨졌다)이 있었는데 전체 3,389명이나 되는 공장 검사자 중 한 사람이 발견했다는 내용이다. 이러한 철저한 품질 검사 덕분에 폭스바겐 차는 내구성이 뛰어나고 유지비가 적게 든다고 설명하면서 광고는 끝을 맺는다.

텔레비전 광고도 인쇄 광고와 마찬가지로 불손하고, 유머러스하고, 자기 비하적인 내용을 담고 있었다. 초기 텔레비전 광고 가운데 하나에는 눈보라 치는 밤, 눈 덮인 시골길을 달리는 자동차 앞유리를 카메라가 들여다보는 장면이 나온다. 관찰자가 말한다.

"운전하는 사람은 누굴까? 어디로 가는 걸까?"

그림 8-1 폭스바겐의 전통적 광고
© Volkswagen of America, Inc.(허락하에 재수록).

데이비드 아커의 브랜딩 정석

마침내 차가 멈추고 운전사가 내린다. 그러고는 커다란 건물 문을 열더니 거대한 제설기를 운전하기 시작한다. 이어서 아나운서가 묻는다.

"당신은 제설기 운전자가 어떻게 제설기까지 왔는지 대답할 수 있는가? 이 사람은 폭스바겐을 몰고 왔다."

비틀의 문화는 광고 이외의 것으로도 활발하게 전개되었다. 예를 들면, 자동차 범퍼 스티커('학생 포르쉐 운전자')를 제작했고, 비틀 속에서 태어난 (1년에 20명쯤 되는) 아기들에게 예금 증서를 증정했으며, 비틀에 '사람 많이 태우기'(최고 기록이 103명) 콘테스트를 개최했다. (문 닫는 소리와 엔진 시동 소리로) 〈노란 폭스바겐과 오케스트라를 위한 협주곡 (Concerto for Yellow Volkswagen and Orchestra)〉을 작곡하기도 했다. 비틀에 관한 조크(어느 비틀 소유자가 프런트후드 아래에 있다가 모터가 사라졌다며 소리를 질렀다. 그의 친구가 말했다. "운이 좋군! 그들이 내 트렁크에 스페어 엔진을 넣어 놓았다네")는 셀 수 없을 정도였다. 심지어 비틀을 주제로 한 영화 〈러브 버그(The Love Bug)〉가 제작되어 1969년 영화 흥행에서 큰 성공을 거두기도 했다.

비틀의 심벌

차체의 독특한 모양 자체가 이 자동차의 심벌이 되었다. 의문의 여지 없이 비틀의 심벌은 '비틀 현상'의 중요한 일부분이었다. 첫째, 그것은 당시의 상식적인 시각으로 볼 때 못생긴 자동차 디자인을 대표했다. 따라서 '기존 관습의 거부'라는 이미지를 갖게 되었다. 그러한 이미지의 초점은 비틀 운전자들이 자동차의 멋진 외관에는 관심이 없고, 오직 자동차의 경제성과 신뢰성만을 중시한다는 데 있었다. 둘째, 비틀은 다른 자동차와 뚜렷이 구별된다는 점이다. 20여 년 동안 어떤 경쟁사도 그 독특한 모양을 흉내내려 하지 않았다. 셋째, 그 모양이 풍뎅이 같다는 점이다. 비틀을 보면 누구든 쉽게 풍뎅이를 연상할 수 있었다. 사실 당시의 몇몇 광고들은 오직 모양에만 초점을 맞추기도 했다. 그중 한 광고는 '얼마나 더 오래 당신에게 이 선을 전달할 수 있을까?'(How much longer can we hand you this line?)'라는 헤드라인 위에 비틀의 실루엣을 선으로 그린 그림이었다. 다른 하나는 '어떤 모양은 더 이상의 발전이 어렵다(Some shapes ard hard to improve on)'라는 헤드라인과 함께 달걀 위에 펜으로 비틀의 뒷모습을 그린 그림으로, 많은 인기를 끌었다.

비틀의 상징성이 지닌 위력을 나타내는 하나의 지표는 1990년대의 광고에서도 비틀이 계속 의미 있게 사용되었다는 점이다. 예를 들어 1990년 노스웨스트 에어라인즈(Northwest Airlines) 광고는 풍뎅이 그림과 함께 무료 여행 프로그램을 선전한다. 워드프로세싱 프로그램 폭스라이터(Volkswriter)도 비틀의 이미지를 활용해 값싸고, 단순하고, 사용하기 쉽다는 특성을 전달하려 했다.

비틀의 쇠퇴기

1970년대 초까지 비틀은 미국 시장에서 견고한 위치를 유지했다. 1971~1973년 연간 판매량은 약 35만 대에 달했다. 일본 도요타 자동차보다 약 500달러 정도 비싼데도 1974년 24만 4,000대가 팔려나갔다. 그런데 래빗이 출시되고 나서 비틀의 판매량은 9만 2,000대 수준으로 뚝 떨어졌고, 1975년 이후에는 급격한 시장점유율 하락으로 시장에서 점점 사라지기 시작했다.

비틀이 쇠퇴하고 고객이 래빗으로 이동한 데는 많은 이유가 있다. 디자인 변경과 달러의 약세로 자동차 가격은 1970년 1,830달러에서 1973년에는 거의 3,000달러에 육박하게 되었다. 따라서 경제적인 자동차라는 비틀의 이미지도 상당히 퇴색했다. 닷선과 도요타는 환율 문제에도 아랑곳없이 공격적으로 그리고 성공적으로 소형차 시장을 공략했다. 또 기성세대에 대한 반발을 상징하는 제품들이 많이 출시되어 비틀의 독특한 이미지는 고객들 사이에서 신선함을 잃게 되었다.

그러나 비틀의 심벌은 1975년 당시에도 상당한 힘을 가지고 있었다. 따라서 폭스바겐이 비틀을 너무 성급하게 포기한 것이 아닌가 생각하게 된다. 더욱 지속적인 홍보와 광고, 그리고 어느 정도의 제품 개선이 이루어졌다면 쇠퇴 속도를 좀 늦출 수도 있었을 것이다. 나아가 제조 비용 문제도 효과적인 국제화 전략(생산 비용 문제를 해결하는 방편으로 브라질이나 멕시코에서의 생산을 고려한 적이 없다)을 통해 시간이 흐른 뒤 해결될 수 있었을 것이라는 아쉬움을 남긴다.

새로운 모델 래빗

폭스바겐은 비틀의 명성을 신모델 래빗과 계속 연결하려는 시도를 했다. 그런데 래빗은 실내도 더 넓어졌고, 수랭식(water-cooled, 기계나 시설 등에서 나는 열을 물로 식히는 방식)을 채택했다. 엔진을 앞에 장착했으며, 연비가 우수해 미국 EPA 연비 테스트에서 2위를 기록한 자동차였다. 래빗은 비틀의 공식 계승자로서 재미있는 이름과 달리는 귀여운 토끼 심벌을 붙였으며, 시장에서는 과거의 비틀처럼 단순성과 실용성의 선두 주자로 부각시키고자 했다. 비틀 시대부터 이용해온 DDB 광고가 이러한 전략을 뒷받침했다.

그러나 명성의 이전은 기대했던 것처럼 쉽지가 않았다. 실망스럽게도 래빗 출시 첫해인 1976년의 판매량은 11만 2,000대에 불과했다. 1977~1981년 연간 판매량은 14만 9,000~21만 5,000대 수준이었다. 1982년에는 판매량이 10만 대 이하 수준으로 떨어져, 적어도 당시에는 미국 수입 자동차 시장에서 주요 모델에도 끼지 못하는 수모를 당해야 했다.

래빗은 자주 고장을 일으키는 연료분사기, 털털거리는 에어컨 등 많은 기계적 문제점을 안고 있었다. 이러한 문제점들로 폭스바겐 자동차에 대한 나쁜 여론이 형성된 건 당연한 일이다. 지난 몇 년간 직접 비틀을 구입했을 뿐 아니라 남들에게 적극 추천함으로써 비틀을 지지해왔던 사람들조차 점차 냉담한 반응을 보였다.

래빗에는 이러한 기계적 문제 외에 또 다른 문제가 있었다. 상자 모양으로 된 래빗은 기성세대에 대한 반발이라는 이미지를 투영하지 못했다. 외관도 일본산 자동차와 비슷해 별 특징이 없었다. 출시 초기에는 브랜드의 기술적 우수성을 강조했는데 이 또한 비틀이 전통적으로 고수해온 시장에서의 위치와는 조화를 이루지 못했다. 더군다나 래빗은 비틀이 명성을 잃은 지 1, 2년 후에 나왔고, 가격도 공격적일 정도로 저가는 아니었으며, 특성 면에서도 일본산 자동차에 뒤지는 편이었다.

품질 문제만 없었더라면 래빗이 비틀의 명성을 그대로 계승할 수 있었을지 생각해보는 것은 흥미로운 일이다. 비틀의 신화를 계승하기 위해 폭스바겐은 어떤 일을 할 수 있었을까? 비용 관리와 계속적인 제품 개선이 있었다면 비틀은 생명을 연장할 수 있었을까?

아마도 부러움과 선망의 대상이 되었을 뿐 1960년대 비틀의 신화는 유지되거나 반복되지 못했을 것이다. 어떤 상황이었든지 간에 커다란 논쟁거리가 될 만하다.

♛
2. 브랜드 네임

브랜드 네임은 브랜드 인지도와 커뮤니케이션의 기본이 되는 브랜드의 핵심 지표다. 특히 중요한 것은 브랜드 네임이 그 브랜드가 무엇인지, 무엇을 할 수 있는지에 대한 연상 이미지를 일으킬 수 있다는 점이다. 다시 말해 브랜드 네임은 사실상 브랜드 콘셉트(brand concept)의 본질을 형성한다. 독일의 한 회사는 컨설턴트 크레베 레일(Kroeber-Reil)과 함께 블랙 스틸(Black Steel)이라는 브랜드 네임을 바탕으로 하는 주방용품 라인을 개발했다. 깨끗하고 강하다는 것을 함축하는 이 브랜드 네임은 튼튼함을 보증하는 것이었다. 컴퓨터라는 기계가 그토록 두렵게 느껴지던 시대에 애플 컴퓨터가 애플이 아닌 다른 브랜드 네임이나 모델 700 같은 시그니처를 선보였다면 사용자에게 그토록 친숙한 이미지를 구축할 수 있었을지 의심스럽다.

일단 확립된 브랜드 네임은 새로운 경쟁자에게는 진입장벽 역할을 한다. 벨코(Velco), 호마이카(Formica), 코닥(Kodak) 같은 브랜드 네임의 위력을 생각해보라. 사실 브랜드 네임은 방어하기 어렵고 비용도 많이 드는 특허보다 더 효과적일 수 있다. 기술 혁신과 그 브랜드 네임이 밀접하게 연결되어 있다면 브랜드 네임을 방어하는 것만으로 충분히 기술 방어가 가능하다.

이미 확립된 브랜드는 서브네임(sub-name)을 활용함으로써 이득을 볼 수 있다. 서브네임은 이미 알려진 어떤 특성을 가진 새로운 모델이라는 점을 알게 해주기 때문이다. 머큐리 세이블(Mercury Sable)이 하나의 예가 될 수 있다. 또 서브네임은 어떤 공통된 특성을 갖는 모델의 집단을 나타낼 수 있다. 볼랜드(Borland)의 컴퓨터 소프트웨어인 터보(Turbo) 시리즈(Turbo Pascal, Turbo Basic, Turbo C, Turbo Assembly 등)를 생각해보라. '터보'라는 이름은 중요한 특성과의 연상 이미지를 가지고 있기 때문에, 실제의 성가를 높이는 데도 매우 효과적이다.

브랜드 네임의 개발은 매우 중요하기 때문에 소수의 내부자가 참여하는 브레인스토밍에 의존해서는 안 된다. 제품 개발과 광고 개발에는 관련 실무자 전원이 참여해 자유롭고 창의적인 분위기에서 의견을 개진한다. 브랜드 네임 개발에도 똑같은 노력이 필요하다. 브랜드 네임은 다른 마케팅 요소보다 수명이 길다. 포장, 가격, 광고의 주제 같은 것들은 브랜드 네임보다는 쉽게 바뀔 수 있다.

브랜드 네임을 창출하고 선택하는 과정은 체계적이어야 하고, 되도록이면 객관적이어야 한다. 전문 업체를 활용하는 것도 고려할 수 있다. 어떤 경우에도 리스트의 창출과 선정 작업은 정해진 기준에 따라 체계적으로 이루어져야 한다.

리스트 만들기

브랜드 네임 리스트를 만들기 전에 어떤 단어 혹은 구문이 브랜드 네임에 도움이 되는 효과적인 연상 이미지를 나타내는지 알면 유용하다. 예를 들어 고객이 원하는 비디오테이프를 집에 배달받거나 찾아오는 비디오 대여 서비스업의 브랜드 네임을 정하려 한다고 생각해보자. 빌리고 싶은 비디오테이프가 있으면 우선 카탈로그를 보고 마음에 드는 가게에 전화를 걸 것이다. 좋은 연상 이미지는 신속, 배달, 제품 다양성, 편리함, 쉬움, 친절함, 영화, 비디오, 렌털, 능숙함, 집에서 선택 가능, 급행, 배달 트럭, 카탈로그에 의한 주문 등일 것이다. 이러한 연상 이미지는 단어 연상 기법을 통해 더욱 확장될 수 있다. 참석자들에게 이미 확보된 단어를 제시하고, 그 단어를 보거나 들을 때 가장 먼저 새롭게 떠오르는 단어를 적도록 하는 방법이다. 이러한 연상 이미지를 통해 제시되는 단어들은 다음과 같은 방법으로 하나의 브랜드 네임 리스트에 오를 수 있다.

- 단어의 결합 : 비디오 익스프레스(Video Express), 무비 트럭(Movie Truck)
- 단어의 일부분끼리의 결합 : 렌티비디오(Rentivideo)
- 각각의 상징물을 고려 : 팝콘 비디오(Popcorn Video)
- 운(rhymes)을 사용 : 그루비 무비(Groovy Movie)
- 유머를 사용 : 세실 비 비디오(Cecil B. Video)
- 접두사와 접미사 사용(poly, omni, vita, ette, dyne, lite, syn, ad, ix, vita, ada 등) : 무비에뜨(Moviette)

사물을 묘사하는 어떤 단어의 집합도 대안이 될 수 있다. 아래 단어들이 그 예시이다.

- 동물 : 쿠거(Cougar, 퓨마), 그레이하운드(Greyhound), 삵(Linx), 보브캣(Bobcat)
- 꽃/나무 : 참나무(Oak Tree), 빨간 장미(Red Rose)
- 인물 유형 : 커버 걸(Cover Girl), 기술공(Craftsman)
- 인물 : 포드(Ford), 레지스(Regis), 휴렛팩커드(Hewlett Packard)
- 형용사 : 빠른(Quick), 깨끗한(Clean)

데이비드 아커의 브랜딩 정석

은유적 표현은 브랜드 네임과 슬로건의 풍부한 원천이 된다. 은유라는 것은 두 개념의 유사성을 비추어보아 하나의 개념을 나타내는 단어나 문구를 다른 개념의 위치에 사용하는 것이다. 은유법은 복잡한 아이디어를 간단하게 함축해 전달하는 수단이다. 다이하드(Die-Hard) 배터리가 그 예로, 배터리가 쉽게 죽지 않는 강인한 사람이나 식물 같다는 것을 나타내는 은유다. 데스크톱 퍼블리싱(desktop publishing, 탁상 출판)이라는 은유는 전체 산업을 하나 창조했고, 일반적인 컴퓨터와 프린터 판매를 촉진했다.

네임랩(NameLab) 같은 네이밍 회사는 브랜드 네임을 개발할 때 형태소를 사용한다. 형태소는 그 자체로는 의미가 없지만 그들로 인해 마음속 이미지가 떠오르게 할 수 있는 약 6,000여 개의 단어 조각으로 이루어져 있다. 네임랩은 'accurate(정확한)'에서 유래한 'Acura', 'sentry(보초)'에서 유래한 'Sentra', 'geography(지리학)'에서 유래한 'Geo'라는 이름을 제시한 바 있다. 네임랩이 만든 그 밖의 이름으로는 'computer(컴퓨터)'와 'communication(커뮤니케이션)'에서 'com'을, 'compact(간결한)'에서 'paq'을 따서 만든 'Compaq'이 있다. 'pak', 'pac', 'pach' 대신 의도적으로 'paq'을 선택한 것은 외우고 발음하기가 쉽고 특이하기 때문이다. 또한 'wordpaq'이나 'datapaq' 등으로 다른 관련 제품에 쉽게 활용할 수도 있다.

기대되는 연상 이미지를 유발할 수 있는 브랜드 네임을 선택해야 한다는 주장과는 배치되는 엠티-베이스(empty-vase) 혹은 블랭크-캔버스(blank-canvas) 이론도 있다. 연상 이미지가 전혀 없는 순수한 브랜드 네임을 사용하라는 것이다. 그랬을 때 제품, 광고, 포장 등을 통해서 브랜드 네임에 의미를 불어넣을 수 있다. 이런 종류의 이름은 사실상 다소 일반적이고 모호하기 때문에 어떤 종류의 제품에도 붙일 수 있다. 코닥, MJB, 웬디스(Wendy's) 같은 브랜드 네임들은 초기에 의미 있는 연상 이미지가 전혀 없는 상태에서 붙여진 것이다.

브랜드 네이밍을 위해서는 몇백, 몇천 개의 리스트가 있어야 한다. 다음 단계는 그 리스트 하나하나를 정해진 기준에 따라 평가하는 것이다. 이때의 평가 기준은 기억하기 쉬움, 유용한 연상, 부정적 연상 배제, 로고나 심벌 제작의 용이성, 법적으로 보호될 수 있음 등이 되어야 한다.

기억하기 쉬운가?

브랜드 네임의 중요한 측면 가운데 하나는 기억의 용이함이다. 그래서 '그것이 기억될 수 있을까?' 하는 질문을 던지게 된다. 인간의 기억 과정은 분명히 매우 복잡하며 심리학과 고객 행동에 관한 많은 연구들은 인간의 기억에 영향을 미치는 요인이 무엇인지에 대한 이론들을 제시한다. 일반적으로 다음과 같은 경우 기억력이 향상된다.

관심 혹은 호기심을 끌 만큼 브랜드 네임이 특이한 경우

찰리(Charlie)는 향수의 이름이라기엔 특이하다. 은행의 브랜드 네임으로 퍼스트 페더럴(First Federal)은 레드 웨건 뱅크(Red Wagon Bank)보다 두드러지지 않는다. 스피디 메일(Speedy Mail)보다는 잽 메일(Zap Mail)이 더 기억하기 좋다.

브랜드 네임이 운, 두운(頭韻), 동음이의, 유머 같은 흥미로운 요소를 가진 경우

코카콜라, 토이저러스(Toys-R-Us, 'R'은 뒤집힌 모양으로 쓴다), 프라이스 오브 히즈 토이즈(The Price of His Toys)처럼 관심을 유발하는 브랜드 네임, 텍사스 체인 소 매니큐어 컴퍼니[The Texas Chain Saw Manicure Company, 잔디 관리 회사의 이름으로 영화 〈텍사스 전기톱 대학살(The Texas Chainsaw Massacre)〉이 연상된다]나 더 매드 부처(The Mad Butcher)처럼 블랙유머를 내포한 브랜드 네임도 고객의 흥미를 끌기에 충분하다.

브랜드 네임이 그림이나 이미지를 연상시키는 경우

애플, 래빗, 쿠거 같은 브랜드 네임은 플렛지, 볼드, 템포(Tempo) 같은 브랜드 네임보다 기억하기 쉬울 것이다. 어느 연구는 일반적으로 추상적 개념에 비해 시각적 이미지가 기억해내기 쉬운 기억 흔적을 제공한다고 주장한다. 이는 시각적 정보가 기억 속에서 더 강한, 더 많은 연상 이미지를 가지는 경향 때문이다. 한편으로는 시각적 정보가 추상적 개념과는 다른 기억 과정에 관여하기 때문이기도 하다.

브랜드 네임이 어떤 의미를 가지는 경우

한 연구에 따르면 어떤 의미가 있거나 제품에 어울릴 때 그 브랜드 네임에 대한 기억이 향상되는 것으로 나타났다. 이러한 연구 결과는 MC

같은 단순한 글자의 결합 혹은 매트리컬(Metrecal, 저칼로리 대용식품) 같은 의미 없는 단어 형태의 브랜드 네임은 불리하다는 것을 의미한다. 그런데 한 가지 흥미로운 사실은 덜 사용되는 단어가 상기(recall)가 아닌 브랜드 인식(recognition) 측면에서는 더 유리하다는 점이다.

브랜드 네임이 어떤 감정을 유발하는 경우

심리학 연구에 따르면 인간의 감정적 측면은 기억에 영향을 미친다. 예를 들면 조이, 카레스, 러브, 마이 신(My sin), 업세션(Obsession) 같은 브랜드 네임은 기억하는 데 도움이 된다.

브랜드 네임이 단순한 경우

다른 조건이 모두 같다면 3음절 단어가 1음절이나 2음절 단어보다 기억하기 어렵다. 브랜드 네임을 기억해야 할 동기가 별로 없는 일반 소비자의 경우 특히 그럴 것이다. 레이드(Raid), 볼드(Bold), 빅(Bic), 지프(Jif), 대쉬(Dash), 코크 같은 브랜드 네임을 생각해보라. 일반적으로, 쓰기 어렵고 발음하기 어려운 단어일수록 기억하고 사용하기도 어렵다.

어떤 종류의 제품인지를 암시하는가?

브랜드 네임은 어떤 종류의 제품인지에 대한 연상 이미지를 불러오는 중요한 역할을 할 수 있다. 연상 효과가 뛰어난 브랜드 네임은 고객의 브랜드 인식과 기억 측면에서도 유리하다. 고 플라이 어 카이트(Go Fly a Kite), 티케트론(Ticketron), 오버나이트 딜리버리 서비스(Overnight Delivery Service), 다이어터이즈(Dietayds) 같은 브랜드 네임은 쉽게 제품의 종류를 연상시킨다. 그런데 브랜드 네임이 어떤 제품을 뚜렷하게 나타낼수록 그 브랜드 네임을 다른 제품에 확장해서 사용하기가 어려워진다. 예를 들면 고 플라이 어 카이트는 연(kite)과 관련된 전문성을 나타내는 특이하고 재미있는 브랜드 네임이다. 그러나 교육용 장난감이나 성인용 게임으로 제품을 다양화하려 할 때 현재의 브랜드 네임은 오히려 불리하게 작용할 수 있다.

아무 의미 없는 음절을 단순히 결합한 단어도 특정 제품에 대한 연상 이미지를 일으킬 수 있다. 무작위로 추출한 문자로 구성한 25개의 단어를 대상으로 제품 연상 이미지를 연구한 바에 따르면 whumies와 quax는 아침 식사용 식품(breakfast cereal)을, dehax와 vig는 세탁용 세제를 연상시키는 것으로 나타난 바 있다.

심벌이나 슬로건을 만들기에 적합한 브랜드 네임인가?

심벌이나 슬로건도 기업의 중요한 자산이 될 수 있으므로 브랜드 네임과의 견고한 연결이 필요하다. 브랜드 네임이 효과적인 심벌과 슬로건을 위한 자극과 지원 역할을 할 수 있을 때 브랜드 네임에 심벌과 슬로건을 연결하는 과업은 그만큼 쉬워진다. 더 스웨잉 팜(The Swaying Farm), 팻 해리즈(Fat Harry's), 더 레드 리본(The Red Ribbon) 같은 이름들은 강력한 심벌 그리고 관련된 연상 이미지를 즉각 제시해주지만, 묘사적이지 않은 이름들은 그렇지 못할 때가 많다.

할렘 세이빙즈 뱅크 오브 뉴욕(Harlem Savings Bank of New York)이 할렘(Harlem)이라는 제한된 지역에서 벗어나고 기존 고객 기반을 확대해 전국적 확장을 꾀하려 했을 때 브랜드 네임이 제약이 되었다. 그들의 이미지 변화를 가능하게 한 발판은 애플 뱅크(Apple Bank)라는 새로운 브랜드 네임이었다. 그 브랜드 네임은 할렘과의 연상 이미지를 단절하면서 무언가 좋고, 건전하고, 순박한 사과에 대한 연상 이미지를 불러일으켰고, 그 은행이 친절하고, 재미있고, 색다른 곳이라는 인상을 주게 되었다. 나아가 이 독특한 브랜드 네임은 도시의 애칭인 '빅 애플(Big Apple)'과도 연결되었다. 또 애플이라는 뚜렷한 심벌, '당신에게 알맞다(We're good for you)'라는 슬로건, "당신의 돈이 애플 뱅크에서 자라고 또 자란다(Your money grows and grows at Apple Bank)", "우리 은행에서 마음대로 선택하라(Take your pick from our branches)" 같은 홍보 문구가 가능케 했다. 애플 뱅크라는 새로운 브랜드 네임을 사용한 후 시장에서의 성과도 급격히 호전되어 브랜드 네임에 대한 신뢰가 더욱 공고해졌다.

'토마토 뱅크(Tomato Bank)'라는 일본 은행은 당연히 토마토를 심벌로 사용한다. 그러고는 "새로운 콘셉트의 은행을 위한 시간이 무르익었다(The time is ripe for a new concept in banking)"라고 말한다. 그들이 토마토처럼 밝고 명랑하다는 의미다.

브랜드 네임이 바람직한 브랜드 연상을 불러일으키는가?

울트라브라이트(Ultrabrite), 더 사일런트 플로어(The Silent Floor), 에어버스(Airbus), 워드퍼펙트(Word Perfect)˙ 같은 브랜드 네임들은 브랜드의 특성을 알려주거나 긍정적인 연상 이미지가 떠오르게 한다. 다음 브랜드들이 어떤 연상 이미지를 일으키는지 생각해보자.

- 렌트어렉(Rent-a-Wreck) : 독특한 형태(못 쓰게 된)의 자동차, 저렴한 가격, 색다르고 유머러스한 경영.
- 혼다 시빅(Honda's Civic) : (연료 소비와 공해를 줄인) 도시적 성향, 도시에서 운전할 때 적합한 자동차(주차하기 쉬운 자동차).
- 밀러의 매그넘 몰트 리큐어(Magnum Malt Liquor) : 강하고 남성스러움.
- 몹앤글로(Mop'n Glow) : 바닥을 깨끗이 함, 빛나는 바닥.
- 헤드 앤 숄더(Head and Shoulders) : 비듬 억제.
- 지, 유어 헤어 스멜즈 테러픽(Gee, Your Hair Smells Terrific) : 머리에 향기가 나게 하는 샴푸.
- 하기스(Huggies, 킴비스Kimbis로 소개되었다) : 꽉 끼지 않으면서 편안하게 잘 맞는 기저귀.
- 스미토모(Sumitomo) : 우정(tomo는 일본어로 우정을 나타낸다).

어떤 특성을 강하게 연상시키는 브랜드 네임의 한계를 우려하는 사람도 있다. 예를 들어 'Compaq'이라는 브랜드 네임은 'compact computer(소형 컴퓨터)'를 나타내는 것으로 느껴진다. 이때 'compact'라는 특성은 분명 부분적으로는 제품 성공에 영향을 미치는 긍정적 요인이다. 하지만 소형이 아닌 일반 데스크톱 컴퓨터 시장에 진입할 때 'compact'라는 연상 이미지는 그렇게 긍정적인 것만은 아닐 것이다. 컴팩은 기존 브랜드 네임에 대한 브랜드 인식 및 그것이 불러일으키는 '고품질'과 '성공적 기술 개발'이라는 긍정적 연상 이미지를 고려해 본래 브랜드 네임 그대로 사용하기로 했다. 하지만 세월이 가면 'compact'라는 연상 이미지가 더는 도움이 되지 못할 게 분명하다.

'렌트어렉'처럼 유머러스하거나, '고 플라이 어 카이트'처럼 영민하거나, '테디베어 스테이셔너즈(Teddy Bear Stationers)'처럼 따뜻하거나, '도우보이 베이커리(Doughboy Bakery)'처럼 호감을 주는 브랜드 네임일 경우 고객에게 긍정적 느낌을 불러일으킨다. 실제로 UCLA의 두 심리학자는 다섯 가지 제품(자동차, 아스피린, 치약, 막대사탕, 손목시계)을 대상으로 실험을 한 바 있다. 제품을 이상적으로 사용하는 상황에서 응답자가 경험하는 느낌을 측정하는 것이었다. 조사에서는 다섯 가지 제품에 여러 다른 브랜드 네임을 붙여가면서 어떤 느낌의 차이를 야기하는지도 측정했다. 그 결과, 적절한 느낌을 일으키는 브랜드 네임에 대한 선호도가 그렇지 않은 경우보다 높은 것으로 나타났다.

단어의 일부분 혹은 글자 하나하나가 연상 이미지에 강한 영향을 미칠 수 있다. 초기의 연구에 따르면 'mal'은 'mil'보다 커다란 물체를 나타내는 것으로 생각되었다. 하나의 단어에서 의미와는 상관없는 소리(sound) 자체가 움직임, 모양, 밝기, 젊음, 성별 등을 나타내는 것도 이와 유사하다. 예를 들어 남성적인 것은 파열음이나 후음과 관계가 있고(Cougar 등), 's', 부드러운 'c', 약한 'f' 등의 사용은 여성적인 것과 관련이 되었다(Caress, Silk-Ease 등).

바람직하지 않은 연상 이미지는 없는가?

하나의 브랜드 네임은 일단의 사람들에게는 올바른 소리로 들리고, 좋은 연상 이미지를 불러일으킬 수 있다. 이들은 어떤 특성을 가진 브랜드라는 맥락에서 그 브랜드 네임을 고려하는 연관된 사람들의 집단이다. 그러나 소박한 보통 사람이 그 브랜드 네임을 처음 들었을 때 어떻게 생각할까? 일례로 유나이티드 에어라인즈가 호텔과 렌터카 사업으로 영업을 확장하면서 새로이 선택한 브랜드 네임은 '충성을 다하는'이라는 뜻의 '얼리전트(allegiant)'와 '방패'라는 뜻의 '이지스(aegis)'를 결합한 '얼리지스(Allegis)'였다. 그러나 충성이라는 주제(loyalty theme)를 선택한 사람들조차 그 브랜드 네임이 서비스업에는 적합하지 않다고 보았다. 추종을 요구하는 '충성도(loyalty)'라는 느낌을 내포한 것으로 생각되었기 때문이다. 게다가 많은 사람들이 이 새로운 이름이 알레르기(allergies)를 의미한다고 받아들였다. 마침내 회사는 호텔 및 렌터카와 함께 '얼리지스'라는 이름을 없애버렸다.

후보로 선정된 브랜드 네임이 어떤 연상 이미지를 불러오는지 알아내는 방법으로 단어 연상 조사가 있다. 선정된 대상자들에게 특정 단어를 제시한 후 제일 먼저 떠오르는 것을 열거시키는 것이다. 물론 그중에는 후보로 선정된 브랜드 네임도 포함되어 있다.

브랜드 네임을 선정할 때 자주 경시되는 요인이 다른 언어와 문화에 미칠 영향이다. 제너럴 모터스의 자동차 노바(Nova)는 에스파냐어로는 '작동하지 않는다(does not work)'는 뜻이다. 통신 상품 '챗 박스(Chat Box)'는 프랑스어로는 '고양이 박스(cat box)'를 뜻한다. 그린 파일〔Green Pile, 일본의 잔디 비료, 영어 pile에는 치질이라는 뜻도 있다〕, 크리프〔Creap, 일본의 커피크림, 너무 싫은 사람을 뜻하는 영어의 creep와 발음이 같다〕, 슈퍼 피스〔Super Piss, 핀란드의 자동차 열쇠 구멍 녹이는 약, piss는 영어로 오줌을 뜻한다〕, 범〔Bum, 스페인의 감자칩, bum은 영어로 부랑자를 뜻한다〕 같은 브랜드 네임들이 미칠 영향을 생각해보자.

다른 브랜드 네임과 뚜렷이 구분되는가?

브랜드 네임을 선택할 때는 먼저 그것이 경쟁자의 제품을 연상시키지는 않는지 반드시 확인해야 한다. 이는 법적인 고려에서뿐만 아니라 마케팅 측면에서도 중요하다. 예를 들어 더 가격이 높은 국제적인 경쟁 업체의 제품과 유사한 패키지(때로는 이름)를 가진 자체 브랜드 식료품점들을 생각해보자. 이들은 정체성 있는 브랜드를 만들고 마케팅 프로그램을 실행할 필요가 있다. 그럼으로써 다른 사람들이 자신이 창조한 자산에서 이득을 보거나 공을 빼앗아가는 일을 막을 수 있기 때문이다.

젤로의 브랜드 개명

막강한 디저트 브랜드였던 젤로는 1970년대와 1980년대에 이르러 쇠퇴의 길을 걷는다. 젊은 세대에게 인지도가 떨어졌고 젊은 엄마들은 그들의 어머니 세대와는 달리 젤로를 이용하지 않았다.

이런 부진을 극복하기 위해서 스낵 크기의 젤로 조각인 지글러(Jigglers)를 개발했다. 손으로 집어 먹기에 너무 딱딱한 지글러는 젤로 네 팩이 필요한 레시피를 포함하고 있었다. 이것이 하나의 해결책이 되었다. 프로모션(프로모션 잡지에서 올해의 프로모션으로 선정되었다)으로 지글러의 노력을 지원했는데 어린이들이 다양한 모양으로 지글러를 만들 수 있도록 지글러 틀을 무료로 제공하는 것이었다. 1990년에만 약 50만 개를 공급했으며, 젤로와 지글러의 틀을 진열하는 특별 진열대 10만 대 이상을 슈퍼마켓에 설치했다. 지글러는 자연식품이라는 젤로의 전통적 이미지에 건전한 놀잇감을 제공했던 것이다. 이러한 전략이 주효해 1990년에는 매출이 10% 늘었고, 이미지도 나아지기 시작했다. 새로운 제품의 성공에 핵심적 역할을 한 것은 지글러라는 브랜드 네임이었다. 이 브랜드 네임은 좋은 시각적 이미지를 가지고 있었고, 즐겁고 행복했던 사람과 시절을 연상시켰으며, 어린이들의 유행어가 되었다. 브랜드 네임은 제품의 특성을 효과적으로 묘사했으며 두운도 젤로와 연결되어 있었다.

법적인 문제는 없는가?

브랜드 네임을 정하는 데 있어서 가장 기본적인 기준이 되는 것이 법적 문제이다. 판촉물을 만들거나 사업을 시작하기 위해 사용한 브랜드 네임에 법적인 문제가 발생하면 사용을 중단해야 하는 경우도 있다. 이는 모든 새로운 브랜드 네임이 내포한 공통된 위험이다. 유니레버가 출시한 엘리자베스 테일러(Elizabeth Taylor)의 '파시옹(Passion)' 향수는 출시 후 55개 매장에서 진열되지 못했다. 같은 브랜드 네임을 가진 경쟁 브랜드가 소송을 했기 때문이다. 새로운 브랜드 네임은 발음이 경쟁사와 법적으로 뚜렷이 구분되어야 하고, 단순히 제품이나 서비스를 묘사하는 것 이상이어야 할 것이다.

이미 상업적으로 사용되는 브랜드 네임을 중복되는 고객층을 가진 경쟁사가 사용할 수는 없다. 따라서 비디오 대여업 브랜드로 제안된 '비디오 익스프레스(video express)' 등의 브랜드 네임은 어떤 도시에서도 사용해서는 안 된다. 그러므로 원하는 브랜드 네임을 정한 후에는 경쟁사가 이미 사용하고 있지는 않은지 조사해보아야 한다. 또 다른 브랜드 네임일지라도 경쟁사와 혼동될 가능성이 있을 때는 사용할 수 없다. 이러한 이유에서 법정은 스케이트 링크에 '롤리팝스(Lollipops)'라는 브랜드 네임을 사용할 수 없다고 판결한 바 있다. 경쟁사의 '젤리빈즈(Jellibeans)'와 혼동될 가능성이 있다는 이유였다.

브랜드 네임은 단순히 제품을 묘사하는 것 이상이어야 한다. 따라서 에어셔틀(Air-shuttle), 컨슈머 일렉트로닉스(Consumer Electronics),

윈드서퍼(Windsurfer), 다이얼-에이-라이드〔Dial-A-Ride, 교통 서비스〕, 비전 센터(Vision Center) 같은 브랜드 네임들은 단순히 제품이나 서비스를 묘사하는 것이기 때문에 법적 보호를 받을 수 없다. 저칼로리 맥주에 '라이트(Lite)'라는 브랜드 네임을 처음으로 사용한 밀러는 엄청나게 노력을 했지만 법적 보호를 받을 수 없었다. 법원은 '라이트'는 묘사적이고 총칭하는 단어 '라이트(Light)'에 해당된다는 태도를 견지했다. 따라서 경쟁 업체들은 자유롭게 그 표현을 사용할 수 있었다. 반면 밀러는 최초로 저칼로리 맥주 세부시장에 진입하고도 최초 진입에 따른 절호의 기회를 충분히 활용할 수 없었다. 이와 유사한 또 다른 예로 '코가(Coca)＝콜라(Cola)'를 들 수 있다. 회사의 줄기찬 노력 덕분에 브랜드 네임 전체는 법적 보호를 받게 되었지만 '콜라 열매 추출물을 사용하는 음료'라는 일반 용어로서의 '콜라'라는 표현은 법적 보호를 받을 수 없었다. 그렇게 해서 '펩시콜라', 'RC콜라', '언콜라 드링크, 세븐업(Uncola drink, 7-Up)'같이 '콜라'라는 표현이 들어간 브랜드 네임을 많이 보게 된 것이다.

브랜드 네임을 선정하는 과정에서는 우선적으로 이용 가능한 데이터베이스로 사용 가능한 브랜드 네임을 선정해야 한다. 어떤 맥락에서는 경쟁사의 지역이 넓을 경우(지리적으로 그리고 경쟁사의 관점에서) 상대적으로 사용 가능한 브랜드 네임의 비율은 낮아질 것이다. 그렇지만 잠재적인 법적 문제 때문에 특정 브랜드 네임을 배제할 필요는 없다. 보호된 브랜드 네임에 대한 접근 권한을 얻을 가능성이 있으며, 상표의 강도 또한 매우 다양할 수 있기 때문이다.

선정 과정

일반적으로 선정 과정에는 몇 개의 단계가 있다. 명백히 부적합한 브랜드 네임을 먼저 제외하는 단계와 법적인 관점에서 불가능한 브랜드 네임을 제거하는 단계를 거치면, 일반적으로 대략 후보 20~40개가 남는다. 그다음 더욱 세심한 주관적 평가 과정을 거치면 브랜드 네임의 후보를 약 10여 개 정도로 압축할 수 있다. 그때까지 남은 리스트 모두는 철저한 법적 검토를 포함하는 정밀한 조사를 할 만한 가치가 있다.

브랜드 네임의 특성에 관해 더욱 정확한 정보를 얻으려면 고객 조사가 필요하다. 이때 다음과 같은 사항이 포함될 수 있다.

- 단어 연상 : 바람직스럽지 않은 연상 이미지가 있지는 않은가?
- 기억력 테스트 : 가능성 있는 브랜드 네임들을 제시하고 일정 시간이 지난 후 기억할 수 있는 브랜드 네임들을 적어내도록 한다. 이 테스트는 기억하기 쉬운지를 철자의 가능성(spellability)과 함께 살펴보는 것이다.
- 브랜드 평가 : 제품의 종류와 시장에서의 위치라는 면에서 중요한 특성만을 대상으로 한다.
- 브랜드 선호도의 측정 : 브랜드 네임에 따라 선호도에 현격한 차이가 나타나게 된다.

브랜드 네임 선택 기준

제안된 브랜드 네임은 다음과 같아야 한다.

1. 배우기 쉽고 기억하기 쉬워야 한다. 특이하고, 흥미롭고, 의미 있고, 감정적이고, 발음하기 쉽고, 한 글자씩 읽을 수 있고, 시각적 이미지와 관련이 있을 때 도움이 된다.
2. 미래의 사용 가능성에 부합되면서도 그 브랜드 네임이 자주 상기되는 제품군을 제안해야 한다.
3. 심벌이나 슬로건을 뒷받침해야 한다.
4. 지루하거나 사소하지 않은 바람직한 연상 이미지를 암시해야 한다.
5. 바람직하지 않은 연상 이미지를 제안해서는 안 된다 : 진정성 있고, 신뢰감을 주고, 편안하면서도 잘못된 기대를 일으키지 않아야 한다.
6. 독특해야 한다 : 경쟁사 브랜드 네임과 혼동되어서는 안 된다.
7. 법적으로 이용 가능하고 보호받을 수 있어야 한다.

끝으로, 각 브랜드 네임의 강점과 약점, 그것이 브랜드에 미치는 영향을 철저히 조사해야 한다. 이와 동시에 도입기뿐만 아니라 브랜드 성숙기의 마케팅 프로그램 모두를 개발해야 한다.

브랜드 네임의 변경

이미 사용 중인 브랜드 네임이 좋지 않은 연상 이미지를 불러올 경우, 또는 지금의 브랜드 네임으로는 해결할 수 없는 새로운 연상 이미지가 있어야 할 경우 새로운 브랜드 네임이 필요하다. 사실 거의 2,000개나 되는 기업들이 매년 회사 이름을 바꾸는데, 주된 이유는 기존 회사 이름이 기업의 새로운 사업을 반영하지 못하기 때문이다. 회사 이름을 변경한 사례들을 살펴보면 유익한 교훈을 얻을 수 있다.

1985년 인터내셔널 하베스터(International Harvester)는 회사가 '기울어가는 농기계 제조 업체'라는 이미지를 가지고 있다는 것을 깨달았다. 당시 농기계 제조업을 테네코(Tenneco)에 매각하고 당시 미국에서 가장 큰 트럭 제조 업체인 상태였다. 이미지 변화의 열쇠는 '내비스타(Navistar)'(부제는 '인터내셔널 하베스터의 재탄생')로 브랜드 네임을 변경한 데 있었다. 내비스타라는 브랜드 네임은 선도한다는 뜻의 '내비(Navi)'와 별 또는 뛰어난 업적을 나타내는 '스타(star)'를 결합한 것이다. 회사에서는 트럭이나 고객 지향, 공격성, 위험 선호적 기업을 연상시키기 바랐으나 선박이나 우주선의 이미지를 연상시킨 브랜드 네임이었다. 그럼에도 예산 1,300만 달러를 투자해 내비스타 트럭이 언

덕을 힘차게 올라가는 광고를 개발하고 캠페인을 벌였다. 그 결과 놀랍게도 목표 고객의 85% 이상이 광고를 보고 그 내용을 기억했다.

'앨러게이니 에어라인즈(Allegheny Airlines)'는 지역적 한계가 있는 브랜드 네임을 전국적 의미를 띠는 'US 에어(US Air)'로 바꾸었다. 또한 '컨솔리데이티드 푸즈(Consolidated Foods)'는 '새러 리'라는 새로운 브랜드 네임을 채택했다. '새러 리'라는 브랜드 네임이 기업이 하는 일을 나타내지는 못했지만 유명하고, 잘 알려져 있고, 특히 중요한 목표가 될 투자자들이 잘 받아들일 만한 브랜드 네임이었다. 브랜드 네임을 바꾼 후 기업의 주가가 긍정적 반응을 보였다는 사실은 흥미롭다. 아마도 브랜드 네임의 변경을 기업의 비전 혹은 전략의 변화를 나타내는 신호로 받아들였기 때문이리라.

3. 심벌

실제로 대부분의 기업과 제품은 상당히 유사하다. 그리고 차이가 존재한다고 해도 그 차이를 고객에게 효과적으로 전달하기가 매우 어렵다. 이같이 제품과 서비스의 차별화가 어려울 때 심벌은 브랜드 성가의 핵심 요소이자 브랜드의 특성을 차별화하는 열쇠가 될 수 있다.

심벌은 그 자체가 거의 독창적으로 브랜드 인지도 및 연상 이미지 그리고 충성도와 지각된 품질에 영향을 줄 호감과 느낌을 창조할 수 있다(그림 8-2 참조). 우리는 이미 시각적 이미지(심벌)가 단어(이름)보

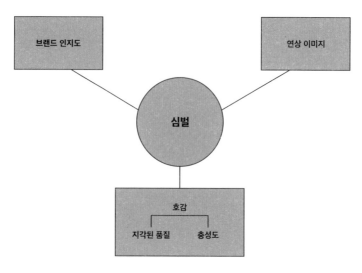

그림 8-2 **심벌의 역할**

다 기억하기 쉽다는 사실을 알고 있다. 심벌은 브랜드 인지도를 높이
는 데 중요한 역할을 한다. 미키마우스(Mickey Mouse), 졸리 그린 자이
언트, 메이택 서비스맨같이 연상 이미지가 풍부한 심벌들은 단순한
심벌이 아니라 엄청난 기여를 하는, 기업의 중요한 자산이 되었다.

거의 모든 것을 심벌로 사용할 수 있는데 다음과 같은 것들을 포
함한다.

- 기하학적 도형 모양 : 푸르덴셜(Prudential)의 암벽.
- 사물 : 웰스 파고의 역마차.
- 포장 : 모턴 솔트의 푸른색 원통형 상자.
- 로고 : 애플의 한입 깨문 사과.

데이비드 아커의 브랜딩 정석

- 인물 : 메이텍 서비스맨.

- 경치 : 말보로 컨트리.

- 만화 인물 : 졸리 그린 자이언트.

심벌의 선정은 기업의 브랜드 가치에 다양한 영향을 미치는데 먼저 연상 이미지를 개발할 때 어떤 역할을 하는지 살펴보자.

특성에 대한 연상 이미지

심벌은 연상 이미지를 일으키고 경우에 따라서는 구체적 특성까지도 드러낸다. 그림 8-3에 나오는 보험 회사 '트래블러스의 빨간 우산'의 경우, 우산이 넓은 방패 역할을 하면서 여행자를 보호한다는 사실을 함축적으로 나타낸다. '우산 안에 있는 편이 나을 것이다(You'r better off under the umbrella)'라는 슬로건에서도 이러한 뜻이 전달된다. 마찬가지로 지브롤터 암벽[Rock of Gibraltar, 스페인 남부 지브롤터 항구 근처에 있는 깎아지른 듯한 절벽을 뜻하며, '지브롤터 암벽 같은'이란 표현은 튼튼하고 안전함을 의미한다]을 나타내는 푸르덴셜의 심벌도 강인함과 안정성 그리고 역경을 이겨내게 하는 요새를 의미한다. 심벌 없이 이러한 특성을 전달하기는 어렵다. 반면에 마케팅 프로그램이 성공한 후에도 우산이나 암벽 같은 심벌은 회사가 배포하는 어떤 물건에나 덧붙일 수 있으며 이미지를 연상시키는 데 큰 도움이 된다.

차별화가 어려운 서비스 업종, 특히 은행업의 경우에도 심벌 개

그림 8-3 **트래블러스의 우산(The Travelers Umbrella)**
제공 : The Travelers Corporation.

데이비드 아커의 브랜딩 정석

발의 필요성에 대해 선견지명을 가졌던 은행들이 마케팅 측면에서 성공한 사례가 많다. 예를 들어 세계에서 가장 큰 은행인 다이이치 간교(Dai-Ichi Kangyo)의 심벌은 귀엽고, 작고, 행복해 보이는 붉은 하트다. 은행과 거래하는 고객들은 여기저기서 그 하트를 보게 된다. 하트는 따뜻함, 친절한 분위기, 고객을 사랑하는 조직을 상징한다. 소규모 은행들과는 달리 대형 은행들은 크고 사무적이라는 인상을 불식할 필요가 있다. 이러한 상황에서 하트 같은 심벌의 가치는 더없이 크다.

다음은 브랜드의 특성을 나타내는 그 밖의 심벌들이다.

- 미스터 클린(Mr. Clean) : 남성적인 선원의 모습은 세제의 강도를 나타낸다.
- 올스테이트(Allstate) : '굿핸즈(good hands)'는 개인적 관심과 능숙한 서비스를 나타낸다.
- 제너럴 모터스 : 미스터 굿렌치는 숙련되고, 전문적이고, 친절한 서비스맨을 의미한다.

연상 이미지의 다양성

캘리포니아에 있는 은행들을 대상으로 실시한 연구를 통해 각 은행이 일으키는 연상 이미지가 돈, 저축, 당좌예금, 은행원이라는 관점에서 매우 유사하다는 결과가 발표되었다. 역마차를 심벌로 사용하는 웰스파고 은행을 제외하고는 전혀 차이가 없었다. 관습적으로 유사할 수

밖에 없는 산업에서 역마차처럼 풍부한 콘셉트를 제공하는 상징은 엄청난 자산이 될 수 있다. 그것은 옛 서부, 말, 골드러시(gold rush, 사람들이 새로 발견된 금광으로 몰려드는 것)를 상징할 뿐만 아니라, 역경 속에서의 안정감, 모험심, 독립심, 황야에서의 새로운 사회 건설 같은 연상 이미지와 쉽게 연결될 수 있기 때문이다. 뱅크 오브 아메리카나 시큐리티 퍼시픽 같은 은행들은 그러한 심벌을 갖고 있지 못한데 비슷한 심벌을 개발하려면 엄청난 희생과 투자를 감수해야 할 것이다.

긍정적 느낌 : 호감

성공적이고 흥미로운 심벌들 가운데는 웃음과 환상을 자아내는 만화 주인공을 상징으로 사용한 경우가 상당히 많다. 구체적인 예로는 필즈베리 도우보이, 졸리 그린 자이언트, 키블러 엘비스(Keebler Elves, 과자 회사 키블러 컴퍼니의 대표적 캐릭터), 찰리 더 튜나(Charlie the Tuna, 참치 회사 스타키스트의 유명한 참치 캐릭터), 미키마우스 등이 있다. 그 인물들은 기억하기 쉽고, 호감을 주고, 강한 연상 이미지를 불러온다는 특징이 있다. 필즈베리 도우보이는 통통한 빵의 신선함을 연상시키고, 사랑스러운 성격을 느끼게 해준다.

생명보험 회사 메트로폴리탄은 프루덴셜, 트래블러스, 올스테이트와는 달리 1980년대 중반까지 브랜드와 이미지 제고를 도울 심벌이 없었다. 이에 찰리 브라운 캐릭터라는 심벌을 통해 심각하고 둔감한 경쟁 기업의 이미지와는 달리, 보험에 대한 따뜻하고, 가볍고, 위협적이지 않은 이미지를 개발하고자 했다. 그 결과 기업의 브랜드 인지와 호감도가 크게 향상되었다. 하지만 이를 통해 뚜렷한 재무 성과가 나타나지는 않았다. 찰리 브라운의 캐릭터가 공격적 마케팅 프로그램 실행에 장애가 되었다고 주장하는 사람들도 있다.

인물을 심벌로 사용할 때는 심벌이 되는 인물이 호감을 주거나 즐거움, 웃음 등 긍정적 느낌과 연상되는 것이 중요하다. 사람들은 감정전이(affect transfer)를 하는 경향이 있다. 이는 특정 대상에 대한 싫고 좋은 감정을 그것과 연결되거나 관련이 있다고 느끼는 다른 대상까지 확대하려는 경향이다. 사람들은 부조화 상태에 있을 때 불편함을 느낀다. 예를 들어 특정 대상에 중립적 느낌을 가지고 있는데 그 대상과 밀접하게 관련되어 있는 다른 대상에는 매우 긍정적 느낌을 가지는 경우가 이러한 부조화에 해당된다. 이럴 때 사람들은 강하지 않은, 즉 상대적으로 약한 쪽 감정을 변화시킴으로써 감정적 조화를 유지하려 한다.

따라서 필즈베리 도우보이 같은 캐릭터를 통해 받은 강한 긍정적 감정의 영향은 그와 관련이 있는 필즈베리 제과류에도 긍정적 감정을 불러올 것이다. 물론 그 제품에 대해 직접적으로 불만족스러운 경험을 했을 경우 부정적 감정의 고리가 작동하며, '도우보이' 자체에 대한 감정이 부정적으로 바뀔 수도 있다.

브랜드와 제품 종류의 묘사 역할을 하는 심벌

심벌은 연상 이미지를 일으키는 역할뿐만 아니라 브랜드를 묘사하는 역할도 한다. 웰스 파고는 자사의 이미지를 국제적 능력을 가진 국제적 존재로 부각시키기 위해서 심벌인 역마차를 적극적으로 활용할 수 있을 것이다. 특히 이러한 방법은 고객들의 기억을 제고하는 데 효과적이다. 은행과 밀접히 관련되는 서부적 심벌을 일본 긴자나 영국 피카딜리 같은 이국적 배경에 내놓는 것은 한편으로는 어색하고 또 한편으로는 의미 있는 일이다. 고객에게는 이러한 이국적 프로모션이 일률적 프로모션을 몇십 번 사용하는 것보다 훨씬 더 흥미롭고 기억에 남는 것이 된다.

또한, 심벌은 브랜드 네임을 보고 제품의 종류를 연상하도록 돕는다. 고객 행동과 심리학 연구는 어떤 특성을 가지는 심벌이 브랜드와 제품의 종류를 연결하는 힘을 발휘하는지에 대한 단서를 제공한다.

그러한 특성을 가진 심벌을 개발하려면 우선 다른 것과 뚜렷이 구분되는 독특한 심벌을 목표로 해야 한다. 비슷한 심벌을 사용하는 경쟁사에 피해를 볼 가능성은 모든 브랜드에 항상 잔존한다. 웰스 파고 역마차 심벌의 중요한 요소는 그것이 금융 산업에 있어서는 매우 독특한 심벌이라는 점이다.

비달 사순(Vidal Sassoon)이나 헤드 앤 숄더처럼 포장을 브랜드의 상징으로 사용하는 샴푸를 생각해보자. 경쟁 브랜드들도 이들과 거의 유사한 포장(심벌)을 사용한다. 한 연구에 따르면 소비자들은 유명 브랜드와 비슷한 포장을 사용하는 브랜드들이 그렇지 않은 브랜드들보다 유명 브랜드(예 : 비달 사순)와 유사한 특성을 갖는다고 인식하는 경향이 있다. 이러한 연구 결과는, 심벌을 모방하지 못하도록 법적으로 보호해야 한다는 점 그리고 모방이 어려운 독특한 심벌을 개발해야 한다는 교훈을 남긴다. 심벌을 검증하는 방법 가운데 인지 실험이 있다. 경쟁 제품 심벌과 자사의 심벌을 몇 초 동안 함께 노출시켜 정확한 인지가 이루어지는 데 필요한 노출 시간을 측정하는 것이다. 이때 다른 것과 뚜렷이 구별되는 심벌이 당연히 유리할 것이다.

그 밖에도 심벌을 제작할 때 중요한 지침으로 삼아야 할 것은 심벌이 브랜드를 직접 나타내야 한다는 점이다. 그래야만 심벌과 브랜드의 연상을 개발하기가 쉬워진다. 록킹 체어 시어터(Rocking-Chair Theater)의 심벌이 '흔들의자(rocking-chair)'인 것이 그 예다. 극단적으로는 소니, IBM, GM같이 심벌과 브랜드 네임이 완전히 일치하는 경우도 있다.

한 연구에서는 브랜드 네임을 나타내는 48개 심벌의 일부를 응답자들에게 노출시켰다. 그 심벌 중 반 정도는 자체의 특성이 제품의 종류를 반영하는 것이었다. 일례로 로켓 메신저 서비스(Rocket Messenger Service)는 등에 로켓을 지고 물건을 배달하는 배달원 그림을 보여주었다. 그 밖의 심벌들은 제품 종류를 반영하지 않았다. 예를 들어 베어 딜리버리 서비스(Bear Delivery Service)는 나무 옆에 서 있는 곰의 스케치만 보여줄 뿐이었다. 이러한 심벌을 일정하게 보여준 후 응답자들에게 제품 종류별로 브랜드 네임을 말해달라고 요청했다. 그 결과 제품 종류를 반영하는 상호 의존적인 심벌이 그렇지 못한 심벌보다 훨씬 정확하게 브랜드에 대한 기억을 유발했다.

그러나 어떤 심벌이나 브랜드 네임이 극단적으로 강한 연상 이미지를 불러온다면, 브랜드의 포지셔닝 조정이나 브랜드 확장이 필요할 경우 오히려 불리하게 작용한다. 브랜드 확장은 브랜드 네임과 제품 종류의 연상 이미지뿐만 아니라 심벌과 제품 종류의 연상 이미지도 바꾸는 것이기 때문이다. 따라서 심벌이 일으키는 연상 이미지가 약하다면 유연한 전략을 구사하는 것도 하나의 방법이 된다.

심벌의 개선

시장 환경의 변화에 따라 심벌을 변경하거나 개선할 필요성이 생겼는데 이미 심벌에 많은 투자를 한 경우라면 심벌 변경에는 여러 가지 위험이 수반된다. 한편 심벌은 세월이 지나면서 케케묵은 느낌을 주고, 유행이 지나고 지루한 느낌으로 바람직하지 않은 함축을 나타내기도 한다. 몇몇 기업들은 기존 심벌의 유산과 연상 이미지를 계승하면서 성공적으로 심벌을 업데이트하여 시대 변화에 적응한 바 있다.

팬케이크 믹스 브랜드 언트 제미마(Aunt Jemima)는 본래의 세련된 회색 줄무늬 머릿수건 심벌에 귀걸이와 흰색 깃을 추가했다. 기존 심벌의 따뜻하고, 멋있고, 신뢰감 있는 이미지를 유지하면서도 시대감각에 맞는 모습을 보여주기 위해 변화를 시도한 것이다. 모턴 솔트 소녀와 베티 크로커도 새로운 헤어스타일과 패션으로 지난 몇 년간 유행에 발맞추었다. 푸르덴셜 암벽 또한 지난 몇십 년간 시대에 맞게 더욱 세련된 모습으로 변했다.

코카콜라는 캔과 병이 핵심 심벌이다. 그러나 1980년대 중반 제품을 다양화하면서(카페인이 없는 음료는 금색 포장을 사용했다) 심벌의 핵심적 요소(빨간색, 역동적 커브, 수직으로 내려 쓴 글자, 코크와 코카콜라라는 복수의 브랜드 사용)가 약화되기 시작했다. 이에 코카콜라는 기존 이미지와 특이성을 유지하면서 현대적 감각을 부여하고자 코카콜라의 글씨체에 조그만 변화를 가한 적이 있다.

심벌의 보호

심벌은 시간이 흘러도 그 연상 이미지와 함께 보호될 필요가 있다. 심벌이 그 연상 이미지에 악영향을 미치는 맥락에 있지 않도록 주의해야 한다. 예를 들어 웰스 파고는 역마차 심벌을 보호하고 강화할 필요가 있다. 따라서 신규 프로모션 프로그램이나 신상품을 고려할 때 그 자체의 가치뿐만 아니라 은행의 심벌인 역마차에 어떤 영향을 미칠지도 평가해야 한다.

심벌을 라이선싱하는 것(졸리 그린 자이언트가 그랬던 것처럼)도 노출을 늘리는 방법 가운데 하나다. 그러나 이 경우에도 심벌은 그 브랜드의 이미지에 부합해야 한다. 그렇지 않으면 오히려 바람직스럽지 못한 연상 이미지로 브랜드에 악영향을 미칠 수 있다. 예컨대 미키마우스는 여러 가지 제품에 적용되어 판매된다. 이러한 사실과 관련해 몇 가지 질문을 던져보아야 한다. 미키마우스와 관련된 어떤 연상 이미지가 바람직한가? 라이선싱이 된 다양한 제품과 서비스가 일관된 연상 이미지를 제공하는가? 심벌의 지나친 노출이 지루함이나 짜증을 유발하지는 않는가?

4. 슬로건

브랜드 네임과 심벌의 조합은 브랜드 에쿼티의 중요한 부분이 될 수 있다. 그러나 하나의 단어나 심벌이 할 수 있는 역할에는 한계가 있다. 예를 들어 '포드' 같은 브랜드 네임은 그 심벌과 함께 이미 공고한 입지를 구축한 상태다. 그러므로 기업의 시장 전략을 강화한다는 측면에서 새로운 브랜드 네임이나 심벌을 고려하지 않는 것이 일반적이다. 그러나 슬로건은 시장 전략에 따라 조정될 수 있고 브랜드 네임이나 심벌에 확장될 수 있다. 또 슬로건은 브랜드 네임이나 심벌같이 법적인 혹은 그 밖의 제약이 많지 않다.

슬로건은 브랜드에 대해 추가적인 연상 이미지를 불러올 수 있다. 포드는 브랜드 네임에서 고품질이 연상되기를 원했다. '품질이 첫 번째 일(Quality is Job No. 1)'이라는 슬로건이 이를 위한 전달 수단이 되었다. 포드라는 브랜드 네임에 이 슬로건을 붙임으로써 포드에서 고품질이 연상되도록 한 것이다. 마찬가지로 마쯔다라는 이름 자체는 아무런 연상 이미지를 일으키지 않았지만 '딱 좋다고 느낀다(It just feels right)'라는 슬로건이 승차감이 좋은 편안한 차임을 어필하려는 시장 전략에 도움을 주었다. 라이스어로니(Rice-a-Roni, 인스턴트 쌀 브랜드)는 여러 가지 유용한 연상 이미지를 일으키는 '샌프란시스코(San Francisco)'와 '트리트(treat, 특별한 것 또는 대접이란 뜻)'를 결합한 '더 샌프란시스코 트리트(The San Francisco Treat)'라는 슬로건으로 큰 호응을 얻었다.

슬로건은 브랜드 네임과 심벌의 어떤 불명료함을 제거할 수 있다. 메이블린의 이미지는 다소 복잡한 느낌이지만, '스마트, 뷰티풀, 메이블린(Smart, beautiful, Maybelline)'은 매우 구체적이다. 캐딜락에는 다양한 이미지가 있는데 그 이미지가 항상 긍정적인 것만은 아니었다. 과시적이고, 연료 소비가 많고, 너무 큰 차를 떠올리게 할 수도 있었다. 그러나 '캐딜락 스타일(Cadillac style)'이라는 슬로건에서는 그러한 연상 이미지가 상당히 약화되는 것을 볼 수 있다.

슬로건이 가지고 있는 또 다른 힘은 슬로건 자체에 어떤 성취를 이뤄낼 힘이 있다는 점이다. 예를 들어 AT&T의 '멀리 뻗어 누군가를 터치하라(Reach out and touch someone)'는 슬로건의 경우 활동적인 느낌뿐만 아니라 따뜻함과 우정에 관련된 느낌을 준다. AT&T는 'AT&T는 아메리칸 플랜을 돕는다(AT&T Reach Out American plan)', 'AT&T는 월드 플랜을 돕는다(AT&T Reach Out World plan)', '토요일 플랜을 도와라(Reach Out Saturday plan)' 같은 프로모션 프로그램에도 이 슬로건을 사용한 바 있다.

또한, 슬로건은 브랜드 네임과 심벌을 강화한다. 샤프의 슬로건 '샤프한 마인드가 샤프한 제품을 낳는다(From Sharp minds come Sharp

Slogans	Brands
1. Does she . . . or doesn't she?	1. Ameritech
2. Don't leave home without it.	2. Miller Lite
3. We try harder.	3. Microsoft
4. Everything you always wanted in a beer, and less.	4. American Express
5. When it rains it pours.	5. Toshiba
6. The quality goes in before the name goes on.	6. Zenith
7. In Touch with Tomorrow	7. Mazda
8. The Most Intelligent Cars Ever Built	8. Clairol
9. The Right Choice	9. AT&T
10. You're better off under the Umbrella.	10. Travelers
11. Making It All Make Sense	11. RCA
12. The Heartbeat of America	12. Morton Salt
13. Solutions That Work	13. Avis
14. Giving Shape to Imagination	14. Lockheed
15. It Just Feels Right.	15. Chevrolet
16. His Master's Voice	16. Saab

Note: **Answers appear at the end of Chapter 9.**

*정답은 9장 끝에 있다.

그림 8-4 **슬로건과 브랜드 연결하기**

products)'는 '샤프'라는 이름을 두 번 반복한다. '우리는 당신의 관심사를 마음속에 간직한다(We have your interests at heart)'라는 다이이치 간교 은행의 슬로건은 하트 심벌을 사용하고 있다.

브랜드 네임이나 심벌과 마찬가지로 슬로건도 구체적이고, 적절해야 한다. 또 흥미롭고, 타당하고, 재밌고, 인기 있는 등등의 이유로 기억하기 쉬운 것이 효과적이다. 그리고 심벌은 브랜드와 연결되어야 한다. 어떤 브랜드는 몇천만 달러를 들였지만, 브랜드와 그 기업의 슬로건을 연결할 수 있는 구매자는 거의 없었다(그림 8-4의 문제 참조).

👑

생각 정리 질문

1. 경쟁자의 브랜드 네임, 심벌, 슬로건을 고려하라. 경쟁우위를 나타내는 강력한 것은 무엇이고 약한 것은 무엇인가?

2. 귀사의 브랜드에서 심벌들은 무엇인가? 고객이 향후 그 브랜드에 대해 어떤 심적 이미지를 갖기를 원하는가? 현재의 브랜드 네임, 심벌, 슬로건이 그 심적 이미지를 잘 전달하는가?

3. 귀사의 브랜드에 있었으면 하는 심적 이미지를 강화할 수 있는 대안적 심벌과 슬로건 몇 가지를 개발하라.

9장

브랜드 확장 :

좋은 브랜드, 나쁜 브랜드, 이상한 브랜드

브랜드는 시장 진입에 장벽이 된다. 그러나 브랜드는 또한
그 진입 수단이 되기도 한다.

—에드워드 타우버

(Edward Tauber, 기업 연구원, 산업 컨설턴트)

내가 결코 빌려줄 수 없는 세 가지는 나의 그것, 나의 아내
그리고 나의 이름이다.

—로버트 스미스 서티

(Robert Smith Surtees, 영국의 편집자, 소설가)

![crown icon]

1. 리바이스 이야기

1980년대 초 리바이 스트로스는 여러 다양한 의류 시장에서 높은 시장점유율을 확보해 약 20억 달러에 이르는 매출을 달성했지만 여기에 만족하지 않고 시장을 더 확대하고자 했다. 그 확장 결정은 남성 의류 세부시장을 뚜렷하게 다섯 가지로 구분하는 연구에 따른 것이었다. 그 다섯 가지 세부시장은 다음과 같다.

첫째, 놀거나 일할 때 편하게 입을 질긴 옷을 찾는 사람들의 세부시장으로 전체 남성 의류 시장의 26%를 차지했다. 둘째, 조금 더 나이가 많고, 백화점 등지에서 폴리에스터 옷들을 즐겨 구매하며, 전통적 스타일을 선호하는 사람들로 구성된 세부시장이며, 전체 시장의 18%를 차지했다. 리바이스는 중년층을 겨냥한 액션웨어(Actionwear)라는 제품 라인을 개발해 이 세부시장을 성공적으로 공략한 바 있다. 세 번째와 네 번째는 '싼 가격을 찾아다니는 사람(price shopper)'들과 '전통 캐주얼(trendy casual)'을 찾는 사람들로 구성된 세부시장이었다. 리바이스는 이 두 세부시장도 성공적으로 공략한 바 있다. 끝으로 '고전적이고 개인주의적 취향을 갖는 사람들(classic indivisualist)'로 구성된 세부시장을 들 수 있다. 리바이스는 그동안 이 세부시장에서 어떠한 활동도 해본 적이 없었고 이 세부시장을 개척하는 것이야말로 회사에 좋은 성장 기회가 되리라 판단했다.

고전적이고 개인주의적 취향을 갖는 사람들은 보통 유행에 관심이 많은 사람들로 울이 함유된 제품을 선호하며 전문 의류점에서 쇼핑을 즐긴다. 이들은 전체 남성 의류 구매자의 21%를 차지하며 보통 사람들보다 옷을 많이 산다. 전통적 스타일을 선호하는 구매자들(두 번째 세부시장)이 옷을 살 때 아내의 조언을 잘 듣는 데 반해, 고전적이고 개인주의적 취향을 갖는 사람들은 혼자 옷 쇼핑에 임하는 경향이 있으며, 구매 결정에 자신의 판단을 가장 많이 반영한다. 이들은 좋은 제품의 옷으로 잘 치장해 멋있어 보이는 데 상당히 신경을 쓰는 사람들로 리바이스의 기존 고객은 아니었다.

이 세부시장을 노려 리바이스는 '리바이 테일러드 클래식스(Levi Tailored Classics)'라는 제품 라인을 시장에 내놓았다. 양모를 소재로 한 제품으로 옷감 처리 기술이나 유행 면에서 경쟁사에 필적할 만한 것이었다. 유통에는 전문 의류점보다 백화점을 활용했다. 이는 기존의 리바이스 유통망의 이점을 살리고자 한 것이다. 이 제품 라인을 판매할 때의 한 가지 특징으로 분리 판매 방식을 들 수 있다. 상의와 하의를 따로 사는 것이 가능했으므로 고객들은 체형과 취향에 꼭 맞는 옷을 구매할 수 있었다. 가격은 전문 디자이너 제품에 비해 낮게, 유사 경쟁사와는 비슷하게 매겼다.

제품 개발이나 시장 진입을 위해 많은 돈을 썼지만 리바이 테일러드 클래식스의 시장 성과는 성공적이지 못했고, 그 결과 시장에 들어간지 1년도 되지 않아 프로모션을 중지했다. 막대한 투자를 했지만 건진 게 별로 없었다.

돌이켜보면 몇 가지 헛짚은 점이 있었다. 그중 하나로 목표 세부 시장에서 고전적이고 개인주의적 취향의 사람들은 한 벌 옷을 따로따로 사야 한다는 것 그리고 백화점에 진열되는 옷이라는 것을 품질의 열등함이나 유행에 뒤처진다는 신호로 받아들였다는 사실이 있다. 그러나 모든 문제의 근원은 '리바이스'라는 이름 바로 그 자체에 있었다. 리바이스라는 말에서 사람들은 두꺼운 무명, 질긴 것, 노동자, 광산 일, 싸고 좋은 제품 등을 연상했다. 이러한 이름은 두말할 나위 없이 액션웨어 시장의 제품 성격에 잘 맞았고 그 결과 액션웨어는 성공을 거두었다. 그러나 고전적이고 개인주의적 취향을 갖는 사람들은 리바이스가 최상의 품질과 패션성을 겸비한 옷을 만드는 회사라고는 생각하지 않았다. 그 결과 리바이 테일러드 클래식스에 붙어 있는 '리바이'라는 어휘는 제품의 개념을 고객에게 심어주는 데 부정적 작용을 했다.

이와는 대조적으로 1986년 리바이스라는 이름과의 특별한 연관을 내세우지 않고 도입한 다커스(Dockers) 바지 제품 라인은 엄청난 성공을 거두었다. 윗부분은 풍성하게 넓고 아래로 갈수록 좁아지는 면바지 다커스는 점차 나이가 들어가는 베이비붐 세대를 주 시장으로 했다. 청바지보다 편하고 패셔너블하면서도 정장 바지와는 구별되는 독특한 바지였다. 사실상 다커스는 독특한 모양의 바지와 (더욱 일반적으로는) 새로운 형태의 캐주얼 바지, 이 두 가지를 연상시키는 브랜드 네임이 되었다. 다커스의 사례는 새로운 브랜드 네임을 만들어내는 것이 때로는 브랜드 확장보다 훨씬 효과적인 일이라는 것을 잘 알려준다.

브랜드 확장

한 시장의 제품에 사용한 브랜드 네임을 다른 시장의 제품에도 사용하는 브랜드 확장은 지난 10년 동안 기업 다각화에 따른 성장 전략의 핵심적 내용이 되어왔다. 이러한 브랜드 확장 전략이 효과적이었다는 것은 통계적 수치로도 뚜렷이 증명된다. 한 주요 소비재 생산 회사가 조사한 바에 따르면 도입한 신제품의 89%가 기존 제품에 사소한 변화를 준 것이었으며(새로운 맛의 첨가나 포장 변경 등), 6% 정도가 브랜드 확장에 따른 것이었다. 단 5%만이 새로운 브랜드와 함께 시장에 도입한 것이었다. 일반적으로 라이선싱되어 제품에 찍힌 유명 브랜드 네임은 매장 진열대에서 소비자를 유인하는 데 큰 도움이 된다. 사실상 의류와 액세서리 산업에서 비용 3분의 1 이상이 브랜드 네임을 라이선싱하는 데 들어간다.

이처럼 브랜드 네임이 시장 경쟁에 미치는 영향은 매우 크다. 새로운 이름을 만드는 데는 5,000~1억 5,000만 달러 이상의 투자가 필요하다는 것이 정설이다. 그런데 이러한 투자가 꼭 성공하리란 보장도 없다. 사실상 시장 진출을 위한 강력한 기반이 있다 해도 신제품의 성공률은 불안정한 것으로 예측된다. 이때 기존 브랜드 네임을 확장한다면 투자는 줄이고 성공률은 증가시킬 수 있다. 1970년대에 새로이 슈퍼마켓에 출시된 제품 7,000개 중 매년 매출액이 1,500만 달러씩 증가한 제품은 93개였다. 이들 중 거의 3분의 2가량은 브랜드 확장을 꾀한 경우였다.

브랜드 확장은 기존 회사 자산을 이용해 사업 영역을 넓히고자 할 때 반드시 대안으로 시도할 만한 전략이다. 하나의 기업에서 가장 가치가 높은 자산들 중 하나는 그 기업이 개발해온 브랜드 네임일 때가 많다. 기업은 자사 브랜드 네임을 신시장 제품까지 확장하거나 라이선싱함으로써 자사의 사업 영역을 비교적 손쉽게 확대할 수 있다. 이런 브랜드 네임을 갖고 있지 못한 기업은 잘 개발된 브랜드 네임을 가진 회사를 인수 합병함으로써 그 같은 전략을 펼 수 있다.

그러나 확장된 브랜드를 사용하는 것이 항상 바람직한 일만은 아니다. 확장된 브랜드 네임을 이용해 시장에 내놓은 제품이 실패로 끝날 가능성이 있을 뿐 아니라 (그 제품이 성공한다 해도) 확장에 기초가 된 본래 브랜드가 약화될 수도 있다. 예를 들어 브랜드 확장으로 인해 소비자들이 본래 브랜드에서 받았던 (경쟁에 도움이 되는) 여러 느낌이나 가치가 사라져버리는 경우가 있다. 즉 잘못된 브랜드 확장은 극단적일 경우 확장에 기초가 된 제품이나 그 확장을 이용해 내놓은 신제품

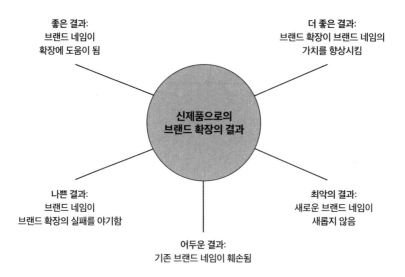

그림 9-1 브랜드 네임의 확장 결과

모두 실패하게 만들 수 있다.

9장의 목적은 브랜드 확장의 주요 내용을 살펴보는 데 있다. 즉 **그림 9-1**에 나타난 것처럼 브랜드 확장에 따라 나타나는 좋은 결과들과 나쁜 결과들, 어두운 결과들을 살펴보고, 이에 따라 조명되는 바람직한 확장 방법을 알아본다. 먼저 하나의 브랜드 네임이 확장되는 과정(브랜드 네임이 확장에 공헌한 측면과 확장이 브랜드 네임에 공헌한 측면 등 두 가지 모두)을 살펴볼 것이다.

그다음으로 (기존 브랜드가 확장된 브랜드에 손해를 끼친) 나쁜 결과와 (확장이 기존 브랜드에 해를 끼치거나 또는 새 브랜드 네임이 만들어지는 것을 막는) 어두운 결과를 살펴볼 것이다. 그런 다음 확장 방향이 어떤 정체성을

데이비드 아커의 브랜딩 정석

가져야 할지 제안하고자 한다. 마지막으로 브랜드 확장 결정과 관련된 몇 가지 전략적 이슈에 대해 논의할 것이다.

♛

2. 좋은 결과 : 브랜드 네임이 확장에 미치는 영향

브랜드 연상

구매 결정은 종종 제품 특성이 몇 가지로 제한되어 있다는 점을 고려해 이루어진다. 특히 기존 경쟁자가 있는 상황에서 핵심 특성에 관해 신뢰할 수 있고 지속 가능한 차별화 지점을 만들어내기는 어렵다. 예컨대 한 회사가 저칼로리 식품 시장에 들어가기를 원한다면 그 회사는 칼로리가 가장 낮은 제품을 내놓아야만 시장 경쟁에서 승산이 있다. 그러려면 막대한 비용을 감수해야 하므로 사실상 그런 저칼로리 경쟁은 실현 불가능할지도 모른다. 웨이트 워처스라는 이름을 제품에 붙이면 소비자의 뇌리에는 웨이트 워처스에서 제공하는 체중 조절 프로그램과의 강력한 연상 이미지를 불러일으킬 수 있다. 그럼으로써 체중 조절용 제품의 하나로 시장에서 차별화되는 위치를 점할 수 있다. 예컨대 신발에 '지프(Jeep)'라는 이름을 붙였더니 지프라는 제품 라인에 지프 자동차에서 연상되는 활동성, 모험성 따위의 느낌이 쉽게 전이되었다.

이렇게 소비자들이 브랜드 네임에서 연상하는 것들을 이용함으로써 제품을 시장에 포지셔닝하거나 소비자에게 알리는 일을 더욱 쉽게 할 수 있다. 새로 나온 술의 맛이 진하고 부드럽다는 사실을 소비자에게 어떻게 전달할지 생각해보자. 히람 워커(Hiram Walker)는 단순히 하겐다즈(Haagen-Dazs)라는 브랜드 네임을 사용하는 것만으로 진하고 부드럽다는 복합적 메시지를 성공적·효과적으로 전달했으며, 그 결과 시장에서 확고하게 자리를 잡았다. 마찬가지로 유제품에 허쉬라는 브랜드 네임을 붙였을 때 고객들은 즉각적으로 그 제품이 초콜릿뿐만 아니라 '허쉬'의 맛을 지녔을 것이라고 느꼈다.

브랜드 확장에 성공하려면 기존 브랜드에서 고객이 연상하고 느끼는 점이 확장을 통해 새로 도입될 신제품에 잘 전이되어야 한다. 그 한 가지 예로 **그림 9-2**에 나타난 암앤해머 탈취제 스프레이 제품에 대한 광고를 살펴보자.

일단 이 광고는 보는 사람으로 하여금 암앤해머 베이킹소다가 어떻게 냉장고 안 냄새를 제거하는 제품으로 사용되는지 떠올리게 한다. 그러고 나서 그 연상이 신제품 데오도라이저 스프레이(Deodorizer Spray)로 전이되게 하는 장면이 나온다. 먼저 베이킹소다가 냉장고 안에서 스프레이로 사용되는 장면을 연출함으로써 베이킹 소다와 스프레이를 연결하는 것이다. 이어서 광고에서는 베이킹소다의 냄새 제거 효과가 신제품 데오도라이저 스프레이에도 있음을 분명하게 알려주는 멘트가 나온다. 이 광고에서 또 하나의 연결 포인트는 '냄새를 제거하자'는 말의 사용이다. 즉 이 말이 베이킹소다를 쓰는 상황과 데오도라이저 스프레이를 쓰는 상황 모두에서 사용된다.

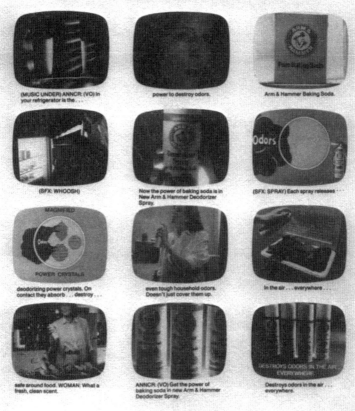

그림 9-2 **암앤헤머 냄새 퇴치 협회 활용하기**
제공 : Arm&Hammer.

확장을 위한 차별화 지점을 제공한 브랜드 연합의 예는 수없이 많다. 에드워드 타우버는 브랜드 확장 사례 276건을 연구해 가장 적당한 일곱 가지 접근법을 다음과 같이 요약했다.

1. 형태가 다른 동일한 제품

크렌베리(Cranberry) 칵테일 주스와 돌 프로즌 프루트 바즈(Dole Frozen Fruit Bars).

2. 맛과 성분이 뚜렷하게 구분

필라델피아 크림치즈 샐러드 드레싱(Philadelphia Cream Cheese Salad Dressing)과 암앤해머 카펫 데오도라이저(Arm&Hammer Carpet Deodorizer).

3. 짝이 되는 제품

콜맨(Coleman)의 캠핑도구, 미스터 커피(Mr. Coffee)의 커피, 콜게이트 칫솔, 듀라셀 듀라빔(Duracell Durabeam)의 손전등.

4. 고객 프랜차이즈

비자(Visa)의 여행자 수표 서비스, 시어스 세이빙 뱅크(Sears Savings Bank), 거버[Gerber, 네슬레의 이유식 브랜드]의 어린이 옷.

5. 전문적 기술

혼다는 소형 모터에서 축적한 경험을 이용해 잔디 깎기 기계를 출시

데이비드 아커의 브랜딩 정석

했다. 빅은 저렴한 플라스틱 제품을 만드는 기술을 바탕으로 면도기를 만들었다.

6. 이익, 특성, 특징

'순한' 아이보리 샴푸(Ivory Shampoo), 썬키스트 비타민 C 알약, 질레트(Gillette)의 드라이 룩(Dry Look) 제품들.

7. 디자이너 또는 인종적 이미지

피에르가르뎅의 지갑 제품들, 포르쉐의 선글라스 제품들, 베니하나(Benihana)의 냉동식품, 라구(Ragu)의 파스타 제품.

품질에 대한 연상 이미지

제품 특성을 이용해 시장에서 차별화된 위치를 확보하려는 시도가 허무하게 끝나는 경우도 많다. 하나의 브랜드는 다음과 같은 특성을 위해 전투에 돌입하게 된다. 예를 들어 가장 섬유질이 많은, 가장 반응이 신속한, 가장 효과적인 아스피린, 가장 고객 불평이 적은 등등이다. 그러나 그렇게 주장한다고 해서 오래 살아남을 수는 없다. 경쟁자는 제품을 개선하면서 그러한 주장에 도전하거나 그러한 주장을 뛰어넘어 버릴 것이다. 이러한 혼동 속에서 고객들은 각 경쟁자들이 저마다 내놓는 주장을 무시하는 대신 잘 알아볼 수도 없는 제품의 특성을 근거로 품질에 대한 주관적 판단을 내리고 구매를 결정한다.

높게 지각된 품질을 바탕으로 경쟁하는 것은 종종 매력적인 대안이 된다. 4장에서도 언급했듯이 회사가 보유한 가장 큰 경쟁우위가 무엇이냐는 질문에 248명의 경영자 대부분은 높은 품질에 대한 명성이 가장 큰 경쟁우위라고 답했다. 이처럼 소비자가 고품질이라고 느끼는 것은 기업이 경쟁에서 승리로 이끄는 지름길이 된다. 그러나 이렇게 높게 지각된 품질을 납득시키는 작업은 실제로 고품질 제품을 만드는 것보다 훨씬 더 어려운 일이다.

때때로 확립된 브랜드 네임을 활용하는 것은 품질 지각을 달성할 수 있는 좋은 방법이다. 휴렛팩커드라는 브랜드 네임은 대체로 개별 휴렉팩커드 제품의 열거를 뛰어넘는, 포괄적 품질에서 명성이 높은 수많은 제품을 제공한다. 사실상 몇몇 대형 브랜드(H-P, 크래프트, GE, 포드 등)도 강력한 그리고 특정한 연관성이 없는 제품을 수없이 가지고 있다. 그들의 가치는 주로 지각된 품질과 관련된 느낌 그리고 그들이 한동안 주위에 있을 것이라는 감정과 관련된 느낌을 고객들에게 제공하는 것이다.

'재규어(Jaguar)'라는 브랜드 네임은 남성용 향수 제품에 부분적으로 적용되어 품질에 대한 좋은 이미지를 제공했다. 재규어의 15달러짜리 복제품은 추진력과 열정의 향기가 선사되는 상태를 약속했다.

아커와 켈러는 6개의 브랜드 네임에 대한 브랜드 확장 사례 18개를 연구했다. 연구 대상이 된 브랜드는 맥도날드, 뷔아르네[Vuarnet, 올림픽 스키 스타의 이름을 딴 안경 브랜드], 크레스트, 비달 사순, 하겐다즈, 하이네켄(Heineken) 등이다. 브랜드 네임과 연관된 일반적인 지각된 품질은 브랜드 확장의 성공에 열쇠가 되는 요소였다. 평범한 확장에서는 그 밖의 것은 거의 문제가 되지 않았다.

존재를 알림

특정한 신제품을 고객들이 받아들이도록 하기 위해 필요한 첫 번째 조치는 고객들에게 그 제품의 브랜드 네임을 알리는 것이다. 그다음으로 신제품이 시장의 필요에 잘 맞춰져 만들어졌음을 납득시키는 것이다. 3장에서도 살펴보았듯이 어떤 제품의 브랜드 네임 인지도는 고객들이 그 제품에 친숙함을 느끼게 한다. 껌이나 세탁 세제 같은 저관여제품의 경우 이러한 친숙함이 제품을 선택할 때 직접적 영향을 미칠 수 있다.

　한편 자동차나 컴퓨터 같은 경우에도 그 같은 친숙함으로 말미암아 고객이 쉽게 구매를 고려하는 대상이 될 수 있다. 시장에서 브랜드 네임 인지도가 높은 제품은 경쟁우위를 가질 수 있는 것이다. 앞서 언급한 경영자 248명을 대상으로 한 조사에서도 그 중요성은 잘 나타난다. 조사 결과에서 브랜드 네임 인지도는 세 번째로 가장 많이 언급되는 경쟁우위였다. 그러나 시장에서 브랜드 네임을 알리는 데는 많은 돈이 든다. 예를 들어 정유 회사 에쏘(ESSO)가 엑손(EXXON)으로 브랜드 네임을 바꾸고 시장에 진입하는 데는 2억 달러 이상이 들었다. 3장에 언급한 바와 같이 블랙앤데커는 1982년 GE에서 소형 가전제품 라인을 사들였는데 이 제품들에 블랙앤데커라는 브랜드 네임을 붙이고 고객 머릿속에 집어넣는 데 1억 달러 이상이 소모되었다. 대부분은 15초짜리 텔레비전 광고에 들어간 돈이었다. 그럼에도 그 제품 시장에서 블랙앤데커라는 이름을 아는 소비자는 조사 대상의 57%에 불과했다. 57%가 결코 적은 숫자는 아니었지만 물건을 팔지도 않는 GE에 대한 브랜드 네임 인지도는 그 숫자를 웃도는 것으로 드러났다.

90%를 웃도는 높은 인지도를 가진 브랜드 네임들도 많다. 심지어 이들 중 몇몇은 과도한 광고도 하지 않았다. 그 대표적인 예로 90% 이상의 브랜드 네임 인지도를 가진 위너바고(Winnebago, 캠핑카 브랜드)와 암앤해머를 들 수 있다. 이들은 이미 알려져 있는 브랜드 네임을 붙이면 큰 어려움 없이 적당한 양의 광고로 신제품을 시장에 알릴 수 있다. 11개 시장에서 팔리는 소비재 제품 98개를 대상으로 조사한 결과, 신제품의 시장 진입 시 브랜드 확장을 통해 새로운 브랜드 네임을 사용하는 신규 진입자보다 훨씬 적은 광고비를 지출할 수 있었다. 해당 시장이 성숙된 시장일수록 이 광고비 차이는 더욱 큰 것으로 드러났다.

확장된 브랜드 네임을 붙여 출시한 제품은 기존 브랜드의 광고에서 큰 도움을 받기도 한다. 전문 헤어 스타일링 도구를 판매하는 헬렌 오브 트로이(Helen of Troy)는 비달 사순 샴푸의 브랜드 네임에 대한 라이선스를 획득했다. 헤어드라이어와 고데기에 비달 사순이라는 이름을 붙여 시장에 내놓은 이 회사는 손쉽게 1억 달러 매출을 달성할 수 있었다. 이러한 성공의 가장 큰 원인 가운데 하나는 비달 사순이라는 샴푸와 컨디셔닝 제품의 지속적인 대량 광고였다. 즉 이러한 광고의 효과가 헬렌 오브 트로이 제품에 전이되었던 것이다.

시험적 구매

신제품에 기존 브랜드 네임을 붙임으로써 잠재적 구매자가 겪을지 모르는 위험을 감소시킬 수 있다. 기존 브랜드 네임은 그 회사가 잘 확립된 곳이며, 제품 개발을 지원할 것이며, 결점 있는 제품을 만들지 않을 것 같다는 의미를 제공하기 때문이다. 따라서 좋은 제품을 가진 수많은 제품들이 거의 기회를 갖지 못하는 반면, IBM 혹은 AT&T 컴퓨터는 '앞서 나가는 컴퓨터' 브랜드로서 신뢰감을 얻는다.

필라델피아 지역의 시장에 출시된 58개 신제품을 대상으로 한 조사에 따르면 신제품에 대한 고객의 구매를 유발하는 가장 중요한 원인은 기존 시장에 잘 알려진 브랜드 네임을 확장하여 사용했는지 여부 그리고 얼마나 많은 프로모션을 했는지 여부였다. 이 두 가지는 유통, 포장, 브랜드 인지도보다 훨씬 중요한 요인으로 드러났다. 실제로 신제품에 대한 수많은 콘셉트 테스트에서 유명 브랜드 네임 사용 시 반응이나 흥미를 자극할 수 있었고 제품에 대해 생각해보거나 사겠다는 의지를 북돋았다.

브랜드 네임에 있어 공통된 어휘를 사용할 때의 효과

휴렛팩커드의 잉크젯 프린터 제품들의 브랜드 네임은 데스크젯(DeskJet), 페인트젯(PaintJet), 싱크젯(ThinkJet)이며, 레이저 프린터 제품들의 브랜드 네임은 레이저젯 IIP(LaserJet IIP)와 레이저젯 III(LaserJet III)이다.

이 5개 이름이 가진 특징은 젯(Jet)이라는 공통된 약어의 사용에 있다. 브랜드 네임을 만들 때 공통된 약어를 사용하면 고객은 해당 제품들 각각의 브랜드 네임을 잘 기억하고 알 수 있을 뿐 아니라 해당 제품 전체가 이루는 하나의 제품군, 나아가 이 제품군을 취급하는 회사를 손쉽게 기억하고 알 수 있게 된다.

퀘임(Quame)의 사례가 이를 반증한다. 이 회사는 출시한 프린터 제품들에 쿼드레이저(Quadlaser), 크리스털프린트(CrytalPrint), 레이저텐(LaserTen), 스크립트텐(ScriptTen), 스프린트(Sprint) 등 각기 다른 이름을 붙였다. 퀘임은 그 이름들을 시장에 알리는 데 큰 어려움을 겪었다. 이에 반해 휴렛팩커드는 젯이라는 어휘를 중심으로 손쉽게 각 브랜드 네임을 고객에게 주입할 수 있었다. 이 젯이라는 단어는 고객이 싱크젯 같은 개개의 브랜드 네임을 기억하기 쉽게 해주었을 뿐 아니라 휴렛팩커드와 그 제품들을 쉽게 인지하게끔 도왔다.

맥도날드를 뜻하는 맥(Mc)이라는 약어의 유용성에 대해 생각해보자. 이 약어는 회사를 가리킬 뿐 아니라 개개의 제품을 가리키는 단어의 일부가 된다. '빅맥'은 '맥도날드의 커다란 햄버거'에 비해 얼마나 유용한 이름일지 생각해보자. 치킨 맥너겟vs.맥도날드의 프라이드 치킨 한 조각, 맥키즈vs.맥도날드 어린이 옷.

맥도날드는 Mc이나 Mac을 이용해 지은 100개 이상의 이름들을 가지고 있다. 빅맥, 치킨 맥너겟, 치킨 맥스위스(Chicken McSwiss), 에그 맥머핀(Egg McMuffin), 맥도넛(McDonuts), 맥포춘 쿠키(McFortune Cookie), 맥립(McRib) 등이다. 그들은 심지어 맥클리니스트(McCleanest), 맥페이보릿(McFavorite), 맥그레이티스트(McGreatest) 등을 포함하는 맥랭귀지(McLanguage)를 개발해왔다. 그들은 맥이라는 약어를 공격적으로 방어해왔고, 맥베이글(McBagels), 맥스시 레스토랑(McSushi restaurant) 등에 반대했다.

♛

3. 더 좋은 결과 : 핵심 브랜드를 강화하는 확장

브랜드 확장을 통해 그 기초가 되었던 기존 브랜드는 더욱 확고히 시장에서 자리를 잡을 수 있다. 다시 말해 브랜드 확장으로 기존 브랜드 네임이 고객의 뇌리에서 희미해지거나 그 브랜드가 담고 있는 가치가 떨어지는 것이 아니라, 오히려 브랜드 이미지나 기능이 제고될 수 있다. 앞서 언급한 웨이트 워처스라는 브랜드의 경우, 브랜드 확장으로 인해 고객들이 그 브랜드와 접할 기회가 많아졌다. 나아가 그 브랜드와 체중 조절이라는 의미를 쉽게 연결하게 되면서 체중 조절 제품의 브랜드로서 굳건한 위치를 다졌다. 마찬가지로 썬키스트 하면 생각나는 오렌지, 건강, 생동감 등이 썬키스트 주스 바즈(Sunkist Juice Bars)와 썬키스트 비타민 C 태블릿(Sunkist Vitamin C Tablets)을 프로모션함으로써 더욱 강하게 고객 머릿속에 남게 되었다.

브랜드 확장을 통해 새로운 세분시장에서의 브랜드 네임 인지도를 높이거나 브랜드가 담고 있는 가치, 기능, 개념 등을 퍼뜨릴 수 있다. 위너바고 인더스트리(Winnebago Industries)는 중년층을 겨냥해 고가의 캠핑용 자동차나 모터홈[motor homes, 자동차나 트럭에 연결하여 이동이 가능하도록 만든 주택]을 팔아온 회사로, 1982년 '위너바고'라는 이름에 익숙지 않은 젊은 고객들에게 이름을 알리기 위해 일련의 캠핑용 도구 제품에 그 이름을 붙였다. 어느 정도 위험을 감수해야 하는 일이었다. 그러한 브랜드 확장의 결과 사람들은 위너바고가 자동차를 만드는 일이 캠핑용 난로를 만드는 것같이 대수롭지 않은 일이라고 생각하게 될지도 모른다. 그리고 그러한 느낌은 위너바고 자동차 제품에 대한 평가로 이어질 수도 있었다. 하지만 자동차의 품질을 잘 관리하고, 프로모션과 유통에서 자동차와 캠핑용 도구를 잘 격리한다면 그런 위험을 충분히 감소시킬 수 있다.

4. 나쁜 결과 : 브랜드 네임이 브랜드 확장의 실패를 야기함

브랜드 네임의 가치 창출 실패

브랜드 네임 확장을 통해 쉽게 브랜드 인식이나 신뢰감 또는 긍정적 품질 평가를 얻을 수 있다. 그러나 브랜드 확장에는 이에 못지않게 상당한 위험이 따른다. 초기에는 의도했던 좋은 결과를 보였어도 결국 해당 제품을 경쟁의 패배자로 몰고 갈 수도 있기 때문이다.

필즈베리는 그러한 위험성을 보여준 하나의 사례다. 필즈베리는 마이크로웨이브 오븐을 사용해 손쉽게 만들어 먹을 수 있는 팝콘 제품을 시장에 내놓았는데 그 제품의 브랜드 네임을 '필즈베리 마이크로웨이브 팝콘(Pillsbury Microwave Popcorn)'이라고 했다. 즉 필즈베리라는 이름을 신제품에 확장한 것이다. 초기에는 좋은 결과가 나타났다. 그런데 팝콘 제품으로 이름 있는 오빌 레덴바커(Orville Redenbacher)라는 브랜드가 마이크로웨이브 팝콘 시장에 뛰어들자 사정이 달라졌다.

오빌 레덴바커는 마이크로웨이브 팝콘 시장에는 늦게 들어왔지만 좋은 품질의 팝콘 제품을 팔아왔다는 단 하나의 사실만으로 전자레인지 팝콘 시장을 석권했다.

한편 전자레인지 팝콘 시장에 새로 진출한 제너럴 밀스는 필즈베리와는 다른 작전을 구사했다. 제너럴 밀스는 팝콘을 뜻하는 'Pop'과 비밀스럽고 독특한 방법으로 튀긴다는 'Secret'이라는 말을 합쳐 자사 제품에 '팝 시크릿(Pop Secret)'이라는 이름을 붙였다. 1989년 당시 4억 2,000만 달러에 달한 마이크로웨이브 팝콘 시장의 각 브랜드별 점유 현황을 보면, 오빌 레덴바커가 36%, 팝 시크릿이 21.7%였고, 필즈베리는 4.5%로 플랜터즈(Planters), 졸리 타임(Jolly Time), 지피 팝(Jiffy Pop), 뉴먼즈 오운(Newman's Own) 같은 군소 브랜드로 전락하고 말았다.

그런데 필즈베리는 마이크로웨이브로 데워 먹는 냉동 피자 시장에서도 마이크로웨이브 팝콘 시장에서와 같은 쓰라린 경험을 했다. 필즈베리는 냉동 피자 시장에도 자사 제품에 브랜드 네임을 붙였고 이미 피자로 잘 알려진 브랜드들의 공격을 받아 무너졌다.

브랜드 확장을 통해, 해당 시장 고객들에게 적합한 효용적 가치를 제품에 부가해야 한다. 예를 들어 빌 블라스[Bill Blass, 미국의 디자이너로 스포츠웨어 회사 빌 블라스를 경영했으며, 화려한 수상 경력을 자랑한다]라는 디자인계에서 알아주는 이름을 초콜릿 제품들에 붙인다고 하자. 물론 초콜릿 시장 소비자들도 이런 이름이 주는 디자인상의 의미나 가치를 잘 알고 높이 평가할 것이다. 그렇다고 해서 이런 의미나 가치가 초콜릿 시장에서 중요하게 여겨질 리 만무하며 따라서 초콜릿 제품 시장에는 도움이 되지 못할 것이다.

베아트리체(Beatrice)가 '당신은 줄곧 우리를 알고 있었다(You've known us all along)'라는 태그 라인을 내세우면서 베아트리체라는 브랜드 네임을 시장에서 확립하기 위해 행한 노력은, 같은 회사 브랜드들인 웨슨(Wesson)이나 오빌 레덴바커 등의 시장 활동에 어떤 유익한 가치도 부여하지 못했다. 게다가 그 브랜드들이 베아트리체에 속한다는 사실을 고객에게 알려주는 데 별 도움이 되지 못했다. 고객의 관점에서는 그런 노력 속에 사용된 문구나 브랜드 네임과 베아트리체 브랜드들과의 연관성을 쉽게 찾기가 어려웠기 때문이다.

브랜드의 특성 그리고 그와 연관된 브랜드 네임은 어떤 이득이 있을 때만 드러날 것이다. 메이저 헤어 파마 회사 브랜드였던 릴트는 파마 머리용 샴푸와 컨디셔너를 생산했다. 그리고 그러한 목적을 위해서는 릴트라는 브랜드 네임이 중요한 자산이 되었다. 그렇지만 릴트가 목표 세부시장에서 초점을 둔 것은 파마 머리보다 건조한 머리였다. 그 결과 특별한 파마 샴푸에 대한 필요나 수요는 사라졌다. 건조한 머리를 위해 고안된 어떤 샴푸도 받아들여졌기 때문이다.

하나의 브랜드 네임이 그것을 사용한 제품에 중요한 가치를 부여하는지, 못하는지는 콘셉트 테스트를 통해 쉽게 알아볼 수 있다. 테스트에 응한 사람들에게 말과 그림으로 새로운 제품에 대해 서술한 뒤 이에 대한 응답자들의 반응을 알아보는 것을 콘셉트 테스트라고 한다. 응답자들에게는 브랜드 네임만 제시한 후 그 제품에 끌리는지 여부를 묻는다. 끌린다고 대답하면서 그 이유를 설명하는 응답자들이 많다면 브랜드 네임이 제품에 중요한 가치를 부여한다고 판단할 수 있다. 반면 응답자들이 그런 이유를 대지 못한다면 그 브랜드 네임은 제품에 효용적 가치를 부가하지 못한다고 판단할 수 있다.

부정적인 특성에 대한 연상 이미지

브랜드 확장 시 확장의 기초가 된 본래 브랜드에 내포된 특성이, 브랜드 확장을 통해 시장에 나온 제품에 부정적으로 작용함으로써 일을 그르치는 수가 있다. 앞서 언급된 리바이 스트로스 테일러드 클래식스의 실패가 그 대표적 예다. 리바이스 하면 연상되는 캐주얼함과 거칠고 바깥 활동에 좋다는 이미지들이 리바이 스트로스 테일러드 클래식스의 제품 성격과 맞지 않았기 때문이다. 이같이 브랜드 확장 시 부적절한 브랜드 네임을 사용함으로써 실패한 사례는 주위에서 얼마든지 찾아볼 수 있다.

- 시리얼 브랜드 허니 넛 콘 플레이크(Honey Nut Corn Flakes)는 재미를 보지 못했다. 제품에 꿀과 호두 조각을 첨가했다는 사실을 강조하려 했는데 브랜드 네임에 옥수수 부스러기라는 뜻의 어휘 콘플레이크(Corn Flakes)가 들어 있어 그러한 면을 부각시키지 못했다.
- 탕(Tang)은 오렌지주스 제품으로 유명한 회사다. 이 회사가 그레이프프루트 탕(Grapefruit Tang)이라는 자몽주스를 시장에 내

놓았을 때 고객들은 그 제품에서 훌륭한 자몽 맛을 기대하지 않았다. 브랜드 네임의 한 부분으로 사용된 탕이라는 어휘가 기존 탕 제품의 오렌지 맛을 연상시켰기 때문이다.

- 깡통 수프 제품으로 유명한 캠벨은 자사의 스파게티 소스에 캠벨이라는 어휘를 사용하는 대신 프레고(Prego)라는 이름을 붙였다. 캠벨이라는 이름에서 소비자들은 수프 깡통의 오렌지 색과 깡통 안 국물을 연상하는 것으로 나타났고, 이것이 스파게티 소스와 어울리지 않을 거라고 판단했기 때문이다.

- 빅은 일회용 펜이나 라이터, 면도기로 유명하다. 이 이름을 향수에 사용했으나 결과가 신통치 않았다. 값싼 일회용이라는 느낌이 향수 제품에 핸디캡으로 작용했기 때문이다.

팬케이크 시럽으로 유명한 로그 캐빈(Log Cabin)은 팬케이크 가루에 로그 캐빈이라는 이름을 붙였으나 그 결과는 형편없었다. 로그 캐빈에서 연상되는 끈적끈적하고 달짝지근한 느낌이 팬케이크 가루의 가볍고 보드랍고 하늘하늘한 느낌과 어울리지 않았기 때문이다. 반면 언트 제미마는 (팬케이크 가루에서 시럽으로) 로그 캐빈과는 반대의 길을 걸었고 성공을 거두었다. 언트 제미마라는 브랜드에는 아침 식사로 팬케이크를 준비하는 상냥하고 따뜻한 흑인 아주머니 모습이 담겨 있다. 고객들이 이 아주머니의 모습에서 받는 느낌은 로그 캐빈에서 느낀 어떤 것보다도 강력했다. 이러한 인상적 느낌을 바탕으로 언트 제미마는 팬케이크 가루에서 시럽으로 브랜드를 확장할 수 있었다. 게

다가 이런 확장에 언트 제미마의 팬케이크 가루 제품은 그다지 부정적 영향을 받지 않았다.

이같이 브랜드 네임을 확장해서 사용할 때는 종종 예기치 않았던 여러 미묘한 일이 발생한다. 예를 들어 아커와 켈러는 브랜드 확장에 관한 연구에서 크레스트 치약에서 나는 특유의 맛을 크레스트라는 이름을 붙인 구강 건강용 껌에 첨가하는 것에 고객들이 부정적으로 반응한다는 사실을 발견했다. 반면에 똑같이 크레스트라고 이름 붙인 구강 세척액에 그 맛을 첨가하는 것은 문제가 되지 않는다고 응답했다. 아커와 켈러는 두 제품 모두 치아 관리 및 구강 위생과 연관된 긍정적 이미지를 가진다는 것을 깨달았다. 하지만 구강 세정액에서는 좋은 맛이 중요하지 않았다. 실제로 리스테린(Listerine)은 불유쾌한 맛과 효과적 청정 작용을 조합한 제품이다.

때때로 올바른 함축을 내포한 제2의 브랜드 네임을 붙임으로써 부정적 연상 이미지의 축소와 억압 혹은 콘셉트의 설명이 가능하다. 그러한 예로 캠벨 스페셜 토리노 스파게티(Campbell's Special Torino Spaghetti)가 있다. 캠벨이라는 브랜드 네임은 시리얼로 치면 켈로그만큼이나 많이 사용되었을 것이다. 이는 단순히 다른 브랜드 네임에 신뢰도를 부여하는 데만 도움이 된다. 스페셜 토리노 타입의 서브네임은 제품 특성에 대한 연상 이미지를 불러오거나 공들인 콘셉트가 드러나게 할 것이다. 캠벨의 풍부하고, 진하고, 특유의 어두운 빛깔을 띤 스파게티 소스. 그러한 설명 덕분에 캠벨 수프에 대한 연상 이미지를 불러올 가능성은 줄어들 것이다.

아커와 켈러의 연구에서, 브랜드 네임을 확장한 제품과 그 확장의 기초가 된 제품의 성격이 맞지 않아 확장한 브랜드 네임이 기존 제품에 부정적 영향을 끼치는 경우를 살펴보자. 확장한 제품의 특징을 고객 뇌리에 집어넣음으로써 어느 정도 부정적 영향을 줄일 수 있다. 햄버거 체인 브랜드로 유명한 맥도날드라는 브랜드 네임을 사진 현상업에 사용한다고 생각해보자. 맥도날드라는 널리 알려진 브랜드 네임과 신속 친절한 서비스라는 이미지는 (신뢰감을 주는 등) 도움이 될 것이다. 하지만 햄버거와 너무 밀착된 브랜드 네임은 햄버거와 동떨어진 성격을 가진 사진 현상업에 부정적 영향을 미칠 수 있다. 이때 사람들에게 맥도날드의 유명세나 서비스를 강조할지라도 그런 부정적 영향을 없애기는 힘들다. 반면 새로 생긴 사진 현상점이 햄버거 점포와 뚝 떨어져 있다거나, 잘 알려진 카메라 소매점 안에 함께 개설되어 있다 등 신규 사업의 특징을 사람들에게 자주 환기함으로써 그런 부정적 영향을 상당히 줄일 수 있었다.

이런 경우의 성공 가능성은 7점 척도로는 3.5~4.0 정도로 성공적인 확장 개념으론 아직까지 한참 부족하다. 물론 성공은 부정적 연관성으로 인한 훼손의 정도 그리고 그들의 출현을 억제할 가능성과 이를 위한 비용에 달려 있다.

또 하나 재미있는 것은, 기존 제품과 그 확장을 이용한 제품의 성격이 완전히 다를 때 본래 제품의 특성이 새 제품에 전이되지 않으면 브랜드 확장이 성공적일 수 있다는 사실이다.

예를 들어 코카콜라나 맥도날드 제품은 각각 브랜드 네임만 들어도 연상되는 독특한 맛이 있다. 무르자니(Murjani)는 코카콜라에서, 시어스(Sears)는 맥도날드에서 라이선스를 받아 자사의 옷에 각각 코카콜라와 맥키즈(Mckid's)라는 브랜드 네임을 붙였다. 옷에서까지 코카콜라나 맥도날드의 맛을 연상할 리 없으므로 앞서 언급한 부정적 측면은 두 회사 옷의 브랜드 확장에 아무런 영향도 미치지 못한 것으로 판단되었다. 결국 무르자니와 시어스의 브랜드 확장은 성공했다. 의류 제조 회사 무르자니와 유통 업체 시어스에 대한 사람들의 긍정적 태도도 이에 크게 일조했다.

브랜드 네임이 혼동을 줄 경우

브랜드 네임 때문에 사람들이 제품에 대해 잘못 생각할 수도 있다. 참치 요리에 곁들여 먹는 튜나 헬퍼(Tuna Helper)와 햄버거 요리에 곁들여 먹는 햄버거 헬퍼(Hamburger Helper)라는 식품은 성공을 거두었다. 그 영향을 받은 베티 크로커는 치킨을 재료로 한 비슷한 콘셉트의 식품을 만들고 베티 크로커 쿡북 치킨(Betty Crocker Cookbook Chicken)이라는 브랜드 네임을 붙였다. 집에서 요리한 것처럼 맛있는 음식이란 점을 강조하려는 의도였다. 그러나 사람들은 쿡북이라는 말 때문에 그 브랜드가 식품이라기보다 요리책이라고 생각했다. 이름을 치킨 헬퍼(Chicken Helper)로 바꾼 후 사람들은 그 제품을 훨씬 더 잘 알아보고 받아들였다.

서로 잘 맞지 않을 경우

브랜드 확장은 기존 브랜드의 가치나 느낌 같은 것들에 맞게 이루어져야 한다. 그랬을 때 본래 브랜드가 가진 장점들이 브랜드 확장을 이용한 제품에 쉽게 전이되어 시장 경쟁에서 유리하게 이용될 수 있다. 기존 브랜드에 적절하지 않게 브랜드 확장을 할 경우 전이가 이루어지지 않을 뿐 아니라 큰 부작용을 초래해 실패로 끝날 수도 있다.

최고급 승용차의 상징인 롤스로이스라는 브랜드 네임을 걸맞지 않게 흔한 자전거나 장난감에 붙였다고 하자. 이때 사람들은 유명 브랜드 네임을 마구잡이로 제품에 붙임으로써 가격을 올리려 한다고 생각할 것이다. 롤스로이스라는 브랜드 네임 때문에 평범한 자전거나 장난감에 대한 평가가 달라지지는 않을 것이다.

암앤해머는 냄새 제거를 연상시키는 암앤해머라는 브랜드 네임을 세탁 세제나 오븐 청소용 제품에 붙여 성공을 거두었다. 그러나 겨드랑이 냄새 탈취제에 암앤해머라는 브랜드 네임을 붙였을 때는 그다지 재미를 보지 못했다. 암앤해머에 담긴 냄새를 제거한다는 느낌이 사람에게는 적용되지 않았기 때문이다. 마찬가지로 파인애플 캔 제품으로 유명한 돌이 하와이의 리조트나 관광 서비스업에 돌이라는 브랜드 네임을 사용했을 때도 파인애플과 그러한 서비스의 성격이 너무 달라서 그다지 좋은 결과가 나오지 못했다.

그 적합성의 기초가 되는 것이 무엇인지는 **그림 9-3**에서처럼 다양한 방법으로 알아볼 수 있다. 두 제품 카테고리의 연결성은 적합성

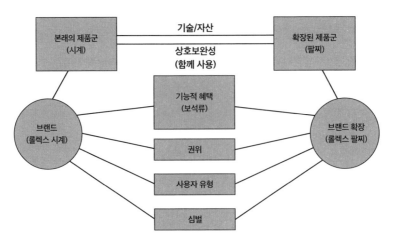

그림 9-3 **브랜드 확장의 적합성**

을 보여주는 기본적 요소 가운데 하나다. 아커와 켈러는 제품군들의 관계에서 두 가지 타입을 발견했다. 이 두 가지 타입은 확장된 콘셉트의 수용과 관련이 있었다.

1. 기존 브랜드 제품의 시장 활동에 필요한 기술이나 축적된 투자가 확장을 이용한 제품에 잘 전이되는가?

예를 들어 치약으로 유명해진 크레스트라는 이름을 구강 세정액에 붙인 것을 생각해보자. 상식적으로도 치약 제조 기술이나 축적된 투자는 구강 세정액 제품의 시장 활동에 잘 전이될 것으로 판단된다. 이런 점은 크레스트의 구강 세정액이 시장에서 성공할 수 있었던 이유 가운데 하나다.

2. 본래 브랜드의 제품과 브랜드 확장을 이용한 제품 간에 보완성이 있는가?

선글라스로 유명한 뷔아르네는 스키용품에 뷔아르네라는 이름을 붙여 좋은 반응을 얻었다. 스키를 타면서 선글라스를 끼기 때문에 고객들은 쉽게 스키와 선글라스의 보완성을 느꼈고 이 점은 브랜드 확장에 도움을 주었다.

유무형의 기능적 또는 상징적 특성에 일치성이 있는 제품들 간의 브랜드 확장은 좋은 결과를 낼 수 있다. 파크(Park), 밀버그(Millberg), 로손(Lawson)은 기능성으로 평판이 높은 타이멕스(Timex) 시계와 고급스러움의 상징으로 널리 알려진 롤렉스 시계에 대한 브랜드 확장을 연구한 적이 있다. 이 두 브랜드 네임은 고급스러움이라는 상징적 가치가 중시되는 팔찌, 넥타이, 와이셔츠 커프스단추 등의 제품들 그리고 기능성이 중시되는 손전등, 계산기, 전지 등의 제품들에 확장되어 사용되었다. 상징적 제품들에서 롤렉스의 확장 사용은 분명 타이멕스의 확장 사용보다 더 큰 효과를 발휘했다. 그러나 기능적 제품들에서 타이멕스의 확장 사용이 롤렉스의 확장 사용보다 효과적이지는 못한 것으로 나타났다. 나아가 연구자들은 롤렉스와 타이멕스 중 어떤 것이 더 광범위하게 확장되어 사용될 수 있는지 사람들에게 물었다. 응답자들은 확실하게 롤렉스가 그렇다고 답했다. 이 모두를 종합할 때 고급스러운 상징성을 가진 브랜드가 기능적 성격을 가진 브랜드보다 브랜드 확장에 더 큰 위력을 발휘한다고 생각할 수도 있다.

그 밖의 많은 점에서 제품들 사이의 연결점들을 알아내고 이를 이용해 확장의 목적을 잘 달성할 수 있다. 가령 고객 타입이 일치한다

(어린이용), 제품의 원산지가 같다(비버리힐즈), 동일한 원료 성분이 있다 (귀리 함유), 유사한 상징을 마케팅에 사용한다(역마차) 등에 착안해 효율적으로 브랜드 확장을 할 수 있다. 예를 들어 웰스 파고라는 브랜드 네임은 금융 서비스에 대한 것들을 연상시키지만 그 밖에도 역마차, 옛 서부 개척 시대와 그 시대 사람들, 돈이나 귀중품을 보관하는 금고 따위를 연상시킨다. 이렇게 사람들이 연상하는 것들을 이용해 서부 시대풍 옷이나 그 시대의 느낌을 자아내는 놀이공원, 안전이 중요시되는 경보 장치 제품, 송금 서비스 등에 웰스 파고라는 브랜드 네임을 붙여 좋은 결과를 얻을 수 있다. 맥도날드라고 하면 사람들은 로널드 맥도날드라는 우스꽝스러운 인물과 그의 친구들, 어린이들이 신나게 노는 장소를 연상한다. 이런 연상 이미지를 이용해 맥도날드풍 놀이 공원을 조성하면 호응을 받을 수 있다.

품질에 대한 나쁜 지각

탭(Tab)의 맛은 진저 에일이나 루트비어처럼 탭이 코카콜라의 다이어트 음료일 때 일리가 있는 아이디어였다. 그들은 맛의 다른 카테고리에서 경쟁하기를 원했지만 실패하고 말았다. 세부시장에서 탭을 불쾌한 맛이라고 느낀 것이 부분적으로 그 개념의 실패 이유였다. 그 맛은 시장의 큰 부분들에서 기본적으로 낮은 품질로 지각되었다.

대체로 브랜드에 대한 지각된 품질이 좋더라도 그 제품에 나쁜 경험을 가지고 있거나 이런저런 이유로 그 제품의 질을 낮게 지각하는 사람이 있기 마련이다. 물론 확장을 추구할 때는 브랜드에 나쁘게 노출되지 않은 사람들로 시장을 제한해야 한다.

확장이 지지받지 못할 경우

새로운 시장에 뛰어들 때는 누구나 기존 브랜드 네임을 이용해 더욱 효율적으로 진입하고자 하는 충동을 느끼게 마련이다. 물론 그렇게 하는 것이 성공적일 수도 있다. 다이어트 체리 코크라는 체리 향 나는 저칼로리 콜라는 기존 브랜드 네임 덕분에 많은 광고 없이도 시장에서 잘 자리 잡을 수 있었다. 반대 경우로 퀴진아트(Cuisinart)의 신제품이었던 파 써는 기계는 기존 브랜드 네임만 믿고 별다른 광고나 프로모션 없이 시장에 뛰어들었다가 특별한 성과를 거두지 못했다. 이는 제품의 잘못이라기보다 기존 브랜드 네임을 맹신해 적절한 광고나 프로모션 활동을 하지 않은 것이 더 큰 원인일지도 모른다.

♛

5. 어두운 결과 : 기존 브랜드 네임이 훼손됨

브랜드 네임은 종종 기업의 핵심 자산이 된다. 특히 브랜드 네임이라는 자산은 다른 인적·물적 자산에 비해 마음대로 바꾸거나 대체할 수 없으므로 회사에 더욱 중요한 자산이라고 할 수 있다. 그런데 이러한 자산이 브랜드 확장을 통해 자칫 잘못하면 크게 훼손될 수도 있다. 예를 들어 브랜드 확장의 결과, 고객이 기존 브랜드 네임에서 바람직하지 못한 제품의 특성을 연상하게 된다든지, 그 브랜드에 대한 지각된 품질이 나빠진다든지, 그 브랜드에서 고객이 연상하던 것들이 바뀐다든지 하는 식의 훼손이다.

좋지 못한 특성에 대한 연상 이미지가 만들어진다

브랜드 확장의 결과 고객은 기존 브랜드에서 본래 떠올리던 것들 외에 새로운 것들을 연상하게 될 수 있다. 그리고 이렇게 연상된 것들은 본래의 브랜드가 담고 있던 여러 종류의 가치나 특성을 훼손할 수 있다. 맥주 회사 밀러의 밀러 하이 라이프라는 브랜드를 예로 들어보자. 밀러 하이 라이프는 1980년대에 매우 큰 매출 격감을 맛보았다. 같은 회사의 저칼로리 브랜드 밀러 라이트가 중요한 원인으로 대두되었다. 밀러 라이트는 물처럼 밋밋한 저칼로리 맥주를 연상시킨다. 이러한 연상은 '밀러'라는 브랜드 네임을 통해 밀러 하이 라이프를 마시는 사람들이 그 맥주의 맛을 부정적으로 평가하도록 만들었다. 실상 밀러 라이트의 시장점유율은 저칼로리 붐을 타고 1978년 9.5%에서 1986년 19%로 증가했다. 반면 밀러 하이 라이프의 점유율은 같은 기간 21%에서 12%까지 떨어졌다.

비슷하게 썬키스트의 캔디류 제품 썬키스트 프루트 롤스(Sunkist Fruit Rolls)는 썬키스트가 가진 '건강에 좋다'는 이미지를 훼손할 수도 있다. 블랙앤데커는 GE에서 사들인 소형 가전제품에 자사 브랜드 네임을 붙임으로써 기존의 전동 공구 제품에서 가졌던 좋은 이미지를 훼손할 수 있다. 유통 업체 시어스가 금융 서비스업에 손을 대고 시어스라는 브랜드 네임을 붙인다면 저렴한 가격에 고품질 제품을 파는 시어스의 좋은 이미지에 손상을 받을 수도 있다. 식품 회사 카네이션(Carnation)이 고양이 사료를 만들어 여기에 카네이션이라는 브랜드 네임을 붙인다면 기존 카네이션의 식품에 대한 이미지가 부정적으로 변할지도 모른다. 좋은 차로 유명한 립톤이 인스턴트 수프에 립톤이라는 브랜드 네임을 붙인다면 차 메이커로서 립톤이 가졌던 좋은 이미지에 상처를 받을 가능성이 있다. 한 연구에서는 부드럽다는 이미지를 주는 어느 브랜드 네임을 별로 부드럽지 못하다는 인상을 주는 제품에 갖다 붙였더니 본래 브랜드의 부드러운 이미지가 떨어져나간 것으로 드러났다.

물론 언제나 이렇게 부정적 결과가 나타나는 것은 아니다. 무설탕이라는 특성으로 굳게 포지셔닝한 치리오스(Cheerios)라는 시리얼 브랜드의 예를 들어보자. 이 브랜드를 만든 제너럴 밀스는 단맛이 나는 허니 넛 치리오스(Honey Nut Cheerios)라는 시리얼 제품을 새로이 출시하면서 치리오스의 무설탕 이미지가 깨어지지 않도록 하는 데 신경을 곤두세웠다. 다행히 허니 넛 치리오스는 본래 브랜드의 이미지를 훼손하지 않았고, 치리오스의 매출에도 아무런 영향을 미치지 않았다. 기존의 무설탕 치리오스를 먹는 고객들이 무설탕 시리얼을 원할 때는 본래의 치리오스를 먹고, 단맛 시리얼을 원할 때는 허니 넛 치리오스를 선택했기 때문이다. 이와 비슷한 또 하나의 사례로 코카콜라의 저칼로리 제품 다이어트 코크를 들 수 있다.

그렇다면 어떤 경우 브랜드 확장이 부정적 결과를 초래할까? 우선 그렇지 않은 경우를 생각할 수 있다. 첫째, 기존 브랜드를 통한 연상 이미지의 정도가 강할수록 본래 브랜드는 브랜드 확장의 부정적 영향을 덜 받는다. 둘째, 기존 브랜드와 확장을 이용한 브랜드의 제품이 성격상 현격한 차이를 보일수록 기존 브랜드는 부정적 영향을 덜 받는다. 셋째, 마구잡이식이 아니라 일치성 있게 브랜드 확장이 되었다고 판단할 근거를 기존 브랜드와 확장을 이용한 브랜드 사이에서 찾아볼 수 있을 때 기존 브랜드는 부정적 영향을 덜 받는다.

치리오스의 사례는 위 세 가지 경우 모두에 해당되었다. 첫째, 치리오스 하면 고객은 제품의 원료인 귀리라는 곡식, 제품의 모양인 도넛 형태, 그리고 무설탕을 매우 강하게 연상했다. 둘째, 허니 넛 치리오스는 달다는 인상을 주었으므로 고객은 이것이 본래의 치리오스와는 거리가 멀다고 생각했다. 셋째, 허니 넛 치리오스도 시리얼 제품이었으므로 고객은 브랜드 확장에서 일치성을 느낄 수 있었다. 반면 초콜릿 제품에 치리오스라는 브랜드 네임을 붙인다면 치리오스의 본래 이미지에 좋지 않은 영향을 미칠 것이다.

기존의 브랜드 연상이 약화된다

브랜드 확장 시 기존 브랜드에서 고객이 연상하던 것 외에 새로운 무언가가 추가로 연상된다면, 그 때문에 본래의 브랜드에서 연상되던 좋은 느낌이나 가치, 이미지 등이 훼손될 수도 있다. 이 같은 문제점들은 크리넥스, 페리에, 탬팩스(Tampax)처럼 본래의 브랜드가 하나의 제품군을 대표할 때 특히 심각하게 대두된다. 캐드베리는 고급 초콜릿과 사탕의 대명사였으나 감자, 분유, 수프, 음료 제품들에 이 브랜드 네임을 붙이면서 그 같은 지위가 약화되었다.

스콧(Scott)이라는 화장지 브랜드는 스콧타월즈(ScotTowels), 스콧티슈(ScotTissue), 스코티즈(Scotties), 스콧킨스(Scottkins)로 브랜드 네임을 확장했는데 그로 인해 한 제품군 내에서 동일시되는 이름을 가진 바운티, 노던(Northern), 팸퍼스, 크리넥스 등에 비해 고객의 머릿속에 훨씬 큰 혼동을 불러일으켰다. 1980년대에 스콧은 고객 광고 지출을 극도로 줄이고 강력한 브랜드를 창조하려는 노력으로 회귀했다. 그들의 수정된 전략은 싸고 양 많은 제품 메이커가 되는 것이었다.

브랜드 확장 결과 기존 브랜드에서 고객이 연상하던 것 외에 새로운 것을 연상하게 되는 것과 새로운 연상이 생기지 않고 본래의 연상이 희석되는 것은 명확하게 구별해야 한다. 가령 젤로 하면 고객은 푸딩, 크림같이 부드러운 맛, 화목한 가정의 면모 등을 연상했다. 그리하여 새 빙과에 젤로 푸딩 팝스(Jell-O Pudding Pops)라는 이름을 붙이자 좋은 결과가 나타났다. 즉 그러한 브랜드 확장은 빙과의 이름을 고객 머릿속에 주입하는 데 도움이 되었을 뿐 아니라 고객의 신뢰감을 얻는 데도 일조했다. 여기에 고무되어 젤로 푸딩 팝스라는 브랜드 네임은 더욱 확장되었고 젤로 젤라틴 팝스(Jell-O Gellatin Pops)와 젤로 프루트 바즈(Jell-O Fruit Bars) 등이 탄생했다.

그런데 여기서 생각해보아야 할 문제가 있다. 즉 그 빙과에 대한 고객의 연상이 기존 젤로에서 고객이 연상하는 것을 희석시켰느냐, 아니면 본래의 것을 변화시키지 않고 단순히 덧붙이기만 했는가 하는 것이다. 이에 대한 대답은 본래 연상의 힘이 얼마나 강했느냐에 달려 있을 것이다. 필즈베리 도우보이와 휴렛팩커드라는 브랜드 네임에서 고객이 연상하는 것은 너무나도 강력하다. 설령 브랜드 확장이 있다 해도 그러한 강력한 연상은 잘 변하지 않는다. 대신 새로운 연상을 그 강력한 연상을 가진 브랜드들에 더해줄 뿐이다. 예를 들어 휴렛팩커드는 브랜드 확장을 통해 실험 기기뿐 아니라 컴퓨터도 잘 만든다는 식의 긍정적 결과를 얻을 수 있다.

소비자들은 아머에서 육가공 제품을, 필즈베리에서 제분 제빵 제품을, 그린 자이언트(Green Giant)에서 채소를, 페퍼리지 팜(Pepperidge Farm)에서 냉동 제빵 제과 제품을 생각한다. 이 모두는 제품의 성격에 맞추어 브랜드 확장을 한 결과이다. 그러나 GE나 크래프트 또는 일본 기업들, LG, 삼성 같은 한국 기업들은 꼭 그렇게 제품의 성격에 맞추지 않고 다양한 제품군에 걸쳐 브랜드 확장을 해왔다. 이는 브랜드 확장을 통해 어떤 제품의 성격을 강화해서 나타내기보다 브랜드 네임 인지도나 지각된 품질을 높이는 데 초점을 둔다.

이같이 제품의 성격에 얽매이지 않는 다양하고 성공적인 브랜드 확장이 행해지면, 브랜드 확장 전략상 할 수 있는 일이 더 많아진다. 즉 기존 브랜드에서 연상되는 것들을 건드리지 않고 더욱 폭넓게 브랜드 확장을 할 수 있다.

품질에 대한 이미지가 영향을 받는다

지각된 품질에 대한 명성은 많은 사업체에서 지속 가능한 경쟁우위의 기초가 된다. 브랜드 확장이 지각된 품질을 부정적으로 떨어뜨린다면 이러한 선의가 축적된 곳에 손상을 가할 수 있다.

예를 들어 제너럴 밀스는 1970년, 부유한 스포츠맨이 사용하는 제품 브랜드로 꼽혔던 악어표 라코스테(Lacoste)를 확장해 새로운 시장을 겨냥한 의류 제품에 그 브랜드 네임을 붙였다. 결과는 매우 좋지 않았다. 그 브랜드 네임을 여기저기 너무 많이 붙이는 바람에 라코스테 하면 연상되던 부유한 스포츠맨의 느낌이 약화되었고 이에 따라 라코스테의 고급스러운 품질에 대한 이미지가 사라져버린 것이다. IBM에도 비슷한 사례가 있다. IBM은 가정용 컴퓨터로 IBM 주니어(IBM Junior)라는 브랜드를 만들었다. 이는 IBM이 가진 좋은 품질이라는 명성에 부정적 영향을 미쳤고, 이것이 중요한 이유가 되어 IBM 주니어는 실패하고 말았다. 구찌(Gucci)의 경우도 무려 1만 4,000개나 되는 제품에 여기저기 붙여져 결국 고급스러운 품질에 대한 이미지가 훼손되었다.

브랜드 확장이 아무리 성공적이라 해도 확장을 통해 나온 제품에 불만인 사람은 어떤 형태로든, 많든 적든 있게 마련이다. 장기적으로 브랜드 확장이 되면 될수록 불만을 가진 사람들도 더욱 늘어나 기존 브랜드는 더욱 큰 어려움에 직면하게 된다.

브랜드 확장으로 또 하나의 브랜드를 만들면서 그 브랜드의 가격을 저렴한 것으로 포지셔닝할 경우 기존 브랜드의 품질에 영향을 미칠 수 있다. 예컨대 힐튼 호텔이 '힐튼'이라는 브랜드 네임으로 가격이 싼 호텔 방을 만들어 출시한다면 본래 힐튼이 가졌던 고급스러운 품질에 대한 이미지에 먹칠을 할 수 있다. 롤스로이스는 어느 리무진 제조사에 자사 엔진을 공급하고 이 리무진에 롤스로이스라는 브랜드 네임을 붙이는 것을 허락한 적이 있다. 이 리무진이 프로모션의 일환으로 저렴하게 팔린 적이 있는데 이것이 롤스로이스의 품질에 대한 이미지를 갉아먹었음은 두말할 나위가 없다.

1980년대 초 캐딜락은 시마론(Cimarron)이라는 자동차 브랜드를 출시했다. 이 차는 제너럴 모터스의 폰티악 2000이나 쉐보레의 카발리에(Cavalier) 등과 유사했으나 시트가 가죽으로 되어 있었고 일부 금빛 장식 덕분에 더욱 고급스러워 보였다. 이 차는 전통적인 캐딜락 구매자보다는, 캐딜락을 구매하기에는 여유가 부족한, BMW 정도를 살 수 있는 사람을 겨냥한 것이었다. 신제품이 기존 제품을 어느 정도 따라잡으리라는 분석은 정확했으나 시마론이 불러온 연상 이미지와 그 타깃 구매자들로 인해 품질에 대한 캐딜락의 이미지는 손상을 입을 수밖에 없었다.

아주 강력한 브랜드라면 브랜드 확장이 다소 실패하더라도 손상을 입지 않는다는 것은 이미 밝혀진 사실이다. 그린 자이언트라는 가공 채소 식품 브랜드 네임은 대체로 품질에서 그다지 점수를 받지 못하는 냉동 요리 식품에 확장되어 사용되었다. 하지만 이러한 확장은 가공 채소 식품 부문에서 그린 자이언트가 받는 품질 평가에 별다른 부정적 영향을 끼치지 못했다. 아커와 켈러는 연구를 통해 강력하게 지각된 품질 순위를 가진 브랜드는 (비록 그 실패한 확장이 회사가 더 진행시킬 수 있는 역량에는 영향을 미칠 수 있지만) 놀라울 정도로 실패한 브랜드 확장의 영향을 받지 않는다고 밝혔다.

재난이 발생한다

시장 활동을 하다 보면 때로 기업이 통제할 수 없는 재난이 일어나기도 한다. 예를 들어 아이보리 비누의 광고 모델이 인기 있는 포르노 배우가 되어 아이보리 브랜드에 해를 끼친 적이 있다. 또 하나의 예로 타이레놀 포장에 누군가 손을 대거나 릴라이 제품이 심각한 건강상의 위험을 나타낸 것 등은 거의 모든 브랜드 네임에 일어날 수 있다. 브랜드 확장이 광범위하게 이루어질 때 그 같은 어쩔 수 없는 사건이 브랜드에 미치는 영향이 더욱 커지는 것은 당연한 일이다.

7장에서 독일제 자동차 아우디 5000에 발생한 문제를 살펴본 바 있다. 아우디 5000 사용자들 중 차가 급가속해서 사고를 유발했다고 문제 제기를 한 사람들이 있었다. 아우디는 이에 대해 사고의 원인은 차가 아닌 운전자에게 있다고 반박했다. 어찌 됐건 이로 말미암아 아우디의 판매는 격감하고 말았다. 아우디 사건을 조사한 결과, 아우디 5000 때문에 급가속 문제가 제기되지 않은 아우디 4000도 고전을 면치 못했다. 그러나 아우디 콰트로(Quattro)는 아우디 4000에 비하면 아우디 5000의 부정적 영향을 매우 적게 받았다. 콰트로는 아우디와의 연관성이 덜했기 때문에 아우디의 아이덴티티나 브랜드 네임과 분리

되었기 때문이다. 콰트로의 광고에 아우디라는 말이 일절 언급되지 않은 적도 종종 있다. 나아가 아우디의 모회사 폭스바겐의 다른 브랜드들(폭스바겐, 포르쉐 등)은 이 문제에서 아무 영향도 받지 않았다.

품질 좋은 장난감 회사로 유명한 피셔프라이스(Fisher-Price)는 어쩔 수 없는 큰 문제가 발생해 브랜드에 부정적 영향을 미칠지도 모른다는 사실을 고려해 어린이 보호 제품이나 치료 제품으로의 브랜드 확장을 포기했다. 이런 제품들에서 단 한 번이라도 예기치 못한 사건이 발생한다면 피셔프라이스라는 브랜드 네임에 크게 먹칠을 할 것이 분명했기 때문이다.

브랜드 프랜차이즈는 제 살 깎아 먹기

브랜드 에쿼티의 중요한 부분 가운데 하나는 브랜드에 대한 고객 충성도다. 만약 브랜드 확장으로 인해 기존 브랜드의 매출이 줄어든다면(브랜드 확장으로 내놓은 제품이 기존 제품의 매출을 깎아먹는다면) 이러한 브랜드 확장은 하나 마나 한 일일뿐 아니라 회사에 파괴적 영향을 미치기도 한다.

면도용 크림 시장에서 라이트 가드(Right Guard)라는 매우 강력한 브랜드 네임을 갖고 있던 질레트는 바바솔(Barbasol)이라는 저가 브랜드 시장마저 점유하고자 했다. 이때 질레트가 착안한 것은 면도칼 시장에서 저가로 포지셔닝한 굿뉴스!(Good News!)라는 자사 브랜드를 이용하는 것이었다. 그리하여 질레트는 '굿뉴스! 쉐이빙 크림 바이 질레트(Good News! Shaving Cream by Gilltte)'라는 저가 면도용 크림을 시장에 내놓았다. 그 결과, 그 저가 제품이 라이트 가드의 매출을 잠식한 것으로 드러났다. 저가 제품을 구입함으로써 질레트 제품을 싼값에 샀다고 생각하는 고객들이 생겨났고, 이는 라이트 가드의 매출에 부정적 영향을 미쳤다.

수프 회사 캠벨은 자사 제품에 캠벨즈 컵(Campbell's Cup), 캠벨즈 청키(Campbell's Chunky), 캠벨즈 '홈 쿠킨'(Campbell's 'Home Cookin'), 캠벨즈 골든 클래식즈(Campbell's Golden Classics), 캠벨즈 크리미 내추럴 (Campbell's Creamy Natural) 같은 브랜드 확장 시리즈를 시도한 후, 프레고라는 이름의 수프 라인을 출시했다. 프레고 브랜드는 이탈리아식 수프로 포지셔닝했고, 캠벨과 시장을 공유하던 기존 이탈리아 스타일 수프 제품 프로그레소(Progresso)를 날카롭게 공격하는 것으로 보였다. 프레고는 기본적 캠벨 라인을 잠식하지 않고도 캠벨의 시장점유율을 가져갈 수 있었다.

이 전체 영역에서 중요한 질문은 세부시장이 중첩되는 정도에 관한 것이다. 예를 들어 캔으로 된 고양이 사료와 건사료, 액체 세제와 분말 세제의 교차점이 크지 않다면 카니발라이제이션[cannibalization, 특정 기업의 신상품이 먼저 출시한 동일 계열 상품이 점유한 시장을 잠식하는 현상] 또한 낮게 발생할 것이다.

6. 최악의 결과 : 새로운 브랜드 네임이 새롭지 않음

아마도 잘못된 브랜드 확장이 낳을 수 있는 최악의 결과는 그러한 확장으로 인해 새로운 브랜드 에쿼티를 창출할 기회를 영원히 상실하는 것일지도 모른다. 아이보리, 카메이, 드레프트, 타이드, 치어, 조이, 팸퍼스, 크레스트, 시크릿, 슈어(Sure), 폴져스, 프링글스, 그리고 그 밖의 70여 개나 되는 브랜드들 없이 오늘날의 P&G가 존재할 수 있었을지 생각해보라. 만약 아이보리 대신 P&G 흰색 비누, 타이드 대신 P&G 세탁 세제, 조이 대신 P&G 주방 세제, 팸퍼스 대신 P&G 종이 기저귀, 프링글스 대신 P&G 감자칩 등등의 방식으로 브랜드 네임을 정했다면 오늘날 P&G가 브랜드 네임을 통해 얻는 경쟁우위는 찾아보기 힘들었을지 모른다.

한 회사가 아이보리 같은 식으로 새로운 브랜드 네임을 만들 때, 고객들은 그 새로운 브랜드에서 그 회사의 기존 브랜드에서 연상하는 것들과는 구별되는 독특한 것들을 연상하기도 한다. 만약 애플이 매킨토시라는 이름 대신 '애플 360'을 사용했다면 어땠을까? 애플은 고객이 오늘날 매킨토시라는 브랜드 네임에서 연상하는 것들이나, 매킨토시에 대한 고객의 충성심, 그 밖에 매킨토시에 부가되는 가치를 얻지 못했을 것이다. 휴렛팩커드는 애플과는 정반대의 브랜드 전략을 구사하는 회사다. 컴퓨터와 뒤이어 나온 제품들에 독립된 브랜드 네임을 붙이지 않았던 결정이 휴렛팩커드의 핸디캡이 되었는지에 대해서는 논쟁의 여지가 있다. 어쨌든 각각의 경우마다 다른 이름을 붙였더라면 휴렛팩커드 제품 라인을 쉽게 구별할 수 있었을 것이다.

블랙앤데커는 휴대용 진공청소기를 개발해 '먼지 제거자'라는 의미의 더스트버스터(Dustbuster)라는 브랜드 네임을 붙였다. 이를 블랙앤데커스 포터블 베큐엄(Black&Decker's Portable Vacuum, 블랙앤데커의 휴대용 청소기라는 뜻)이라는 브랜드 네임과 비교해보자. 깨끗이 하는 데 효과적이라는 의미를 극적으로 부각시킨 더스트버스터라는 브랜드 네임은, 제품 차별화에 도움을 주었을 뿐 아니라 제록스 현상에서처럼 휴대용 진공청소기라는 한 제품군을 대표하는 이름이기도 했으므로 블랙앤데커에 크나큰 경쟁우위를 제공할 수 있었다.

새로운 브랜드 네임은 성장의 발판 구실을 할 수도 있다. 예컨대 캠벨은 스파게티 소스 라구에 대항하기 위해 프레고라는 브랜드 네임을 붙인 스파게티 소스를 내놓았다. 캠벨은 그 후속타로 이탈리아식 냉동식품에 프레고라는 브랜드 네임을 붙여 시장에 내놓았다. 또 프레고를 이탈리아식 수프 브랜드로도 포지셔닝해서 프로그레소라는 이탈리아식 수프와 경쟁했다.

더스트버스터나 프레고처럼 독특하게 새로운 브랜드 네임을 붙이려면 다음과 같은 점을 잘 고려해야 한다.

- 브랜드 네임으로 인한 연상의 강점과 브랜드 스토리텔링에 있어서의 유용성. 브랜드 네임이 커뮤니케이션을 돕는가? 브랜드의 메시지를 쉽게 이해하게 해주는가?

- 오랜 기간 고객의 충성심을 유지하고 이익을 창출하는 데 있어서 브랜드 네임의 강점과 유용성.
- 브랜드 네임을 확립하고 브랜드 인지도와 연상 이미지를 얻는 데 드는 비용. 그 브랜드는 브랜드 네임을 확립하기 위한 마케팅 지원을 정당화할 수 있는가?(혼다가 미국에서 어큐라 라인을 개발하는 동안 규모가 작은 유럽 시장에서는 혼다라는 브랜드 네임을 그대로 쓰기로 결정한 바 있다.)

7. 브랜드 확장의 3단계

브랜드 확장은 다음과 같은 3단계에 걸쳐 체계적으로 이루어져야 한다. 첫째, 기존 브랜드에서 고객들이 무엇을 연상하는지 알아본다. 둘째, 이렇게 연상한 것들과 잘 들어맞는 제품의 종류에는 무엇이 있는지 알아본다. 셋째, 제품에 대한 개념 조사나 신제품 개발 과정을 통해 그 연상한 것들과 가장 잘 맞는 제품을 선택한다.

연상 이미지란 무엇인가?

기존 브랜드 네임에서 소비자들이 무엇을 연상하는지 알아보기 위해서 사용하는 방법들은 다양하다. 일례로 다음과 같은 세 가지 방법을 들 수 있다.

• **브랜드 네임으로 연상되는 것**

브랜드 네임을 말해주고 그 브랜드 네임에서 무엇이 연상되는지 물어본다.

• **투사 기법**

방금 그 브랜드의 식품(예를 들어 캠벨의 토마토 수프)을 먹은 사람에게 느낀 점이 무엇인지 물어본다.

• **지각되는 차이를 탐구하기**

A 브랜드가 B 브랜드와 다르다고 생각하는지 묻고 난 다음 그 이유를 물어본다.

　　예를 들어 뷔아르네라는 브랜드에서 소비자들은 비싼 가격, 스키, 좋은 품질, 세련된 스타일, 패셔너블함, 유행, 자외선 보호 등을 연상한다. 비달 사순 샴푸의 브랜드 네임에서는 비싼 가격, 좋은 향기, 갈색 용기, 프랑스식, 헤어 디자이너, 패셔너블함, 헤어숍, 머리 손질 들을 생각한다.

　　하나의 브랜드에서는 보통 최소 10~20개에서 100개가 넘는 많은 것들이 연상된다. 버릴 것은 버린 후 이들을 5~15개 정도로 조사 목적에 맞추어 압축해야 한다. 이때 연상된 각각의 항목이 브랜드와 어느 정도 밀접한 연관성이 있느냐 하는 것이 가장 중요한 기준이 된다.

극도로 강한 연관성인가?(예를 들어 거의 모든 사람들이 맥도날드에서 어린이와의 연관성을 떠올린다) 혹은 약한 연관성인가? 일단의 고객들이 얼마나 많은 단어에서 맥도널드를 떠올리는지가 연상 이미지 리스트를 측정하는 척도가 될 수 있다. 연상 이미지는 만약 (적합성의 기초가 되는) 다른 카테고리들과의 연결성과 확장을 위한 경쟁에 도움이 될 영향력을 제공한다면 더욱 유용할 수 있다. 그러한 측면에서 제품군과의 연상은 대개 제한적이다. 샤넬(Channel) 향수(혹은 여성 그루밍 제품)는 프랑스나 어떤 스타일을 연상하는 것보다 제한적이다.

후보 제품군 결정하기

기존 브랜드에서 고객들의 연상 이미지를 알아낸 다음, 여기에 잘 맞는 제품군들을 찾아내야 한다. 이를 위해 고객들에게 직접 물어보는 방법이 있다. 이렇게 해서 맥도날드는 어린이들을 대상으로 한 장난감, 옷, 또는 게임 라인을 만들기 위해 '키즈(Kids)' 연상 이미지를 기반으로 할 수 있다. 또 맥도날드라는 브랜드 네임에서 저렴하고 신속하고 효율적인 서비스를 떠올릴 수도 있다. 그렇다면 효율적으로 매장을 운영하는 중저가 어린이용 의류 판매에 맥도날드라는 브랜드 네임을 사용해 좋은 결과를 이끌어낼 수 있을 것이다.

표 9-1은 이 방법을 사용한 바세린 인텐시브 케어(Vaseline Intensive Care)의 브랜드 확장을 조사한 결과를 보여준다. 8개의 주요 연상 이미지를 확보했고 각각의 항목별로 3개의 관련 카테고리가 제시된다. 이

표 9-1 바세린 인텐시브 케어 연상 이미지와 관련 제품

연상	관련 제품
보습제	비누, 페이스 크림, 스킨 크림
로션	썬크림, 애프터쉐이브 로션, 베이비 로션
약효	소독제, 응급 치료 크림, 치질 크림
순도	순면, 거즈, 위생 수건
바디케어	손톱 다듬는 줄, 머슬 토너, 면봉
펌프식 통	액상 헤어네트(liquid hair-net), 머스터드, 유리 세척액
아기용 제품	기저귀, 파우더, 오일
향수	향수, 실내 방향제, 데오도런트

출처:Adapted from Figure 3 in Edward M. Tauber, "Brand Franchise Extension : New Product Benefits from Existing Brand Names," *Business Horizons*, Vol. 47, March~April 1981, pp. 36~41.

렇게 해서 나타나는 브랜드 비전의 급격한 차이가 생생하게 드러난다. 만약 물기가 있어 부드럽고 촉촉하다는 연상 이미지에 따라 브랜드 확장이 이루어진다면 적합한 제품은 비누, 얼굴이나 피부에 바르는 크림 등일 것이다. 의약적 연상 이미지에 따른 브랜드 확장에 적합한 제품은 곪은 데 바르는 약, 응급처치용 크림, 헤모글로빈 성분을 함유한 피부 크림 등일 것이다. 확실히, 첫 번째 선택한 확장은 그에 따른 연상 이미지가 굳어지게 할 것이다. 그리고 뒤따르는 확장을 선택할 때 영향을 미칠 것이다.

실제로 바세린은 로션과 보습제라는 연상 이미지를 위해 브랜드 확장을 시작했으나 의약적 연상 이미지에 초점을 맞춰 포지셔닝했다. 먼저 1976년, 입술을 촉촉하고 부드럽게 만드는 바세린 립 테라피 (Vaseline Lip Therapy)라는 제품을 출시했다. 그다음 바세린 인텐시브 케어 폼 바스(Vaseline Intensive Care Foam Bath)라는, 의약적 치료 및 보호의 성격을 띤 거품비누를 출시했다. 이어서 바세린 인텐시브 케어 로션(Vaseline Intensive Care Lotion)이라는 건성 피부 치료 및 보호를 위한 스킨 로션을 출시했다. 그림 9-4의 광고에 나타난 것처럼 바세린은 '테라피(Therapy)' 또는 '인텐시브 케어(Intensive Care)' 같은 어휘들을 사용해 의약적·치료적 성격의 포지셔닝을 고객들에게 인식시켰다. 이 같은 확장은 대부분 성공적이었지만 바세린 헤어 토닉(Vaseline Hair Tonic)만은 성공하지 못했다. 그 주된 이유는 물기가 있어 촉촉하고 부드럽다는 연상 이미지가 헤어 토닉 제품과 맞지 않았기 때문이다. 그보다 더 가능성이 높은 것은 그 제품이 기름진 것으로 지각되었다는 것이다.

또 다른 접근 방식은 보완 관계, 기술과 자산의 이전 가능성, 사용자 유형, 속성, 혜택, 구성 요소, 심벌 등 적합성 기반에 초점을 맞추는 것이다. 같은 용도로 사용되는 다른 제품(예 : 립스틱과 향수)의 보완 관계를 고려하라.

공통된 기술이나 자산을 투입하는 제품이란 감자칩과 프레젤 같은 스낵 제품을 말한다. 고객들은 감자칩 회사가 이를테면 오이피클을 만드는 회사보다 프레젤을 더 잘 만든다고 생각할 것이다. 아로마

그림 9-4 바세린 브랜드의 확장
제공 : Chesebrough-Pond's USA Co.

와 같은 일반적 특성은 아로마를 핵심 특성으로 하는 제품으로 이어
질 수 있다.

후보 제품 선정하기

제품의 결과물 목록 가운데서 특히 브랜드 확장에 적합하게 생각되는
제품 몇 개를 콘셉트 테스트를 통해 골라낸다. 이때의 중요한 기준 두
가지는 다음과 같다.

첫째, 브랜드가 확장에 적합한 것으로 인식되어야 한다. 둘째, 몇
가지 면에서 이점이 있어야 한다.

확장은 브랜드에 적합한 것이어야 한다. 고객은 브랜드의 콘셉트
가 확장에 적합한 것일 때만 편안함을 느낄 것이다. 지각된 품질 또는
연상 이미지의 전이를 통해 확장을 도울 수 있는 기존 브랜드는 적합
성의 근거가 되고, 그 전이를 더욱 실행 가능한 것이 되게 해줄 것이
다. 만약 고객이 적합성이 부족하다고 느낀다면 그런 이슈에만 집중
하게 되어 혼란스러워질 것이다. 그리고 원하던 전이는 일어나지 않
을 것이다. 극단적인 경우 지각된 부적합성은 비웃음을 유발하고 웃
음거리가 될 것이다.

적합성을 평가하는 한 가지 접근법은 그저 응답자들에게 브랜드
네임이 일련의 새 제품들에 적합한지 묻는 것이다. 그러나 고객이 보
기에 그런 적합성이 없는 브랜드 확장이 이루어지더라도 이것이 꼭

브랜드 확장의 실패를 의미하지는 않는다. 만약 브랜드 확장을 하는 도중에 또는 확장 후에 어떤 노력을 통해 확장을 이용한 제품을 기존 제품에 맞도록 포지셔닝할 수 있다면, 애초에 고객이 보기에 적합성이 없어 보였던 브랜드 확장도 성공을 거둘 수 있다. 즉 좋은 시장이 존재하지만 이 시장이 기존 제품에 적합해 보이지 않는다고 해서 무조건 브랜드 확장을 포기해서는 안 된다. 그런 적합성을 조성할 포지셔닝이 가능한지 광범위하게 평가하고 가능성을 찾았다면 브랜드 확장을 시도할 필요가 있다.

그렇다고는 해도 어떤 형태의 적합성도 찾을 수 없는 브랜드 확장은 고객의 눈에 부정적으로 보인다. 그러한 브랜드는 제공할 만한 게 딱히 없어서 브랜드 네임을 남발하고 가격만 높인 제품으로 지각될 것이다. 아커와 켈러는 하이네켄 팝콘에서 그러한 사례를 발견했다.

확장을 할 후보를 선택하는 데 사용할 두 번째 기준은 확장이 몇 가지 면에서 이점이 있어야 한다는 것이다. 만약 고객들이 브랜드 확장에 대해 왜 긍정적으로 생각하느냐는 질문에 답하지 못한다면 고려 대상이 될 이유가 없다. 브랜드 네임은 구매 이유를 제공해야 한다. 가령 고객들이 품질이 좋아서, 고장이 잘 안 나는 것 같아서, 달콤해서 같은 식으로 쉽게 구매 이유를 댈 수 있을 때 그 제품을 사는 것이 유리하다고 볼 수 있다.

다시 말하지만 시장조사는 지침을 제공할 수 있다. 또 이를 통해 잠재 고객에게 제안되는 확장의 경쟁자를 식별하고, 각 경쟁자(또는 경쟁자 집합)의 제품보다 우수한 확장 방법 및 열등한 확장 방법을 나열

해달라고 요청할 수도 있다. 확장의 혜택이 충분한지에 대한 통찰력을 얻으려면 고객들에게 단지 이름만 보고 전반적 평가를 해달라고 요청하는 방법도 있다. 그런 다음 그 평가 이유를 물어봄으로써 확장의 잠재적 혜택과 책임의 중요성에 대한 통찰력을 얻을 수 있을 것이다. 물론 이러한 접근 방식은 브랜드 확장 포지셔닝 전략의 일환으로 창출될 수 있는 어떤 새로운 연상 이미지의 영향을 반영하지는 않을 것이다.

8. 전략적 고려 사항

언제 브랜드를 확장해야 할 것인가?

브랜드 확장을 결정하는 것은 사실상 전략적인 일이므로 그러한 움직임을 만들려면 몇 가지 전략적 이슈를 고려해야 한다.

1. 기존 브랜드에서 여러 가지 긍정적 느낌이나 가치 등이 강력히 연상되고 이 연상된 것들이 브랜드 확장 시 제품에 차별화 포인트가 되어 경쟁우위를 가져다줄 경우.
2. 핵심 연상 이미지가 강화되고, 부정적 연상 이미지를 피하게 하고, 브랜드 네임 인지도를 제공함으로써 확장이 기존 브랜드를 돕는 경우. 브랜드 네임이 브랜드 네임 인지도와 지각된

품질만 제공한다면 확장은 경쟁에 무익할 수도 있다.

3. 제품 카테고리가 새로운 브랜드 네임을 세우는 데 필요한 자원을 지원하지 않거나, 새로운 브랜드 네임이 유용한 연상 세트 또는 미래의 성장을 위한 플랫폼을 제공하지 않을 경우.

전략적으로 생각하라

어떤 브랜드 네임에서 처음으로 시도되는 브랜드 확장은 장기 전략을 고려해야 한다. 즉 첫 확장 이후 계속될 브랜드 확장까지 염두에 두어야 한다. 이 경우 브랜드 확장을 통해 장기 성장의 발판을 확보할 수 있다. 앞서 언급한 바세린의 사례는 이 같은 장기 전략적 브랜드 확장의 전형을 보여준다. 로시날(Rossignal) 같은 브랜드 네임은 프랑스어, 스키, 기술, 품질, 스타일과 같은 일련의 연상 이미지를 가질 것이다. 첫 번째 확장은 아마도 그러한 연상 이미지들 중 일부를 형성하고 다른 연상 이미지들을 약화시킬 것이다. 그러한 결과의 세트는 미래의 확장에 대한 기초를 제공하고 다른 것들은 억제할 것이다. 따라서 상위 연상 이미지가 궁극적으로 브랜드 그룹에 적합한 논리, 차별화의 원천, 이익을 제공하는지 곰곰이 생각해보는 것이 중요하다. 이러한 사고 과정이 첫 번째 브랜드 확장 전에 발생하지 않는다면 중요한 기회는 사라져버릴 것이다.

중첩된 브랜드 네임

새로운 성장을 위한 연상 이미지와 플랫폼을 개발하기 위해 브랜드 네임 안에서 또 다른 브랜드 네임을 개발할 수도 있다. 예를 들어 블랙앤 데커는 '공간을 절약하여 쓸모 있게 사용하게 해준다'는 뜻을 가진 '스 페이스세이버(Spacesaver)'라는 말을 엄브렐러 네임〔umbrella name, 여러 제 품에 걸쳐 공통적으로 사용되며 하위 제품군을 아우르는 브랜드〕으로 개발해 주 방용품 라인에 적용했다. 이는 부엌 선반 공간을 효율적으로 사용할 수 있다는 핵심적 고객 혜택과의 연결고리가 되었다. 마찬가지로 젤 로에서는 젤로 푸딩 팝스라는 빙과를 출시한 후, 다시 이 빙과에 땅콩 과 초콜릿을 입혀 고급화시킨 제품을 내놓고 젤로 디럭스 바즈(Jell-O Delux Bars)라고 명명했다.

중첩된 브랜드 네임은 확립된 브랜드 네임과 제품 특성의 연결에 다시금 확신을 제공한다. 유일한 문제는 그것이 여전히 확립이 되어 야 할 새로운 브랜드 네임을 나타낸다는 것이다. 판매 기반이 없고, 브랜드 네임을 정립하려는 의지와 능력이 없는 한 그 브랜드 네임은 가치 대신 혼란을 줄 수 있다.

캠벨은 '캠벨즈(Campbell's)'라는 말에 다양한 어휘들을 중첩해 수 프 제품들을 명명했다. 당장 떠오르는 것만 해도 청키, 홈 쿠킨, 골든 클래식즈, 골드 레이블(Gold Label), 크리미 내추럴, 수프 뒤 주르(Soup du Jour), 쿡북 클래식즈(Cookbook Classics, 전자레인지용 수프), 프레시 셰프 (Fresh Chef) 등이 있다. 그 밖에도 맨핸들러(Manhandler), 홈스타일

(Homestyle), 스페셜 리퀘스트(Special Request) 같은 말들이 캠벨이란 말과 함께 제품에 붙어 있다. 이런 수많은 브랜드 네임들을 정립하는 데는 많은 돈이 들었고 잠재적으로 혼돈의 가능성을 더한다. 결국 비용을 들여 그토록 다양한 브랜드 네임을 정립함으로써 만들어진 혼돈은 연상 이미지의 제공이라는 면에서의 가치를 뛰어넘을 수도 있다.

손실을 예방하라

브랜드 네임이 새 제품과 너무 밀접하게 연결되어 있지 않으면 브랜드 확장의 위험을 줄일 수 있다. 예를 들어 켈로그의 '프로덕트 19(Product 19)'에 대한 문제(예 : 발암물질과 관련된 성분이 포함되어 있는 경우)는 프로덕트 19 라인과 분리할 수 있다. 립톤의 컵어수프(Cup-a-Soup)는, 캠벨즈 컵처럼 핵심 브랜드 네임이 라벨 네임의 일부인 경우보다 핵심 브랜드 네임에 대한 위험성이 낮다. 브랜드 네임과 확장된 브랜드를 구분하는 것은 수직적 브랜드 확장에 특히 도움이 된다. 이때 브랜드는 품질이 더 낮은 제품으로 확장되며, 본래의 가격과 품질 포지셔닝이 확장의 영향을 받지 않도록 유지하는 것이 중요하다.

호텔 체인 메리어트는 새로운 호텔 라인들에 메리어트라는 브랜드 네임을 어떻게 사용해야 할지 고민했다. 이때 메리어트가 구사한 방법은 **그림 9-5**에 잘 나타나 있다.

최고급 라인인 스위트 호텔(Suites Hotel)은 메리어트라는 브랜드 네임을 동반하며, 그 창시자로서의 브랜드 인지도와 지각된 품질을 강

그림 9-5 메리어트 라인

데이비드 아커의 브랜딩 정석

화해야 한다. 다른 것들은 주력 브랜드 네임인 메리어트 아래로 제한됨으로써 문제를 드러낸다. 해결 방법은 '바이 메리어트(by Marriott)'라는 함축을 사용하는 것이다. 일례로 '코트야드 바이 메리어트(Courtyard by Marriott)'에서는 코트야드가 특징적 브랜드 네임으로 메리어트라는 연상 이미지를 재확보하는 데 핵심이 되지만, '메리어트'라는 마법의 단어를 더욱 두드러지게 강조하는 브랜드 네임보다는 상위 조직에 가하는 위험성이 적다.

특히 저가형으로 자리 잡은 페어필드 인(Fairfield Inn) 라인에서 메리어트라는 브랜드 네임을 사용하는 것은 메리어트에 위험 부담이 있다. 어떤 여행자들은 코트야드 혹은 페어필드에 묵을 때조차 메리어트의 품질을 떠올릴 것이다. 그러나 적어도 메리어트의 핵심 고객들 중 일부는 '덜 오염된' 고급 호텔들로 방향을 돌릴(혹은 복귀할) 것이 확실하다.

로열 푸딩(Royal Pudding)에 내비스코라는 브랜드 네임을 붙이는 것처럼 약한 브랜드를 보증하기 위해 회사 이름을 사용하는 것은 일반적으로 도움이 되지 않는다. 처음 구입한 구매자를 안심시키는 데 도움이 될 수 있지만 신뢰도 및 지각된 품질을 추가하는 능력이 거의 없을 수 있다. 제품 등급의 지각된 적합성 문제 때문이기도 하고 지각된 품질이 예외적이지 않아서이기도 하다.

제품 수명 주기에서의 단계

어수선한 시장에서 브랜드 네임이 브랜드 인지도, 연상 이미지, 유통 창출에 도움을 줄 때 브랜드 확장은 이미 확립되어 있는 제품군에서 더 큰 비교우위를 갖는다. 이와는 대조적으로 오래되지 않은 제품군에서 브랜드 네임에 대한 위험성은 가장 커진다. 11개 시장에서 소비자 비내구재 브랜드 98개를 연구한 결과는 이러한 판단과 일치하는 것으로 드러났다. 11개 개척 브랜드(시장에 처음 진출한 브랜드) 중 2개를 제외하고는 모두 새로운 브랜드 네임이었으며(둘 모두 실제로 확장에 실패했다), 제품군이 성숙해짐에 따라 신규 진입자들에 의한 브랜드 확장의 사용은 증가한 것으로 나타났다. 그리고 이렇게 확장을 사용하는 비선구적 신규 진입자들의 생존율은 새로운 브랜드 네임을 사용하는 기업들보다 훨씬 더 높았다.

본래의 브랜드 네임을 보호하고 육성하기

브랜드 확장에 의한 성장의 타당성은 기존 브랜드 네임이 가진 에쿼티를 기반으로 한다. 따라서 본래의 브랜드 네임을 늘 보호하고 육성해야 한다. 브랜드와의 연관성은 어떠한 시장 활동에서도 영향을 받기 쉽다. 따라서 가격 할인, 제품 구성 요소 결정, 유통 결정, 가격 책정 정책 등은 브랜드에도 영향을 미칠 수 있다. 그러한 결정들을 내릴 때 그 브랜드 에쿼티의 콘셉트는 가장 중요한 위치에 있어야만 한다.

생각 정리 질문

1. 당신의 브랜드와 논리적으로 연계되는 브랜드 확장 후보군의 리스트를 개발하라.

2. 여러 브랜드 확장 후보군을 좋은 것, 나쁜 것, 이상한 것 등 그들이 시사하는 것이라는 측면에서 분석하라(그림 9-1 참조).

3. 전략적으로 생각하라. 논리적 브랜드 확장을 앞지르면서, 앞으로 어떤 브랜드와 서브 브랜드가 세트를 이루게 해야 할 것인가? 그것들을 어떻게 밀접히 연관시켜야 할 것인가?

4. 회사 이름의 역할은 무엇인가? 다른 브랜드들을 지원할 때 이를 어떻게 사용해야 하는가?

8장 그림 8-4 슬로건과 브랜드 연결하기 정답

1. Clairol

2. American Express

3. Avis

4. Miller Lite

5. Morton Salt

6. Zenith

7. Toshiba

8. Saab

9. AT&T

10. Travelers

11. Microsoft

12. Chevrolet

13. Ameritech

14. Lookheed

15. Mazda

16. RCA

10장

브랜드
재활성화

거친 바다가 훌륭한 선장을 만든다.

—작자미상

마케팅은 시장을 창조하는 데 집중해야 한다.
시장점유에 집중해서는 안 된다.

—레지스 매케나

1. 야마하 이야기

야마하 피아노는 쇠퇴하는 시장을 어떻게 재활성화할 수 있는지에 대한 좋은 예를 보여준다. 몇십 년에 걸친 투자와 노력으로 야마하는 세계 피아노 시장의 40%를 점하는 데 성공했다. 불행히도 이 시장은 매년 10% 정도 규모가 감소했으며 저가 제품을 제공하는 한국 기업들이 시장에 진출하고 있었다. 이때가 브랜드 에쿼티를 육성하고 되도록이면 수익을 거두어들이면서 회복을 위해 노력해야 할 시점이다. 확실히 시장점유율을 유지하는 것조차 어려워졌고 그에 대한 보상도 없었다.

야마하는 이 상황에 대응하고자 '야마하 디스클라비어(Yamaha Disklavier, 그림 10-1 참조)'를 개발했다. 1988년 1월 미국 시장에 소개된 디스클라비어는 전자 조절 시스템을 갖추고 있다는 점 외에는 여타의 야

그림 10-1 **야마하 디스클라비어**
제공 : Yamaha Corporation of America.

마하 피아노와 기능과 연주 능력이 동일했다. 이 시스템은 건반을 두드리는 힘과 속도를 127가지로 구분할 수 있는, 디지털과 광학 기술의 결합에 기초하고 있었다. 디지털 기술을 기반으로 했으므로 각각의 건반을 두드리는 소리를 굉장히 정확하게 녹음해 3.5인치 디스크에 저장할 수 있었다. 이 디스크는 곡목이 연주될 때와 똑같이 재생하는 데 사용된다. 따라서 각 악절의 뉘앙스를 매우 세심하게 다시 살릴 수 있었다.

디스클라비어는 본래의 연주를 재생할 뿐만 아니라 변형할 수도 있었다. 다른 소리를 내려면 템포를 20%까지 빠르게, 50%까지 느리게 조절할 수도 있었다. 음 변형을 위한 조옮김도 가능했다. 혹은 음의 일부(예를 들어 고음부에 해당하는 부분만)를 지워서 연습을 하는 학생이 왼손 부분은 피아노가 연주하게 하면서 오른손만으로 연습하거나 그 반대로도 할 수 있었다. 디스클라비어는 피아노(피아노 소리만 내는 전자 신시사이저와 구분하기 위해서 '어쿠스틱acoustic' 피아노라고도 부른다)지만 전문 음악가가 음악을 연주할 때 더욱 융통성을 발휘하도록 디지털 음향 기기에 연결할 수도 있었다.

디스클라비어는 특히 전문 음악가에게 상당한 혜택을 제공한다. 작곡가나 편곡가가 이 악기를 이용해 곡의 음정이나 빠르기를 조절함으로써 하나의 연주에 여러 가지 시도를 해볼 수 있다는 점을 여러분은 이미 알게 되었을 것이다. 이에 덧붙여 성악가나 연주자들은 피아노 협연자의 연주 부분을 디스크에 녹음해 연습 시간에 사용할 수 있다. 연습할 때 협연자의 실제 연주에 의존할 필요가 없어진 것이다. 또 디스클라비어는 라운지나 상점에서 녹음된 연주를 틀어놓음으로써 실제 연주자를 대신할 수도 있다.

음악 교육을 담당하는 사람들은 녹음과 재생 기능을 이용할 수 있고, 특히 슬로-다운(slow-down) 옵션을 사용해 연주 시 실수와 결함을 알려줄 수 있다. 피아노를 배경음악의 악기와 연결해 학생들이 음계 연습을 더욱 편리하고 즐겁게 하도록 할 수도 있다. 디스클라비어가 다른 손 연주를 진행할 때 한 손으로 하는 연습은 더욱 의미가 있어진다. 한 학생의 초창기 노력을 담은 디스크는, 이후의 실력 향상을 보여주는 데 기초가 될 녹음을 제공한다. 동시에 이는 발전하는 경험의 기록으로 앨범 옆에 놓아둘 녹음을 제공하는 것이기도 하다.

그러나 무엇보다 흥미로운 것은 남들을 즐겁게 할 만큼 연주를 잘하지 못하는 사람들에게 디스클라비어가 갖는 가치다. 이 불행한 사람들은 이제 블라디미르 호로비츠(Vladimir Horowitz, 1904~1989, 우크라이나 태생 미국의 피아니스트), 조지 시어링(George Shearing, 1919~2011, 영국 재즈 피아노 연주자), 리버라치(Liberace, 1919~1987, 미국의 피아니스트)가 자신들 집에서 연주하게 할 기회를 얻었다. 《야마하 피아노소프트 라이브러리(Yamaha PianoSoft Library)》라는 디스크 모음집을 구입하면 가장 뛰어난 음악가들의 엄선된 실황 공연 녹음을 이용자가 구입해 들을 수 있었다. 그러므로 이 피아노는 가족들이 연습을 하지 않을 때나, (더욱 중요하게는) 가족들 모두가 피아노 배우기와 연습을 포기했을 때에도 그대로 방치할 필요가 없었다.

1920년대 전성기에 가정에 음악을 보급했던 야마하는, 여전히 가족들에게 즐거움을 주면서도 라이브 음악을 연상시키는 연주용 피아노를 본질적으로 재발명했다. 디스클라비어가 건반 활용이나 롤 페이퍼에 감응하는 예전 자동 연주 피아노(연주될 음악을 기록한 롤 페이퍼에 뚫어놓은 작은 구멍에 종이가 말리면서 일종의 센서를 지나가는데 이때 센서가 구멍을 감지하면서 피아노가 자동으로 음악을 연주한다. 1930년대 대공황 직전 미국 피아노 4분의 3이 자동 연주 피아노였다)의 제한된 수준과는 비교가 되지 않을 정도로 뛰어난 재생 기능을 갖추었음은 물론이다.

피아노 산업의 쇠퇴는 부분적으로는, 기발한 것을 좋아하는 젊은 층에서 특별히 인기를 끌었던 전자 키보드나 전자 오르간 같은 악기 때문이었다. 높은 가격대의 피아노는 시장에서 그 가격 일부면 살 수 있는 키보드로 대체되었다. 디스클라비어가 이에 대응한 것이다. 가구를 뽐내고 싶어 하는 사람, 그리고 진짜 피아노와 같은 모양, 소리, 느낌을 원하는 사람들은 이제 다른 대안으로 디스클라비어를 선택할 기회를 갖게 되었다.

디스클라비어와 그 경쟁 제품들이 쇠퇴하는 산업을 재활성화했음은 쉽게 예상할 수 있다. 9,000~2만 5,000달러에서 판매되던 디스클라비어는 시장에 소개된 후 3년 동안 산업의 선두 주자가 되었고 야마하의 피아노 판매량의 20%를 차지했다. 1990년 초 조지 거슈윈(George Gershwin, 1898~1937, 미국의 유명 작곡가)이 연주한 〈스와니(Swanee)〉를 재생하는 데 사용되면서 이 악기는 폭발적 인기를 끌었다. 악기의 구매자 반 이상이 직접 피아노를 연주하지 않는다는 사실은 흥미롭다. 이 현상은 연주용 피아노에 대한 향수가 이 제품을 구매하는 중요한 동기가 되었음을 보여준다. 또 구매자의 반 이상이(50%가 그랜드 피아노 구매자, 63%가 업라이트 피아노 구매자였다) 이미 피아노를 소유하고 있었다. 그러므로 디스클라비어가 적어도 일부 구매자에게는 전통적인 피아노를 쓸모없게 만들었음이 분명한 사실이었다.

피아노디스크(PianoDisc)나 QRS 뮤직 롤스(QRS Music Rolls) 같은 기업들은 음악에 기반을 둔 또 하나의 흥미로운 사업을 개발했다. 기존 피아노를 디스클라비어 형태로 바꾸어 사용하게 해주는 '개조 키트(retrofit kit, 약 2,500~4,000달러 정도)'를 제공한 것이다. 당시 미국에는 피아노 약 4,000만 대가 있었는데 이 중 많은 것들이 음악을 들려주기보다는 기억을 되살리는 일종의 가구 역할을 하고 있었다. 아이들은 이미 집을 떠났거나 사회에서 경쟁적으로 활동하는 중이었다. 개조 키트가 엄청나게 판매되면서 상당한 규모의 디지털 디스크(CD와 혼동하지 말 것)와 피아노 조율사 시장이 생겨났다. 많은 사람들이 자신들의 피아노를 정기적으로 조율하겠다고 결심했다.

다른 산업과 마찬가지로 쇠퇴하는 시장에 직면한 피아노 산업에서 가능한 전형적 방법은 원가를 절감하거나, 이익률이나 시장점유율을 높이기 위해 차별화된 기능을 추가하거나, 자산을 회수해 사업에 투자하는 등 오로지 더욱 열심히 경쟁하는 것뿐이었다. 야마하는 쇠퇴하는 사업 분야에서 경쟁자를 제압하는 대신, 새로운 사업 영역을 창조하는 제품 혁신을 이룩했다. 이 영역에서 야마하는 상당한 경쟁 우위를 확보할 수 있었으며 고성장을 위한 잠재력을 갖게 되었다. 그 결과 쇠퇴 일로를 걷던 매력 없는 사업이 신나게 성장하는 상황으로 극적 전환을 이루었던 것이다.

재활성화를 위한 옵션들

브랜드 에쿼티가 쇠퇴할 때 어떻게 대처해야 할까? 오래되어 지치고 쇠약한 브랜드를 유지하는 데 만족해야 할까? 이 장에서는 정신이 쇠퇴했으나 방향만 바로잡으면 아직도 수명이 많이 남아 있는 브랜드를 어떻게 재활성화할 수 있을지 그 가능성을 생각해본다. 브랜드를 재활성화하려는 목적은 단순히 판매를 높이는 것에 더해 브랜드 에쿼티를 증가시키는 데 있다. 브랜드 인식을 높이거나, 지각된 품질을 향상시키거나, 브랜드에 대한 연상 이미지를 변화시키거나, 고객 기반을 확대하거나, 브랜드 충성도를 증대시키는 것 등이 이러한 활동의 일환이다.

사실상 브랜드를 재활성화하는 것은 새로운 브랜드를 소개하는 것보다 비용이 적게 들고 위험성도 적다. 새로운 브랜드를 소개하려면 몇천 만 달러가 들 수도 있고 성공하기보다 실패할 가능성이 크다. 기업은 주택 소유자가 그 내부를 들여다보듯이 브랜드를 바라볼 필요가 있다. 현재의 물건을 고치거나 기능을 부가하는 것이 새로운 물건을 구입하는 것보다 비용이 적게 들고, 때로는 더 나은 방법이 되기도 한다.

그러나 모든 브랜드가 재활성화의 대상은 아니다. 때론 신뢰를 잃고 시장에서 침몰하는 오래된 친구를 재활성화하려는 충동이 생길 수 있다. 브랜드에 새로운 삶을 불어 넣을 때는 이에 대한 기준이 되어야 할 개념이 존재한다. 이 장 마지막 부분에서는 브랜드를 그대로 유지만 하거나 제품의 종말을 목격해야 하는 '쇠약한' 제품의 문제를 생

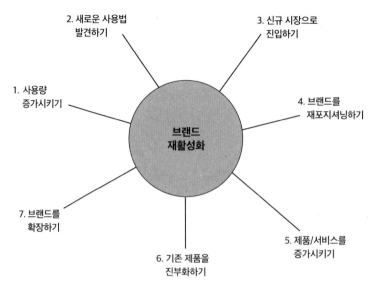

1. 사용량
   증가시키기

2. 새로운 사용법
   발견하기

3. 신규 시장으로
   진입하기

4. 브랜드를
   재포지셔닝하기

브랜드
재활성화

7. 브랜드를
   확장하기

6. 기존 제품을
   진부화하기

5. 제품/서비스를
   증가시키기

그림 10-2 **브랜드 재활성화**

각해보기로 하자.

　브랜드 재활성화에는 일곱 가지 방법이 있다. 그중 한 가지는 (그림 10-2의 7번) 브랜드 에쿼티를 이용해 브랜드 확장을 꾀하는 것으로 이미 9장에서 자세히 설명한 바 있다. **그림 10-2**의 나머지 여섯 가지 방법도 이 장에서 논의할 예정이다. 이 모든 접근 방법은 유용한 시각을 제공하며 각각 다른 재활성화의 길을 보여주지만 상호 배타적이지는 않다. 예를 들어 야마하 피아노의 사례는 사실상 이들 전부와 관련이 있다. (1) 제품 이용이 증대되었다. (2) 새로운 이용 방법을 발견했다. (3) 새로운 시장을 공략했다(연주를 하지 않는 사람들). (4) 브랜드 재포지셔닝을 했다. (5) 제품이 확대되었다. (6) 기존 제품이 진부해지게 되었다. (7) 브랜드 네임이 확장되었다.

　　이 중 몇 가지 접근 방법으로 찾아낸 해결책이 동일하다고는 해도 재활성화라는 목적을 가진 각각의 길 모두를 살펴보면 유익하다. 이 일곱 가지는 저마다 다른 시각의 접근법으로, 그들 가운데 몇몇을 함께 이용할 때 좋은 방법을 발견할 가능성이 극대화된다. 이는 창조적인 사고의 가장 중요한 원칙을 따른다. 친숙한 문제를 여러 가지 다른 시각에서 바라보는 것은 새롭고 독창적인 해결책을 발견하는 데 관건이 될 수 있다.

2. 사용량 증가시키기

브랜드 품질의 개선이나 공격적 마케팅 기법을 이용해 시장점유율을 증대하고 브랜드를 재활성화하려는 시도에 경쟁사들은 종종 격렬한 반응으로 대응한다. 그런데 보통은 기존 고객이 더 많이 사용하게 만들겠다는 대안은 경쟁자에게 덜 위협적이다. 따라서 매출 기반을 넓히고 브랜드 에쿼티를 증대하는 데 훨씬 효과적인 방법일 수 있다. 일반적으로 파이의 큰 조각을 차지하려고 노력하기보다 파이 자체를 크게 만드는 것이 훨씬 쉽고 많은 보상이 따르는 방법이다.

　　사용을 늘리기 위한 프로그램을 개발할 때는 해당 제품과 관련이 있는 사용자나 소비 구조에 대해 몇 가지 원칙적 질문을 던져보면 도움이 된다. 서비스나 제품이 많이 사용되지 않는다면 그 이유는 무얼

표 10-1 **기존 제품과 시장의 사용량 늘리기**

접근법	전략	사례
사용 및 소비 빈도	• 브랜드를 상기시키는 의사 전달 방법 • 자주 이용되도록 포지셔닝 • 규칙적으로 이용되도록 포지셔닝 • 이용이 더욱 쉽고 편하게 하기 • 유인책 제공 • 자주 이용할 때 발생하는 바람직하지 못한 결과 줄이기 • 다른 경우에 이용되도록 하기	• 젤로 푸딩 • 샴푸, 자동차 정비 • 식사 후 치실로 치아 청소하기 • 딕시 컵 용기, 마이크로웨이브 오븐용 제품 • 항공기를 빈번하게 이용하는 고객을 위한 프로그램 • 순한 샴푸
사용 및 소비 수준	• 다른 장소에서 이용되도록 하기 • 브랜드를 상기시키는 의사 전달 방법 • 유인책 제공 • 이용 규범에 영향 미치기 • 많은 양을 이용할 때 발생하는 바람직하지 못한 결과 줄이기 • 이용되는 경구가 긍정적 연상 작용 일으키도록 하기	• 간식이나 아침 식사로 이용되는 시리얼 • 샤워할 때의 라디오 • 보험의 보상 한도액 높이기 • 부속품을 특별 가격에 제공 • 용기를 더 크게 만들기 • 저칼로리 사탕 • 프리토레이의 '한 개만 먹고 멈출 수 없다'는 광고 캠페인

까? 구매하려는 의사 결정을 억제하는 것은 무엇일까? 소량 사용자의 태도나 습관은 다량 사용자와 어떻게 다를까?

표 10-1에 자세히 설명되어 있듯이 사용 빈도가 늘어나게 하거나 사용할 때의 양을 증가시키는 두 가지 방법을 통해 제품 사용의 증대를 촉진할 수 있다.

사용 빈도 증가시키기

브랜드를 상기시키기 위한 커뮤니케이션

어떤 상황에서는 최초 상기되는 브랜드 인지도나 그 브랜드를 사용하는 상황(혹은 이 모두)이 구매를 자극하는 힘이 될 수 있다. 이때 브랜드나 그 이용법을 알면서도 자극이 없으면 아예 사용할 생각을 하지 않는 사람들이 문제가 된다. 이 경우 연상 광고〔reminder advertising, 소비자들에게 특정한 브랜드의 특징을 상기시키기 위해 사용되는 광고〕가 필요하다. 스테이크 소스나 조미료 브랜드들은 이용 횟수를 늘리기 위해 연상 광고〔reminder advertising, 소비자들에게 특정한 브랜드의 특징을 상기시키기 위해 사용되는 광고〕 캠페인을 벌인다. 어느 통조림 햄 제조업자는 고객들이 '만약의 경우'에 대비해 자사 제품을 식기 저장소에 보관한다는 사실을 알아냈다. 회사는 제품을 조리해서 소비하게끔 해야 했고, 그 전략으로 연상 광고와 프로모션 캠페인을 채택했다. 제너럴 푸즈(General Foods)는 코미디언 빌 코스비가 "어머니, 푸딩을 마지막으로 주신 게 언제였죠?"라고 질문하는 젤로 푸딩에 대한 연상 캠페인을 펼쳤다.

치아 검사나 자동차 윤활유 교환 등 정기적 유지 검사를 하는 날을 잊어버리는 사람들이 많은데 이들에게 연상 광고를 하면 매출을 향상시킬 수 있다. 암앤해머에서는 냉장고 탈취제로 베이킹소다를 사용하는 사람들을 조사했다. 그 결과 사람들이 열네 달에 한 번씩 탈취제를 교환하면서도 넉 달에 한 번 교환한다고 착각한다는 사실이 밝혀졌다. 이러한 습관을 바꾸려는 목적에서 탈취제 교환을 독려하는 연상 광고 캠페인을 계절별로 실시했다.

자주 혹은 정기적으로 사용되기 위한 제품 포지셔닝

재포지셔닝 캠페인을 통해 가끔 사용하는 제품이라는 이미지를 자주 사용하는 제품이라는 이미지로 전환할 수 있다. 예를 들어 크리니크 (Clinique)의 '하루 두 번' 모이스처라이저 화장품이나 '하루에 우유 석 잔'이란 캠페인은 모두 관련 제품에 대한 지각을 바꾸기 위한 노력을 잘 드러낸다. 사용 습관이야말로 지속적 소비를 보장하는 것이므로, 제품이 정기적으로 사용되게끔 포지셔닝해야 한다. 식사 후 반드시 칫솔질을 하라고 강조하거나 매주 친척에게 안부 전화를 하라고 권유하는 광고 캠페인을 그 예로 들 수 있다.

사용이 쉬워지게 하기

고객에게 왜 더 자주 특정 제품이나 서비스를 이용하지 않는지 물어봄으로써 제품을 쉽게 사용하도록 해줄 접근 방법을 알아낼 수 있다. 예를 들어 딕시 컵(Dixie Cup) 혹은 종이 타월 디스펜서는 사용할 때의 수고를 덜어줌으로써 소비를 촉진한다. 전자레인지에 직접 넣을 수 있는 포장도 더욱 편리한 사용이 가능하게 해준 제품이다. 또 예약 서비스는 호텔이나 그 비슷한 서비스를 선택하는 사람들에게 도움을 준다. 냉동 와플이나 스토브탑 스터핑[Stove-Top Stuffing, 제너럴 푸즈가 만든 브랜드. 스터핑은 음식 내부에 넣은 여러 재료를 뜻한다]은 손쉬운 사용으로 소비를 증대시킨 바람직한 제품 변형의 예들이다.

인센티브 제공

소비 횟수를 증대하려는 목적에서 인센티브를 제공할 수 있다. 항공사 단골 이용 승객을 위한 플랜 같은 프로그램은 사용 행위에 영향을 미친다. 문제는, 사용 행태에는 영향을 미치지만 해당 회사들에 손해를 끼칠 가격 경쟁 수단이 되지 않도록 프로그램을 구성하는 것이다. 또한, 가격 인센티브(하나의 가격에 2개를 파는 등)는 효과적 방법일 수 있으나 가격에 너무 주목하게 할 위험성이 있다.

잦은 사용으로 발생할지도 모를 바람직하지 못한 결과 줄이기

고객이 제품을 자주 사용하지 않는 데는 타당한 이유가 있다. 이러한 이유를 해결하면 사용을 증대할 수 있다. 예를 들어 머리를 자주 감으면 건강에 좋지 않다고 믿는 사람이 매일 써도 무방한 순한 제품을 구매한다면 걱정 없이 자주 사용할 것이다. 저칼로리, 저염, 저지방 식품들의 시장 규모를 급격히 증대시키는 것도 가능하다. 이러한 제품 변화와 가장 잘 연관 지을 수 있는 브랜드는 사용량이 증대된 시장에서 가장 유리한 위치를 점할 것이다.

다양한 상황이나 장소에서 사용하기

고객들에게 언제 어디서 제품을 사용하는지 물어봄으로써 더 자주 사용하게 할 수 있다. 따라서 제품 사용에 적합한 새로운 시간이나 장소를 소개한다. 과일 주스 제조 업체들은 경쟁이 심한 아침 식사용 음료 시장에서 간식용으로 선택될 제품을 만들기 위해 노력해왔다. 잔디뿐만 아니라 관목이나 나무에 사용하는 비료 제품들도 나왔다. '웨트튠즈-더 샤워 라디오(Wet Tunes-The Shower Radio)'라고 불리는 라디오는 샤워할 때 사용하도록 고안되었다.

사용량 증대시키기

다음과 같은 상황에서 사용량 증대를 위해 몇몇 비슷한 기법들을 사용할 수 있다.

1. 보험사 고객에게 판매 가격이 높아진 주택에 대한 보험의 보상 한도액 상향을 고려하라고 알려준다. 와이셔츠 구매자에게 넥타이나 액세서리를 함께 사라고 권유한다.

2. 인센티브를 제공한다. 예를 들어 어느 패스트푸드 레스토랑은 한 끼에 구매하는 품목 수를 늘리기 위한 가격 전략과 프로모션을 시도했다. 햄버거를 주문할 때 음료와 튀김을 함께 주문하면 특별 가격을 적용한다.

3. 사용량 기준을 변화시키기 위해 노력한다. 보통 용기보다 더 큰 용기를 제공하고 사용자가 이를 수용하게 만들면 사용 기준을 변화시킬 수 있다.

4. 많이 사용하는 것이 바람직하지 못하다는 지각을 개선한다. 그럼으로써 저칼로리 맥주나 저칼로리 샐러드 드레싱 사용을 주저할 이유를 없앨 수 있다. 라이프세이버(Life Savers) 캔디는

하나에 함유된 열량이 생각보다 적다고 광고한다.

5. 제품이 사용되는 상황을 광고에서 보여줌으로써 긍정적 연상 이미지를 개발할 수 있다. 펩시콜라와 연관되는 즐겁고 상쾌한 느낌은 사용량 증가를 부추길 수 있다. 프리토레이는 미각의 즐거움을 강조하려고 "하나만 먹고 멈출 수 없다"는 문구를 사용해왔다. 어느 컴퓨터 부품 회사는 더 많은 단말기를 갖춘 더 강력한 시스템을 사업의 효율성 증대와 연관시키기도 했다.

3. 새로운 사용법 발견하기

하나의 브랜드에서 새로운 사용법을 찾아내어 활용하면 몇 년 동안 한물간 것으로만 여겼던 사업에 활력을 불어넣을 수 있다. 그 전형적 예를 젤로에서 찾을 수 있다. 젤로는 단순한 디저트 제품에서 출발했으나 젤로 샐러드 같은 방법을 통해 새로이 중요한 매출 기반을 발견했다.

암앤해머 베이킹소다는 1970년대 초, 연매출 1,500만 달러 정도로 정체 상태에 놓여 있었다. 이때 이 유명 제품을 냉장고 냄새 제거에 이용하자는 제안이 나왔다. 1972년에 펼친 광고 캠페인은 굉장한 성과를 거두었다. 암앤해머 베이킹소다를 의도했던 용도로 이용하게 된 가정이 14개월 만에 1%에서 57%로 늘어났다. 그 후의 캠페인에서는 싱크대, 냉동실, 고양이 잠자리, 애견 등의 냄새를 제거하거나 수영장

소독에 사용하도록 권유했다. 1981년 암앤해머는 1억 5,000만 달러 매출을 올리는 기업으로 성장했다. 탈취제, 치약, 세탁 세제 등으로 사용 영역이 확대되면서 1990년 암앤해머라는 브랜드는 4억 달러가 넘는 매출을 달성했다.

새로운 사용법으로 성장에 성공한 브랜드들은 다음과 같다.

- 음식 장식으로나 쓰던 그레이프 너츠(Grape Nuts)를 요구르트나 아이스크림 위에 놓는 토핑으로 사용하도록 홍보했다. 또 그레이프 너츠를 우유에 넣은 후 마이크로웨이브 오븐에 데워 따뜻한 간편식 아침 식사나 간식으로 먹는 방법을 제시했다.
- 유전에서 기름 섞인 물을 분리하는 데 사용하는 화학 공정을 수력발전소에서 불필요한 기름을 제거하는 데 사용했다.
- 립톤 수프는 겉포장과 광고에 '훌륭한 식사는 조리법과 수프가 함께하는 립톤 수프에서 시작된다'라고 제안하는 조리법을 집어넣었다. 조리법의 콘셉트를 슬로건에도 포함시켰다.

시장조사를 통해 고객들이 그 브랜드의 제품을 어떻게 사용하고 있는지 정확히 파악함으로써 제품의 새로운 용도를 찾아낼 수 있다. 이렇게 발견한 사용법들 가운데 몇 가지를 선택해 널리 퍼지게끔 노력해야 한다. 예를 들어 진통제를 쓰는 사람들에게 진통제 사용에 관해 일기를 쓰도록 권유한 결과 놀라운 사실이 드러났다. 벤게이(Ben-Gay) 사용 횟수 중 3분의 1, 물량 면에서는 50% 이상이 근육통보다는 관절염

치료를 위한 것이었다는 점이다. 이 브랜드는 이러한 사용법에 대한 별도의 마케팅 전략을 수립하고 관절염을 앓던 무용가[앤 밀러Ann Miller, 1923~2004, 미국의 무용가이자 여가수]와 풋볼 선수[존 유니타스John Unitas, 1933~2002]를 광고에 출연시켜 높은 성장을 달성했다.

또 다른 방법은 타사 제품이 어떤 분야에 사용되는지 살펴보는 것이다. 오션 스프레이는 건포도(raisin) 수요가 많다는 데 착안해 건조 크랜베리를 만들었다. 이는 쿠키나 뮤즐리(Muesli) 같은 시리얼에 사용되었다. 뮤즐리 시리얼 겉포장에는 "진짜 오션 스프레이 크랜베리로 제조"라고 적혀 있다. 건조 크랜베리를 간식으로 활용할 수도 있었는데 이를 시험적으로 오션 스프레이 크레이즌(Ocean Spary Craisins, 크레이즌은 크랜베리와 건포도의 합성어)이라고 불렀다.

때로는 현재 보편적이지 않은 제품 사용법을 가진 기업이 더 많은 수익을 획득하기도 한다. 그러므로 현재의 사용법에만 국한된 조사는 적절하지 못할 수 있다. 제너럴 밀스 같은 기업은 조리법 경연대회를 후원한다. 그 목적 가운데 하나는 새로운 '고전적 조리법'을 찾아내어 제품의 새로운 용도를 개발하는 것이다. 스티커식 상표처럼 여러모로 사용할 수 있는 제품에 대해서는 정식으로 브레인스토밍을 하거나 다양한 독창적 활동을 시도할 만한 가치가 있다.

상당한 매출을 올릴 것으로 예측되는 분야가 발견되면 이를 면밀히 평가할 필요가 있다. 첫째, 시장조사나 다양한 예측 방법을 통해 잠재적 매출 규모를 추정해야 한다. 얼마나 많은 고객이 이 용도로 제품을 사용할 것인가? 이 사용법을 위해 고객은 얼마나 많은 양의 제품을 구입할 것인가? 암앤해머는 기존 제품의 새로운 사용법을 개척하고 새로운 제품을 개발하기 위해 150번이 넘는 시장조사를 실시했다.

둘째, 새로운 응용 분야를 개척할 때는 그 실현 가능성과 비용을 면밀히 평가해야 한다. 상당한 마케팅 프로그램이 필요한 사용법도 있다. 160년간 주로 맨해튼에서 이용되던 앙고스투라 비터즈(Angostura Bitters)라는 브랜드는 차저(Charger)로 무알코올 음료의 판매 촉진 활동을 시작하겠다고 결정했다. 몇십 년 동안 술집에서 음료로 이용되던 차저는 탄산수와 비터즈[쓴맛이 나는 약물을 총칭하는 말, 위액 분비를 자극하므로 식욕 부진 등에 쓴다], 라임으로 만든 것이다. 캐나다 드라이는 캐나다 드라이 셀처(Canada Dry Seltzer) 병의 목에 조리법과 함께 비터즈 한 봉지를 붙여 판매 촉진 활동을 전개했다. 박물관이나 거리 축제에서 시음 행사를 열기도 했다. 그리고 차저를 주제로 한 라디오 광고도 내보냈다. (크랜베리 주스, 파인애플 주스, 비터즈로 만든) 캐리비안(Caribbean) 같은 음료수들도 그 뒤를 따랐다.

셋째, 경쟁 업체가 제품을 향상시키거나, 많은 광고를 하거나, 혹은 여타의 수단으로 그 새로운 응용 분야를 점유하거나 가격 전쟁을 시작할 가능성에 대해 분석할 필요가 있다. 문제는, 하나의 브랜드가 새로운 응용 분야에서 지속적 우위를 점할 수 있느냐에 달려 있다. 오션 스프레이라는 이름은 크랜베리를 연상하게 함으로써 크랜베리 간식 시장에 다른 제품이 진입하는 것을 막을 수 있었다. 하지만 과자나 시리얼 같은 분야에서는 이 방법이 도움이 되지 않을 것이다.

♛
4. 새로운 시장에 진입하기

성장을 이루는 가장 확실한 방법은 성장 가능성이 있는 새로운 시장에 진입하는 것이다. 여태까지는 이 새로운 시장이 제품을 받아들일 준비가 되지 않았거나, 제품 가격이 지나치게 높았거나, 심지어 어떤 기업에서도 그 시장을 생각해보지 않았을 수도 있다. 이 중 어떤 경우에도 그 산업에서는 실현되지 않았던 매출 잠재력이 존재한다.

새로운 시장이 제품 형태의 변경을 요구하는 상황도 있을 수 있다. 텍사스 인스트루먼츠(Texas Instruments)는 이미 포화 단계에 있고 경쟁이 심하던 계산기 사업을 재활성화하려는 방안으로 그때까지 무시되어온 여성들의 계산기 시장을 살펴보았다. 전체 계산기 60% 정도를 여성이 구매하고 있었으나(지금도 마찬가지다) 여성을 위해 특별히 고안된 제품은 존재하지 않았다. 이 회사는 뉘앙스(Nuance)라는 브랜드 네임을 사용하고 패션 액세서리처럼 보이는 계산기를 만들어 이 회사에 접근하려는 시도를 했다. 그림 10-3에서 보듯이 뉘앙스는 화장품 콤팩트처럼 생겼고, 지갑이나 서류 가방에 들어 있을 때 숫자 버튼이 보호되도록 고리 달린 덮개도 있었다. 전체적으로 세련된 자주색 혹은 부드러운 베이지색이었다. 고무로 된 숫자 버튼은 이용하기 편리한 모양이었고, 손톱이 긴 여성이 한꺼번에 두 버튼을 누르지 않도록 엇갈리게 놓여 있었다. 태양전지로 작동되기 때문에 건전지가 따로 필요 없었고, 희미한 불빛에서도 사용할 수 있었다. '네 가지 기능'

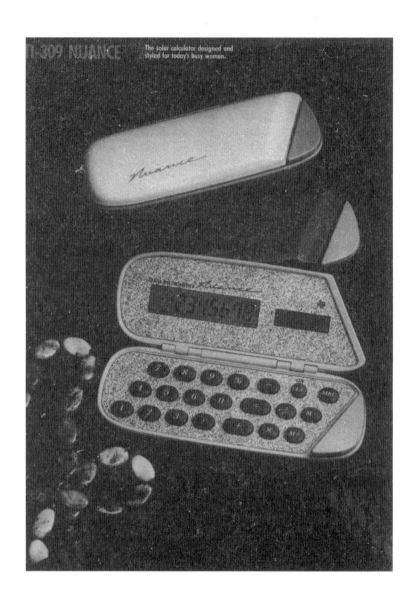

그림 10-3 **보기에도 예쁘고 실용적으로 사용할 수 있는 계산기**
제공 : Texas Instruments.

데이비드 아커의 브랜딩 정석

을 가지고 있는 키보드에는 할인율과 판매세를 위한 퍼센트 표시 버튼도 들어 있었다.

펩시 A. M.(Pepsi A. M.)이라는 이름으로 새로이 기획된 다이어트 펩시는 카페인 함유를 통해 아침 식사 시장에 진입한 대표적 경우다. 회사는, 커피 대체품으로 제공되는 이 콜라를 "냉커피를 능가하는 훌륭한 맛을 가진 콜라"라고 광고에서 칭찬했다.

포화 상태에 있는 경쟁이 심한 산업에서 새로운 시장으로 눈을 돌림으로써 성장 가능성을 발견한 기업들의 예는 많다.

- 사업체들이 오랫동안 배달용으로 이용하던 밴(Vans) 자동차는 소비자용으로 매출이 폭증하기 전까지는 엄청나게 포화된 시장의 표본이었다.
- 작은 냉장고는 가정용에서 오피스용이나 학생 기숙사용으로 바뀌었다. 전자레인지에서도 똑같은 변화가 일어났다.
- 존슨앤존슨의 유아용 샴푸는 머리를 자주 감는 어른들을 시장 조사함으로써 순한 샴푸의 필요성을 발견했다. '이 샴푸가 유아용으로 쓸 수 있을 정도로 충분히 순하다면……'이라는 메시지를 전하는 캠페인의 결과, 쇠퇴 일로를 걷던 존슨앤존슨의 시장점유율은 3%에서 14%로 증가했다.

어떻게 새로운 시장을 발견할 것인가?

새로운 시장을 발견하고 선택하는 데 도움이 될 몇 가지 지침이 있다. 첫째, 나이, 지리적 위치, 추구하는 효능, 성별 같은 세분화 변수들 (segmentation variables)인데 이들을 다양하게 고려할 필요가 있다. 때때로 다른 각도에서 시장을 바라봄으로써 유용한 세부시장을 발견할 수 있다. 둘째, 쇠퇴하거나 포화 상태에 있는 산업 속에서도 성장하는 세부시장을 고려할 필요가 있다. 예를 들어 라이트 맥주와 무알코올 맥주는 포화 상태에 있는 맥주 산업에서 성장하고 있는 세부시장이다. 셋째, 여성용 계산기나 노년층 패션 제품 시장같이 현재의 고객 니즈에 부응하지 못하는 세부시장을 발견해야 한다. 이러한 세부시장에서 고객 니즈를 충족시킨다면 훌륭한 기회를 얻을 수 있다. 넷째, 해당 브랜드가 잘 적응하고 변화할 수 있으며, 충분한 가치를 제공할 수 있는 세부시장을 발견해야 한다.

5. 브랜드를 재포지셔닝하기

연상 이미지 바꾸기

언젠가 제품의 포지셔닝 전략은 부적절한 것이 될 수 있다. 시간이 가면서 그 전략이 쓸모없어지거나, 목표 시장이 노쇠하거나, 미각과 패션의 변화에 따라 제품과 관련된 연상 이미지의 호소력이 줄어들기(심지어는 비웃음의 대상이 되기도 한다) 때문이다. 치즈 위즈(Cheez Whiz)라는 치즈 소스는 1956년 크래프트가 주로 어린이를 위한 샌드위치용, 간식용, 외식용 음식으로 출시했다. 그러나 1980년대가 되자 부분적으로는 제품이 가지는 연상 이미지로 인해 매년 2% 속도로 사업 매출이 감소하고 있었다. 이 제품은 엘비스 프레슬리(Elvis Presley)의 벨벳 페인팅〔velvet painting, 엘비스 프레슬리를 벨벳으로 그린 그림으로, 전형적인 키치의 예로 평가받는다〕과 동시대의 요리로 묘사되어왔다. 한 비평가는 〈너즈 2세의 복수(The Revenge of Nerds Ⅱ)〉라는 영화가 너무나 지루하다며 머리를 파내고 치즈 위즈로 가득 채운 것 같은 느낌이라고 말하기도 했다. 그러나 크래프트는 이 브랜드를 캐서롤, 곁들여 먹는 채소, 구운 감자 등 수많은 요리와 곁들이는 마이크로웨이브 오븐용 치즈 소스로 재포지셔닝했다. **그림 10-4**는 이를 보여준다. 이 브랜드는 (200만 달러에서) 600만 달러로 액수가 늘어난 광고 활동에 힘입어 매출 35% 신장을 이루었다.

포지셔닝 전략은 별다른 이유 없이 쇠퇴를 맞기도 한다. 목표 세부시장이 포화 상태에 이르렀을 때 성장을 위해서는 새로운 연상 이미지나 관련된 세부시장이 필요하다. V-8 칵테일 베지터블 주스(V-8 Cocktail Vegetable Juice)는 토마토 주스보다 맛 좋은 음료로 제품을 포지셔닝해왔지만 1970년대 초 매출 정체를 맞는다. 조사에 따르면 광고 예산이나 가격의 변화는 효과가 없었다. 체중 조절에 도움을 주는 건강 음료로의 재포지셔닝만이 효과를 보였다. 'V-8 주스를 마셨어야 했는데……'라는 슬로건을 통한 재포지셔닝으로 V-8은 20% 정도 매출 증대를 달성했다.

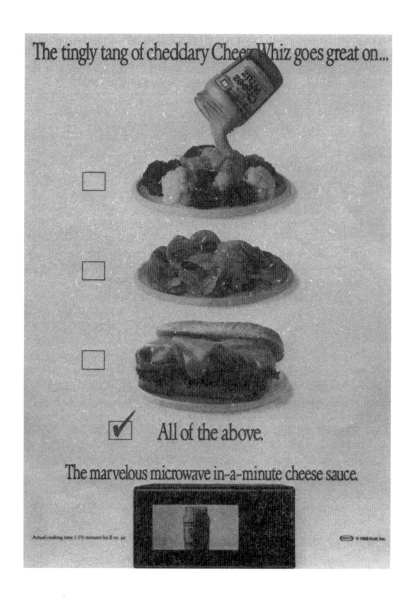

그림 10-4 **치즈 위즈와 관련된 연상 이미지 변화**
CHEEZ WHIZ is a registered trademark of Kraft General Foods, Inc.(허락하에 수록).

제품 재포지셔닝으로 매출 증대를 달성한 예는 다음과 같다.

'음 굿!(M'm good!)' 수프로 불리던 캠벨 수프는 한때 점심 식사 보조용 제품으로 이 수프를 사는 걸 잊었다면 다시 마트로 발걸음을 돌려야 할 정도였다. 하지만 어린이들이 집에서 점심을 먹지 않게 되면서 어른들의 정식을 대체하는 용도로 수프를 재포지셔닝하는 것이 타당성 있는 일이 되었다.

철분과 비타민 보조제 브랜드인 게리톨(Geritol)은 로렌스 웰크 [Lawrence Welk, 1903~1992, 미국 음악가] 세대가 상당히 선호하는 약이었다. 하지만 세월이 흘러 이 브랜드는 중년의 호색한들을 위한 것이 되었다.

잠이 오게 만드는 두통약을 만드는 어느 브랜드는 본래의 포장을 다시 사용하고, 쓴맛이 나게 하고, 농어 낚시 대회 같은 이벤트를 개최하고, 남서부 블루칼라 사용자들을 타깃 고객으로 삼으면서 본래의 뿌리로 돌아가는 재포지셔닝을 실행했다. 이 브랜드는 이전에 겉포장을 현대화하고 제품 맛을 바꾸면서 매출 신장을 도모했으나 실패하고 말았다.

새로운 연상 이미지를 통한 차별화로 제품의 가치 증대하기

때로 제품은 성장과 함께 범용품(commodity)으로 바뀌어가고, 가격에 대한 압력 때문에 사업 자체가 이익이 나지 않는 것이 되기도 한다. 이를 치유하는 한 가지 접근법은 범용품이 된 제품을 고급 브랜드 제품으로 재포지셔닝하는 것이다.

1960년대에는 닭고기가 제품마다 품질 차이가 별로 없는 곡물이나 원료와 마찬가지로 온전히 범용품이었다. 프랭크 퍼듀(Frank Perdue, 1920~2005, 퍼듀 팜즈의 CEO였다)는 범용품 사업에 싫증을 느끼고 퍼듀(Perdue)라는 닭고기 브랜드를 만듦으로써 이 모두를 변화시켰다. 그는 광고에 직접 출연해 활력 넘치는 까다로운 성격을 보여주면서 '부드러운 닭고기를 만드는 데는 강한 사람이 필요하다'는 광고 캠페인을 펼쳤다. 이를 기반으로 프랭크 퍼듀는 자사의 닭고기를 고급 브랜드 제품으로 완전히 재포지셔닝했다. 이 캠페인은 좋은 사료를 쓰고, 조심스럽게 가공을 하고, 얼음 포장을 해서 보관하고, 고급 소매상들만 취급하며, (주로) 프랭크 퍼듀의 의지를 피력함으로써 브랜드의 탁월성을 보여주는 것이었고, 매우 설득력이 있었다. 또 이 광고는 유머러스하기까지 했다. 퍼듀는 자기 닭들이 6만 달러짜리 집에서 안락하게 살면서 여덟 시간씩 잠을 자고, 해로운 음식을 기피하고 깨끗한 우물물만 마신다고 자랑했다("여러분 자녀들은 이토록 좋은 생활을 해보지 못했을 겁니다"라는 멘트를 포함한다). 그 결과 판매 이익률과 수익이 크게 신장했다.

♛

6. 제품/서비스를 증가시키기

제품이 시장에서 정체되거나 쇠퇴하고 있음을 보여주는 시나리오는 아주 흔하다. 제품은 점차 범용품화되고, 한때는 브랜드 가치가 아주 강력했으나(과거에는 차별화가 되었다) 마침내 몇몇 경쟁자가 이에 필적하게 되었다. 다른 제품에 비해 어느 정도는 더 역사적으로 신뢰감을 주고 품질이 좋았던 브랜드지만 더 높은 가격을 지불하려는 고객을 발견하는 것이 갈수록 어려워진다. 경쟁이 매우 심한 환경에서는 경쟁을 포기하고 싶다는 유혹이 일어나기도 한다.

이러한 맥락에서는 테오도르 레빗[Theodore Levitt, 1925~2006, 미국의 경제학자로 하버드 비즈니스 스쿨 교수를 역임했다]이 주장한 "어떠한 제품이나 서비스도, 그리고 심지어는 범용품도 차별화될 수 있다"는 말을 믿는 것이 유용할 수 있다. 래빗은 한 제품이 점점 범용품에 가깝게 변한다면 지금 생산되는 어떤 제품보다도 뛰어나고 고객들이 기대도 못한 서비스나 기능을 부가하는 식으로 제품을 확장할 방법을 고려해보라고 말했다. 이때 사실상 승리하는 두 가지 방법이 있다. 더 나은 것을 제공하거나, 부가적인 혹은 색다른 것을 제공하는 것이다. 포화 상태에 있는 시장의 제품이라면 더 나은 것을 제공하기보다는 부가적인 혹은 색다른 것을 제공하는 편이 대체로 실현 가능성이 크다.

포장의 질을 향상시켜 싫증난 제품에 새로운 모습으로 차별화되는 부가 기능을 더할 수도 있다. 맥코믹(McCormick)은 뚜껑을 후추 분쇄기로도 사용할 수 있는 후추 용기를 만들었다. 네슬레는 어린이들이 마이크로웨이브 오븐을 사용해 핫초콜릿이나 아이스크림선디를 만들게 하기 위해 레스토랑에서 볼 수 있는 방부제통 비슷하게 생긴 아주 작은 용기에 자사의 초콜릿 제품을 포장했다. 새로운 용기가 고객들의 문제를 해결해주는 경우도 있다. P&G의 사이트러스힐(Citrus

Hill)이라는 브랜드는 고객들이 내용물을 흘리지 않고 흔들 수 있도록 돌려서 여는 뚜껑이 달린 종이 주스 팩을 제공한다. 캠벨의 청키 수프는 마이크로웨이브 오븐을 사용하는 사람들이 편리하게 이용하도록 당겨서 윗부분 고리를 따는 용기를 만들었다.

1970년대 초, 속옷 제조사 헤인즈(Hanes)의 팬티스타킹 브랜드 레그스(L'eggs)의 시장 활동은 제품 확대의 고전적 사례를 보여준다. 레그스는 팬티스타킹 사업이 쇠퇴하는 가운데서도 1970년 900만 달러였던 매출을 1974년 2억 9,000만 달러까지 증가시켰다. 레그스가 했던 노력의 핵심은 슈퍼마켓에서 고급 팬티스타킹을 파는 개념에 있었고, 전사적 마케팅 프로그램으로 이를 보완했다. 독특한 달걀 모양 용기를 만들어 물건 도난을 방지하고, 재미있고 기억하기 쉬운 이름을 사용한 것이 효과적이었다. 담당 판매원으로 구성된 스태프는 수직적 형태의 진열대를 관리함으로써 슈퍼마켓 팬티스타킹 진열대의 무질서를 없앴다. 위탁 판매를 함으로써 투자를 줄이고, 슈퍼마켓이 관련 제품으로 많은 이윤을 남기는 것을 도왔다.

약품 도매상 포모스트-매케슨(Foremost-McKesson)은 또 다른 사례로, 재고 관리, 재주문 결정, 가격 결정을 사실상 대신하는 것을 포함해 무수히 다양한 서비스를 약사들에게 제공하는 컴퓨터 정보 시스템을 이용한다. 이 회사의 시스템으로 의료보험 청구를 처리하고 고객들에게 약품의 상호작용과 의료 보조 제도 등에 관한 정보를 제공하기도 한다. 매케슨은 상표 제작 시스템과 전산화된 외상 매출금 프로그램을 갖추었으며, 적어도 몇 가지 제품에 대해서는 판매대 관리를 대신하는 '래크 조버(rack jobber)'라는 서비스를 개발하기도 했다.

그 결과 상점을 대상으로 판매를 담당하던 매케슨의 대규모 판매원 팀은 매우 소규모의 시스템 관리팀으로 대체되었다. 대규모 주문 처리 부서가 더는 필요하지 않았기 때문이다. 고객들은 품목들의 가격 책정을 아주 민감하게 생각했기 때문에 이 작업을 매케슨의 시스템에 위임했다. 거의 모든 사업 부문에서 매력을 찾아볼 수 없었던 1975년, 몇몇 사업 부문을 탈락시켰음에도 매케슨의 매출은 1978년 10억 달러에서 10년 후에는 50억 달러로 성장했다.

고객이 진정한 가치를 느낄 수 있고, 실제로 제품이 충분한 혜택을 줄 수 있는 브랜드 확장 방법을 발견하는 것이 필요하다. 그 과정은 고객을 이해하는 데서 출발한다. 진정 고객을 괴롭히는 문제가 무엇인가? 부가된 서비스를 이용해 이러한 문제를 처리할 방법이 있는가? 고객은 어떤 면에서 만족을 느끼지 못하는가? 할 수 있는 건 무엇인가? 구매 의사 결정, 주문 과정, 물류 관리를 포함해 제품이 속한 시스템에 대해 고려하라. 매케슨처럼 주문 관리 시스템에 밀접히 관여하는 방법 등을 통해 효율성을 증대하려면 무엇을 해야 하는가?

고객 관여도

조직체에 제품이나 서비스를 제공할 때 관건이 될 중요한 점은 제품이나 서비스를 확대할 방법을 찾는 과정에 고객이 관여하게 하는 것이다. 고객의 관여는 노력할 만한 가치가 있는 가장 적합한 분야를 찾아내는 데 도움이 된다. 그리고 이러한 노력이 고객의 눈에 두드러질 때 그들은 제안된 해결책의 실행을 돕기도 한다.

섬유 회사 밀리킨(Millikin)은 고객행동팀(Customer Action Teams, CATs)을 이용해 그 과정을 정형화했다. 고객행동팀은 현재의 고객들에게 더 잘 봉사하면서 새로운 고객을 개발하기 위해 독자적 노력으로 창조적 해결책을 추구했다. 보통은 제조, 판매, 재무, 마케팅을 맡고 있는 밀리킨의 담당자들과 함께 팀에 참여할 구성원들을 고객들 중에서 차출한다. 밀리킨은 매년 고객행동팀 몇백 개를 만들고 있으며 이들이 들려주는 성공담은 고객들의 가입 의지를 북돋는다.

고객행동팀은 계속해서 밀리킨의 상점용 수건(산업용 섬유) 사업을 범용품에서 부가가치 서비스 사업으로 바꾸었다. 그 후 밀리킨은 고객을 위한 사업이었던 산업용 세탁물 사업을 사실상 직접 운영하기 시작했다. 밀리킨은 전산화된 주문 분류 시스템, 시장조사 보조, 제품 시사회 주도, 시청각 판매 보조 자료, 운영 관련 세미나, 판매원 교육 등의 서비스를 제공하고 있다.

7. 신세대 기술로 기존 제품을 진부화하기

어떤 때는 수면 상태에 있는 산업이, 이미 구축된 기존의 매출 기반을 갉아먹고 제품 교체 주기를 가속화하는 신제품을 통해 재활성화될 수 있다. 야마하의 디스클라비어는 이를 분명하게 보여주는 사례다. 또 다른 예로는 헤드 부분이 넓은 테니스 라켓, 컬러텔레비전, 트랜지스터 라디오 등을 들 수 있다.

약 10년 동안 정체되었던 가정용 오디오 시장에서 1980년대 초에 이러한 재탄생이 시작되었다. 아마도 콤팩트디스크가 중요한 요인이었을 것이다. 오디오 시스템 음향 수준이 높아지면서 매출이 커졌고, 이에 자극받은 사용자들은 스피커와 리시버를 더 나은 제품으로 대체했다. 스테레오 텔레비전 세트의 출현은 또 다른 요인이었다. 미국 스테레오 제품 판매는 1980년대에 약 10%나 성장하는 변화를 보였다.

새로운 기술을 추구하려는 결정은 특히 예전에 시장을 선도했던 사람들에게는 미묘한 것이 된다. 이들은 옛 기술에 더욱 흥미를 가지며, 지연 전략과 무관심 전략으로 인해 경쟁력 저하라는 위험에 직면하기도 한다. 1960년대 초 질레트는 이를 뼈저리게 경험했다. 질레트는, 제품 내구성을 높여 면도날 수요를 감소시킬 수 있고, 제조 및 마케팅 활동을 변경하는 데 많은 비용이 든다는 이유로(이 회사는 당시 40%가 넘는 투자자본수익률을 보유했다) 스테인리스스틸로 면도날 만드는 기술을 외면했다. 그 결과 스테인리스 기술 혁신을 이루어낸 소규모 영국 기업 윌킨슨(Wilkinson)과 미국의 라이벌 기업들인 에버샤프(Eversharp) 및 시크(Schick)가 질레트의 시장점유율과 수익에 중대한 그리고 영원한 악영향을 미치게 되었다. 질레트의 점유율은 70%에서 55%로 떨어졌고 투자자본수익률도 30% 이하로 떨어졌다. 시장 선도자들이 연구개발비로 많은 금액을 투자할 때도 이들에게서 신세대 기술이 나오는 경우가 드물다는 사실은 주목할 필요가 있다.

8. 브랜드 재활성화를 위한 대안들 : 최종 단계

해당 브랜드의 강도, 브랜드 에쿼티, 경쟁의 격렬함과 이에 대한 투자, 해당 제품군에 대한 시장의 수요 등은 브랜드의 앞날을 전망한다. 이들 중 불리한 요소가 하나라도 있다면 브랜드 육성이나 시장에서의 활성화에 대해서는 신중히 생각하고 대안을 찾아야 한다.

특히 브랜드의 징조가 좋지 않아 보인다면 사양 산업에 투자하는 것은 위험 부담이 크고 수지가 맞지 않는 일이 될 수 있다. 격류를 견디도록 설계된 배가 아니라면 거센 물결을 거슬러 항해하기란 매우 어렵다. 절대 불가능한 것은 아니라고 해도 거의 성공을 보장하기가 힘들다.

더욱이 이러한 투자 전략은 여러 브랜드를 보유한 조직체의 매력적 브랜드나 사업 부문에서 자원을 앗아갈 수도 있다. 모든 브랜드가 조직이 보유한 자원에 동일한 정도로 접근할 수 있어서는 안 된다. 성격상 다른 브랜드에 비해 전망이 나은 브랜드가 분명 존재하기 때문이다. 모든 브랜드를 계속해서 유지할 것이며, 각 브랜드에서 회수한 이익을 해당 사업 분야에 재투자하겠다고 공약한다면 몇몇 브랜드(특히 새로운 브랜드들이)는 자원 부족에 시달리게 될 것이다. 최적의 전략은 몇 가지 브랜드가 창출한 자원을 남겨서 보유하는 것이며, 경우에 따라서는 한 브랜드가 사라지도록 하는 것이다. 물론 오랜 친구 같은 브랜드라거나, 이를 담당하는 경영팀이 아직 정열적이라면 소멸하도록 내버려두기는 어려울 수 있다. 그렇지만 모든 브랜드와 관리자는 최소한 재활성화 대안을 숙고해야 할 뿐 아니라 '육성'과 '철수'라는 선택도 고려해야 한다.

수확 전략의 옵션

수확 전략(harvest strategy)은 하나의 브랜드에서 추가 현금 유동성(cash flow)을 창출하기 위해 이에 대한 투자를 회피하는 것이다. 일반적으로 수확 전략은 해당 브랜드의 매출과 이익 감소 그리고 궁극적으로는 브랜드가 소멸될 위험 부담을 받아들이는 것이다. 브랜드 에쿼티를 뽑아내는 방법은 다음과 같은 가설을 기초로 한다. (1) 쇠약해진 브랜드, 강도 높은 경쟁, 쇠퇴하는 시장 때문에 현 브랜드의 매력이 사라진다. (2) 해당 기업은 자금을 더 유용하게 사용할 곳이 있다. (3) 해당 브랜드는 재무적으로나 시너지 효과 면에서 중요하지 않다. (4) 매출이 규칙적으로 줄어들기 때문에 수확이 (바람직할 뿐만 아니라) 실현 가능하다.

수확 전략의 몇 가지 변형 방법이 있다. '지키기' 혹은 '유지하기' 변형 전략은 브랜드가 그 위치를 지키거나 유지하는 데 필요한 투자는 허용하고 성장을 위한 투자는 피하는 것이다. '급히 수확하기' 전략은, 운영 경비의 급격한 감소 혹은 가격 인상을 이용해 단기적 자금 유입을 최대화하고 추가 자금이 사업에 투자될 가능성은 최소화한다. 급히 수확하기 전략을 시행할 때는 급격한 매출 감소로 시장에서 철수하게 될지도 모른다는 위험 부담을 감수해야 한다. 이 두 가지 전략의 공통분모는 브랜드에 들어가는 자원에 제한을 가한다는 점이다.

다음에 나올 체이스앤샌본(Chase&Sanborn) 이야기는 수확 전략의 좋은 예다. 한때 '할리우드 스타 10명 중에서 9명이 이용했던' 유니레버의 미용 비누 럭스 뷰티 바즈(Lux Bearuty Bars) 또한 그러한 예를 보여준다. 현재 이 브랜드의 시장점유율은 3% 이하이며, 15년 동안 광고를 한 적이 없다. 단지 유니레버의 강력한 제품과 한배를 타고 있을 뿐인 이 브랜드는 2,500만 달러의 매출을 올리고 있으며 이 중 절반 정도가 이익이다.

다음과 같은 몇 가지 상황에서는 시장에서 출구 전략(exit strategy)보다 수확 전략이 필요하다.

1. 해당 산업의 쇠퇴 속도가 아주 가파르지는 않다. 산업 내에서 제품의 쇠퇴 속도가 갑작스레 급격해지지 않을 것이 확실하고 지속적으로 수요의 여지가 있다.
2. 가격 구조가 안정되어 있으므로 효율적 기업이라면 이익을 낼 것으로 예측된다.
3. 해당 브랜드는 고객의 브랜드 충성도를 충분히 가지고 있으므로 수확 전략을 쓴다 해도 제한된 범위의 시장에서 매출과 이익 창출이 가능하다.
4. 해당 브랜드가 규모의 경제를 통해서, 혹은 그 밖의 방식으로 여타 브랜드를 보조함으로써 해당 기업에 가치를 부여할 수 있다.

체이스앤샌본 이야기

체이스앤샌본은 수확 전략의 잠재력을 보여준다. 이 브랜드는 1879년 처음 소개되었는데 미국에서 최초로 밀봉한 캔에 로스팅한 커피를 포장해서 판매하는 회사였다. 커피 시장의 강자가 된 체이스앤샌본은 1929년 로열 베이킹 파우더(Royal Baking Powder)와 플라이쉬만(Fleischmann)을 합병해 스탠더드 브랜즈(Standard Brands)를 세웠다. 1920년대와 1930년대에 이 브랜드는 아주 많은 광고를 하면서 커피 산업을 지배했다. 복화술로 유명한 영화배우 에드가 버겐(Edgar Bergen, 1903~1978)과 그가 조종하는 인형 찰리 매카시(Charlie McCarthy)가 주연으로 나오는 〈체이스앤샌본의 시간(The Chase and Sanborn hour)〉이란 프로그램은 이 시간대에 가장 인기 있는 라디오쇼였다.

2차 세계대전이 끝난 후 인스턴트커피와 제너럴 푸즈의 브랜드 맥스웰하우스가 동시에 출시되었다. 체이스앤샌본은 맥스웰하우스의 막대한 광고에 대항해서 싸우는 대신 수확 전략을 선택하고 몇 년 동안 브랜드 광고를 줄여나가다가 마침내 완전히 중단했다. 1981년 스탠더드 브랜즈를 합병한 내비스코는 1,500만 달러를 받고 마이애미주의 소규모 커피 회사 제너럴 커피(General Coffee)에 커피 사업부를 매각했다.

3년 후 제너럴 커피를 사들인 힐스 브로스(Hills Bros)는 15년 동안 광고를 하지 않았음에도 체이스앤샌본 브랜드의 인지도가 여전히 매우 높다는 사실을 발견했다. 북동부와 남동부 지역 고객들 약 88%가 브랜드 네임을 인지하고 있을 정도였다. 이들 지역의 상점 선반에 이 브랜드 제품을 올려놓기만 해도 시장점유율 0.41%를 획득할 수 있었는데, 이는 P&G 하이포인트(High Point)나 더 최근에 소개된 미스터 커피(Mr. Coffee)보다 높은 점유율이었다.

또한, 스탠더드 브랜즈는 로열 푸딩(Royal Pudding)이 제너럴 푸즈의 또 다른 브랜드인 젤로와의 경쟁에 직면했을 때 이 브랜드에 대하여 서서히 수확하기 전략을 사용한 전례를 따랐다.

5. 성공적으로 수확 전략을 관리할 수 있다.

수확 전략을 수행하는 것은 어려운 일이다. 가장 심각한 문제 가운데 하나는 이 전략이 채택되지 않았는가 하는 의심으로 자체 반동이 발생해 전략 전체를 망칠 수 있다는 것이다. 사실상 수확 전략과 포기의 경계선은 명확하지 않다. 고객들은 해당 제품에 대한 신뢰를 잃고, 종업원들의 사기가 떨어지며, 경쟁 업체는 더욱 드세게 공격할 수 있다. 이렇게 되면 브랜드가 예상보다 훨씬 빨리 쇠퇴할 수 있으므로 그러한 영향을 최소화하기 위해 되도록이면 두드러지지 않는 방식으로 수확 전략을 지속해야 한다.

수확하기 상황에서 담당 경영자를 배치하고 업무 수행 동기를 제공하는 것 역시 어려운 문제가 된다. 브랜드를 관리하는 경영자들 대부분이 성공적 수확 전략과 관련된 성향이 아니고 이를 관리할 배경, 기술을 보유하지 않았다. 성과를 측정하고 이에 대한 보상을 적절히 조절하는 것 모두가 조직 차원에서도, 관련된 경영자에게도 어려운 일이다. 수확 전략 전문가를 채용하는 것이 적합한 방안으로 보이지만 이런 형태의 경영자 또한 드물기 때문에 실현 가능성이 적다.

무엇보다도 심각하게 우려되는 점은 수확 전략의 기저가 되었던 전제가 틀렸음이 밝혀지는 것이다. 시장 전망, 경쟁자의 움직임, 비용 예측, 여타 관련 요소에 관한 정보가 때론 오류로 판명되기도 한다. 또 관련된 상황이 바뀔 가능성도 있다. 예를 들어 오트밀 같은 제품은 가격이 싼 데다 자연스러움과 건강함을 연상시키기 때문에 매출이 다시 살아났다.

수확 전략을 사용하는 동안 기업이 변화를 느리게 감지하거나 적절한 투자를 꺼리는 바람에 기회를 놓칠 수도 있다. 한 예로 대규모 캔 제조 업체들인 아메리칸(American)과 콘티넨탈(Continental)은 수확 전략을 수행하는 데 바빠서 투피스캔(two-piece can, 몸통, 바닥, 뚜껑의 세 부분으로 구성되는 일반적인 스리피스캔과 달리 일체가 된 캔의 몸통 및 바닥과 뚜껑의 두 부분으로 구성되어 밀봉성이 향상된다) 생산으로 넘어가는 산업 추세의 움직임을 놓쳐 상당한 시장을 잃고 만다.

투자 회수냐, 청산이냐?

브랜드에 대한 전망이 좋지 않고, 수확 전략의 실현 가능성이 보이지 않을 때에는 마지막 대안으로 폐기나 처분을 재촉받게 된다. 수확이 아닌 철수 결정을 제안하게 되는 조건은 다음과 같다.

1. 급격한 쇠퇴 속도에 가속도가 붙고 있으며, 사업과 관련해 지속적 수요의 여지가 없다.
2. 높은 출구 장벽, 브랜드 충성도와 제품 차별성의 부족은 경쟁자의 단호한 결단을 야기하고 이에 따른 가격 압박이 극단으로 치달을 것으로 예상된다.
3. 해당 브랜드의 포지셔닝이 약화되어 있으며, 뒤집기 어려운 강점으로 우위를 차지한 경쟁자가 하나 이상 있다.

4. 해당 사업의 역할이 불필요해지거나 심지어는 원치 않는 것이 되었으므로 기업의 사명이 변할 수밖에 없다.

5. 해당 브랜드에 특화된 자산이나 공급자와의 장기 계약 같은 출구 장벽을 극복할 수 있다.

때로는 경영에 대한 자부심이 철수를 선택하는 데 장애가 되곤 한다. 전문 경영자는 자신을 문제를 해결하는 사람으로 간주하기에 상황을 바꾸기 위한 노력이 가치 있는 일이 아니라는 판단을 받아들이기 꺼린다. 게다가 아마도 오랫동안 '가족'이었던 브랜드에 대한 감정적 애착을 떨치기 힘들지도 모른다. 사실상 그 브랜드에서 출발해 기업의 나머지 부분을 만들었을 수도 있기 때문이다.

심각히 우려되는 것은 이익을 낼 수 있는 사업 활동이 남아 있는데도 사업 부문을 없애버릴 수 있다는 사실이다. 한 예로 IBM은, 386 시리즈로 대체될 것으로 보였던 286 시리즈 컴퓨터를 생산 라인에서 실질적으로 없애버렸다. 그 결과 286 컴퓨터를 이용하는 몇십 개 기업이 IBM의 지위를 약화시키는 토대가 되어버렸다. IBM은 뒤늦게 286 컴퓨터를 생산 라인에 포함했으나 이미 큰 손실을 입은 뒤였다.

올바른 최종 단계 선택하기 : 수확 vs. 철수

수확 혹은 철수 전략을 선택하기 위해서는 브랜드 수익성을 결정하는 세 가지 요인을 분석할 필요가 있다. 바로 브랜드의 강도, 시장 수요,

1. 쇠퇴율이 규칙적이고 예측 가능한가?
2. 지속적인 수요의 여지가 있는가?
3. 쇠퇴의 이유가 무엇인가? 일시적 현상인가? 뒤바뀔 가능성이 있는가?

경쟁 정도

4. 고유의 기술과 자산을 가진 우월한 경쟁 기업이 존재하는가?
5. 시장에서 철수하거나 사업 규모를 축소할 의사가 없는 경쟁 기업이 많은가?
6. 고객들이 브랜드 충성도를 가지고 있는가? 제품이 차별화되어 있는가?
7. 가격에 대한 압력이 있는가?

브랜드의 강도와 운영 능력

8. 해당 브랜드가 강력한가? 널리 알려져 있고, 긍정적이면서도 의미 있는 연상 이미지를 불러오는가?
9. 현재의 시장점유율은 얼마이며 그 추세는 어떤가?
10. 해당 사업은 주요 세부시장과 관련된 몇 가지 중요한 '지속경쟁우위(sustainable competitive advantages, SCAs)'를 가지고 있는가?
11. 해당 사업 부서가 수확 전략을 제대로 수행할 수 있는가?
12. 다른 사업과의 시너지 효과가 있는가?
13. 해당 브랜드가 기업의 현재 추진 방향과 잘 맞아떨어지는가?
14. 무엇이 시장 철수에 장애 요소로 작용하는가?

그림 10-5 사양 산업에서의 투자 의사 결정 : 몇 가지 전략적 질문

경쟁의 격렬함 정도다. **그림 10-5**는 사양 산업에서 투자를 결정하는 데 지표가 되어줄, 각각의 범주에 속하는 질문들을 보여준다.

시장에 대한 전망

기본적으로 고려해야 할 사항은 쇠퇴의 속도, 패턴, 예측 가능성이다. 급격한 쇠퇴는 완만한 쇠퇴와 구별해야 한다. 한 가지 결정적 요소는 수요를 지탱할 여력 그리고 핵심 수요를 받쳐줄 역량이 있는 세부시장의 존재 여부다.

전체 시가(Cigar) 산업은 완만하지만 지속적으로 쇠퇴하고 있다. 부분적으로는, 고급 제품을 선호하는 세부시장이 안정적이고 브랜드 충성도가 높다는 이유 때문이다. 이에 반해 진공관이 신제품 무대에서 사라진 후에도 진공관 산업에 대한 강력한 대체 수요는 계속 존재했다. 또 피혁 산업의 경우, 모조품이 등장했음에도 가죽으로 만든 가구들은 여전히 판매가 건실한 상태다.

경쟁 정도

두 번째로 고려할 사항은 경쟁이 얼마나 격렬한가 하는 것이다. 시장 점유율이 상당히 높고, 중요하면서도 지속 가능한 고유의 자산과 기술을 갖춘 우월한 경쟁자가 존재하는가? 시장에서 철수하거나 사업 규모를 축소할 의사가 없는 경쟁자가 많이 존재하는가? 이 질문 중 단 하나에라도 긍정적 답이 나온다면 다른 기업에서 이익을 낼 가능성이 거의 없다.

또 다른 전망은 고객에게서 비롯된다. 사양 산업에서 이익을 내기 위해서는 가격의 안정성이 관건이 된다. 프리미엄 시가 구매자 혹은 진공관 대체의 경우처럼 상대적으로 가격에 둔감한가? 제품의 차별화나 브랜드 충성도가 상대적으로 높은 수준에 있는가? 혹은 범용 품화되는가? 고객이 하나의 브랜드에서 다른 브랜드로 전환하려면 비용이 드는가?

브랜드의 강도와 운영 능력

쇠퇴하는 환경에서 강력한 브랜드의 원천은 때때로 여타 상황과는 매우 다른 것일 수 있다. 사양 산업에서 도움이 되는 것은 다음과 같다.

- 이익을 내게 해주는 고객, 특히 지속적 수요의 여지가 있는 사람들과의 긴밀한 관계.
- 강력한 연상 이미지(이 단계에서 경쟁자가 급격히 이미지를 바꾸기는 힘들다).
- 충분히 이용하지 못한 자산으로 이익을 내게끔 운영하는 능력.
- 사업 계약으로 비용을 줄이는 능력.
- 규모의 경제가 존재할 때의 높은 시장점유율.

생각 정리 질문

1. 고객들이 왜 제품을 더 자주 사용하지 않을까? 왜 더 많은 양의 제품을 사용하지 않을까? 브랜드를 상기시키면 도움이 될까? 인센티브는 어떨까? 제품을 사용하기가 불편한 걸까? 해결 가능했던 사용법이 바람직하지 않은 결과로 나타날 수도 있을까? 사용자가 서로 다른 맥락들에서 제품을 사용하도록 권장할 수 있는가? 사용자가 사용 범위를 확장할 수 있는가?

데이비드 아커의 브랜딩 정석

사용량 증가 가능성은 일반적으로 헤비 유저들의 세부시장에서 더욱 크다. 그쪽을 먼저 살펴보라.

2. 고객은 귀사의 브랜드를 어떻게 사용하는가? 브랜드의 각 적용 분야에 어떤 잠재력이 있는지 분석하라. 그 잠재력은 무엇이며 어떤 마케팅 노력이 필요한가?

3. 브랜드의 주된 시장은 무엇인가? 각 시장에서 브랜드는 어떻게 포지셔닝되어 있는가? 현재 시장이 포화상태인가? 대안적 포지셔닝 전략은 무엇인가? 새로운 성장 전망을 열어줄 사람이 있을까? 대안적 시장은 무엇인가? 그 각각의 잠재력을 평가하라.

4. 고객의 충족되지 못한 니즈는 무엇인가? 고객의 문제 및 불만 사항은 무엇인가? 고객과 제품의 상호작용뿐만 아니라 제품이 내장되어 있는 시스템도 고려하라. 추가 서비스, 제품 기능 또는 제품 변경이 고객에게 도움이 될 수 있는가? 가치 있는 추가 상품을 제공하는 경쟁자가 있는가? 유사한 산업에 종사하는 기업들을 고려하라. 차별화에 도움이 되는 '추가 사항'은 무엇인가? 당신의 맥락에서 통하는 무언가가 있는가?

5. 브랜드를 더 써먹어야 할지, 종결해야 할지 고려해야 하는가? 그림 10-5의 질문을 숙고해보라.

11장

글로벌
브랜딩

끝나기 전까지는 끝난 것이 아니다.

—요기 베라

(Yogi Berra, 1925~2015, 미국의 야구선수이자 야구감독)

1. 칼 칸 이야기

1989년 초, 마스(Mars)는 고양이 사료의 미국 브랜드 네임 칼 칸(Kal Kan)을 위스카스(Whiskas)로 변경했다. 세계적 브랜드 네임으로의 창조를 완성하기 위해서였다. 이러한 결정에 동기부여를 해준 몇 가지 이유가 있었다. 그중 하나는 마스의 글로벌 마케팅 전문가들 사이에 더 많은 커뮤니케이션이 이루어짐에 따라, 같은 브랜드 네임의 사용으로 아이디어, 어쩌면 광고 캠페인이 공유될 가능성이 더 높아졌다는 사실이었다. 나아가, 여행을 하는 애완동물 주인들은 어디선가 친숙한 브랜드를 구하는 게 불가능해지면 사료를 바꿀 가능성이 있었다. 정확히 그 2년 전 마스는, 미국에서 칼 칸 개 사료의 이름을 페디그리(Pedigree)로, 개들을 위한 건사료 밀타임(Mealtime)을 페디그리 밀타임(Pedigree Mealtime)으로 바꾸면서 2개의 다른 글로벌 브랜드를 만들어냈다. 미국의 시장점유율 데이터로 판단하건대 그러한 변화 또한 성공적이었다.

칼 칸이라는 브랜드 네임이 상당한 에쿼티가 있기는 해도 그다지 대단한 브랜드 네임이 아니라는 사실은 칼 칸의 브랜드 네임 변경과 관련된 위험을 완화해주었다. 반면에 '위스카스'는 더 호감이 가고 훨씬 더 고양이 소리처럼 지각되는 이름이었다. 마찬가지로, '페디그리'는 최고의 사료만 먹는 비싼 애완동물의 품질과 연관이 되었다. 칼 칸이라는 브랜드 네임에는 그러한 긍정적인 특성이 부족했다. 심지어 용기가 캔이라는 것을 상기시키는 역할을 하는 듯했다. 단 하나의 연상 이미지가 브랜드에 많은 기여를 하는 경우는 거의 없다.

2. 파카 이야기

1985년 파카 펜(Parker Pen)은 시장에서 자사를 앞서가는 크로스(Cross)를 따라잡고, 뒤따르는 일본 기업들을 따돌리기 위해 글로벌 경영 전략을 시도했다. 그 노력의 중심에 빅터(Victor)라고 부르는 새로운 펜 그리고 ("이것은 은으로 만들어졌고 순수한 실크처럼 쓴다"라는 테마로 만든) 흔한 광고 캠페인, ('파카로 성공하라'는) 흔한 슬로건, 공통 가격 책정 전략이 있었다. 그러나 그 노력은 참패로 끝났다. 불운하게도 지역 단위의 150개 시장 중 많은 곳에서 그러한 방침을 받아들이지 않았다.

몇몇 국가에서는 공통 가격으로 인해 품질에 대한 포지셔닝을 유지하기가 힘들어졌다. 브랜드 네임이 불러일으키는 고객의 연상 이미지도 지역마다 다르게 나타났다. 많은 사람들은 그 광고와 광고가 불러일으키는 연상 이미지가 평범하다고 평가했다.

글로벌 브랜딩 전략을 수행하려면 효율적인 로컬 브랜딩을 위해 노력하는 것이 효과적일 수도 있다. 예를 들어 그러한 세계화 전략을 추구하기 전 파카가 이용한 40개 에이전시 중 하나로 영국에 있는 색다른 에이전시는 특히 성공적 캠페인을 전개했다. 그 광고 캠페인의 내용은 파카 펜을 쓰는 사람이 세련되고 재치 있게 남을 모욕한다는 것이다. 그런 모욕 가운데 하나로 항공사에 보내는 다음과 같은 쪽지가 있다. "당신은 적절함을 망각하고 있진 않은가?(You had delusions of adequacy?)" 불행히도 이 캠페인의 유머는 아주 영국적이어서 그 외의 지역에서는 효과가 거의 없었다.

♛
3. 글로벌 브랜드란?

전 세계 지역들에서 공통된 연상 이미지를 불러일으키는 단일한 브랜드 네임, 단일한 심벌, 단일한 슬로건에 기초한 글로벌 브랜드가 과연 필요할까? 코닥, 맥도날드, 소니, IBM, 코카콜라처럼 어느 한 나라에서 친숙한 브랜드 네임이 세계적으로 사용될 수 있을까? 아니면 각 나라마다 또는 심지어 한 나라 안의 각 지역마다 경우에 맞춰 변화된 브랜드 네임이 사용되어야 할까? 현재 다른 브랜드가 사용되고 있다면 세계적인 브랜드 네임으로 대체해야 할까?

하버드대학교의 테오도르 레빗 교수나 일본 맥킨지〔Mckinsey, 다국적 컨설팅 전문 회사〕의 오마에 겐이치(大前 硏一)처럼 유명한 컨설턴트들은 공통된 글로벌 브랜드의 필요성을 지적한다. 텔레비전과 여행, 물질문명의 발전 및 급속한 확대 등으로 전 세계에 걸쳐 취향과 스타일이 동질화된다는 것이 그들의 주장이다. 그러므로 한 지역에서 효과가 있는 제품과 그에 대한 어필은 다른 지역에서도 효과적일 개연성이 있다. 게다가 최상의 품질과 최고급 디자인 등은 어느 곳에서도 인정을 받는다는 것이다. 그러므로 그들은 세계 전역에 걸쳐 가장 적합한 제품 디자인과 이에 걸맞은 연상 이미지를 담은 브랜드가 필요하다고 주장한다.

세계적으로 통용되는 제품을 내놓으면 대량생산에 따른 규모의 경제를 달성하게 된다. 이는 많은 산업에서 경쟁력을 갖추는 데 중대한 요소로 간주된다. 물론 몇몇 제조업과 제품 디자인에서의 규모의 경제가 글로벌 브랜드를 사용함으로써만 가능한 것은 아니다. 그렇다고는 해도 글로벌 브랜드 정책은 광고, 프로모션, 포장, 그리고 브랜드의 여러 측면을 계획하는 데 영향을 미침으로써 규모의 경제를 가능하게 한다. 또 글로벌 브랜드의 단위당 개발 비용은 전체적으로 절대 규모에 있어서는 로컬 브랜드의 것보다 적을 수도 있다.

글로벌 브랜드는 고객이 국가 간 여행을 할 때 브랜드 인지도 제고에 상당한 이점이 될 수 있다. 또한, 광고와 유통이 존재한다는 사실은 그 국가를 방문하는 사람들에게 영향을 미치기도 한다.

그러한 광고 노출은 국가 간 여행이 광범위한 유럽 같은 곳에서는 브랜드에 중요할 수 있다. 또 다른 효율성의 측면은 미디어의 보도 범위가 여러 국가에 걸쳐 있는 상황에서 볼 수 있다. 이 경우 글로벌 브랜드의 광고 노출은 훨씬 효율적이다. 특히 유럽연합의 공동 시장이 성숙됨에 따라 미디어 중복과 교차 고객이 증가함으로써 글로벌 브랜드 전략에 더욱 큰 보상을 안겨줄 것이다.

글로벌 브랜드는 몇 가지 유용한 연상 이미지를 가지며, 글로벌하다는 개념만으로도 힘과 영향력의 유지에 더해 경쟁력 있는 제품을 만든다는 능력을 상징할 수 있다. 그러한 이미지는 고가의 산업 제품이나 자동차, 컴퓨터 같은 소비자 내구재, 즉 고객이 무작정 신뢰할 수 없거나 경쟁사 제품의 기술력이 뛰어날 가능성이 있는, 고객에게 리스크가 존재하는 제품에 특히 중요하다. 기술력과 제품 품질이 중요한 시장에서 운영되는 야마하, 소니, 캐논, 혼다 등 일본 기업들은 글로벌 브랜드라는 연상 덕분에 수혜를 누렸다.

글로벌 브랜드가 한 국가에 확고히 설립된 경우에는 종종 그 국가에 대한 연상 이미지를 제공하며, 그 국가에 대한 연상 이미지는 부분적으로 브랜드의 본질에 속한다. 예를 들어 리바이스는 미국 청바지, 샤넬은 프랑스 향수, 듀어스(Dewar's)는 스코틀랜드산 위스키, 키코만(Kikoman)은 일본 간장, 베르톨리(Bertolli)는 이탈리아 올리브유 등이다. 이 경우 글로벌 브랜드는 그 국가에서 확고한 포지션을 가지고 있으며 더 나아가 국가 자체도 브랜드의 한 본질이 된다. 이러한 맥락에서 글로벌 브랜드는 가치 있게 되는 경향을 갖는다.

4. 한 국가를 타깃으로 하기

똑같은 브랜드 네임도 어떤 나라에서는 결과가 좋은 반면 어떤 나라에서는 부정적 결과가 나타나므로 모든 나라에 똑같은 브랜드 네임을 쓸 수 없는 경우가 있다. 아니면 좋은 결과를 낼 수 있다 할지라도 이미 그 국가에 유사한 브랜드 네임들이 있기 때문에 사용할 수 없는 경우도 있다. 예를 들어 P&G에서 만든 샴푸와 컨디셔너의 성공적 혼합 제품 퍼트 플러스(Pert Plus)는 일본에서는 리조이(Rejoy), 대부분의 동아시아 지역에서는 리조이스(Rejoice), 영국에서는 비달 사순이라는 브랜드 네임으로 판매한다. 그 나라들에서는 이미 퍼트 플러스나 그 비슷한 브랜드 네임이, 아니면 그러한 의미를 지닌 브랜드 네임이 쓰이고 있었기 때문이다. IBM이나 SONY 같은 수많은 글로벌 브랜드와 상징이 그 자체로는 풍부한 연상 이미지를 불러일으키지 못하는 것은 우연이 아니다.

상징과 연상 이미지에 대해서도 비슷한 문제가 존재한다. 모든 환경에서 작용하는 '보편적'인 것이 반드시 가장 효과적인 것은 아니다. 예를 들어 하인즈의 유아식과 리바이스의 청바지가 미국 시장에서는 실용적인 중저가 제품으로 확고히 포지셔닝되어 있다. 그러나 그 밖의 나라들에서 이 브랜드들은 고품질과 고가격에 포지셔닝되어 있다. 그렇게 아주 다른 두 가지 방향성은 매우 다른 상징 및 연상 이미지와 연관 지어져야 할 것이다.

활동 영역이 국한되는 이른바 로컬 브랜드들은 나름의 독특한 연상 이미지 덕분에 유리한 점들이 있다. 자국 제품을 선호하는 사람들의 심리 그리고 지역에 특화된 전통이나 사회적·문화적 특징들을 이용해 로컬 브랜드는 경쟁에서 유리한 지위를 차지할 수 있다. 이에 반해 글로벌 브랜드는 때때로 특정한 국가에서 사회적·문화적 가치에 잘 맞지 않는 분위기로 인해 경쟁에 어려움을 겪을 수 있다. 혹은 그 국가의 정치 상황에 연루되어 좋은 결과를 얻지 못할 때도 있다.

세계적인 연상 이미지는 일부 국가에서는 적합하지 않을 수도 있다. 경쟁 상황이 다르기 때문이다. 브리티시 에어웨이스(British Airways, 영국항공)는 세계화 전략을 지향하면서 전 세계에 중앙 집권적 광고를 진행한 적이 있었다. '세계가 선호하는 항공사(The world's favorite airline)'라는 테마로 하늘 위 맨해튼의 스카이라인을 느릿하게 순환시키며 보여주는 90초짜리 텔레비전 광고였다. 캠페인을 찍은 미국에서조차 관리자들은 ('당신을 잘 돌봐드리겠습니다'를 테마로 하면서 영국의 전통적 가치를 강조하는) 이전 캠페인이 더욱 효과적인 게 아니었을까 하는 의구심을 가졌다. 말도 안 되는 그 광고는 브리티시 에어웨이스가 운항하는 여러 나라에서 실패하고 말았다. 더욱이 운영상 문제도 있었다. 예를 들어 그 광고가 90초짜리 광고를 금하는 남아프리카공화국 같은 국가에서 사용되지 못했다는 것이다.

많은 예산이 드는 글로벌 마케팅보다 1차 시장의 지역 단위 로컬 마케팅에서 더 좋은 아이디어가 나올 수도 있다. 게다가 10개 지역의 10개의 마케팅 활동에서 나온 10개의 아이디어는, 엄청난 예산과 유능한 사람들이 투입된 획일적 글로벌 마케팅 활동에서 나온 1개의 아이디어보다 더 유용할 수도 있다. 폴라로이드(Polaroid)가 '파티용·카메라'라는 토대에서 더욱 진지하고 실용적인 토대로 재포지셔닝을 했을 때 스위스에서 개발한 '폴라로이드로 말하는 법을 배우라(Learn to speak Polaroid)'라는 캠페인이 가장 효과적이었다. 이는 가족이나 친구들과 소통하는 방식으로서의 즉석 사진의 실용적 사용을 강조하는 것이었다.

각 지역 국가들에 적합한 마케팅 활동을 독자적이면서도 자유롭게 기획하고 집행하지 못한다면 효과적인 마케팅은 불가능할 것이다. 글로벌 브랜드가 급격히 증가하고 있는 미국에서도 지역별 마케팅 움직임이 강력히 대두되는 중이다. P&G나 캠벨 같은 기업들은 기존의 중앙 집권적이었던 광고와 가격 할인의 권한을 각 지역에 이양하고 있는 실정이다.

♛
5. 맥락 분석하기

심벌, 슬로건, 브랜드 연상, 그리고 브랜드의 세계화를 제안하기 위해서는 반드시 국가별, 지역별 분석을 동반해야 한다. 그림 11-1이 보여주는 글로벌 브랜드의 수많은 이점과 단점은 이러한 분석의 지침이 될 수 있다. 글로벌 전략은 가장 큰 시장을 얻기 위해, 또는 가장 안정된 시장을 확보하기 위해 추구된다. 이런 글로벌 전략에 반해, 지역화 전략을 추구할 때 고려해야 할 사항은 다음과 같다.

글로벌 브랜드가 제공하는 것	로컬 브랜드가 제공하는 것
광고, 포장, 프로모션에서 규모의 경제를 도모할 수 있음. 커뮤니케이션 미디어의 중복이나 고객의 여행에서 경쟁상 이점을 얻을 수 있음. 세계적으로 널리 있다는 것에서 긍정적 효과를 얻을 수 있음. 세계화의 기반이 된 모국의 장점을 활용할 수 있음.	브랜드 네임, 심벌, 연상 이미지를 지역에 맞게 개발할 수 있음. 브랜드 네임, 심벌, 연상 이미지를 로컬 마켓에 맞게 만들 수 있음. 브랜드 네임, 심벌, 연상 이미지를 글로벌 브랜드의 제약 없이 선택할 수 있음. 브랜드 네임, 심벌, 연상 이미지로 이른바 '국산품 애용'에 편승할 수 있음.

그림 11-1 **글로벌 브랜딩과 로컬 브랜딩**

- 로컬 브랜드를 위한 브랜드 인지도와 연상 이미지를 만들고 유지하는 데 드는 비용은 얼마인가? 국경을 넘나드는 고객이 여행과 그에 따른 브랜드 노출은 얼마나 중요한가? 지역 광고나 그 밖의 지역별 프로모션을 비효율적으로 만드는 커뮤니케이션 미디어의 중복은 얼마나 되는가?

- 지역 마케팅에서 광고 제작과 이행 그리고 또 다른 브랜드 마케팅 프로그램으로 규모의 경제를 이룰 수 있는가?

- 글로벌 브랜드가 만들어내는 연상 이미지나 '모국(home country)'과 관련되는 연상 이미지가 가치가 있는가?

- 글로벌 네임이나 심벌, 슬로건, 연상 이미지는 어떤 지역별 연상 이미지를 자아내는가? 그들의 긍정적인 또는 부정적인 한계효용은 무엇인가?

- 동일한 브랜드 네임/심벌/슬로건/연상 이미지를 여러 국가에

서 같이 사용하는 것이 문화적으로 또는 법적으로 가능한가? 그 동일한 브랜드 네임과 심벌이 각 국가별로 무엇을 의미하는가? 발음이 쉬운가? 메이에셀렉스(Meiieselex) 시리얼과 프레시넷(Freixenet) 샴페인의 경우를 상기하면서 쉽게 발음할 수 있는지도 고려해보자.

- 로컬 브랜드의 브랜드 인지도나 연상 이미지의 가치는 무엇인가? 로컬 브랜드 제품은 상대적으로 지역의 문화에 특화된 것인가? 냉동식품 같은 가정용 제품이 컴퓨터 같은 산업용 제품보다 지역의 언어, 심벌, 문화와 더 쉽게 연결될 수 있을까?

세계화에 대해 흔히 전부 아니면 전무(all or nothing)라고 오해를 하곤 한다. 사실 세계화는 브랜드 네임, 심벌, 슬로건 그리고 지각된 품질, 브랜드 연상 같은 브랜드의 여러 요소 중 일부를 수반할 수 있으며, 그 요소들 모두와 연관될 필요는 없다. 유럽의 많은 지역에서 코카콜라는 '다이어트 코크' 대신 '코카콜라 라이트(Coca-Cola Light)'라는 이름을 사용했다. 지역에 따라 다이어트라는 말을 사용하는 데 제한이 있고 또한 그 말에 의학적 의미가 한층 크게 더해지기 때문이었다. 이같이 세계적인 브랜드의 고전이라 할 수 있는 코카콜라는 주종 제품에 글로벌 브랜드 네임을 부여하는 데 매우 신중을 기한다.

결국 득실을 따져 브랜드의 요소 중에서 세계화시킬 것은 세계화하고 지역에 맞출 것은 지역에 맞추어야 할 것이다.

요점 정리

브랜드 에쿼티와 그것의 관리에 대해 10개의 장에 걸쳐 논의했고, 이제는 앉아서 추억의 길을 산책하는 것처럼 되돌아볼 때가 되었다. 먼저 1장에서 제시한 것보다 더 완벽한 구조인 브랜드 에쿼티의 요약 모형이 제시될 것이다. 둘째, 각 장에서 일련의 논평을 도출하여, 다음과 같이 강조할 가치가 있는 브랜드 에쿼티와 그 관리에 대한 요점을 정리할 것이다. 이 요점 정리는 몇 가지 이슈와 연구 결과를 상기시키는 역할을 한다. 분명, 이 간략한 정리 단계는 브랜드 에쿼티 관리에 상당한 진전이 있었음을 보여준다. 하지만 이는 또한 앞으로 해야 할 일이 많다는 사실 역시 상기하게 한다.

브랜드 에쿼티 모형

1장에서는 브랜드 에쿼티의 개념에 대한 개괄적 구조를 제공하는 그림을 제시했다. 브랜드 에쿼티(브랜드 충성도, 브랜드 인지도, 지각된 품질, 브랜드 연상 및 기타 독점 브랜드 자산)에 기초한 다섯 가지 차원은 브랜드 에쿼티를 창출하는 것으로 나타난다. 또 브랜드 에쿼티가 고객과 기업에 발생시키는 가치는 브랜드 에쿼티의 '산출(output)'로서 상세히 설명된다.

이어지는 4개 장에서는 브랜드 에쿼티의 각 차원이 가치를 창출하는 방법을 제안하고 논의했다. **그림 11-2**의 개정된 브랜드 에쿼티 모형은 그러한 기여를 1장의 **그림 1-3**으로 통합한다. 이는 브랜드 에쿼티가 다섯 가지 차원으로 구성된 것을 보여준다. 또한, 각 차원이 고객 또는 기업을 위해 가치를 창출하는 방법이 현재의 모형에 포함되어 있다. 그런 다음 이러한 가치 창출 경로는 브랜드 에쿼티가 고객과 기업에 가치를 제공할 수 있는 방법들의 집합을 간결하게 요약하여(그림 오른쪽에 표시됨) 추출한다.

어떤 맥락에서든 이러한 잠재적 가치의 원천 중 일부는 적용되지 않을 수 있고 일부는 적용될 수도 있다. 어찌 되었건 이 모형은 브랜드 에쿼티에 영향을 미칠 의사 결정 분석의 출발점이 된다.

각 장에 대한 논평

1장 브랜드 에쿼티란 무엇인가?
여기서는 브랜드 에쿼티를 제품이나 서비스의 부가가치를 창출하거

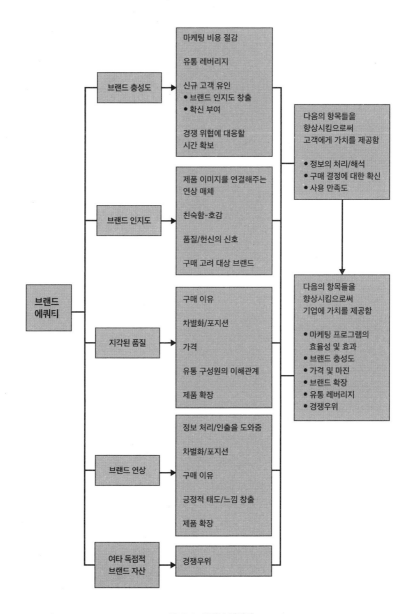

그림 11-2 **브랜드 에쿼티**

나 가치를 하락시키는 브랜드 네임과 심벌 등 브랜드 관련 자산과 부채의 집합으로 정의한다. 이러한 자산에는 브랜드 충성도, 브랜드 네임 인지도, 지각된 품질, 연상 이미지가 포함된다.

단기 성과에 대해 상당한 압박을 받는 것은 부분적으로는 주주의 이익이 사업의 궁극적 목표라는 금언 때문이고, 주가가 단기 성과 측정에 빠른 반응을 보이는 현실 때문이기도 하다. 가격 할인 같은 단기 조치로는 드라마틱한 결과를 보여줄 수 있는 반면 이미지 광고 같은 브랜드 구축 활동은 즉각적 효과가 거의 없을 수도 있다. 문제는 브랜드 자산과 미래의 성과 간의 연관성을 더 잘 파악하여 브랜드 구축 활동이 정당화되도록 하는 것이다.

브랜드의 가치 평가는 기본 자산이 가치 있음을 보여주는 데 도움이 될 수 있다. 브랜드 에쿼티의 가치 평가는 브랜드 네임이 뒷받침하는 가격 프리미엄, 브랜드 네임이 고객 선호도에 미치는 영향, 브랜드 교체 비용, 주식 가치에서 다른 자산의 가치를 뺀 값 등에 기초하여 이루어진다. 그러나 가장 설득력 있는 평가 방법은 브랜드 파워의 이익승수다. 승수는 브랜드 자산의 상대적 강도 분석을 근거로 한다.

2장 브랜드 충성도

브랜드 에쿼티의 핵심은 고객층의 충성도다. 브랜드 충성도란 고객 만족도, 전환 비용, 브랜드 선호도, 고객의 헌신 정도를 말한다. 종종 과소평가되곤 하는 충성 고객들은 상당한 가치를 지니고 있다. 새로운 고객을 얻거나 빼앗긴 고객을 되찾는 것보다 충성 고객은 유지 비용이 훨씬 적게 드는 반면 유통 채널에서는 다른 고객들보다 더 큰 영향을 미치고 마케팅 비용을 절감하게 해준다. 충성 고객은 브랜드 인지도를 높이고 신규 고객에게 확신을 줄 수 있다. 또 충성 고객은 기업이 경쟁에 대처할 시간을 벌어줄 것이다.

오랜 고객을 유지하고 충성 고객층을 구축하려면 적극적 관리가 필요하다. 그러한 고객들이 자동으로 생겨나지는 않는다. 우선 고객을 제대로 대하는 것이 도움이 된다. 이를 위해서는 고객을 위해 작은 일이라도 적극적으로 하고, 고객을 계속 가까이하며, 고객 만족도를 측정하고, 전환 비용을 창출하고 상품 이외의 혜택을 추가로 제공하라. 고객에게 과할 정도로 투자하라. '고객 지향'은 말이 쉬워도 실행은 어렵다는 것을 모든 종류의 조직들이 깨닫고 있다.

3장 브랜드 인지도

브랜드 인지도를 과소평가해서는 안 된다. 브랜드 인지도는 인식, 상기(당신의 브랜드는 제품군으로 상기된다), 가장 먼저 떠오르는 것(최초 상기)으로 형성된다. 사람들은 쉽게 알아볼 수 있는 것을 좋아한다. 나아가 인식은 존재, 실체, 영속성의 신호다. 상기는 고려해야 할 필수 조건이 될 수 있으며, 고객의 구매 결정에 미묘한 영향을 미치기도 한다. 또한 연관되는 다른 연상 이미지들에 닻을 내리는 효과가 있다.

오랜 기간에 걸쳐 브랜드 인지도를 구축하는 것은 반복과 강화로 원활하게 학습되기 때문에 훨씬 쉽다. 실제로 가장 높게 상기되는 브랜드는 대체로 오래된 브랜드들이다. 이벤트 후원, 홍보, 심벌 노출,

브랜드 확장의 활용 등이 모두 브랜드 인지도를 개선할 수 있다. 그러나 상기를 개발하기 위해서는 브랜드와 제품군 간의 연결고리가 필요하며, 단지 브랜드 네임이 노출된다고 해서 반드시 그 연결고리가 만들어지는 것은 아니다.

4장 지각된 품질

지각된 품질은 수익을 창출한다. PIMS 데이터베이스에서 추출한 몇천 가지 사업의 데이터를 사용한 연구에 따르면 지각된 품질은 가격, 시장점유율, ROI(투자자본수익률)를 개선한다. 게다가 사업 부서 관리자들을 대상으로 한 설문 조사에서 1위에 이름을 올린 경쟁우위이기도 하다. 지각된 품질은 구매 이유, 차별화의 요점, 가격 프리미엄의 조건, 유통 채널에 대한 관심, 브랜드 확장의 근거를 제공한다.

지각된 품질을 높이기 위한 비결은, 고품질의 제품을 제공하면서 그러한 품질을 구성하는 차원 가운데 중요한 것을 식별하고, 구매자에게 품질을 드러낼 수 있는 신호가 무엇인지를 이해함으로써 신뢰할 만한 방식으로 품질에 대한 메시지를 전달하는 것이다. 품질의 단서가 되는 것은 가격이다. 특히 제품을 객관적으로 평가하기 어렵거나 제품이 사회적 지위를 상징할 때에는 더욱 그러하다. 그 밖에 품질의 단서가 되는 것들로 서비스 인력의 외모, 스테레오 스피커의 크기, 세제의 향기 등이 있다.

5장 브랜드 연상 : 포지셔닝의 결정

브랜드 연상은 브랜드와 정신적으로 연결된 어떤 것을 말한다. 연상 이미지와 그 연상 이미지가 경쟁사와 어떻게 다른가 하는 것은 브랜드 지위(포지션)의 기반이 된다. 연상 이미지는 정보의 처리와 상기에 영향을 미치고, 차별화 방안이 될 수 있으며, 구매 이유를 제공하고, 긍정적 태도와 감정을 만들어내며, 브랜드 확장의 기초가 될 수 있다.

핵심적 유형(有形) 제품의 속성에서 비롯된 연상 이미지에 근거해 포지셔닝을 하는 것은 그 속성이 구매 결정을 주도할 수 있을 때는 효과적이지만, 종종 제품 사양을 선전하면서 경쟁하는 상황을 초래할 수도 있다. 전반적 품질, 기술적 리더십 또는 건강과 활력 등 무형(無形)의 속성을 사용하는 것이 때때로 더 오래 지속될 수 있다. 또 다른 선택 사항으로는 고객 혜택에 대한 연상 이미지가 있다. 한 연구는 이성적 혜택과 감성적 혜택의 결합이 이성적 혜택만 제공하는 것보다 우월하다는 것을 보여주었다.

상대적 가격 포지션이 중심이 되는 경우를 흔히 볼 수 있다. 브랜드의 가격이 프리미엄인가, 보통인가, 경제적인가, 더 나아가 선택한 범주의 상위와 하위 중 어디에 포함되는가? 고려해야 할 연상 이미지의 타입으로는 사용 방식의 응용, 제품 사용자, 유명인사, 라이프스타일과 개성, 제품군, 경쟁자, 국가나 지리적 영역 등이 있다.

6장 브랜드 연상의 측정

브랜드가 사람들에게 어떤 의미이며, 흔히 그 브랜드를 이용하는 동기가 무엇인지에 대한 통찰력은, 연상 이미지를 도출하는 간접적 방법을 사용함으로써 얻을 수 있다. 예를 들어 브랜드와의 자유로운 연상 이미지를 창조하거나 브랜드가 서로 어떻게 다른지 나타내기 위해 고객에게 브랜드 사용자 혹은 사용 경험을 묘사해달라고 요청할 수 있다. 브랜드의 풍부한 프로필을 얻기 위한 또 다른 방법은, 사람들에게 브랜드를 인간(또는 동물, 취미 활동, 잡지 등)으로 간주하도록 하고 브랜드가 어떤 유형에 알맞은지 조사하는 것이다.

일반적으로 동반법(companion method)은 제품 속성, 고객 혜택, 사용자 특성, 사용 상황, 경쟁자 등 포지셔닝의 차원들에 대해 브랜드와 경쟁자의 크기를 가늠하게 해줄 고객 세부시장의 대표적 표본을 포함한다. 그 결과는 중요한 지각 차원을 그래픽으로 식별하고 고객 표본에 대한 브랜드의 위치를 보여주는 지각 지도로 나타낼 수 있다.

7장 의도된 브랜드 연상의 개발 및 관리

성공적인 브랜드 포지셔닝은 대개 다음과 같은 세 가지 원리를 따른다. (1) 그 브랜드가 아닌 다른 무언가가 되려 하지 마라. (2) 브랜드를 경쟁사와 차별화하라. (3) 가치를 부가하거나 구매해야 할 이유를 제공하는 연상 이미지를 창조하라. 연상 이미지 창조를 위한 열쇠는 신호를 식별하고 관리하는 것이다. 카메라에 붙어 있는 '35mm 일안 반사식'이라는 라벨은 그것이 확실한 특징을 가진다는 신호를 나타낸다.

체계화된 프로모션으로 바람직한 이미지를 강화하지 못한다면 그 프로모션은 비가격적 속성이 중요하지 않다는 신호를 보낼 수 있다. 적절한 신호를 제대로 관리하지 못했을 때 제품의 속성을 전달하고 그 존재를 알리는 것만으로는 충분치 않을 것이다.

시간의 흐름과 마케팅 프로그램의 요소들에 따른 일관성을 지키는 것은 연상 이미지의 유지에 매우 중요하다. 갑작스러운 재난이 닥쳤을 때 대개 최선의 전략은 누구 탓인지에 대한 논쟁은 제쳐두고 재빠른 해결을 시도하는 것이다. 일부 조직에서는 브랜드 에쿼티 관리 전담 인력을 채용하거나 조직적 보상 구조를 정비함으로써 브랜드 에쿼티를 보호하고자 노력해왔다.

8장 브랜드 네임, 심벌, 슬로건

브랜드 네임, 심벌, 슬로건은 브랜드 에쿼티의 핵심이며, 거대한 자산이 될 수 있다. 이 세 가지는 브랜드의 지표 역할을 하며 브랜드 인식과 브랜드 연상의 중심이 되기 때문이다.

브랜드 네임은 원하는 연상과 은유를 기반으로 다수의 브랜드 네임 리스트를 만드는 체계적 과정을 거쳐 선택해야 한다. 브랜드 네임은 상기가 쉽고, 제품군을 잘 나타내고, 심벌이나 로고를 뒷받침하며, 바람직한 브랜드 연상을 제안하는 동시에 바람직하지 않은 연상 이미지를 떠올리지 않게 하며, 법적으로 보호될 수 있어야 한다. 이때 통상적으로 절충이 이루어진다. 예를 들어 브랜드 확장을 고려할 때는 제품군을 나타내는 브랜드 네임은 전략적으로 제한할 수 있다.

웰스파고의 역마차나 트래블러스의 빨간 우산 같은 심벌은 연상 이미지와 감성을 창조할 수 있다. IBM이나 소니 같은 심벌은 브랜드 인식 형성에서 우위를 점하게 해줄 것이다. 또한 제품군(예:소금)을 나타내는 모턴 솔트의 라벨(우산을 든 소녀가 소금비를 맞고 있는 모습) 같은 심벌은 제품군에 대한 연상 이미지가 강력해야 하는 지점에서 브랜드 상기에 도움이 될 것이다.

슬로건은 포지셔닝 전략에 따라 조정될 수 있으며, 브랜드 네임과 심벌보다는 할 수 있는 역할이 훨씬 덜 제한적이다. 슬로건은 추가적 연상 이미지를 제공하거나 기존 연상 이미지에 초점을 맞추게도 한다.

9장 브랜드 확장 : 좋은 브랜드, 나쁜 브랜드, 이상한 브랜드

브랜드 에쿼티를 활용하는 한 가지 방법은 다른 상품으로 브랜드 네임을 확장하는 것이다. 브랜드의 연상 이미지와 지각된 품질이 브랜드 확장에 대한 차별화 방안이나 강점을 제공할 수 있다면 확장을 시도할 좋은 기회가 된다. 브랜드 네임이 브랜드 인지도를 넘어서는 무언가를 제공하지 못한다면 확장에 성공할 가능성이 매우 낮다.

브랜드 확장은 브랜드에 '적합'해야 한다. 기존 브랜드와 확장된 브랜드 사이에 어느 정도 연관성이 있어야 한다는 뜻이다. 공통된 사용 맥락, 기능적 혜택, 명성과의 연관성, 사용자 유형, 심벌 같은 다양한 연결 요소가 그러한 적합성의 기초가 될 수 있다. 이와 관련된 부조화는 브랜드 네임 변경으로 인한 바람직한 연상 이미지에 손상을 입히거나 실패의 요인이 될 수도 있다. 게다가 브랜드 네임이 만들어내는 어떠한 유의미한 네거티브 연상도 존재해서는 안 된다.

브랜드 확장이 브랜드 연상이나 지각된 품질을 약화시킨다면 핵심 브랜드를 손상할 위험성이 있다. 다이어트 코크, 허니 넛 치리오스, 그린 자이언트 프로즌 앙트레 같은 확장 사례에서 설명했듯이 특히 기존 브랜드 네임과 그 연상 이미지가 강하고, 기존 브랜드와 확장된 브랜드 네임에 뚜렷한 차이가 있다면 브랜드 확장을 해서는 안 된다. 사실은, 대체로 확장이 브랜드 인지도에 도움이 되며, 브랜드 연상을 강화해준다면 가장 바람직한 상황일 것이다.

아마도 브랜드 확장의 가장 큰 위험은 독특한 연상 이미지를 가진 새로운 브랜드 네임의 잠재력이 상실될 수도 있다는 점일 것이다.

10장 브랜드 재활성화

오래되고 낡은 브랜드를 위한 한 가지 대책은 브랜드 활성화를 위한 일곱 가지 방법 가운데 하나를 선택하는 것이다. 첫 번째 방법은 고객들에게 브랜드의 용도, 특징, 혜택 등을 상기시키기 위해 사용하는 연상 광고를 집행하거나 사용 편의성의 향상을 통해 기존 고객들의 사용량을 증가시키는 것이다. 이는 비교적 쉽고 경쟁적 상황을 촉진할 가능성도 낮은 방법이다. 두 번째는 브랜드를 통해 현실적으로 실현할 수 있는 새로운 제품 사용법을 찾는 것이다(예컨대 암앤해머가 베이킹 소다를 냉장고 탈취제로 사용한 것). 세 번째는 새로운 시장을 찾거나(예컨대 유럽 진출 등) 방치되어 있던 시장(예컨대 여성을 위한 계산기)을 공략하는 것이다. 네 번째 재활성화 방법은 연상 이미지를 변경하거나(예컨대 스스로 사용하는 치즈 위즈) 새로운 연상 이미지를 추가하여 브랜드를 재포지셔닝하는 것이다. 다섯 번째는 기대하지 못한 기능이나 서비스를 제공함으로써 제품이나 서비스를 강화하는 것이다. 여섯 번째는 야마하 디스클라비어가 그랬던 것처럼 신세대 기술을 통해 기존 제품을 구식으로 만드는 것이다. 마지막 일곱 번째 방법은 9장에서 다룬 브랜드 확장이다.

브랜드 재활성화는 항상 가능한 것도, 경제적으로 합리적인 것도 아니다. 브랜드가 강력한 지위에 있지 못한 상태에서 시장 침체를 맞거나 우세한 경쟁 브랜드와 마주하거나 기업의 장기적 추진 방향의 중심에서 벗어나 있거나 재활성화 전략이 부족할 경우 특히 그러하다. 한 가지 옵션은 브랜드를 분리하거나 청산하는 것이다. 브랜드 충성도가 유지되는 지속적인 틈새시장이 있으며, 그 브랜드의 쇠퇴가 규칙적으로(상대적으로 안정된 가격으로) 하락하는 상태에서 수익을 창출할 옵션이 실현 가능해 보이는 것은 브랜드 재활성화가 선호되는 또한 가지 상황이다.

맺음말

점점 증가하는 여러 맥락 속에서 브랜드 네임과 그것이 의미하는 바를 결합하면 기업들의 중추적이고 지속 가능한 경쟁우위가 된다. 제품 속성 같은 다른 경쟁 기반들은 비교적 비슷해지거나 추월당하기 쉬운 경향이 있으므로 브랜드 네임은 매우 중요하다. 기업들이 자사의 상품 사양을 설명하기 위해 경쟁을 벌이는 상황에서 종종 충분히 깊은 안목으로 브랜드 선택에 관한 결정을 분석하는 능력이나 동기가 고객들에게 부족한 경우가 많다.

브랜드 에쿼티는 저절로 생겨나는 것이 아니다. 그 창출, 유지, 보호를 위한 방안을 적극적으로 관리해야 한다. 또 브랜드 에쿼티는 전략적이면서도 전술적인 프로그램과 정책을 수반한다. 이 책은 그 경영상의 과업에 관한 방법들과 이유를 제공하기 위해 쓰여졌다.

감사의 말

많은 사람들이 이 책을 쓰는 데 도움을 주었다. 이 자리를 빌려 이들에게 특별한 감사를 드린다. 편집자 밥 월리스(Bob Wallace)는 이 프로젝트에 열정을 보였고, 동료 케빈 켈러(Kevin Keller)는 내가 참여한 두 가지 브랜딩 연구에 관한 아이디어를 자극해주었다.

그 밖에도 원고의 많은 부분을 읽고 도움이 되는 의견을 낸 사람들은 다음과 같다.

로우앤파트너스(Lowe&Partners)의 스튜어트 아그레스(Stuart Agres), 오길비의 알렉 비엘(Alec Biel), 코닥의 패트릭 크레인(Patrick Crane), WPP그룹의 스티븐 킹, 텍사스대학교의 비제이 마하잔(Vijay Mahajan), 린타스(Lintas)의 래리 퍼시(Larry Percy), 캠벨 수프의 알 라일리(Al Riley).

각 장을 검토해주었거나 유용한 제안을 제시해준 동료들은 다음과 같다.

로우앤파트너스의 제니퍼 아커(Jennifer Aaker), 휴렛팩커드의 러

셀 버그(Russell Berg), UC 버클리의 피트 버클린(Pete Bucklin)과 라시 글래지어(Rashi Glazier), 루어/파라곤(Ruhr/Paragon)의 로버트 존스(Robert Jones), MSI의 켄트 미첼(Kent Mitchel), 닐슨의 오거스트 스와넨버그(August Swanenberg), 미네소타대학교의 앨 쇼커(Al Shocker), 코넬대학교의 도우 스테이먼(Doug Stayman).

DDB 니덤의 빌 웰스(Bill Wells), 프리 프레스(Free Press)의 리사 커프(Lisa Cuff)와 UC 버클리의 세레나 조(Serena Joe)도 많은 도움을 주었으며 이후 세 가지 브랜딩 콘퍼런스를 후원한 MSI도 영감을 주고 지원을 해주었다. 그리고 수잔 앤더슨(Susan Anderson), 지브 카몬(Ziv Carmon), 아나스타샤 잭슨(Anastasia Jackson), 앤디 킨(Andy Keane), 사이드 사파리(Said Saffari), 이어고르 시니아프스키(Iegor Siniavski) 등 일련의 연구 보조자와 학생들 역시 큰 도움을 주었다.

마지막으로 나의 또 다른 글쓰기 프로젝트 때문에 많은 것을 참아준 가족들에게 감사의 마음을 보낸다.

버클리에서
데이비드 아커(David A. Aaker)

데이비드 아커의 브랜딩 정석
브랜드 매니지먼트의 과학과 전략

초판 발행   2021년 4월 5일
1판 2쇄   2023년 11월 10일

발행처   유엑스리뷰
편집장   현호영
지은이   데이비드 아커
옮긴이   범어디자인연구소

주소   서울시 마포구 백범로 35, 서강대학교 곤자가홀 1층 경험서재
팩스   070.8224.4322
등록번호   제333-2015-000017호
이메일   uxreviewkorea@gmail.com

ISBN 979-11-88314-59-1

MANAGING BRAND EQUITY
by David A. Aaker